应用型高校产教融合系列教材

航空运输工程与管理系列

民航管理
信息系统教程

熊静　王科 ◎ 主编

沈杰　赵鸣 ◎ 副主编

清华大学出版社

北 京

内 容 简 介

本书系统介绍了民航管理信息系统理论基础、民航管理信息系统技术基础、民航管理信息系统规划与开发方法、结构化系统分析与设计、面向对象系统分析与设计、系统实施与运维、民航管理信息系统典型应用、民航信息化新技术发展等内容。

本书内容翔实,系统性强,案例丰富,注重理论联系实际,凸显民航特色。可作为高等院校航空专业的教材或教学参考书,也可供需要了解民航管理信息系统基础知识以及准备从事民航信息化工作的人员使用。

图书在版编目(CIP)数据

民航管理信息系统教程 / 熊静,王科主编. -- 北京:清华大学出版社,2025.7.
(应用型高校产教融合系列教材). -- ISBN 978-7-302-69808-1

Ⅰ. F560.6-39

中国国家版本馆 CIP 数据核字第 20258VL129 号

责任编辑:王　欣　赵从棉
封面设计:何凤霞
责任校对:赵丽敏
责任印制:宋　林

出版发行:清华大学出版社
　　　　网　　　址:https://www.tup.com.cn,https://www.wqxuetang.com
　　　　地　　　址:北京清华大学学研大厦 A 座　　　邮　　编:100084
　　　　社 总 机:010-83470000　　　　　　　　　邮　　购:010-62786544
　　　　投稿与读者服务:010-62776969,c-service@tup.tsinghua.edu.cn
　　　　质量反馈:010-62772015,zhiliang@tup.tsinghua.edu.cn
印 装 者:涿州市般润文化传播有限公司
经　　销:全国新华书店
开　　本:185mm×260mm　　印　张:19.5　　　　　字　　数:472千字
版　　次:2025 年 7 月第 1 版　　　　　　　　　　印　　次:2025 年 7 月第 1 次印刷
定　　价:68.00 元

产品编号:105872-01

应用型高校产教融合系列教材

总 编 委 会

主　　任：李　江

副 主 任：夏春明

秘 书 长：饶品华

学校委员（按姓氏笔画排序）：

王　迪　　王国强　　王金果　　方　宇　　刘志钢　　李媛媛

何法江　　辛斌杰　　陈　浩　　金晓怡　　胡　斌　　顾　艺

高　瞩

企业委员（按姓氏笔画排序）：

马文臣　　勾　天　　冯建光　　刘　郴　　李长乐　　张　鑫

张红兵　　张凌翔　　范海翔　　尚存良　　姜小峰　　洪立春

高艳辉　　黄　敏　　普丽娜

教材是知识传播的主要载体、教学的根本依据、人才培养的重要基石。《国务院办公厅关于深化产教融合的若干意见》明确提出，要深化"引企入教"改革，支持引导企业深度参与职业学校、高等学校教育教学改革，多种方式参与学校专业规划、教材开发、教学设计、课程设置、实习实训，促进企业需求融入人才培养环节。随着科技的飞速发展和产业结构的不断升级，高等教育与产业界的紧密结合已成为培养创新型人才、推动社会进步的重要途径。产教融合不仅是教育与产业协同发展的必然趋势，更是提高教育质量、促进学生就业、服务经济社会发展的有效手段。

上海工程技术大学是教育部"卓越工程师教育培养计划"首批试点高校、全国地方高校新工科建设牵头单位、上海市"高水平地方应用型高校"试点建设单位，具有40多年的产学合作教育经验。学校坚持依托现代产业办学、服务经济社会发展的办学宗旨，以现代产业发展需求为导向，学科群、专业群对接产业链和技术链，以产学研战略联盟为平台，与行业、企业共同构建了协同办学、协同育人、协同创新的"三协同"模式。

在实施"卓越工程师教育培养计划"期间，学校自2010年开始陆续出版了一系列卓越工程师教育培养计划配套教材，为培养出具备卓越能力的工程师作出了贡献。时隔10多年，为贯彻国家有关战略要求，落实《国务院办公厅关于深化产教融合的若干意见》，结合《现代产业学院建设指南（试行）》《上海工程技术大学合作教育新方案实施意见》文件精神，进一步编写了这套强调科学性、先进性、原创性、适用性的高质量应用型高校产教融合系列教材，深入推动产教融合实践与探索，加强校企合作，引导行业企业深度参与教材编写，提升人才培养的适应性，旨在培养学生的创新思维和实践能力，为学生提供更加贴近实际、更具前瞻性的学习材料，使他们在学习过程中能够更好地适应未来职业发展的需要。

在教材编写过程中，始终坚持以习近平新时代中国特色社会主义思想为指导，全面贯彻党的教育方针，落实立德树人根本任务，质量为先，立足于合作教育的传承与创新，突出产教融合、校企合作特色，校企双元开发，注重理论与实践、案例等相结合，以真实生产项目、典型工作任务、案例等为载体，构建项目化、任务式、模块化、基于实际生产工作过程的教材体系，力求通过与企业的紧密合作，紧跟产业发展趋势和行业人才需求，将行业、产业、企业发展的新技术、新工艺、新规范纳入教材，使教材既具有理论深度，能够反映未来技术发展，又具有实践指导意义，使学生能够在学习过程中与行业需求保持同步。

系列教材注重培养学生的创新能力和实践能力。通过设置丰富的实践案例和实验项目，引导学生将所学知识应用于实际问题的解决中。相信通过这样的学习方式，学生将更加具备竞争力,成为推动经济社会发展的有生力量。

本套应用型高校产教融合系列教材的出版,既是学校教育教学改革成果的集中展示,也是对未来产教融合教育发展的积极探索。教材的特色和价值不仅体现在内容的全面性和前沿性上,更体现在其对于产教融合教育模式的深入探索和实践上。期待系列教材能够为高等教育改革和创新人才培养贡献力量,为广大学生和教育工作者提供一个全新的教学平台,共同推动产教融合教育的发展和创新,更好地赋能新质生产力发展。

中国工程院院士、中国工程院原常务副院长

2024 年 5 月

　　本书是在上海工程技术大学"应用型高校产教融合系列教材"总编委会、"航空运输工程与管理系列"编委会指导下，按照产教融合教材的建设要求编写完成的。"应用型高校产教融合系列教材·航空运输工程与管理系列"包括《飞机飞行力学》《机场运营管理》《航空概论》《飞行学员英语口语实用教程》《航空气象理论与实践》《飞行员陆空通话教程（英文版）》《民航管理信息系统教程》及《PBN飞行程序设计与实践》，共计8册。编者来自上海工程技术大学、中国东方航空股份有限公司、上海机场集团、中国商用飞机有限责任公司等单位，由校企双方共同完成。

　　为适应新时代对高质量民航运输应用型人才的需求，全面提升教材体系建设水平和质量，本系列教材以上海工程技术大学主编的"卓越工程师教育培养计划配套教材·飞行技术系列"为基础，面向新时代民航产业人才培养，紧密对接行业产业发展，将理论和实践相结合作为教材编写的根本理念和基本原则。教材注重理论与科学技术发展同频，案例与行业发展相融，整体呈现科学性、系统性、实用性等特点。

　　本系列教材的出版发行对促进我国民航运输应用型人才培养、教育教学改革实践，推动高校与企业产教融合高质量发展具有重要意义。

"应用型高校产教融合系列教材·航空运输工程与管理系列"编委会

前 言

民航业是我国社会发展重要的战略产业,信息化程度要求高。随着我国民航强国建设步伐的加快,对民航信息化建设投入力度不断加大,管理信息系统在民航领域中的应用不断深入,亟须掌握民航信息管理技能的复合型人才。

本书以立德树人为导向,以产教融合为特色,坚持"双元"开发,聚焦民航管理信息系统的新发展。主要特点如下。

(1)系统性强,体现工作过程。本书以民航管理信息系统建设的系统规划、系统分析、系统设计、系统实施与运维等阶段为主线,系统性地介绍民航管理信息系统建设的基础理论、方法、技术和应用。

(2)内容新颖,案例丰富。本书理论知识点清晰,注重结合技术前沿。理论联系实际,每章节都提供相关知识点的民航案例。

(3)具有行业针对性,专业性强。本书详细介绍了民航领域管理信息系统建设的具体内容,可以为从事民航领域的信息管理工作提供指导。

本书由上海工程技术大学和中国东方航空股份有限公司、上海云翌未来信息技术有限公司合作编写,其中:熊静、沈杰(企业人员)编写第1、2章;熊静、王科(企业人员)编写第3~6章;王科、熊静编写第7章;熊静、王科、赵鸣编写第8章。全书由熊静、王科主编,沈杰、赵鸣副主编,熊静负责统稿,王科负责校稿。

本书是编写组多年来教学和实践积累的结果。感谢编写团队的每一位成员,他们都为本书的出版作出了巨大的贡献。

在本书的编写过程中,参考了大量相关书籍和资料,在此谨向原作者表示最诚挚的谢意。

由于民航管理信息系统发展迅速,大量的新技术、新问题不断出现,时间紧迫和编者水平有限,书中不足之处在所难免,敬请广大读者批评指正。

编 者
2025 年 4 月

目 录

CONTENTS

第3章　民航管理信息系统规划与开发方法 / 96

第4章　结构化系统分析与设计 / 126

第5章　面向对象系统分析与设计 / 179

第6章　系统实施与运维 / 215

第7章　民航管理信息系统典型应用 / 244

第8章　民航信息化新技术发展 / 270

第1章 民航管理信息系统理论基础

民航是我国经济社会发展重要的战略产业,是构建现代综合交通运输体系的重要组成部分。民航信息化是建设国家综合交通运输信息平台体系的关键一环,管理信息系统在民航领域的建设和发展水平标志着民航业的现代化和信息化水平。

引例：智慧赋能民航业高质量发展

当前,以信息技术为引领、以"智慧"为重要特征的新一轮科技革命和产业变革方兴未艾,特别是各类新技术应用的日新月异,正在全方位重塑着民航业的形态、模式和格局。

对民航业而言,需要从飞机制造到航班运行、从空中交通到地面保障、从组织管理到服务产品,全面顺应这一历史发展的潮流,努力探索一条智慧发展之路。我国确定把智慧民航建设作为民航行业"十四五"时期发展的主线,建成"透彻感知、泛在互联、智能协同、开放共享"的智慧民航体系,使民航发展的方式实现深刻变革,使其安全基础更加牢固,运行保障更加高效,运输服务更加便捷,治理体系更加完善。

2022年1月,民航局印发《智慧民航建设路线图》,进一步提出将智慧航空运输和产业协同发展作为智慧民航建设的重点内容。智慧航空运输以"智慧出行、智慧空管、智慧机场、智慧监管"为四大核心抓手,主要任务是构建高效安检、快速通关、无忧签转、"有空就座",以及便捷舒心的旅客服务生态和高效的航空物流服务体系,提升空中交通服务的全局化、精细化、智慧化运行能力和服务水平,推动机场运行协同化、服务人文化、作业智能化、建养数字化,打造一体化创新型的数字政府和监管平台。而产业协同发展主要是通过构建"民航＋数字产业"共同体,以及"民航＋先进制造"产业链和"民航＋绿色低碳"生态圈,推动5G、北斗、大数据、人工智能等数字产业在民航的应用,打通先进装备制造、维修、运营的全产业链条,采用绿色核心技术、可持续燃料、新能源装备,实现产业和行业的深度融合,以赋能行业高质量发展。

通过智慧赋能,进一步提升了民航运行的效率,改善了民航服务的品质。我国需从四个方面继续推进智慧民航建设:一是做好《智慧民航建设路线图》的落地实施,将具体场景应用项目化、工程化;二是抓紧抓好关键环节的基础研究,攻关"卡脖子"难题,推动民航深层次的变革,形成保障智慧民航建设的良好政策环境;三是提升数据资源的管控能力,完善数据治理的标准规范,畅通数据的交互路径,深化数据的分析能力,有效释放数据价值;四是强化人才支撑，培养适应智慧民航建设的复合型人才、具有创新能力的业务骨干和专家学者，打造专业能力强、业务素质高的专业化人才团队。

自 2022 年《智慧民航建设路线图》印发以来，我国民航数字化转型有力推进、智能装备规模应用、出行体验显著改善、运行效率大幅提升、治理能力更加高效，智慧民航建设稳步推进，一个个新项目、新技术、新成果涌现。2024 年，中国民航国产导航数据合作产品发布，电子行程单推广使用，"千穰"落地应用取得关键进展，首张国内电子邮单发布，独立平行进近（EoR，Established on RNP AR）试验运行正式启动……一步一个脚印，我们正离透彻感知、泛在互联、智能协同、开放共享的智慧民航体系越来越近。

（资料来源：[1]乔雪峰. 智慧赋能民航业高质量发展　构建便捷高效的民航体系[EB/OL]. (2022-06-13). http://finance. people. com. cn/n1/2022/0613/c1004-32444950. html. 编者有删改.
[2]张人尹. 聚焦智慧民航|2024 年智慧民航建设：以"智"提"质" 创新"升级"[EB/OL]. (2025-01-02). https://www. thepaper. cn/newsDetail_forward_29829994. 编者有删改.）

1.1　中国民航业发展历程

1949 年 11 月 2 日，中国民用航空局的成立，揭开了我国民航事业发展的新篇章。从这一天开始，中国民航开始趁着新中国的朝阳起飞，从无到有，由小到大，由弱到强，经历了四个不平凡的发展阶段。中国民航事业在航空运输、通用航空、机群更新、机场建设、航线布局、航行保障、飞行安全、人才培训等各个方面都持续快速发展，取得了举世瞩目的成就。中国民航业发展经历的四个阶段如下：

第一阶段（1949—1978 年）：民航业开始筹建的初创时期。1949 年 11 月 2 日，中共中央政治局会议决定，在人民革命军事委员会下设民用航空局，受空军指导。1958 年 2 月 27 日，中国民用航空局划归交通部领导。1960 年 11 月 17 日，中国民用航空局改称"交通部民用航空总局"。1962 年 4 月 13 日，第二届全国人民代表大会常务委员会第五十三次会议决定将民航局名称改为"中国民用航空总局"。1962 年 4 月 15 日，中央决定将民用航空总局由交通部属改为国务院直属局，其业务工作、党政工作、干部人事工作等归空军负责管理。

第二阶段（1978—1987 年）：以企业化为中心的改革和发展时期。1978 年 10 月 9 日，邓小平同志指示民航要用经济观点管理。1980 年 2 月 14 日，邓小平同志指出："民航一定要企业化。"同年 3 月 5 日，中国政府决定民航脱离军队建制，把中国民用航空总局从隶属于空军改为国务院直属机构，实行企业化管理。1982 年 6 月 11 日国务院常务会议决定，为了使机构名称规范化，同意去掉民航总局中的"总"字，称"中国民用航空局"，8 月 23 日全国第五届人大常委会第 24 次全会审议通过。这期间中国民航局是政企合一，既是主管民航事务的政府部门，又是以"中国民航"名义直接经营航空运输、通用航空业务的全国性企业，下设北京、上海、广州、成都、兰州（后迁至西安）、沈阳 6 个地区管理局。从 1982 年开始，国家对民航实行全行业财务承包，对地方管理局实行利润包干，紧接着国家放松了对民航业的市场准入。1984 年第一家股份制地方航空公司厦门航空成立，拉开了地方兴办航空企业的序幕，随后全国先后兴办数十家地方航空公司和机场。

第三阶段（1987—2002 年）：实行市场化经营机制的民航业体制全面改革时期。1987 年，中国政府决定对民航业进行以航空公司与机场分设为特征的体制改革。首先组建了 6

个国家骨干航空公司：中国国际航空公司、中国东方航空公司、中国南方航空公司、中国西南航空公司、中国西北航空公司和中国北方航空公司。其次组建了民航华北、华东、中南、西南、西北和东北 6 个地区管理局,地区管理局既是管理地区民航事务的政府部门,又是企业,它们负责领导管理各民航省(区、市)局和机场。然后,航空运输服务保障系统也按专业化分工的要求相应进行了改革,组建了中国航空油料总公司、中国航空器材公司和航空结算中心等。1993 年 4 月 19 日,中国民用航空局改称中国民用航空总局,属国务院直属机构。12 月 20 日,中国民用航空总局的机构规格由副部级调整为正部级。

第四阶段(2002 年至今)：我国民航业体制改革取得重大突破,为民航业高速发展时期。2002 年,中国政府决定对中国民航业再次进行重组,主要内容包括：①航空公司与服务保障企业联合重组为六大集团公司,分别是中国航空集团公司、东方航空集团公司、南方航空集团公司、中国民航信息集团公司、中国航空油料集团公司和中国航空器材进出口集团公司。成立后的集团公司与民航总局脱钩,交由中央管理。②民航政府监管机构改革民航总局下属 7 个地区管理局和 26 个省级安全监督管理办公室,对民航事务实施监管。③机场实行属地管理,按照政企分开、属地管理的原则,对 90 个机场进行了属地化管理改革,民航总局直接管理的机场下放所在省(区、市)管理,相关资产、负债和人员一并划转;民航总局与地方政府联合管理的民用机场和军民合用机场,属民航总局管理的资产、负债及相关人员一并划转所在省(区、市)管理。首都机场、西藏自治区区内的民用机场继续由民航总局管理。2008 年 3 月,由国务院直属机构改制为部委管理的国家局,同时更名为中国民用航空局。近年来,民航业实施大集团、大公司战略,进行结构调整,取得了较大进展。目前,我国民航的主力机队配备了世界上最先进的机型,机龄短、技术新、经济性能好,提高了飞行的安全性、舒适性和经济效益。"十三五"期间,我国民航市场空间越发广阔,航空公司竞争力不断增强,机场网络布局日趋合理,空管服务能力稳步提升,安全安保水平世界领先,技术保障水平显著进步,通用航空产业化发展蓄势待发,参与国际民航合作和交流程度越发深入,民航自主创新发展体系初步形成。充分显示出民航强国 8 个基本特征中涉及航空运输的基本特征逐渐强化,标志着自 2005 年我国民航运输规模世界排名第二以来,经过 15 年的接续奋斗,2020 年末我国已经基本实现了从航空运输大国向单一航空运输强国的"转段进阶"。《"十四五"民用航空发展规划》提出,到 2025 年,中国民航将实现 6 大发展目标,包括：航空安全水平再上新台阶,综合保障能力实现新提升,航空服务能力达到新水平,创新驱动发展取得新突破,绿色民航建设呈现新局面,行业治理能力取得新成效。截至 2024 年底,全国运输机场总数达 263 个,总容量达 15 亿人次。新增跑道 5 条、机位 25 个、航站楼面积 1.9 万 m^2。民航大力推进通用航空和低空经济发展,2024 年,新增通航企业 145 家、通用机场 26 个,颁发无人驾驶航空器型号合格证 6 个,新增实名登记无人机 110.3 万架,无人机运营单位总数超过 2 万家,累计完成无人机飞行 2666 万小时,同比增长 15%。C909 安全运行突破 50 万小时,C919 运送旅客突破 100 万人次,国产飞机进入规模化发展、多用户运营新阶段。我国自主研制、具有完全自主知识产权的先进民用涡轴发动机 AES100 获颁型号合格证。

1.2 中国民航信息化发展现状

我国民航信息化工作从 20 世纪 80 年代起步,经过几十年的发展,信息化基础设施逐步完善,行业内大批信息系统已建成并投入运行,实现了部分数据共享和分析,为安全决策和行业监管提供了支持,为加快我国民航业的高速发展奠定了良好的基础。

(1) 民航信息基础设施建设已具规模。形成以空管通信网和商务通信网为骨干的两大专用通信网络。空管通信网以自动转报、分组交换和卫星通信为主,连接全国各管理局、省(市、区)局和主要航站,覆盖所有国际航路和国内干线航路,承担空中交通管制、航空气象与情报、飞行计划与动态、综合管理等业务传输和国际数据交换服务。民航通信网基本实现对全国民航各级行政机构、空管台站、运输机场和航空公司总部的全面覆盖,目前已经成为民航各类综合业务应用和数据传输共享的主要网络平台,满足民航信息化和安全生产对通信网络可靠、安全、高效的迫切要求。

(2) 民航商务信息系统快速发展。中国民航旅客信息服务系统实现了跨越式发展,建立起了集订座、离港、分销、结算、清算等功能为一体的民航商务信息系统和网络。航空公司订座系统和代理人分销系统与国际主要全球分销系统(如 Amadeus、Sabre、Travelport 等)连接,国内旅客购买国外航空公司机票以及国外旅客购买中国国内航空公司机票都可通过该系统实现。同时,订座系统还提供包括酒店、客房、出租车、旅游线路等在内的旅游产品分销服务。中国民航信息网络股份有限公司(简称中航信)机票分销规模居全球计算机订票系统(computer reservation system,CRS)首位。中国民航的离港系统已经覆盖了全国机场,并支持中国航空公司开展海外业务,极大地提升了整个民航业的运行效率和服务水平。国航、南航、东航、海航等航空公司都建立了自己的电子商务平台,国内的携程、同程、去哪儿等网站也与各大航空公司有深度合作,发展稳定。2008 年,中国在全球率先实现了 100% 的中性电子客票普及率,成为全世界电子客票普及率最高的国家。2009 年 5 月,中航信进一步在北京首都机场实施了手机值机产品,首次实现了真正意义上的无纸化登机。2017 年,南方航空公司在国内首次推出自主研发的微信值机服务,实现了通过微信办理乘机手续。2020 年,南方航空公司联合广州白云机场,在广州推出 One ID 全流程刷脸出行服务,成为全国首家推出全流程刷脸出行服务的航空公司,对提升旅客的出行体验具有重要意义,标志着南航在实现旅客数字化无接触式乘机、引领美好航空出行方面迈入新阶段。航空货运信息化建设水平越来越高,许多航空货运企业已经建立了独立的货运信息系统。2010 年,国际航协的电子货运项目正式在国内实施,天津滨海国际机场成为第一个符合电子货运国际标准的国内机场。2014 年中货航在浦东机场国际航班成功试用电子运单,同年南航、海航、国货航也相继推行,2018 年营业部级非自营货站拟在杭州机场推行,同时部分航司开始对信息系统进行深度开发。各大航空企业及相关主体不断加快数字化转型,积极打造具有韧性增长发展力、敏捷智能竞争力、持续创新引领力的智慧航空货运体系。2023 年数字货运平台 Digi-Cargo 上线,白云机场被打造成为全球领先的"数字货运"机场。

(3) 航空企业信息化建设成效显著。航空公司围绕企业管理和市场营销组织开发了飞行运行管理、收益管理、财务管理、机务航材管理和常旅客管理等信息系统,提高了企业管理水平和市场竞争能力。首都机场、上海浦东机场、广州新白云机场等一批现代化机场的投入使用,标志着机场信息化进入新的发展阶段。广州新白云机场投资 1400 万元建立全机场内的骨干网,实现了机场信息的互相传递、共享及协同;投资 1 亿多元建设的计算机信息系统则构成了整个白云机场的中枢系统。全国运输机场推广实施全流程"人证合一"解决方案,利用人脸识别等人工智能技术,有效提高机场的安全保障能力和旅客服务效率。机场协同决策系统、新一代机场地面运营管理系统、机场地面服务管理系统、航班延误管理系统等在全国运输机场广泛应用,将航空公司、机场、空管和地面服务等单位的运行信息集成至统一平台,为机场的智慧管理运营提供有力支撑,大大提升了机场运行效率,为减少航班延误发挥了重要作用。2019 年北京大兴国际机场顺利投运,各类平台化、自动化、智能化的信息系统支撑机场高效安全运行,成为全球智慧机场建设的新标杆。

(4) 民航监管体系信息化稳步推进。民航内网综合办公系统已成为民航各级行政机关统一的办公平台;政府网站已成为民航行政机关对外宣传、政府信息公开和服务交流的主渠道。民航生产统计信息系统采集分析航空公司、机场等生产数据,为民航各类决策提供数据支持;航空安全信息系统为不安全事件及时报送提供可靠渠道,同时汇聚了航空安全领域的各项行政许可信息,为航空安全监管提供基础保障;民航固定资产投资管理系统在汇总固定资产投资项目信息的基础上提供各式查询和分析功能;民航财务管理信息系统实现民航"一切资金上大账,所有账户上系统"的资金在线监控模式,提高了财务监管水平,促进廉政建设;民航安保信息系统首次将旅客信息与公安追逃信息比对,提供查询和分析功能,促使民航公安体制机制创新。以建设智慧政务、实践智慧监管为重要抓手,着力推进行业治理能力和治理水平现代化。通过建设政务云平台、数据共享交换平台、数据分析平台、行政审批平台等形成民航行政机关统筹利用、统一接入的数据共享大平台,建立物理分散、逻辑集中、资源共享的政务信息资源大数据,构建深度应用、上下联动、纵横协管的协同治理大系统,已基本形成符合国家政务信息系统整合共享要求的民航政务信息化体系,实现政务系统由分散建设向统筹建设模式的转换、政务资源由重复独立向集约共享方式的转变。"用数据决策、用数据说话、用数据管理、用数据创新"已成为民航行政管理、行业监管的新常态。建立了创新的民航行业监管执法系统(SES),该系统集成了多项功能,如监管计划管理、监督检查管理、行政处罚管理、信用管理、数据分析和统计等,旨在实现对民航业各类监管业务信息的数据整合归集、多维度统计和深度分析,以提升行政执法质量和效能。民航飞行标准监督管理系统(FSOP)和民航机场安全监督管理系统也是民航电子政务平台的重要组成部分,均致力于规范制定民航飞行标准与机场安全标准,并有效监督标准的执行。

(5) 推动信息服务便民惠民,提高旅客服务水平。通过科技创新对行业信息资源进行整合,将行业服务与旅客个体进行智能关联,构架起智能服务管道,让民航信息和服务随时在线,有效缓解了信息不对称问题,充分释放行业整体服务能力,获得广大旅客的认可。比如,"航旅纵横"APP 可 1s 内支持数千万用户 200 个用户标签维度的实时画像,实时捕捉旅客出行过程的近 60 个场景,让旅客画像、行程、物理场景与信息服务无缝融合,有效降低行业整体服务压力,为民航旅客创造美好的出行体验。又如,"航信通"通过提供全流程"无纸化"便捷通关服务,将旅客出行等候时间平均减少 7min,已在国内 200 多家机场完成全通道部署,累计保障近 5 亿人次旅客体验"无纸化"便捷通关。无纸化通关的全面普及将在"十四五"期间为旅客节约时间成本约 20.0 亿小时,为航空公司、机场节约纸张成本 4 亿元,有效减少碳排放 3 万吨。体现智慧出行的千万级机场旅客全流程无纸化能力、行李全流程跟踪服务水平,预计到2025年将分别达到100%和90%。从人工方式办理值机到旅客自助值机和手机值机,从纸质登机牌到电子登机牌,从传统安检方式到智慧化的安检服务,航空旅客出行的方式在不断变化,广大旅客对美好出行的向往正在逐步实现。

(6)完善民航网络安全治理以及安全信息管理体系,安全态势总体平稳可控。民航局加强对全行业网络安全工作的指导监管,形成党组统筹领导、各部门各单位分工负责、社会力量多方参与的民航网络安全工作格局。着力于优化网络安全管理制度体系,强化网络安全监管力量和队伍建设,加强网络安全技术保障体系建设,形成常态化网络安全保护机制。深入贯彻实施国家网络安全等级保护制度,推进定级备案、等级测评、安全建设等基础工作,有效落实网络安全保护"三化六防"措施,建立网络安全保护良好生态。提升网络安全监测预警和应急处置能力,有效应对智慧民航网络安全风险隐患,确保网络安全重大事件得到有效防范、遏制和处治。圆满完成一系列重点时期和重大活动期间民航网络安全保障工作,确保全行业信息系统平稳安全运行。建立了完善的民航安全信息管理体系。该体系包括安全信息管理平台、飞行品质监控基站、运行情况上报系统、民航安全培训管理平台和民用航空器事件调查员管理系统等。民航安全信息管理体系涵盖中国民航所有不安全事件数据以及运输航空飞行品质监控数据,采用先进的技术进行数据采集、处理、存储和分析,为安全决策提供科学依据。

近年来,得益于民航信息化的蓬勃发展,行业安全基石更加稳固,运行品质不断提升,广大旅客的获得感、幸福感、安全感不断增强。在"十四五"期间,智慧民航建设是发力点、重头戏,全力实施以智慧民航为牵引的发展战略是"十四五"时期民航发展的核心战略。新一代信息技术在民航的广泛应用和深度融合是智慧民航的典型特征,在全面推进智慧民航建设的过程中,要致力于搭建开放、创新、共享、务实的传播平台、智库平台、服务平台、合作平台,为推动民航信息化发展凝聚合力。

如今,"十四五"末,智慧民航建设已结出不少硕果。例如,在智慧出行方面,250余个机场实现国内航班无纸化便捷出行,千万级机场国内旅客自助值机占比超过七成;在智慧空管方面,开展管制语音识别、管制员数字画像、机载导航数据库、基于4D航迹运行等技术攻关,持续提升空管运行效率;在智慧机场方面,13个国际航空枢纽智能机位分配使用率达到85%,航班靠桥率可达90%以上;在智慧监管方面,加快推进安全监管相关系统互联互通和数据融合共享,不断提升差异化监管效能。

智慧民航建设已进入数据资源集聚期、应用领域拓展期、技术融合深化期,需要我们进一步强化全局观念、系统思维、创新能力,采取扎实有效措施,为智慧民航建设解难题、增活力、开新局。

1.3 信息与信息管理

1.3.1 数据与信息

1. 数据

1)数据的定义

数据是人们用来反映客观事物而记录下来可以被鉴别的符号。数据具有客观性,数据

本身没有意义,数据经过处理仍然是数据,只有经过解释才能成为信息。数据的概念包括两个方面:其一,数据内容是事物特性的反映或描述;其二,数据本身是符号的集合。

记录和描述事物的特性必须借助一定的符号,这些符号就是数据形式。例如,波音737-800 飞机机身长度 39.5m、翼展 34.3m。这里的 39.5、34.3 就是数据,反映了一架特定机型飞机的机身长度和翼展。"符号"不仅指数字、字母、文字和其他特殊字符,还可以是文字、图形及声音等。"记录"也不仅指印在纸上的记录,而且包括记录在磁介质、光介质、半导体存储器上的记录,甚至包括生物记录。现代数据记录一般利用计算机输入技术完成。

2) 数据的分类

计算机可以处理的数据类型分为数值型和非数值型两种。数值型包括整型数、实型数,非数值型包括字符型、图形型、日期型、声音型、图像型、逻辑型、备注型等,如图 1-1 所示。

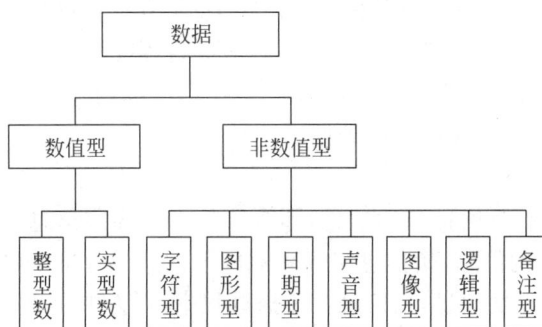

图 1-1　数据的分类

2. 信息

1) 信息的概念

人类自古对信息就有一定的认识。一千多年前,南唐李中的《暮春怀故人》"梦断美人沈信息,目穿长路倚楼台"、南宋陈亮的《梅花》"欲传春信息,不怕雪埋藏"等诗句中就使用了"信息"一词,这里,信息指的就是音信、消息。

信息作为一个科学术语被提出和使用,最早可追溯至 1928 年,美国学者哈特莱(R. V. L. Hartly)在《贝尔系统电话杂志》上发表了一篇题为《信息传输》的论文。在这篇论文中,他把信息理解为选择通信符号的方式,并用选择的自由度来计量这种信息的大小。他认为,信息是指有新内容、新知识的消息。

1948 年,美国科学家维纳(N. Wiener)在《控制论:或关于在动物和机器中的控制和通信的科学》一书中提出:"信息就是信息,不是物质,也不是能量。"这种观点将信息与物质和能量区分开来,已经被许多人所接受。后来他又有新的提法,即:"信息是人和外界互相作用的过程中互相交换的内容的名称。"

同年,美国科学家、信息论的奠基人香农(C. E. Shannon)在《通信的数学理论》一文中,把信息定义为"熵的减少",即"能够用来消除不定性的东西"。香农以概率论为工具,深刻阐述了通信工程的一系列基本理论问题,明确地把信息量定义为随机不定性程度的减少,这个定义至今仍被人们广泛引用。

1956 年,英国学者阿希贝(W. R. Ashby)提出"信息是集合的变异度",认为信息的本性在于事物本身具有变异度。

1975年，意大利学者朗高(G. Longo)在《信息：新的趋势与未决问题》中指出：信息是反映事物构成、关系和差别的东西，它包含在事物的差异之中，而不在事物的本身。

信息一词的含义十分广泛而又深刻，内容相当丰富。自1948年香农提出信息至今，由于人们的认识角度不同，再加上学科之间的差异，围绕信息问题所产生的信息定义各不相同，对信息的概念仍然是仁者见仁、智者见智。

目前对信息的定义大致可以归纳为3种类型：第一种是通信技术观，认为信息是减少不确定性的东西，信息是一种熵，而且仍然有人认为一般信息的单位是比特，都体现了这种观点；第二种是本体论或客观论，认为信息是反映客观事物运动状态及其变化的方式，信息是自然界的客观存在；第三种是主体论或主观论，认为信息是人对事物的认识，或是被反映的物质的属性，如定义信息是经过加工后的数据。

在管理科学领域中，主要有以下几种定义：①信息是有意义的数据；②信息是关于客观事实的可通信的知识；③信息是一个系统的组织性、复杂性程度的度量，是有序化程度的标志。

我国国家标准《信息与文献　基础和术语》(GB/T 4894—2024)中，关于"信息"的解释是：产生含义的加工、组织或关联后的数据。

2）信息的特点

(1) 真伪性。信息有真信息和伪信息，即真实信息和虚假信息之分。伪信息通常可以分为3种形式：认知型伪信息，指信息接收者对同一信息的片面的理解和没有与环境联系起来的错误理解；传播型伪信息，指信息在传播过程中，因为主观或客观原因造成信息损失或受到"噪声"干扰；恶意型伪信息，指信息发出者故意采取夸大、欺骗、捏造、篡改等手段制造的伪信息。例如，诈骗分子利用门户网站、旅游网站、搜索引擎等投放广告，制作虚假的网上订票公司网页，发布订购机票、火车票等虚假信息，以较低票价引诱人们上当。例如，2023年10月31日12：50左右，川航3U 8998航班、首都航空JD 5662航班、南航CZ 3743等航班分别遭遇虚假炸弹信息威胁。

(2) 普遍性和客观性。信息是事物运动的一种状态和状态改变的方式，只要物质客观存在，有事物运动，就会有相应运动的状态和方式，就存在着信息。例如，旅客信息、飞机信息、航空气象信息等。

(3) 增值性。信息的增值性指人们通过利用信息，可以获取利益，因此信息也是一种资源。例如，航空公司通过对航班信息的分析，了解自身的航班网络情况，为公司的航线规划和市场拓展提供参考。

(4) 不对称性。由于各种原因的限制（如专业知识、市场需求、制作技术等），在市场中交易的双方所掌握的信息是极不对称的，不同的企业掌握信息的程度各有不同，即信息的不对称性。掌握的信息越充分，对决策越有利。例如，航空企业的实际服务信息和旅客看到的对外宣传和营销信息可能存在不对称性。

(5) 滞后性。信息滞后于数据，信息的滞后时间包括信息的间隔时间和加工时间。信息的间隔时间是指获取同一信息的必要间隔时间，信息的加工时间是指进行数据加工获取某信息所需要的加工时间。使用信息技术的一个基本目标就是缩短信息的加工时间。例如，以前驾驶舱向地面和空管系统传输信息用的是高频或甚高频，速度只有2.4～10kb/s。飞机在飞行过程中，需要驾驶舱和地面的运行控制部门进行通信，保障飞行安全。如果以低于10kb/s的速度进行信息传输，飞机和地面传输的只能是简单文字，传输图片很困难，这种

传输速度导致驾驶舱和地面的通信很难达到实时,信息传输存在滞后性,飞行中享受到的信息服务也因此打了折扣。

(6) 有效性。信息的价值是有时间性的,在一定的时间内,利用信息能产生效益,过了这个时间则信息无效益。例如,航空物流企业得到用户的需求信息后如果不及时处理,就有可能错失商机,丧失用户,造成损失。

(7) 可传输性。信息的价值还表现在其可传播性上,有效的信息传播可产生更大的价值。利用现代信息技术,信息可以更快、更便利地在世界范围内传输。例如,ADS-B 广播式自动相关监视系统可以从地面传输信息到飞机,主要包括空中交通情况、飞行信息服务以及气象信息等,飞机上的机组人员可以依据这些信息及时了解航路气象和空域限制信息,为飞行安全提供保障。

(8) 可共享性。共享性是信息区别于物质的一个重要特征。物质、能源都遵循能量守恒,唯独"信息"资源可以共享。一个信息源能够提供多个信息给接收者,并且接收者接收后能够重复使用,由接收者继续传输称为信息的共享性。例如,机场信息集成系统实现机场客货生产运营的航班信息、气象信息、旅客信息、货物信息、邮件信息、行李信息、指挥调度信息、机场生产运营资源信息等的及时采集、自动处理和统一发布。同时,运用接口技术实现各计算机信息系统之间的信息共享。

(9) 可存储性。信息可以通过符号表现,而符号可以依附在一定的载体之上,以便更有效地保存与传递。人们可通过多种方式将信息存储在一定的载体上。例如,旅客信息可以通过记忆存储在人脑中,可以通过印刷方式存储在纸张上,也可以通过摄像、录音等方式存储在硬盘上等。

(10) 扩散性。由于信息具有可传输性,因此,它可以通过各种介质向外扩散。信息的扩散具有正、负两种效应。正效应有利于知识的扩散,节省人力、资金等资源的消耗;负效应则会造成信息贬值,不利于信息保密。例如,航空企业通过宣传活动、推广营销、舆情引导等信息扩散渠道和手段,提高企业的品牌形象,提升企业竞争力。

3) 信息的分类

(1) 按信息的来源划分。按信息的来源划分,信息可以分为内部信息与外部信息两类。内部信息是内部产生的反映企业经营活动细节和总体状态的信息;外部信息是来源于外部的有关政策法规、国家和行业经济统计数据,以及市场信息、客户信息、同行信息、供货商信息与科技情报信息等。

(2) 按管理部门的信息划分。按管理部门划分,信息可以分为市场信息、生产信息、物流信息、技术信息、经济信息、人事信息等。企业按管理职能划分为若干职能部门,或按产品、按地区划分为若干事业部门或分支机构。企业中各个部门所处理和应用的信息与其所负责的工作内容有关,例如:市场信息反映市场供需状况;生产信息产生于生产过程中;物流信息产生于物流过程中;技术信息是由企业的技术部门提供的;经济信息反映企业的经济状况、经营状况、资金使用情况;人事信息反映企业的人事编制、员工状况。

(3) 按管理层次的信息划分。通常,企业划分有战略层、战术层和作业层等管理层次,不同管理层次具有不同的管理任务,使用和处理不同的信息,由此可以划分出战略信息、战术信息和作业信息等类别。战略信息包括有关企业战略目标及其制定和实施的信息,为达到目标而拥有的有关资源水平以及针对资源获得和分配的决策信息。战略信息包括大量的企业内、外部信息。战术信息是管理控制信息,是关于计划执行情况和资源利用情况,如何采取措施更有效地分配资源的信息。战术信息主要是系统内部的中短期决策信息。作业信息是与组织日常活动相关,保证切实完成任务的相关信息,涉及的往往是业务工作或技术工作。

(4) 按加工程度的信息划分。信息可以分为一次信息、二次信息、三次信息。一次信息又称为原始信息,是指没有进行过任何加工整理的信息。它反映信息描述对象的内容原貌,表现为信息产生时的原本表现形式。二次信息是对一次信息进行加工处理后得到的信息,它对一次信息进行提炼、浓缩,突出一次信息的关键成分,剔除一次信息中的冗余和无关内容,使得信息接收者能够快速地掌握一次信息的概貌。三次信息是依照特定的需求,对一次信息和二次信息进行加工、分析、改编、重组、综合、概括形成的所谓再生信息,是人类对一次信息认识的结果。

3. 数据和信息的关系

1) 信息是加工后的数据

数据只是可以识别的符号序列,本身并无任何实际意义,通过对数据进行分类整理、计算处理、分析综合等过程后,信息需求者能够更清楚地了解数据代表的真正含义。如图 1-2 所示为数据转化为信息的过程。如果说数据是原材料,信息就是加工后得到的产品,是数据的含义。反之,数据又可被看作信息的载体或外在表现形式。例如,一个航材入库单上有

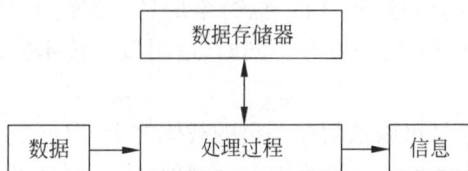

图 1-2 数据转化为信息的过程

发货单位、名称、数量、单价等数据,这些数据以单个形式出现时是没有意义的,将它们汇总加工就成为一张入库单,赋予了其一定的意义。

2) 数据和信息是相对的

数据和信息的相对性表现在一些数据对某些人是信息,而对另外一些人则可能只是数据。例如,在航空企业航材管理中,领料单对仓库保管员来说是信息,因为他从领料单上得知要发什么航材、发多少、发给谁;而对主管人员来说,领料单只是数据,因为从一张领料单中他无法知道本月某种航材消耗了多少,他并不能掌握企业本月的航材入库、消耗以及库存情况。

3) 信息不随载体而改变

信息不随承载它的物理设备形式的改变而变化。但是,随着载体的不同,数据表现形式也可以不同。例如,航空旅客行李重量 1 千克和重量 1 公斤属于同一信息,但其数据表现形式却不相同。

1.3.2 信息管理

1. 信息管理的定义

信息管理是指个体、组织和社会对信息活动中的各种相关因素(人、信息、技术、机构等)进行科学的计划、组织、协调和控制,以实现信息资源的合理开发与有效利用的社会活动。从信息系统角度来说,信息管理是依据信息管理的原则、信息与管理的理论,利用信息系统支持信息获取、信息组织、信息检索及信息服务的信息流的管理过程,目的是低成本、高质量地为用户提供满意的信息服务。信息管理过程框架如图 1-3 所示。

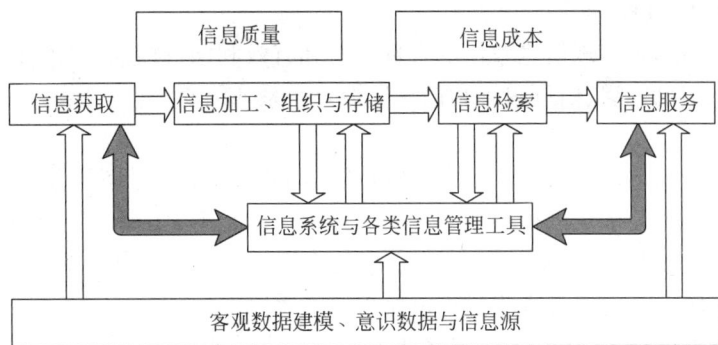

图 1-3　信息管理过程框架

2. 信息管理的对象

信息管理的对象可以概括为两个方面,即信息资源与信息活动。

1) 信息资源

对于信息资源这个概念有两种不同的理解,即狭义的信息资源和广义的信息资源。

狭义的信息资源是指人类社会经济活动中经过加工处理、有序化并大量积累后的有用信息的集合,如科学技术信息、政策法规信息、社会发展信息、市场信息等。狭义的信息资源只是指信息本身的集合,无论它是以声音、图形、图像等形式表达出来的,还是以文献、实物、数据库等载体记录下来的,其信息内容都是一样的,都是经过加工处理的、对决策者有用的数据。

广义的信息资源是人类社会经济活动中积累起来的信息、信息生产者、信息技术等信息活动要素的集合,它是一个涉及信息生产、处理、传播、利用等整个信息劳动过程的多要素的概念。

综上所述,信息资源应包括:①人类社会经济活动中经过加工处理、有序化并大量积累后的有用信息的集合;②为某种目的而生产有用信息的信息生产者的集合,如信息生产人员、信息管理人员、信息服务人员等;③加工、处理和传递有用信息的信息技术集合;④其他信息活动要素(如信息设备等)的集合。所谓信息资源的开发利用,就是由信息人员运用专门的信息技术手段对各种原始数据进行搜集选择、加工处理和分析研究,形成信息产品,然后传递给需要者使用。上述要素相互联系、相互作用,共同构成了具有统一功能的有机整体——信息系统。

2) 信息活动

信息活动就是指与信息的产生、记录、传播、收集、加工、处理、存储、检索、传递、吸收、分析、选择、评价、利用以及系统开发、技术更新、运行维护、管理决策等信息行为有关的全部社会活动。人类社会的信息活动包括个人信息活动、组织信息活动和社会信息活动 3 个基本的层次。个人信息活动表现为个人对信息资源的开发利用,其效率与个人的信息、意识、信息能力、知识素质等有关,并且受个体信息环境的影响。组织信息活动是组织搜集、处理和利用各种信息,以实现组织的各种目标和任务的活动,常以各类信息系统的形式表现出来。信息系统的发达程度能够反映出各级组织的信息开发利用水平。社会信息活动体现的是一个国家或地区的整体信息管理水平。

3. 信息管理的过程

信息管理的目的是实现信息效用的合理开发和有效利用,这就必然涉及信息采集、信息加工、信息存储、信息传递、信息服务和信息反馈等一系列活动。

1) 信息采集

信息采集是根据特定的目标和要求,选取适当的采集策略、途径与方法,对分散的蕴含在不同时空领域的有关信息进行挖掘和积累的过程。信息采集的程序一般可以分为以下几个步骤:信息需求分析、确定采集策略、确定采集途径、实施信息采集、编写采集报告。信息采集的方法是采集人员在信息采集过程中所采取的手段。

信息采集的方法很多,我们可以粗略地将其分为直接观察法、访问调查法、问卷调查法和文献检索法。

2) 信息加工

所谓信息加工是指将采集到的信息(可称为原始信息)按照一定的程序和方法进行筛选、分类、整理、编制等,使其具有可用性。信息加工是信息管理过程中不可缺少的环节,它对信息具有优化、序化作用。信息加工有利于信息的进一步存储、检索、传递和利用。

信息加工的内容包括:①信息的筛选。在大量的原始信息中,不可避免地存在一些假信息和伪信息,只有通过认真的筛选和鉴别,才能防止鱼目混珠、真假混杂。②信息的标引和著录。采集来的信息是一种初始的、凌乱的和孤立的信息,只有把这些信息进行标引和著录,才能使之成为有序的、系统的、具有高利用价值的信息资源。

3) 信息存储

信息存储是指将加工后的信息按照一定的规定记录在相应的信息载体上,并科学地进行保管的过程。

信息存储工作具体包括以下内容:①将加工后的信息按照一定的规则记录在相应的信息载体上;②将这些信息载体按照载体的形式特征和信息的内容性质组成系统有序的、方便检索的集合体;③维护信息载体在长时间范围内的理化性质稳定,并采取相应的措施保证信息的真实性与长期可用性。

信息存储载体是用于记录和保存信息的实体。目前,组织内部常用的信息存储载体主要有纸张、胶片、磁带、磁盘、光盘、闪存、硬盘等。

4) 信息传递

信息传递是以信息提供者为起点,跨越时间和空间,将信息传递给信息接收者的过程。

信息管理过程中的信息传递属于组织内部的信息传递,它主要包括两个方面:一是组织系统自身产生的信息在系统内的传递和向系统外的传递;二是组织的管理者们根据组织的需要,专门采集并经加工处理之后的信息在系统内外的传递。

根据信息提供者与信息接收者在信息传递过程中的行为及发挥作用的方式,我们可以把信息传递简单分为以下4种模式:①被动型传递模式。被动型传递模式是指根据接收者提出的信息需求,或者可能出现的信息需求,信息管理者传递和提供相应的信息。它包括提供以载体形态为单位的信息和提供内容信息两类,具体的方式有信息咨询、科技查新、图书档案的借阅、复制服务等。②主动型传递模式。主动型传递模式是指在接收者还未提出具体需求之前,传递者根据信息需求分析结果将信息资源预先主动传递。这种传递模式主要有定题情报服务、决策支持服务、信息策划服务等。③参与型传递模式。参与型传递模式即传递者与接收者共同参与信息的传递活动,实现知识共享,合作开发信息资源或者完成研究课题。④现代自动型传递模式。现代自动型传递模式即信息管理者将信息加工后做成数据库,使用者可以通过网络检索自己需要的信息。

5) 信息服务

信息服务是指基于用户研究,通过有效的信息组织和用户服务,将有价值的信息传递给用户,最终协助用户解决问题的一项信息管理活动。从某种意义上说,信息服务实际上是传播信息、交流信息、实现信息增值的过程,是信息管理的出发点和归宿。

基于不同的视角,信息服务方法有多种不同的划分。从服务媒介来看,有电话信息服务、邮件信息服务、网络信息服务,以及报纸、期刊、书籍、电视、广播等媒体信息服务;从服务理念来看,有大众化、小众化和个性化信息服务模式;从服务的导向来看,有资源导向型、用户导向型等;从提供服务的方式来看,常见的主要有信息检索服务、信息发布服务、信息导航服务、信息咨询服务、信息研究服务、信息推送服务、信息翻译服务等。

6) 信息反馈

信息反馈是指通过采集反馈信息,总结信息作用结果,借以指导后面的行动的过程。信息传递的目的是信息发送者将信息完整、准确地传递给信息接收者,信息接收者据此采取正确的行动。如果不能达到这个目的,则说明信息不灵,发生了故障。为了核查和纠正存在的偏差,就要借助于信息反馈。

信息管理过程中信息反馈的方式主要有以下几种。①正反馈。正反馈是指在信息管理过程中,将某项决策实施后的正面经验、做法和效果反馈给决策部门,供决策部门分析研究、总结经验,促进决策部门能力的提升。②负反馈。负反馈是指在信息管理过程中,将某项决策过程出现的问题或者造成的不良后果反馈给决策部门,供决策部门分析,吸取失败教训,以利于日后决策的不断改进。③前馈。前馈是一种超前的反馈,即在某项决策实施过程中或者实施前,将预测中得出的信息发送给决策部门,使决策部门在可能出现偏差之前采取措施,从而防止偏差的产生。

1.4 系统与信息系统

1.4.1 系统的概念和特性

1. 系统的概念

系统是由两个或两个以上相互区别并相互联系的要素,为了达到一定目的,以一定方式结合起来而形成的整体。例如,航空公司就是一个系统,它是由员工、飞机、场地、保障设备、资金、部门、机票产品、航旅产品和信息等组成的,为了有效地实现客货运的流通,以最好的方式组织和运输,在满足客户需求的同时,从中获取最大利润。

可以从三个方面理解系统的概念:

(1) 系统是由若干要素(部分)组成的。这些要素可能是一些个体、元件、零件,也可能其本身就是一个系统(或称为子系统)。如运算器、控制器、存储器、输入/输出设备组成了计算机的硬件系统,而硬件系统又是计算机系统的一个子系统。

(2) 系统具有一定的结构。一个系统是构成要素的集合,这些要素相互联系、相互制约。系统内部各要素之间具有相对稳定的联系方式、组织秩序。

（3）系统有一定的功能，或者说系统有一定的目的性。系统的功能是指系统与外部环境在相互联系和相互作用中表现出来的性质、能力和功能。例如，信息系统的功能是进行信息的收集、传递、储存、加工、维护和使用，辅助决策者进行决策，帮助企业实现目标。

2. 系统的特性

系统的特性包括整体性、目的性、相关性和环境适应性。

（1）整体性。一个系统就是一个整体或集合，由两个或两个以上可以相互区别的子系统所组成。作为集合的整体，系统的功能要比所有子系统的功能的总和还大。

（2）目的性。人造系统都具有明确的目的，就是系统运行要达到的预期目标，它表现为系统所要实现的各项功能。系统的目的或功能决定着各子系统的组成和结构。

（3）相关性。系统内部各子系统既相互作用，又相互联系。它包括结构联系、功能联系、因果联系等，这些联系决定了整个系统的运行机制，分析这些联系是构筑一个系统的基础。

（4）环境适应性。系统在环境中运转，环境是一种更高层次的系统。系统与其环境相互交流，相互影响，进行物质的、能量的或信息的交换。不适应环境变化的系统是没有生命力的。

1.4.2 系统的分类

1. 按系统的自然发展层次分类

按系统的自然发展层次可将系统分为无机系统、生物系统和社会系统。

由自然界中的无机物质构成的系统称为无机系统，主要由有生命物质构成的系统称为生物系统，以人为基本单元的系统称为社会系统。

生物系统是在无机系统的基础上发展起来的，社会系统又是在生物系统的基础上发展起来的。因此，社会系统相对于生物系统为高层次系统，生物系统相对于无机系统又是高层次系统。

2. 按系统的形成原因分类

按系统的形成原因可将系统分为自然系统、人造系统和复合系统三大类，如表 1-1 所列。

表 1-1　系统按形成原因分类

系 统 类 型	举　　例
自然系统	血液循环系统、天体系统、生态系统等
人造系统	计算机系统、生产系统和运输系统等
复合系统	复合生态系统、复杂系统等

自然系统是由矿物、植物、动物等自然物自然形成的，不以人的意志为转移的系统，如生态系统、气象系统、星空系统等。

人造系统是人类为了达到某种目的而对一系列的要素做出有规律的安排，使之成为一个相关联的整体，如生产、交通、运输、管理等系统。人造系统一般包括 3 种类型：①由人们从加工自然物中获得的零部件装配而成的工程技术系统；②由一定的制度、组织、程序、手续等所构成的管理系统；③根据人们对自然现象和社会现象的科学认识所创立的学科体系和技术体系。

复合系统是自然系统和人造系统相结合的系统。

3. 按系统与环境的关系分类

按系统与环境的关系可将系统分为封闭系统(封闭系统又称孤立系统)和开放系统,它不与环境发生物质、能量、信息的交换。

开放系统是指系统与环境经常有较多的物质、能量、信息的交换,而且这种交换会影响系统的结构、功能和发展,一旦与外界的联系切断,便会影响系统的稳定,甚至使系统破坏。

相对封闭系统是开放系统的一种,其特征为:它受其他事物的影响,但这种影响只能以特定的方式,通过特定的途径发生作用,称为输入;它对其他事物也施加影响,但这种影响只能以特定的方式,通过特定的途径发生作用,称为输出。

4. 按系统的组成要素分类

按系统的组成要素可将系统分为静态系统和动态系统。

如果系统的状态不随时间而变化,就是静态系统;反之,就是动态系统。

5. 按系统的目的不同分类

按系统的目的不同可将系统分为对象系统和行为系统。

对象系统是按照具体研究对象进行区分而产生的系统。当系统按照具体研究对象而加以区分时,就有各种各样的具体对象系统,如自然、社会、思维领域中各种具体的对象系统,企业的经营计划系统、生产系统、库存系统等。

行为系统是以完成目的行为作为组成要素的系统。行为是指为达到某一确定的目的而执行某特定功能的作用,这种作用对外部环境能产生一定的效用。行为系统的区别并不以系统的组成部分及其结构特征作为标准,而是根据行为特征的内容加以区别。也就是说,尽管有些系统的组成部分及其有关内容是相同的,但如果其执行特定功能的作用不同,那么它们就不是同类的系统。行为系统一般需要通过组织体系来体现,如社会系统、经济系统、管理系统等。

6. 按系统的特征分类

按照系统的特征可以将系统分为实体系统和抽象系统,如表 1-2 所示。

表 1-2　系统按特征分类

系 统 类 型	举　　　　例
实体系统	企业、工人、管理人员、生产设备等;学校、教师、学生、教学设备等
抽象系统	国际货币经济学、马克思主义理论体系等

实体系统是以物理状态的存在作为组成要素的系统,是为完成目标共同工作的要素的有机组合。图 1-4 所示为由实物所组成的系统,它最具体,抽象程度最低。

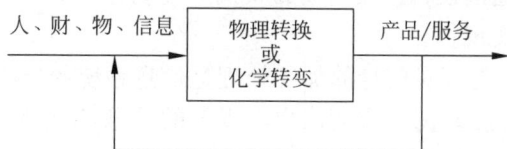

图 1-4　实体系统示意图

抽象系统则是由概念、原理、方法、法则、制度、程序等非物质所组成的系统,如学科系统、法律系统、政策制度系统、计算机软件系统等。

1.4.3 信息系统的概念及功能

1. 信息系统的概念

所谓信息系统,是一个对信息进行采集、处理、存储、管理、检索,并且在必要时能向有关人员提供有用信息的系统。从广义上讲,任何能进行信息加工处理的系统都可视为信息系统,如生命信息系统、企业信息系统、文献信息系统、地理信息系统等。本书讨论的信息系统是狭义概念,是一个专门的系统,是基于计算机、通信技术等现代化信息技术手段且服务于管理决策领域的系统。

信息系统具有和通常系统一样的特征,其主要目的是把数据转换成信息。信息系统包括信息处理系统和信息传输系统两个方面。信息处理系统对数据进行处理,使它获得新的结构与形态或者产生新的数据。比如,计算机系统就是一种信息处理系统,通过它对输入数据的处理可获得不同形态的新数据。信息传输系统不改变信息本身的内容,作用是把信息从一处传到另一处。由于信息的作用只有在广泛交流中才能充分发挥出来,因此,通信技术的进步极大地促进了信息系统的发展。广义的信息系统概念已经延伸到与通信系统相等同。这里的"通信"不仅指通信,而且意味着人际交流和人际沟通,其中包括思想的沟通、价值观的沟通和文化的沟通。

在企业的活动中存在物流、资金流、事务流和信息流,其中,物流是指实物的流动过程、企业中"物"的变换和流动,即实体(如原材料、零件等)运动称为物流;资金流指伴随物流而发生的资金的流动过程;事务流指各项管理活动的工作流程;信息流指信息的定向流动,伴随着物流、资金流、事务流的流动而有规律地流动,它既是其他各种流的表现和描述,又是用于掌握、指挥和控制其他流运行的软资源。在一个组织的全部活动中存在各种各样的信息流,而且不同的信息流用于控制不同的活动。如果几个信息流联系在一起,服务于同类的控制和管理目的,就形成了信息流的网,称为信息系统。

2. 信息系统的功能

信息系统具有如下功能:

(1)信息采集与输入功能。将信息收集起来,整理为相应的格式或形式,并输入信息系统,这是信息处理的基础。这一步工作的质量是整个信息系统能否正常发挥作用的关键。

(2)信息存储功能。系统中的信息一般需要多次使用,从而实现共享,因此要对所收集的原始信息和加工整理后的信息进行存储。

(3)信息传输功能。对于以计算机为工具的信息系统而言,信息传输实质上就是通信,通常是由计算机终端和通信设备连接而成的联机系统或分布式处理系统。目前,信息传输通常借助计算机网络来实现。

(4)信息加工处理功能。对信息的加工处理是信息系统的核心功能,主要用来完成数据或低层次信息的加工处理,使之成为用户所需要的信息,这种加工处理需借助信息存储器,在信息管理者的控制下完成。

(5)信息输出功能。信息输出就是将信息处理器加工处理后的信息以文字、表格、图形、声音等多媒体形式传输给信息用户。信息系统的目的是为用户提供各种信息服务,信息输出功能完善与否,直接关系到信息系统的使用效果和整个系统效能的发挥。

1.4.4　信息系统的发展

信息系统的发展与计算机技术、通信技术和各相关学科的发展紧密相关。信息系统经历了由单机到网络、由低级到高级、由数据的简单处理到智能处理的发展过程,这个发展过程大致经历了以下几个阶段。

1. 电子数据处理系统

在电子数据处理系统阶段,计算机主要用于对具体业务的简单处理,如产量统计、成本计算、库存记录等。目的是迅速、及时、正确地处理大量数据,提高数据处理的效率,实现手工作业的自动化,将人们从繁重的手工数据处理工作中解放出来,从而提高工作效率。它具体又分为单项数据处理阶段和综合数据处理阶段。

1）单项数据处理阶段

20 世纪 50 年代中期到 60 年代初期,是电子数据处理的初级阶段。主要是用计算机部分地代替手工劳动,进行一些简单的单项数据处理工作,如工资计算、产量统计等。

2）综合数据处理阶段

20 世纪 60 年代中期到 70 年代初期,计算机技术有了很大发展,出现了大容量直接存取的外存储器。此外,一台计算机能够带动若干终端,可以对多个过程的有关业务数据进行综合处理。这时各类信息报告系统应运而生。

2. 管理信息系统

20 世纪 70 年代初,随着数据库技术、网络技术和科学管理方法的发展,计算机在管理上的应用日益广泛,管理信息系统(management information system,MIS)逐渐成熟起来。

MIS 是对一个组织(单位、企业或部门)进行全面管理的人和计算机相结合的系统。它是综合运用计算机技术、信息技术、管理技术和决策技术,与现代化的管理思想、方法和手段结合起来,辅助管理人员进行管理和决策的人机系统。MIS 不仅是一个技术系统,而且是一个社会系统。管理信息系统与信息系统的关系如图 1-5 所示。

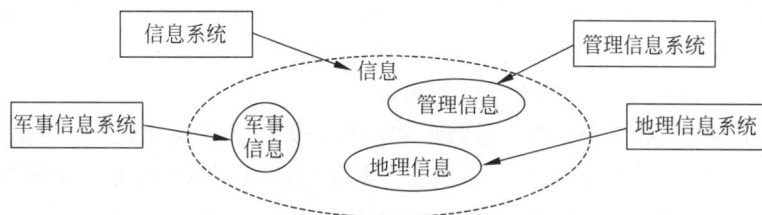

图 1-5　管理信息系统与信息系统的关系

MIS 最大的特点是高度集中,能将组织中的数据和信息集中起来,进行快速处理,统一使用。MIS 的重要标志是有一个中心数据库和计算机网络系统。MIS 的处理方式是在数据库和网络基础上的分布式处理。随着计算机网络和通信技术的发展,它不仅能把组织内部的各级管理联结起来,而且能够克服地理界限,使分散在不同地区的计算机网络互联,形成跨地区的各种业务信息系统和管理信息系统。

MIS 的另一特点是:利用定量化的科学管理方法,通过预测、计划优化、管理、调节和控制等手段来支持决策。

3. 决策支持系统

20 世纪 70 年代初,美国的 Michael S. Scott Marton 在《管理决策系统》一书中首次提出了"决策支持系统"(decision support system,DSS)的概念。DSS 不同于传统的 MIS,早期的 MIS 主要为管理者提供预定的报告,而 DSS 则是在人和计算机交互的过程中帮助决策者探索可能的方案,为管理者提供决策所需的信息。

由于支持决策是 MIS 的一项重要内容,因此 DSS 无疑是 MIS 的重要组成部分;同时,DSS 以 MIS 管理的信息为基础,是 MIS 功能上的延伸。从这个意义上可以认为 DSS 是 MIS 发展的新阶段,而 DSS 把数据库处理与经济管理数学模型中的优化计算结合起来,是具有管理、辅助决策和预测功能的管理信息系统。

传统的 DSS 一般由人机交互子系统、数据库子系统和模型库子系统组成。人机交互子系统负责用户与计算机的交流沟通,用户和计算机互相回答对方的提问;数据库子系统集成了企业生产经营各子系统的信息,为模型库中模型的运行提供必要的数据;模型库子系统中存储着大量的优化、预测和分析模型,为决策方案的制定提供科学方法。随着 DSS 的发展,传统 DSS 逐渐与人工智能结合,DSS 结构中又添加了知识库和推理子系统,形成了智能决策支持系统(intelligent decision support system,IDSS)。随着网络技术的发展,DSS 开始支持分布式的众多决策者参与的决策,群体决策支持系统(group decision support system,GDSS)逐渐形成。由于 GDSS 具有集群体智慧的功能,因此,它的出现提高了决策者决策的准确性和科学性。

4. 数据仓库系统

随着市场竞争的加剧和信息社会需求的发展,从大量数据中提取(检索、查询等)有助于制定市场策略的信息显得越来越重要。这种需求既要求联机服务,又涉及大量用于决策的数据,而传统的数据库系统已无法满足这种需求,因此,数据仓库新技术便应运而生。

数据仓库(data warehouse)一词最早出现于 20 世纪 90 年代初,它是在已经成熟的数据库技术基础上发展而来的,是为了满足人们在高度数据积累的基础上进行数据分析的需要而产生的。著名的数据仓库专家 William H. Inmon 在 1993 年所著的《建立数据仓库》(*Building the Data Warehouse*)一书中将数据仓库定义为:"是一个面向主题的、集成的、随时间变化的、非易失性数据的集合,用于支持管理层的决策过程。"它是管理信息系统、计算机科学中的数据库技术和网络技术的大融合。

从用户的角度看,数据仓库是大量数据和信息查询过程的集中地,它能够管理完备的、庞大的、及时的、准确的和可理解的业务信息。数据仓库系统作为企业级决策支持的核心基础设施,通过整合联机分析处理(online analytical processing,OLAP)和数据挖掘(data mining,DM)技术构建完整的分析体系。OLAP 侧重于对所有事务进行多角度的展现,而数据挖掘侧重于对事务中蕴含的未知规律进行发现。可以说,数据仓库技术使人们从全新的视角认识了数据的价值。

OLAP 是一项应用广泛的数据仓库技术,它可以根据分析人员的要求,迅速、灵活地对大量数据进行复杂的查询处理,并以直观的、容易理解的形式将查询结果提供给各种决策人员,使他们能够迅速、准确地掌握企业的运营情况,了解市场的需求。OLAP 技术主要有两个特点:一是在线性,表现为对用户查询请求的快速响应和交互式操作;二是多维分析,表现为对用户查询请求可以从多个用户关心的角度同时进行显示,用户不仅可以从多个角度查看基础数据,而且可以快速查看汇总数据。

所谓数据挖掘,是指从数据仓库或其他大规模数据源中抽取隐含在其中的、人们事先不知道的,但又是潜在有用的信息和知识的过程。数据挖掘就是在一些事实或观察数据的集合中寻找特定的模式、关联规则、变化规律等,以此来支持决策。数据挖掘实质上是一种深层次的数据分析技术,它主要借助统计分析方法、人工神经网络、决策树、遗传算法、粗糙集方法等来建造挖掘模型,以此发现大规模数据中隐藏的、对决策有价值的规律。

5. 云信息系统

随着时间的推移,人们发现企业对于资源的需求正在不断激增,这种增长正在成为企业信息系统发展的主要障碍和瓶颈。企业为了应对这种无法预计的需求增长,必须在纯粹依赖人工估计的前提下,每年配备大量基础设施,这可能导致大量资源闲置和浪费。云计算作为一种全新的 IT 架构和运营模式出现,将企业的信息系统带入了一个全新的时代。

虚拟化技术是云计算不可分割的一项重要支撑技术,它可以将分散的、能力较弱的各类资源融合为一个强大且逻辑统一的资源池,实现由小变大的重要整合。用户可以根据需要从资源池中获得所需要的计算或存储资源,而无须为超出其需求的多余资源支付费用,并在使用完毕后释放资源使其回归资源池;同时,虚拟化也允许随时向资源池中添加新的硬件设备,以扩充资源池的能力。可以说,虚拟化技术为云信息系统提供了强大的资源保障。

从本质上来看,云信息系统是一种面向服务的全新信息系统,它通过三个层次架构来实现信息系统的服务,即基础资源即服务(IaaS)、平台即服务(PaaS)和软件即服务(SaaS)三个层次。在 IaaS 层中提供了云信息系统所需要的基础资源服务,同底层集成实现基础资源虚拟化,形成大规模资源池服务,为信息系统的运行提供硬件设备支撑;在 PaaS 层,提供了云信息系统运行所需要的运行环境、接口标准规范,以及相应的开发环境等一系列平台服务,使云信息系统能够得到很好的平台支撑;在 SaaS 层,云信息系统服从面向服务的架构(service oriented architecture,SOA)相关规则,将原本封闭式的信息系统模块转变为相对开放的服务组件,以松散耦合的方式部署在 PaaS 层上。在用户使用系统时,云信息系统将依据该用户的信息服务请求,在 IaaS 层中分配相应的基础资源支撑,并在 PaaS 层中给出对应的信息系统服务模块的调用规则、访问接口规范、运行环境、监控环境和数据响应方式等一系列平台配置,最后在 SaaS 层中调用用户请求所需要的服务模块,通过一定的组合规则为用户提供信息服务。

企业部署云信息系统的优势在于:首先,企业通过虚拟化技术集成大量的物理分布的计算机或服务器等硬件设备形成资源池,实现企业海量数据统一集中式管理,从而避免传统情况下企业各部门各自建设信息系统而导致的资源浪费,降低成本,继而在其上按云计算模式部署符合特定规范和标准的信息系统,按需分配计算资源,大幅度降低企业各部门分开建设信息系统所需的软件成本;其次,企业可以向其他云计算服务提供商租用云资源服务,按需计费,并在其上部署自己所需要的信息系统模块或服务,从而直接避免传统情况下所需要的硬件基础设施、平台建设等方面的成本,通过云计算服务提供商的弹性管理和按需计费等方法,保障企业云信息系统得到快速部署和实施。

1.5 管理信息系统

1.5.1 管理信息系统的定义

管理信息系统是 20 世纪 30 年代以来逐渐形成的一门新学科,最早由瓦尔特·肯尼万(Walter T. Kennevan)给它下了一个定义:"以口头或书面的形式,在合适的时间向经理、职员以及外界人员提供有关企业内部及其环境的过去的、现在的、预测未来的信息,以帮助他们进行决策。"这个定义强调了信息支持决策,但没有强调一定要用计算机,没有强调应用模型。直到 1985 年,管理信息系统的创始人,明尼苏达大学卡尔森管理学院的教授高登·戴维斯(Gordon B. Davis)才给出管理信息系统的一个较完整的定义:"它是一个利用计算机硬件、软件和手工作业,利用分析、计划、控制和决策模型以及数据库的用户-机器系统。它能提供信息支持企业或组织的运行、管理和决策功能。"这个定义不仅全面地说明了管理信息系统的目标、功能和组成,而且反映了管理信息系统当时已达到的水平。

20 世纪 70 年代末 80 年代初,许多从事管理信息系统工作的学者根据中国的特点,给管理信息系统也下了一个定义,登载于《中国企业管理百科全书》上。该定义为:"管理信息系统是一个由人、计算机等组成的能进行信息的收集、传送、储存、加工、维护和使用的系统。管理信息系统能实测企业的各种运行情况,利用过去的数据预测未来;从企业全局出发辅助企业进行决策;利用信息控制企业的行为;帮助企业实现其规划目标。"这个定义强调了管理信息系统的功能和性质。

经过多年的发展,管理信息系统的环境、目标、功能、支持层次、组成、内涵等都有很大变化。针对这些变化,我国著名专家薛华成在《管理信息系统》一书中重新描述了管理信息系统的定义:"管理信息系统是一个以人为主导,利用计算机硬件、软件和网络通信设备以及其他办公设备,进行信息的收集、传输、加工、储存、更新和维护,以企业战略竞优、提高效益和效率为目的,支持企业高层决策、中层控制、基层运作的集成化人机系统。"这个定义也说明管理信息系统绝不仅仅是一个技术系统,而是将人包括在内的人机系统,因而它是管理系统,也是社会技术系统。

管理信息系统引用其他学科的概念,把它们综合集成为一门系统性的学科,这些基本学科主要包括管理科学、系统科学、运筹学、统计学及计算机科学。它面向管理,利用系统的观点、数学的方法和计算机应用三大要素,形成自己独特的内涵,从而形成系统型、交叉型、边缘型的学科。

1. 管理信息系统中的管理要素

要设计出成功的管理信息系统,必须深入研究不同管理级别活动的性质、内容及其联系。一般用横向结构与纵向结构的三级管理模型来描述其管理功能。

横向结构是同一管理层次的有关职能部门的数据综合。如企业组织可分为基层、中层和上层三个管理层次,根据各管理层次所需的信息不同,把有关职能所需的数据进行综合。通过数据的综合,设置公用数据库及各子系统使用的数据文件,以满足某一层次管理职能的信息需求。

纵向结构对不同管理层次的数据进行综合。这种结构通过对基层作业管理的数据进行

分析,综合及处理出中层战术管理所需的信息,再进一步从中层战术管理数据中综合和处理出上层战略管理所需信息,从而使各级管理层次之间信息畅通。

2. 管理信息系统中的信息要素

数据与信息的关系就像是原料和成品之间的关系。信息只有在决策过程中才表现出来,信息资源(各种形式的储存数据)是可以重复使用的。信息资源管理(information resources management,IRM)是基于信息的一种组织资源的方法。管理人员管理信息资源强调的是信息资源的组织效能。

在设计管理信息系统的总体框架时,要从 IRM 观点出发,优化信息流的总体结构,组织信息系统内部的功能,考虑信息资源的综合管理与应用。

3. 管理信息系统中的系统要素

系统为描述和理解管理信息系统中的各种组织现象提供了一个框架。一个系统就是一类为达到某种目的而相互联系着的事物的事例,是由相互联系、相互作用的事物或过程组成的具有整体功能和综合行为的统一体。在这个统一体中,对各事物加以深入的研究,再从整体出发分析各事物的相互联系、相互作用,这就是物质世界普遍联系且具有整体性的思想,即"系统"思想。

一个系统必须置于具体的环境之中。系统的环境是指与系统的资源输入和资源输出有关联的外部世界。系统的概念是相对的,有大有小。一个大系统由若干个小系统组成,每个小系统又包括若干个更小的系统。从高层分析可以了解一个系统的全貌;从低层分析,则可以深入到一个系统的每一部分细节。合理地、正确地划分系统的层次,在每一层次上,集中力量解决该层次中的问题,而不考虑较低层次的细节,是系统分析的一种重要方法。在设计管理信息系统时,要首先抓住系统的输出、处理和输入;在管理信息系统运行时,反馈控制是非常重要的,应充分考虑反馈控制环节中人的作用。

1.5.2 管理信息系统的构成

信息处理是管理活动的支柱,是决策形成的基础。早期的社会组织、管理机构和管理人员既要从事管理决策活动,又要进行信息处理工作。随着社会经济的发展和各类组织特别是企业活动规模的扩大,管理活动中需要处理的信息急剧增多,管理决策活动也由于组织内外环境复杂多变而日趋繁重。因此,在组织中,管理决策与管理信息处理逐步分工,各级管理机构的主要任务是进行决策,而信息处理则主要由管理信息系统完成。

现代社会组织中的管理信息系统是为了实现组织的整体目标,对管理信息进行系统的、综合的处理,辅助各级管理决策的计算机软/硬件、通信设备、规章制度及有关人员的统一体。管理决策系统既借助于管理信息系统和各级管理决策所必需的信息,又通过管理信息系统对作业系统(即管理对象,如工业企业的产、供、销活动)进行控制,实施决策。现代企业组织结构复杂,管理工作按职能、按决策层次、按产品或服务内容以及按地域分门别类,管理信息量大、面广,种类繁多。因此,企业的管理信息系统是一个规模庞大、结构复杂的大系统。

管理信息系统为实现组织的目标,对整个组织的信息资源进行综合管理、合理配置与有效利用。其构成包括以下 7 个部分:

(1)计算机硬件系统:包括主机、外存储器(如磁盘系统、数据磁带系统、光盘系统)、输入设备、输出设备等。

（2）计算机软件系统：包括系统软件和应用软件两大部分。系统软件有计算机操作系统、各种计算机语言编译或解释软件、数据库管理系统等。应用软件可分为通用应用软件和管理专用软件两类。通用应用软件包括图形处理、图像处理、微分方程求解、统计分析和通用优化软件等；管理专用软件包括管理分析软件、管理模型库软件、各种问题处理软件和人机界面软件等。

（3）数据及其存储介质：有组织的数据是系统的重要资源。数据及其存储介质是系统的主要组成部分。有的存储介质已包含在计算机硬件系统的外存储设备中。另外，还有录音/录像磁带、缩微胶片以及各种纸质文件。这些存储介质不仅用来存储直接反映企业外部环境和产、供、销活动，人、财、物状况的数据，而且可存储支持管理决策的各种知识、经验以及模型与方法，以供决策者使用。

（4）通信系统：用于信息的发送、接收、转换和传输的设施（如无线设备、有线设备、光纤、卫星数据通信设施等）以及与设备（如电话、电报、传真、电视等）有关的计算机网络与数据通信软件。

（5）非计算机系统的信息收集、处理设备：如各种电子和机械的管理信息采集装置，摄影、录音等记录装置。

（6）规章制度：包括关于各类人员的权力、责任、工作规范、工作程序、相互关系及奖惩办法的各种规定、规则、命令和说明文件，有关信息采集、存储、加工、传输的各种技术标准和工作规范，各种设备的操作、维护规程等有关文件。

（7）工作人员：维护人员、程序设计员、数据库管理员、系统分析员、管理信息系统的管理人员，以及负责收集、加工、传输信息的有关人员等。

1.5.3 管理信息系统的结构

管理信息系统的结构是指各部件的组成框架，对部件不同的理解构成了不同的结构方式。下面从不同的角度分析 MIS 的结构形式。

1. MIS 的概念结构

从概念上看，MIS 由信息源、信息处理器、信息用户和信息管理者四大部件组成，如图 1-6 所示。

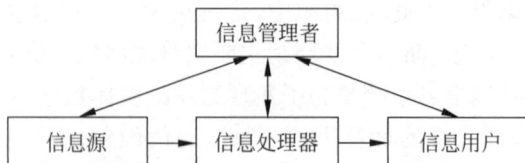

图 1-6 管理信息系统的概念结构

信息源是信息的产生地。信息处理器担负着信息的保存、处理等任务。信息用户是信息的使用者，应用信息进行管理和决策工作。信息管理者负责信息系统的设计实现，并在实现以后负责信息系统的运行和协调。信息系统的概念结构是对信息系统的一种全面性的功能抽象。在后面的章节中可以看到，管理信息系统的每一项具体功能都是由概念结构中的主要结构（输入、处理、输出）构成的。

2. MIS 的功能结构

从用户的角度来看,信息系统应该支持整体组织在不同层次的各种功能,这些具有不同功能的部分(子系统)是一个有机的整体,构成了系统的功能结构,如图 1-7 所示。

图 1-7　管理信息系统的功能结构

(1) 市场销售子系统。该系统主要包括产品的销售和推广,以及售后服务的全部活动。在业务处理方面,主要包括销售订单、合同确认的处理。在运行控制方面,包括支持雇用、培训销售人员,销售或推销的日常调度,以及按区域、产品、顾客的销售量定期分析等任务。在管理控制方面,涉及总的成果与市场计划的比较,它所使用的信息有顾客、竞争者、竞争产品和销售量要求等。在战略计划方面,包括新市场的开拓战略,它使用的信息有顾客分析、竞争者分析、顾客调查信息、收入预测和技术预测等。

(2) 生产管理子系统。该系统主要功能包括产品的设计、生产设备计划、生产设备的调度和运行、生产人员的雇用与训练、质量控制和检查等。在业务处理方面,主要包括完成生产指令单、装配单、成品单、废品单和工时单等日常工作。在运行控制方面,要求把实际进度和计划进行比较,找出瓶颈环节,使工作进度符合计划要求。在管理控制方面,需要生成概括性报告,反映进度计划、单位成本、所用工时等项目在整个计划中的绩效变动情况。在战略计划方面,包括产品组合选择、制造方法及各种自动化方案的选择。

(3) 物资供应子系统。该系统包括采购、收货、库存管理和发放等管理活动。在业务处理方面,主要包括购货申请、购货订单、加工单、收货报告、库存票和提货单等的处理。在运行控制方面,要求把物资供应情况与计划进行比较,产生库存水平、采购成本、出库项目和库存营业额等分析报告。在管理控制方面,包括计划库存与实际库存的比较、外购项目的成本、缺货情况及库存周转率等。在战略计划方面,主要涉及新的物资供应战略、对供应商的新政策以及自制与外购的比较分析等内容,此外,可能还有新供应方案、新技术等信息。

(4) 人事管理子系统。该系统包括人员的雇用、培训、考核、工资和解聘等。业务处理主要产生有关雇用需求、工作岗位责任、培训计划、职员基本情况、工资变化、工作小时和终止聘用的文件及说明。运行控制要完成聘用、培训、终止聘用、工资调整和发放津贴等工作。

管理控制主要包括将实际情况与计划进行比较,产生各种报告和分析结果,说明职员数量、招聘费用、技术构成、培训费用、支付工资以及工资率的分配和计划要求是否符合的情况。战略计划包括雇用战略和方案评价、职工培训方式、就业制度、地区工资率的变化及聘用留用人员的分析等。

(5) 财务管理子系统。该系统包括财务管理和会计管理两部分。财务的职责是在尽可能低的成本下,保证企业的资金运转。会计的主要工作则是进行财务数据分类、汇总,编制财务报表,制定预算和成本数据的分类和分析。与财务会计有关的业务处理包括处理赊账申请、销售单据、支票、收款凭证、付款凭证、日记账、分类账等。财会的运行控制需要每日差错报告和例外报告,处理延迟记录及未处理的业务报告等。财会的管理控制包括预算和成本数据的比较分析。财会的战略计划关心的是财务的长远计划、减少税收影响的长期税务会计政策以及成本会计和预算系统的计划等。

(6) 信息处理子系统。该系统的作用是保证其他子系统功能有必要的信息资源和信息服务。业务处理有工作请求、收集数据、校正或变更数据和程序的请求、软硬件情况的报告以及规划和设计建议等。运行控制包括日常任务调度,统计差错率和设备故障信息等。管理控制包括计划和实际的比较,如设备费用、程序员情况、项目的进度和计划的比较等。战略计划包括整个信息系统计划、硬件和软件的总体结构、功能组织是分散还是集中等。

(7) 高层管理子系统。该系统为组织高层领导服务,其业务处理活动主要包括信息查询、决策咨询、处理文件、向组织其他部门发送指令等。运行控制包括会议安排计划、控制文件、联系记录等。管理控制要求各功能子系统执行计划的当前综合报告情况。战略计划要求广泛的、综合的外部信息和内部信息。这里可能包括特别数据检索和分析,以及决策支持系统,它所需要的外部信息可能包括竞争者信息、区域经济指数、顾客喜好、提供的服务质量等。

由于管理信息系统的功能结构描述的是管理信息系统的功能构成及功能联系,因此它是管理信息系统开发过程中的主要关注对象,对现有管理系统的分析及对未来系统的设计都离不开管理信息系统功能结构的描述工作。可以说,管理信息系统的功能结构是管理信息系统规划、分析和设计的主线。

3. MIS 的软件结构

对应于功能结构,管理信息系统中的软件系统或模块组成一个软件结构,如图 1-8 所示。图中每个方块是一段程序或一个文件,每一个纵列是支持某一管理领域的软件系统。例如生产管理的软件系统是由支持生产管理方面的战略模块,支持管理控制、运行控制以及业务处理的模块所组成的系统,同时还带有它自己的专用数据文件。整个系统有为全系统所共享的数据和程序,包括公用数据文件、公用程序、公用模型库及数据库管理系统等。图中所示为总的粗略一级的结构,事实上每块均可再用一个树结构表示,每个树的叶子均表示一个小的程序模块。

管理信息系统的软件结构包括两个方面。一方面是依附于硬件结构的管理信息系统的系统软件结构,在这个结构中描述了硬件设备(主要是计算机)中所安装的系统软件分布情况,如所采用的操作系统、数据库管理系统、各种服务器软件、应用开发工具等。由于系统软件的分布与硬件设备密切相关,管理信息系统的系统软件结构一般和硬件结构一同给出。

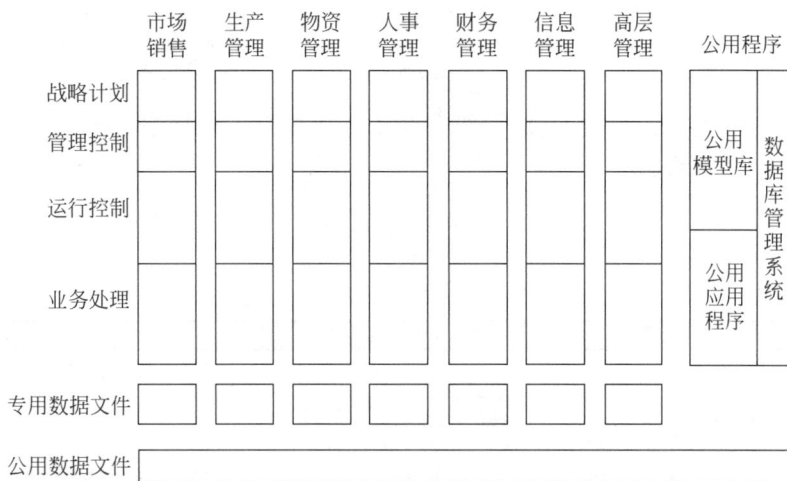

图 1-8　管理信息系统的软件结构

另一方面是描述管理信息系统各应用软件功能模块组成的应用软件系统结构。管理信息系统的软件结构一般用分层树状结构图来表示,如图 1-9 所示。

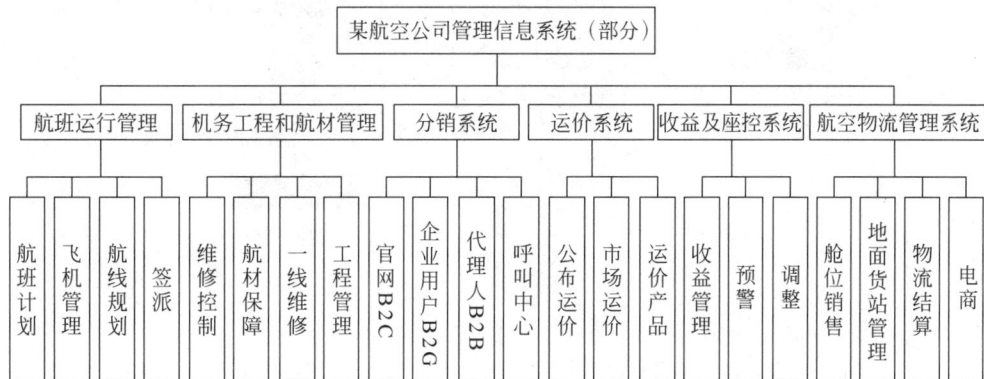

图 1-9　某航空公司管理信息系统(部分)

管理信息系统的功能结构有时也采用树状结构图的形式来描述,但为了说明各模块间、各子系统间的联系方式,一般增加文字说明。一般情况下,在描述现有系统(旧系统)时采用功能结构,而在描述目标系统(新系统)时采用应用软件结构。

4. MIS 的硬件结构

管理信息系统的硬件结构主要包括 3 个部分:①计算机设备。计算机是管理信息系统的核心设备,主要包括个人计算机和服务器。它们分别用于处理和存储组织中的各种业务数据,提供各种计算服务和应用。②存储设备。存储设备作为管理信息系统的重要组成部分,用于存储各种业务数据和信息,其类型包括磁盘阵列、存储网关、网络存储等。③网络设备。网络设备用于连接各种硬件设备和支持数据传输,包括路由器、交换机、网卡等。管理信息系统的硬件结构须说明硬件的组成及其连接方式,以及硬件所能实现的功能。如图 1-10 所示为某航空公司 B2B 代理人销售信息系统的硬件结构。

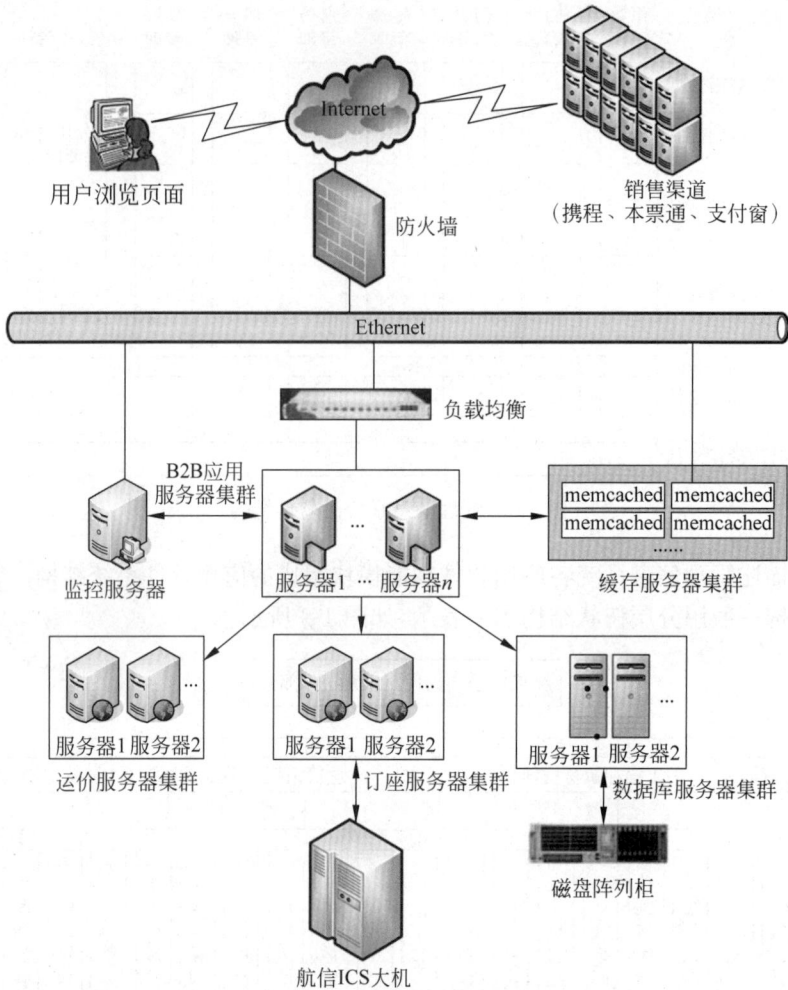

图 1-10　某航空公司 B2B 代理人销售信息系统的硬件结构

1.5.4　管理信息系统的发展

管理信息系统是一个日益重要的领域,它为企业和组织的管理决策提供必要的支持。随着技术的不断革新和市场的不断变化,管理信息系统的发展呈现出以下几个趋势。

1. 网络化发展

管理信息系统今后主要的发展方向趋于网络化,主要受信息资源管理活动中信息类型与数目快速增加的影响,计算机网络技术、信息技术等更新换代的步伐将进一步加快,能实现对多样化信息的有效处理,信息管理效率逐步提升。管理信息系统通过所建立的数据库,在数据处理时其网络化更加突出,系统对网络通信变得更加依赖,在安全、高效的互联网环境中,完成对数据信息的收集、处理、分析及传递等工作,最终实现区域内计算机信息数据的可靠交换和共享,为社会群体提供更强大的服务。此外,Web 技术在人们的生活及工作中迅速普及,推动管理信息系统朝着网络化发展,可以为用户提供所需的服务,达到多方共赢的目的。

2. 智能化发展

在管理信息系统逐步普及的过程中,系统也逐步进行优化更新。随着现代科技的发展,以人为本的科学发展观将会进一步深化,这也使得管理信息系统朝着更加智能化的方向推进。计算机管理信息系统的智能化主要体现在"功能"与"流程"两个方面。流程设计与流程执行会相互分离,在优化流程设计时,不会干扰流程执行,整个系统可以在更加独立的状态下快速处理信息,进一步提升管理效率。同时,以大规模与分布式计算机作为载体,以网络神经元作为构建基础,可以进一步增强系统的自动学习与组织水平。另外,人性化的发展理念还促使设计者充分考虑客户的层次化需求,充分调动和激发使用者的积极主动性。

3. 虚拟化

管理信息系统以虚拟化作为发展基础,能够进一步提升系统的运行效率,且使其更加灵活全面地应用,而这需要网络虚拟运算技术与云计算技术的协助。随着应用主体日常管理运作活动越来越复杂,以及受到移动互联网的影响,各应用主体在运行期间的信息资源量飞速增长,需要处理的信息量也越来越大,传统的数据中心已经无法满足快速增长的需求,海量信息促使信息管理人员工作强度与压力明显增加。利用管理信息系统虚拟化技术,可以快速解决部分问题。虚拟化目标的实现首先需建设云计算平台,然后合理应用云计算平台虚拟化操作实现对多样化数据信息的有效处理,云计算将成为管理信息系统的主流。云计算通过将数据和应用程序存储在云端、按需分配计算资源,为企业提供更高效、更灵活的服务。未来,越来越多的企业将借助于云计算平台实现数字化转型,并通过云计算来提高数据的可靠性、安全性和可持续性。

4. 集成化

现阶段,计算机网络与数据库技术得到快速发展,今后的发展方向主要以系统集成化为主。管理信息系统需要将动态的、多元化、复杂结构的子系统进行有效的连接。在数据库集成方面,其组件经过统一标准的 API 数据接口,直接通过 Web 调用功能获取所需的信息资源。受到集成化发展的影响,系统会朝着更加简单、灵活、实用的方向发展。大数据技术将进一步融合到管理信息系统中。随着数据的不断增长和数据来源的多样化,企业需要更加智能和高效地处理海量数据。大数据技术通过对数据进行采集、存储、分析和挖掘,可以帮助企业更好地洞察市场、了解客户、把握机会。未来,大数据技术将与人工智能、区块链等技术相结合,成为管理信息系统的核心组成部分,为企业提供更加精准、个性化的服务。

案例:数字化转型提速　东航开启智慧云航空数字化 2.0 新征程

"十三五"的五年是东航信息化建设腾飞发展的五年。

五年来,东航稳步实施"互联网化东航"战略,不断完善 IT 顶层设计、不断加大资源要素投入,将信息技术应用到生产经营、企业管理、客户体验等多个方面,催生出一系列深度变革,收获了一系列直观显著、业界领先的信息化建设成果。

五年来,东航坚持"以人民为中心"的发展思想,贯彻新发展理念,强化科技赋能,把握客户需求,感知潜在需求,强化客户体验,通过信息化建设与客户共创价值。

五年来,东航以数据为关键,用算法驱动企业运营,打通领域流通壁垒,实现了"数字化 1.0"阶段,为高质量发展提供了有力支撑,加速迈向智慧航企。

- **战略引领,"互联网化"成为强劲引擎**

"数字化是航空公司的最高形态,互联网正在重构企业生态。"自 2016 年起,东航便朝着"IT 引领驱动,创新业务流程""发挥 IT 引领作用,创建数字化东航"逐级递进的方向,一步一个脚印地扎实前进。2017 年 9 月,一场在东航研发中心召开的"东航互联网化战略研讨会"上,多重思想激烈碰撞,一个擘画着"互联网化的东航"的战略蓝图清晰形成。2018 年、2019 年、2020 年,从数据、算法到数字化转型、智慧·云航空,一个脉络明晰的高阶演进过程正在稳步推进。

从"十三五"迈进"十四五",在东航集团党组的领导下,在高质量规划的引领下,智慧东航逐渐成熟、壮大、成形,高质量发展的数字化、信息化引擎进一步释放出澎湃动力。

- **创新技术,东航插上科技之翼**

数智时代下的创新技术层出不穷,但东航对于创新技术的态度从来不是"盲目跟风",而是基于"业务的增加值和提升客户体验"的需求,引入适合自身实际的新技术,为企业发展插上腾飞的科技之翼。

2019 年,东航在大兴机场推出基于 5G 网络的智慧出行集成服务系统;2020 年底,东航在大兴机场又启动了"首见乘务员"服务模式,仅凭"刷脸"便可以实现值机、托运、登机的全流程自助化出行。

东航推行的智慧出行新方式,其本质为东航在以客户旅程为核心、聚焦提升客户体验的探索过程中,将虚拟现实技术与新兴数字技术进行融合创新,再投入到对应的业务场景中,颠覆传统,衍生出一系列航空出行新场景、新模式,让旅客充分享受到智慧化出行带来的便利体验。

"十三五"期间,在积极探索新技术应用方面,东航从不"吝啬"地阔步向前,敢于尝试、勇于创新,启动了多项前沿技术探索工作。比如打造 5G 智能机库应用平台,实现机库内所有生产要素的智能化和透明化管理,提升机库安全管理水平;又比如利用人机智能交互和语音语义识别等技术打造全新的智能客服系统,改善旅客接触点服务体验;还比如统一东航 XR(AR、VR 等统称)技术规范,建设可视化 VR 研发平台,完成了 39 个 VR 场景用于培训、生产。

一路走来,东航努力在用新技术服务于企业发展,用新技术探索和创造更多的可能性。

- **自主研发,企业高效运转添动力**

"只有把核心技术掌握在自己手中,才能真正掌握竞争和发展的主动权。"全面提升自主研发能力,是东航近年来在信息化建设领域的一个重要着力点。

已上线的新版 APP、新版官网,作为数字化出行平台的重要组成部分,实现了核心渠道的自主掌控和客户体验的优化提升;自主研发电商平台支持 APP、网站、小程序、M 站等诸多电商渠道的统一服务,实现航班查询平均响应时间小于 1s,日均查询量逾千万次;上线了基于自主研发的新一代维修管理系统,实现了飞机退租、结构修理、发动机监控三大模块全覆盖。

东航进一步深化了算法研究与应用,自建统一的算法管理平台,持续推进签派席位、收益管理、签派人员、地服人员派工等算法,逐步实现核心算法自主化。

以 MUC 航班综合保障平台为例,这是东航融合了多年信息化建设成果,自主研发的一款内部工作即时通信软件。它涵盖了航班生产保障各单元,实现了扁平化的组织指挥体系,以自动建群、直接找人的方式,推进跨领域流程的打通与整合,从而建立起一个信息生态圈,比如运控中心可直接指挥每个飞行员、乘务组、任何一个登机口等,极大提高了航班保障效率。

东航新建系统的自主研发比例大幅提升,极大提高了自主创新和核心渠道自主掌控能力。

- **用好数据,让一切"皆有可能"**

没有数据,如何实现智能?用好数据资产让一切变得"有可能"——东航深谙此理。

2017 年,东航设立数据管理中心,构建数据管理组织体系、数据管理制度及流程,利用"盘、规、治、用"的流程机制强化数据管理,深化数据域治理,开展营销"五域"、IT 域、财务域等七个域数据治理工作,实现全数据域覆盖;同年,东航启用数据实验室,打造"公民数据科学家",向业务部门输出技术支持、数据支持,开发了 11 门数据能力提升课程,累计培训各业务领域数据分析人员 900 余人次。

一方聚数据,一方强算法。2019 年东航又成立了算法实验室,聚焦营销、服务、运行、安全等多个领域的算法优化;利用人工智能算法进行舱位销售控制,已覆盖百余个独飞和竞争航班;在浦东 S1 卫星厅建立浦东桥位分配优化模型,实现业务约束要求下最大的靠桥率;通过神经网络算法对航食进行预测,实现精准配餐、按需领取生产原料,最终增加企业毛利率。

数据算法的重要性从 2020 年东航首创业界大火的"随心飞"系列产品中可见一斑。利用数据支持"随心飞"产品的销售,预测购买旅客人数,与实际随心飞产品激活数进行匹配,在后期持续提高客座率,为业务分析提供支持。

"十三五"期间,东航在智能营销、智慧出行、智能运行、安全管理、数据治理、前沿科技、创新赋能等方面,不断加快数字化转型进程,以数据为关键,用算法驱动企业运营,对外提升客户体验,对内赋能业务高效运营,其网络设备、混合云体系建设已基本成形,信息安全防护取得较好效果,为东航的信息化发展打下了牢固基础。

当前,数字经济时代已经到来,新的技术催生出新的商业模式和生态,传统企业的制度与管理模式也遭遇颠覆性的挑战。2020 年,一场新冠疫情加速了新产业、新业态、新商业模式"三新经济"的形成,身处其中的东航从不曾停下脚步,继续朝着加快互联网化建设、加快数字化转型、运用智能化硬核科技等方向跑出属于自己的"加速度"。

"十三五"收官,东航智慧·云航空已初具雏形;"十四五"启航,在数字经济新时代的浪潮下,在面向未来互联网化多云架构趋势时,东航将持续发力数字化转型,积极开展云化转型工作,不断朝着创建全体系支撑、全周期管控、全链接生态、全方位智能的智慧·云航空目标加速前进,在科技之翼的助力下全面开启智慧云航空的数字化 2.0 新征程。

(资料来源:朱彦樾,张菁. 数字化转型提速　东航开启智慧云航空数字化 2.0 新征程[EB/OL].(2021-01-08). https://news.carnoc.com/list/552/552021.html. 编者有删改)

第2章 民航管理信息系统技术基础

民航管理信息系统的相关技术在现代民航企业管理中起着至关重要的作用。网络技术用于实现企业内外部信息的传输和共享；数据库技术能够帮助企业高效地存储和管理大量数据，大数据分析技术用于挖掘隐藏于海量数据中有价值的信息；物联网技术成为提升企业管理效率、优化决策的重要工具；云计算技术用于提供具有高可扩展性和灵活性的信息系统部署方案。高效地管理和利用信息是提升民航企业竞争力的关键。

引例：中国东方航空5G＋智慧出行

在"万物互联"的5G支撑下，生物识别、人工智能、物联网、大数据、云平台等技术迅猛发展，数字经济和智慧生活的新篇章正在开启。全国民航正加快以智慧机场为关键支撑的"四型机场"建设，向数字化、智能化新技术谋求发展空间。全新航空智慧出行的推进将重新定义航空服务智能化、场景化、便捷化新标准，力求为旅客的航空出行创造更高品质、更高价值的体验。随着人工智能、人脸识别等前沿科技的不断发展，人们对智能化出行的要求也愈来愈强烈。旅客需要通过个性化、自助化服务，获得更好的便捷体验。

探索航空智慧出行，是东航加速IT领域数字化转型的一个着力点。2019年9月，东航与中国联通、华为在大兴机场正式推出基于5G网络的东航智慧出行集成服务系统。该系统综合运用5G、人工智能、云计算等新兴技术，立足航空出行全流程，围绕"一张脸走遍机场""一张网智能体验""一颗芯行李管控"3大类11个场景开启立体化的智慧出行服务。东航通过"5G＋AI"技术运用，实现了旅客在大兴机场从购票到机舱口的全程刷脸，成为全球首家推出刷脸值机系统、机舱口人脸识别系统及使用无源永久电子行李牌等技术的航司。目前，"5G智慧出行服务项目"已在北京大兴机场实现场景化落地。

"多集成""多维度"的5G智慧出行新体验，从成本管控、运行效率、客户体验等方面成功打造了行业标准及品牌创新。2020年2月25日，"5G智慧出行"项目获得了全球移动通信系统协会（GSMA）颁发的"最佳工作移动创新奖"和国内通信领域的"ICT服务创新奖"。这是5G技术在民航业的首个成功应用实践案例，同时也是东航依托自身行业优势、结合跨领域的技术优势，助力智慧民航"跨界"合作的一次新尝试。

未来，东航将着力打造5G技术在智慧民航领域应用的新标杆，逐步形成一套全民航可复制、可推广的经验，并在符合条件的航站进行推广。同时对已投产并趋于稳定的"智慧出行"产品实施标准化、流程化操作,将其纳入公司相关手册和规章,不但使其成为东航内部的标准,更为其上升为行业标准奠定基础。

(资料来源:CAPSE 服务资讯. 2019 年度创新服务奖申报案例展示:中国东方航空 5G+智慧出行项目[EB/OL].(2020-05-27).https://www.capse.net/article/10353.编者有删改)

2.1 计算机网络与通信技术

2.1.1 计算机网络基础

1. 计算机网络的定义

计算机网络是计算机技术与现代通信技术相结合的产物。它是指将地理位置不同的具有独立功能的多台计算机及其外部设备通过通信线路连接起来,在网络操作系统、网络管理软件及网络通信协议的管理和协调下,实现资源共享和信息传递的计算机系统,如图 2-1 所示。

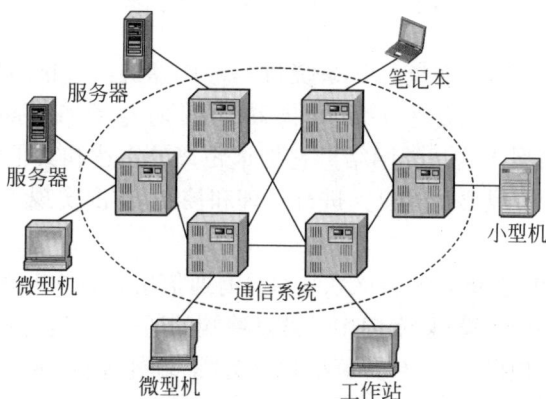

图 2-1 计算机网络

从上述计算机网络的定义中可以看出构成网络的几个条件如下:

(1)必须是两台以上的自主计算机才能构成网络,单机不是网络的概念,且这些计算机之间有通信和共享的需求。

(2)各台计算机之间要使用某种通信手段相互连接。

(3)要制定一套各方认可的通信规则。

(4)地理位置范围:计算机网络是将地理位置不同的计算机连成网络,地理位置可近可远,因而就有局域网(几千米范围)、城域网(几十千米范围)、广域网(几百千米范围)以至跨越全球的 Internet 之分。

(5)通信设备:如交换机、路由器等。

(6)通信线路:可分为有线线路和无线线路。常用的有线线路有双绞线、同轴电缆、光缆等;无线线路则是目前比较时髦的通信方式。

2. 计算机网络发展

计算机网络的发展大致可划分为 5 个阶段。

1）面向终端的计算机网络

面向终端的计算机网络又称为远程联机系统(图 2-2)，是第一代计算机网络，它产生于 20 世纪 50 年代。第一代计算机网络主要有两种模式：具有通信功能的单机系统和具有通信功能的多机系统。

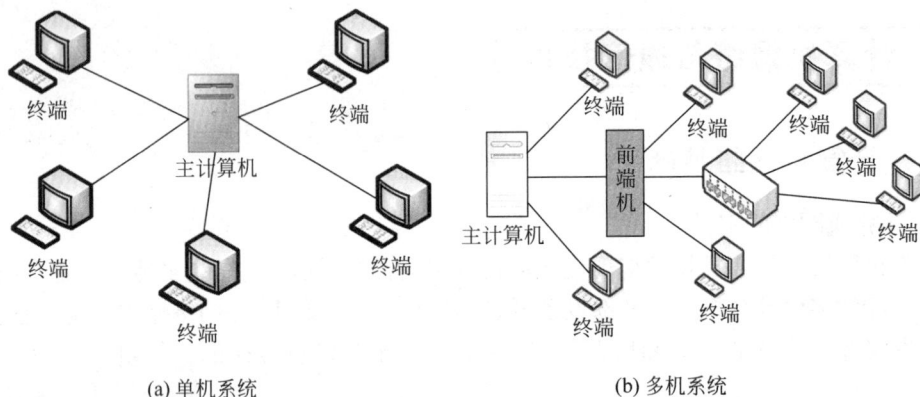

图 2-2　第一阶段的计算机网络

(a) 单机系统　　　　　(b) 多机系统

（1）具有通信功能的单机系统。该系统将一台计算机经通信线路与若干终端直接相连。美国于 20 世纪 50 年代建立的半自动地面防空系统(semi-automatic ground environment,SAGE)就属于这一类网络。它把远距离的雷达和其他测量控制设备的信息通过通信线路送到一台旋风型计算机上进行处理和控制，首次实现了计算机技术与通信技术的结合。

（2）具有通信功能的多机系统。该系统对具有通信功能的单机系统进行了改进。在主计算机的外围增加了一台计算机，专门用于处理终端的通信信息及控制通信线路，并能对用户的作业进行某些预处理操作，这台计算机被称为"前端处理机"或"通信控制处理机"。在终端设备较集中的地方设置了一台集中器，终端通过低速线路首先汇集到集中器上，然后用高速线路将集中器连到主机上。由于前端处理机和集中器当时一般选用小型机，因此这种结构被称为具有通信功能的多机系统。

在面向终端的计算机网络中，除了一台中心计算机外，其余终端都不具备自主处理功能，在系统中主要完成终端和中心计算机之间的数据通信。这种网络是计算机—计算机网络的雏形。美国在 1963 年投入使用的飞机订票系统 SABRE-1 就是这类系统的代表，它由一台计算机和全美范围内 2000 个终端组成。

2）多个主计算机互联的初期计算机网络

从 20 世纪 60 年代中期到 70 年代中期，随着计算机技术和通信技术的进步，在单主机联机网络的基础上，完成了计算机网络体系结构与网际协议的研究，形成了将多个单主机相互连接起来，以多处理机为中心的网络，并利用通信线路将多台主机连接起来，为终端用户提供服务，如图 2-3 所示。这一代计算机网络划分为两大部分：一部分是以交换机为中心的通信子网，另一部分是由若干个主机和终端构成的用户资源子网。

通信子网是实现网络通信功能的设备及其软件的集合，通信设备、网络通信协议、通信控制软件等属于通信子网，是网络的内层，负责信息的传输，主要为用户提供数据的传输、转接、加工、变换等功能。

资源子网负责全网数据处理和向网络用户提供资源及网络服务,包括网络的数据处理资源和数据存储资源。资源子网是计算机网络中面向用户的部分,其主体是连入计算机网络内的所有主计算机以及这些计算机所拥有的面向用户端的外部设备、软件和共享的数据资源。资源子网中各种数据处理设备有计算机、智能终端、磁盘存储器和监控设备等。

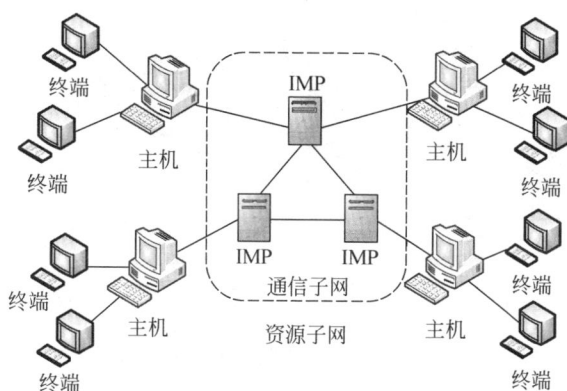

图 2-3 第二阶段的计算机网络

3) 标准化计算机网络

标准化计算机网络是指具有统一的网络体系结构并遵循国际标准的开放式和标准化的网络。阿帕网(ARPANET)兴起后,计算机网络发展迅猛,各大计算机公司相继推出自己的网络体系结构及实现这些结构的软硬件产品。由于没有统一的标准,不同厂商的产品之间互联很困难,人们迫切需要一种开放性的标准化网络环境,这样两种国际通用的最重要的体系结构应运而生,即 TCP/IP 体系结构和国际标准化组织的 OSI 体系结构。从此,网络产品有了统一的标准,同时也促进了企业的竞争,尤其为计算机网络向国际标准化方向发展提供了重要依据。到了 20 世纪 80 年代,随着个人计算机(PC)的广泛使用,局域网获得了迅速发展。美国电气与电子工程师协会(IEEE)为了适应微机、个人计算机以及局域网发展的需要,于 1980 年 2 月在旧金山成立了 IEEE 802 局域网络标准委员会,并制定了一系列局域网络标准。在此期间,各种局域网大量涌现。新一代光纤局域网——光纤分布式数据接口(FDDI)网络标准及产品也相继问世,从而为推动计算机局域网络技术进步及应用奠定了良好的基础。这一阶段典型的标准化网络结构如图 2-4 所示,通信子网的交换设备主要是路由器和交换机。

4) 智能化、高速化计算机网络

20 世纪 90 年代,计算机技术、通信技术以及建立在计算机和网络技术基础上的计算机网络技术得到了迅猛的发展。特别是 1993 年美国宣布建立国家信息基础设施(National Information Infrastructure,NII)后,全世界许多国家纷纷制定和建立本国的 NII,从而极大地推动了计算机网络技术的发展,使计算机网络进入了一个崭新的阶段。目前,全球以美国为核心的高速计算机互联网络即 Internet 已经形成,Internet 已经成为人类最重要的、最大的知识宝库。

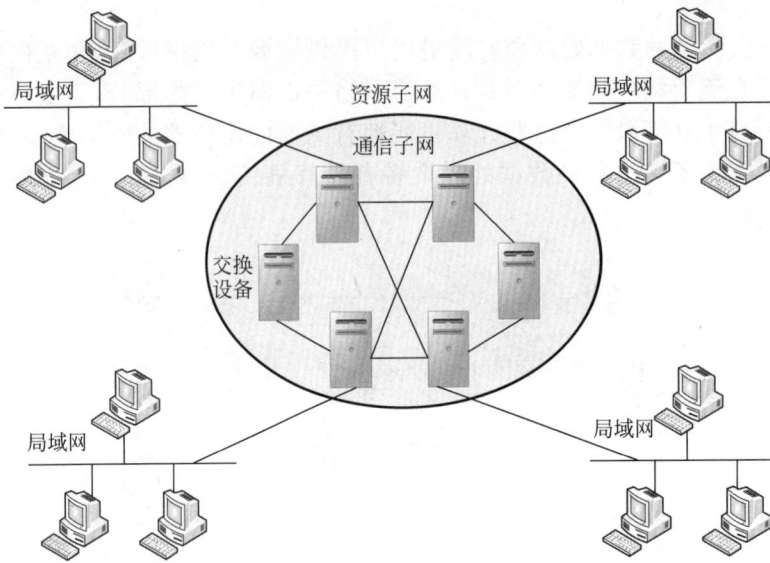

图 2-4　计算机标准化网络示意图

5）下一代计算机网络

下一代网络虽然没有形成标准,但目前普遍认为下一代计算机网络是因特网、移动通信网络、固定电话通信网络的融合,IP 网络和光网络的融合;是可以提供包括语音、数据和多媒体等各种业务的综合开放的网络构架;是业务驱动、业务与呼叫控制分离、呼叫与承载分离的网络;是基于统一协议的、基于分组的网络。下一代网络的基本特征包括:①高速传输。下一代网络具有比现有互联网更高的传输速度和更大的带宽,可以更好地满足人们对高质量视频、音频等各种内容的需求。②智能化。下一代网络采用了更加智能的路由技术和更优化的传输协议,可以更好地支持大规模数据交换和云计算等业务。③安全可靠。下一代网络拥有更高的信息安全保障措施和更为严格的网络管理规范,可以有效地保护用户数据和隐私。

3. 计算机网络的功能和分类

1）计算机网络的功能

建立计算机网络的主要目的是实现在计算机通信基础上的"资源共享"。计算机网络具有如下几个方面的功能:

（1）实现资源共享。所谓资源共享是指所有网内的用户均能享受网上计算机系统中的全部或部分资源,这些资源包括硬件、软件、数据和信息资源等。

（2）数据信息的集中和综合管理。利用计算机网络的数据传输功能,使地理上分散的计算机实现联网,把分散在各地的计算机系统中的数据资源进行集中,综合处理,以报表的形式提供给管理者或分析者进行分析和参考。

（3）用户信息交互。作为现代通信技术和计算机技术相结合的产物,计算机网络技术可以将分布在世界不同地区的计算机用户连接在互联网上。在网络环境中,用户可以通过计算机网络传送电子邮件、发布新闻消息和进行电子商务活动。

（4）增强计算机的可靠性及可用性。在单机使用的情况下,计算机或某一部件一旦有

故障便会引起停机,当计算机连成网络之后,各计算机可以通过网络互为后备,还可以在网络的一些节点上设置一定的备用设备,作为全网的公用后备。另外,当网中某一计算机的负担过重时,可将新的作业转给网中另一较空闲的计算机去处理,从而减少了用户的等待时间,均衡了各计算机的负担。

(5) 实现分布处理。在计算机网络中,用户可以根据问题性质和要求选择网内最合适的资源,以便能迅速而经济地处理问题。对于综合性的大型问题可以采用合适的算法,将任务分散到不同的计算机上进行分布处理。利用网络技术还可以将许多小型机或微型机连成具有高性能的计算机系统,使它具有解决复杂问题的能力。

2) 计算机网络的分类

计算机网络经过多年的发展和变化,各个网络所采用的网络技术、传输介质、通信方式等各方面已经变得多种多样。

(1) 根据网络的覆盖范围分。根据网络所覆盖地理范围的不同,可以将计算机网络分为局域网(local area network,LAN)、城域网(metropolitan area network,MAN)和广域网(wide area network,WAN)3 种类型。由于该分类方式能够从数据传输方式、传输介质及技术等多方面反映网络特征,因此已经成为目前较为流行的计算机网络分类方式。

① 局域网。局域网是一种在有限的地理范围内构成的规模相对较小的计算机网络,其覆盖范围通常小于 20km。例如,将一座大楼或一个校园内分散的计算机连接起来的网络都属于局域网。

② 城域网。城域网的网络覆盖范围通常为一个城市或地区,距离从几十千米到上百千米,通常包含若干个彼此互联的局域网。城域网通常由不同的系统硬件、软件和通信传输介质构成,从而使不同类型的局域网能够有效地共享资源。

城域网的特点是传输介质相对复杂,数据传输距离相对局域网要长,信号容易受到外界因素的干扰,组网较为复杂,成本较高。

③ 广域网。广域网是指能够将众多的城域网、局域网连接起来,实现计算机远距离连接的超大规模计算机网络。广域网的联网范围极大,通常从几百千米到几万千米,其范围可以是市、地区、省、国家,乃至整个世界。

广域网的特点是传输介质极为复杂,并且由于传输距离较长,使得数据的传输速率较低、容易出现错误,所以采用的技术最为复杂。

(2) 根据网络的传输介质分。传输介质是网络中连接发送节点和接收节点之间链路的物理通路。目前计算机网络中常用的传输介质可以分为有线介质和无线介质两类。根据采用的传输介质不同,计算机网络可分为有线网络和无线网络两类。

① 有线网。有线网的通信线路由有线传输介质及其介质连接部件组成。有线传输介质有双绞线、同轴电缆和光纤。

② 无线网。无线网的通信线路是指利用地球空间和外层空间作为传播电磁波的通路。由于信号频谱和传输技术的不同,无线传输的主要方式包括无线电传输、地面微波通信、卫星通信、红外线通信和激光通信等。

(3) 根据网络的交换方式分。根据计算机网络的交换方式,可以将计算机网络分为电路交换网、报文交换网和分组交换网 3 种类型。

① 电路交换网。电路交换最早出现在电话系统中,是早期计算机网络经常采用的数据

传输方式。在电路交换网中,数字信号必须转换为模拟信号后才能进行联机传输。

② 报文交换网。报文交换网是一种数字化网络。当通信开始时,数据发送者会将包含有数据及目的地址的报文发送至交换机内,而交换机则根据报文的目的地址选择合适的路径以完成报文的发送。

③ 分组交换网。分组交换是在报文交换的基础上,将不定长的报文划分为定长的报文分组,以分组作为传输的基本单位。这不仅简化了对计算机存储器的管理,也加快了信息在网络内的传播速度。与上面的两种交换方式相比,由于分组交换具有许多优点,已经成为目前计算机网络中主要的数据传输方式。

(4) 根据网络的通信方式分。根据网络通信方式的不同,可以将计算机网络分为广播式传输网络和点到点传输网络两种类型。

① 广播式传输网络。广播式传输网络的特点是网络内的所有计算机共享一个通信信道,即数据在公用介质内进行传输,因此所有计算机都能够接收到网络内的数据,大大降低了网络的安全性能。此外,共享公用介质还使得同一时间内只能有一台计算机发送信息,因此该类型网络的数据传输效率较低。

② 点到点传输网络。点到点传输网络中数据以点到点的方式在计算机或通信设备内进行传输。与广播式传输网络不同的是,点到点传输网络内的每条物理线路连接一对计算机(或通信设备),极大地提高了网络的数据传输效率。源和目的站点之间不一定是直接的数据通路,必须经过若干中间节点的转发才能到达目的站点。

(5) 根据网络的服务方式分。根据计算机在网络内所扮演角色的不同,可以将计算机网络分为客户机/服务器网络和对等网络两种类型。

① 客户机/服务器网络。这是一种由客户机向服务器发出请求并以此获得服务的网络形式,是一种较为常用且比较重要的网络类型,不仅适合于同类型的计算机进行联网,也适合于不同类型的计算机联网(如 IBM 兼容机和 Mac 机的混合联网等)。客户机/服务器网络的特点是网络内至少有一台专用服务器,且所有的客户机都必须以服务器为中心,由服务器统一进行管理。

② 对等网。对等网的特征是网络内不需要专用的服务器,相互间是一种平等关系。在对等网中,每台接入网络的计算机既是服务器也是客户机,拥有绝对的自主权。例如,不同计算机之间实现互访、进行文件交换或使用其他计算机上的共享打印机等。

4. 计算机网络的拓扑结构

计算机与网络设备要实现互联,就必须使用一定的组织结构进行连接,这种组织结构叫作"拓扑结构"。网络拓扑结构形象地描述了网络的安排和配置方式,以及各种节点之间的相互关系。通俗地说,"拓扑结构"就是描述这些计算机与通信设备是如何连接在一起的。网络拓扑结构主要有星型结构、环型结构、总线型结构、树型结构和网状结构 5 种类型。下面将从拓扑结构的形状、特点等方面,分别对这 5 种网络拓扑结构进行简单介绍。

1) 星型拓扑结构

在星型拓扑结构(图 2-5)中,节点通过点到点通信线路与中心节点连接。中心节点控制全网的通信,任何两节点之间的通信都要通过中心节点。星型拓扑结构简单、易于实现、便于管理与维护,但是网络的中心节点是全网可靠性的瓶颈,可靠性差,中心节点发生故障可能造成全网瘫痪,另外消耗线缆较多、施工麻烦。

2）环型拓扑结构

在环型拓扑结构（图 2-6）中，节点通过点到点通信线路连接成闭合环路。环中数据将沿一个方向逐站传送。环型拓扑结构简单，传输延时确定，但是环中每个节点与连接节点之间的通信线路都会成为网络可靠性的瓶颈。环中任何一个节点出现线路故障，都可能造成网络瘫痪。为保证环的正常工作，需要较复杂的环维护处理，环节点的加入和撤出过程都比较复杂。

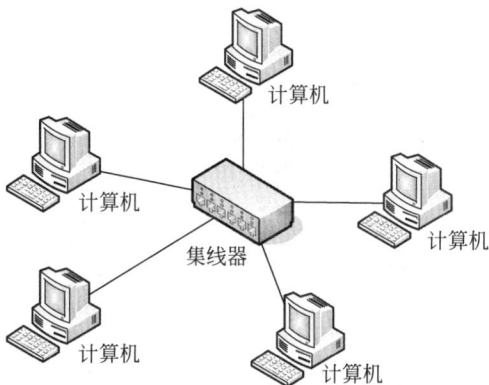

图 2-5　星型拓扑结构

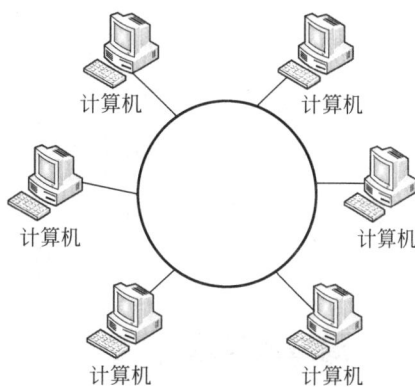

图 2-6　环型拓扑结构

3）总线型拓扑结构

总线型结构（图 2-7）中各节点通过一个或多个通信线路与公共总线相连。总线型拓扑结构简单、扩展容易。网络中任何节点的故障都不会造成全网的故障，故可靠性较高，一般用于主干网。

4）树型拓扑结构

在树型拓扑结构（图 2-8）中，节点按层次进行连接，信息交换主要在上、下节点之间进行，相邻及同层节点之间一般不进行数据交换或数据交换量小。树型拓扑可以看成是星型拓扑的一种扩展，结构较星型复杂。

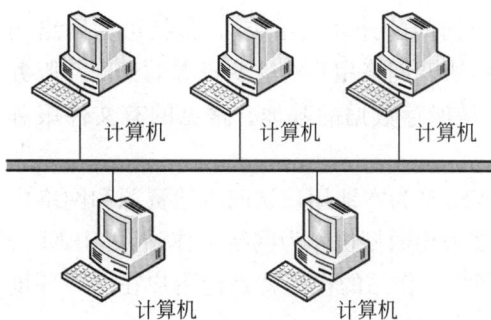

图 2-7　总线型拓扑结构

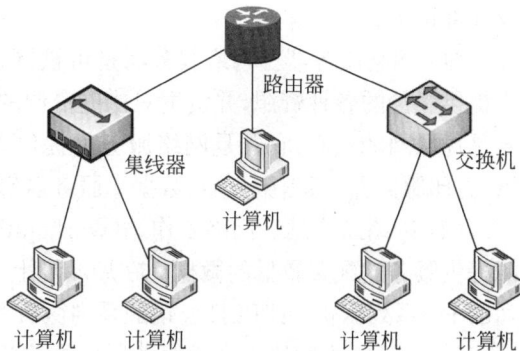

图 2-8　树型拓扑结构

5）网状拓扑结构

在网状拓扑结构（图 2-9）中，各节点通过传输线互相连接，并且每一个节点至少与其他两个节点相连。节点之间的连接是任意的，没有规律。网状拓扑结构的主要优点是系统可靠性高,但是结构复杂,必须采用路由选择算法与流量控制方法。目前实际存在与使用的广域网一般都采用这种拓扑结构,典型的是互联网。

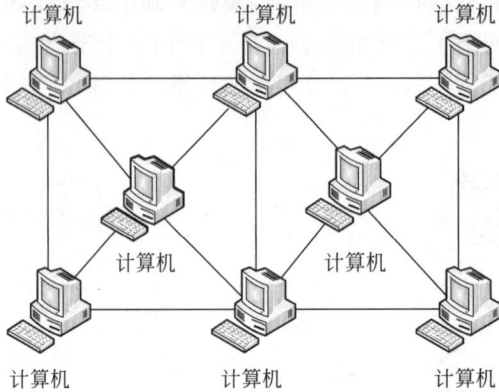

图 2-9　网状拓扑结构

2.1.2　局域网技术

局域网(local area network,LAN)是一种在有限的地理范围内将大量 PC 机及各种设备互连在一起实现数据传输和资源共享的计算机网络。社会对信息资源的广泛需求及计算机技术的广泛普及促进了局域网技术的迅猛发展。在当今的计算机网络技术中,局域网技术已经占据了十分重要的地位。IEEE 802 局域网标准化委员会对局域网的定义为"局域网是一个数据通信系统,其传输范围在中等地理区域,使用中等或高等的传输速率,可连接大量独立设备,在物理信道上互相通信"。典型的局域网具有以下特点:①通信速率较高;②通信质量较好,传输误码率低;③支持多种通信传输介质;④局域网络成本低,安装、扩充及维护方便。

1. 局域网构成

1) 网络硬件系统

组成局域网的硬件系统通常包括网络服务器、网络工作站、网络交换互联设备、防火墙及外部设备。

(1) 网络服务器。网络服务器是可被网络用户访问的计算机系统,它包括可为网络用户提供服务的各种资源,并负责对这些资源的管理,协调网络用户对这些资源的访问。服务器是局域网的核心,它既是网络服务的提供者,又是保存数据的基地。常见的有文件服务器、打印服务器、通信服务器、数据库服务器等。

(2) 网络工作站。网络工作站(workstation,WS)是为本地用户访问本地资源和网络资源提供服务的配置较低的微机。在局域网上一般采用微型机作为网络工作站,如 IBM 公司的 PC 系列微机,APPLE 公司的系列微机等。网络工作站的作用就是让用户在网络环境下工作,并运行由网络上文件服务器提供的各种应用软件。

(3) 网络交换互联设备。当要把两台或多台计算机连成局域网时,就需要交换互联设备,它包括网络适配器、调制解调器、网络传输介质、中继器、集线器、网桥、路由器和网关等。

2) 网络软件系统

网络软件是一种在网络环境下使用、运行或者控制和管理网络工作的计算机软件。一一般来说,网络软件是一个软件包,它包括供服务器使用的网络软件和供工作站使用的网络软件两个部分,每一部分都包括多个程序。互相通信的计算机必须遵守共同的协议,因此网络软件必须实现网络协议,并在协议的基础上提供网络功能。根据网络软件的作用和功能,可把网络软件分为网络操作系统、网络应用软件和网络数据库管理系统。

(1)网络操作系统。网络操作系统是网络环境下用户与网络资源之间的接口,用以实现对网络的管理和控制。网络操作系统往往决定了网络的性能、功能、类型等。网络操作系统的水平决定着整个网络的水平,及能否使所有网络用户都能方便、有效地利用计算机网络的功能和资源。局域网上有很多种网络操作系统,目前得到广泛使用的主要有 Novell 公司的 Netware、Microsoft 公司的 Windows、Banyan 公司的 Vines,以及 UNIX、Linux 等。

(2)网络应用软件。网络应用软件是指为某一个应用目的而开发的网络软件。网络应用软件是利用应用软件开发平台开发出来的一些软件,如 Java、ASP、Perl/CGI、SQL 以及其他专业应用软件。

(3)网络数据库管理系统。网络数据库管理系统是一种可以将网上的各种形式的数据组织起来,科学、高效地进行存储、处理、传输和使用的系统软件,可把它看作网上的编程工具,如 SQL Server、Oracle、MySQL 等。

3)传输介质

传输介质也称为通信介质或媒体,在网络中充当数据传输的通道。传输介质决定了局域网的数据传输速率、网络段的最大长度、传输的可靠性及网卡的复杂性。

局域网的传输介质主要是双绞线、同轴电缆和光纤。早期的局域网中使用最多的是同轴电缆。随着技术的发展,双绞线和光纤的应用越来越广泛,尤其是双绞线。目前在局部范围内的中、高速局域网中使用双绞线,在较远范围内的局域网中使用光纤已很普遍。

(1)同轴电缆。局域网产品中使用的同轴电缆由内导体、绝缘层、外屏蔽层和外部保护层组成,如图 2-10 所示,分为粗同轴电缆和细同轴电缆两种类型。同轴电缆的优点是可以在相对长的无中继器的线路上支持高带宽通信,而其缺点也是显而易见的:一是体积大,细缆的直径就有 $3/8\text{in}$[①] 粗,会占用电缆管道的大量空

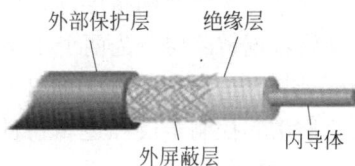

图 2-10　同轴电缆

间;二是不能承受缠结、压力和严重的弯曲,这些都会损坏电缆结构,阻止信号的传输;三是成本高。而所有这些缺点正是双绞线能克服的,因此在现在的局域网环境中,基本已使用基于双绞线的以太网物理层规范。

(2)双绞线。局域网产品中所使用的双绞线通常分为两类,即屏蔽双绞线(shielded twisted pair,STP)与非屏蔽双绞线(unshielded twisted pair,UTP)。典型的屏蔽双绞线由外部保护层、屏蔽层与多对双绞线组成,如图 2-11 所示。非屏蔽双绞线由外部保护层与多对双绞线组成;非屏蔽双绞线易弯曲、易安装,具有阻燃性,布线灵活。屏蔽双绞线价格高,安装困难,需使用连接器,但它具有良好的抗干扰性。非屏蔽双绞线可分为 3 类、4 类、5 类和超 5 类等多种。屏蔽双绞线可分为 3 类、5 类、超 5 类等多种。局域网中主要使用第 3 类、第 4 类和第 5 类,简称为三类线、四类线和五类线。其中三类线适用于 10Mb/s 以下的

① 1in＝2.54cm。

数据传输,四类线适用于 16Mb/s 以下的数据传输,五类线适用于 100Mb/s 甚至更高速率的数据传输。

(3) 光纤。光纤是由一组光导纤维组成的用来传播光束的、细小而柔韧的传输介质,如图 2-12 所示。与其他传输介质相比较,光纤的电磁绝缘性能好,信号衰变小,频带较宽,传输距离较远。光纤分为传输点模数类(又可分为多模光纤和单模光纤两类)、折射率分布类(又可分为跳变式光纤和渐变式光纤两类)。光纤主要用于长距离传输和网络主干线的传输,传输宽带信号。

图 2-11　双绞线　　　　　　　　　　图 2-12　光纤

2. 局域网体系结构

IEEE 802 委员会(IEEE 的全称为 Institute of Electrical and Electronics Engineers,即电气和电子工程师协会)于 1980 年 2 月成立,该委员会制定了一系列局域网标准,称为 IEEE 802 标准。局域网使用广播信道,即所有的主机都连接到同一传输媒体上,各主机对传输媒体的控制和使用采用多路访问信道及随机访问信道机制。由于局域网不需要路由选择,因此它并不需要网络层,而只需要最低的两层:物理层和数据链路层。按 IEEE 802 标准,又将数据链路层分为两个子层:介质访问控制子层(media access control,MAC)和逻辑链路子层(logical link control,LLC)。因此,在 IEEE 802 标准中,局域网体系结构由物理层、介质访问控制子层和逻辑链路子层组成。如图 2-13 所示为局域网的 802 参考模型与 OSI/RM 的对比。

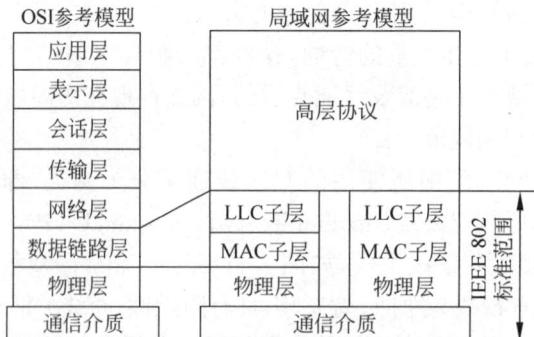

图 2-13　局域网的 802 参考模型与 OSI/RM 的对比

(1) 物理层。物理层提供在物理实体间发送和接收比特流的能力。物理层也要实现电气、机械、功能和规程四大特性的匹配。物理层提供的发送和接收信号的能力包括对宽带的频带分配和对基带的信号调制。

（2）数据链路层。数据链路层分为 MAC 子层和 LLC 子层。

MAC 子层支持数据链路功能，并为 LLC 子层提供服务。它将上层传下来的数据封装成帧进行发送（接收时进行相反过程，将帧拆卸），实现和维护 MAC 协议，进行比特差错检验和寻址等。

LLC 子层向高层提供一个或多个逻辑接口（具有帧发送和接收功能）。发送时把要发送的数据加上地址和 CRC 检验字段构成帧，介质访问时把帧拆开，执行地址识别和 CRC 校验功能，并具有帧顺序控制和流量控制等功能。LLC 子层还包括某些网络层功能，如数据报、虚拟控制和多路复用等。

3. 无线局域网

随着计算机网络技术、无线通信技术的发展，无线交换机、无线路由器等各种无线网络设备价格的不断降低，无线网络得到了迅速的发展与普及。无线局域网（wireless local area networks，WLAN）使用无线交换机、无线路由器、无线网卡等网络设备组建网络，利用无线电波、微波及红外线等无线技术传送数据。无线局域网集成了计算机网络技术和无线通信技术，具有可移动性好、安装便捷、组网灵活及使用方便等优点。

1）无线局域网的协议标准

无线局域网的协议标准主要包括 802.11 标准、Wi-Fi、蓝牙和 IrDA（红外）。

（1）802.11 标准。802.11 标准是 IEEE 802.11 委员会在 1997 年 6 月推出的无线局域网标准，该标准对无线局域网的物理层协议和介质访问控制层协议进行了定义。

① 物理层协议。802.11 标准的物理层协议主要对无线局域网的无线通信频段、无线传输速率、无线通信技术等进行了定义。物理层协议规定了无线局域网的无线通信频段为 2.4GHz 频段，无线传输速率为 1Mb/s 或 2Mb/s；同时，物理层协议还定义了两种无线通信技术，即扩频技术和红外技术，其中，扩频技术又分为直接序列扩频技术（DSSS）和调频扩频技术（FHSS）。

② 介质访问控制层协议。介质访问控制（MAC）层定义了载波监听多路访问/冲突避免（CSMA/CA）协议，CSMA/CA 协议定义了 3 种检测信道是否空闲的方法，即能量检测（ED）方法、载波检测（CS）方法和能量载波混合检测方法。该协议能确保在某一个时刻只有一个站点发送数据，但不能确保数据不会和信道上的其他数据产生冲突，只能尽量避免冲突的发生。

（2）Wi-Fi。Wi-Fi 是一种短距离无线通信技术标准，也是当前使用最广泛的一种无线传输技术，几乎所有的智能手机、智能电子产品、笔记本电脑等网络设备都支持 Wi-Fi 功能。Wi-Fi 使用无线信号进行联网，通常将无线路由器与非对称数字用户线路（asymmetric digital subscriber line，ADSL）或其他的上网线路相连，在无线路由器的信号覆盖范围内，支持 Wi-Fi 功能的所有网络设备都可以使用 Wi-Fi 信号进行联网。与蓝牙技术相比，Wi-Fi 信号的覆盖范围更宽，通常 Wi-Fi 信号的覆盖半径可以达到约 100m。Wi-Fi 虽然在无线通信质量、安全性等方面有所欠缺，但通信速率非常快，其通信速率可以达到 54Mb/s。Wi-Fi 的发射功率低于 100mW，低于手机的发射功率，使用 Wi-Fi 信号进行联网，不需要进行布线，非常适合需要移动办公的用户使用。

（3）蓝牙。蓝牙是由 Nokia、Intel、Ericsson、IBM 和 Toshiba 5 家公司共同开发并于 1998 年 5 月提出的一种低成本、近距离的无线通信技术标准。蓝牙工作在 2.4GHz 频段，最大传输速率可以达到 1Mb/s,一般情况下,它的最大传输距离约为 10m,但是可以通过增大发射功率的方式将最大传输距离扩大到 100m。蓝牙使用跳频技术和时分多址技术,具有跳频快、抗衰减能力强等优点,它同时支持音频信号、视频信号及其他数据的无线传输。

蓝牙使用前向纠错(forward error correction,FEC)技术,它能有效地抑制在远距离传输时随机噪声对信号及数据的影响,同时它使用二进制调频方式,能有效地降低设备的复杂性,方便设备的制造及生产。蓝牙支持 1 个异步数据通道,3 个并发进行的同步话音通道,1 个可同时传送异步数据和同步话音的通道。话音通道支持 64kb/s 的同步话音连接,异步通道支持两种连接方式——对称连接方式和不对称连接方式,对称连接方式的连接速率为 432.6kb/s,不对称连接方式的连接速率为 721kb/s 或 57.6kb/s。

(4) IrDA(红外)。红外线数据标准协会(Infrared Data Association,IrDA)成立于 1993 年,它是一个致力于建立无线技术连接的国际标准非营利性组织。IrDA 也是一种利用红外线进行点对点传输的无线通信技术,它的主要优点包括:①IrDA 模块的体积小、功耗低、成本低;②具有较高的数据传输速率,其最高传输速率可以达到 16Mb/s,非常适合于家庭及办公室等场所使用;③市场使用率高,笔记本电脑、智能手机、智能电子产品等设备基本都安装了 IrDA 模块。

2) 无线局域网的设备与组成

(1) 无线局域网中的设备。无线局域网中的常用设备有无线网卡、无线 AP、无线网桥和无线路由器等,无线网络设备是组建无线局域网的基础。

① 无线网卡。无线网卡的作用类似于互联网中网卡的作用。无线网卡是无线局域网内各无线设备的网络连接接口,需要接入无线局域网的各网络设备(如笔记本电脑、智能手机或其他的智能电子产品等)通过无线网卡与无线局域网进行连接。无线网卡有多种不同的接口类型,常用的无线网卡类型有 USB 无线网卡、PCI 无线网卡、PCMCIA 无线网卡和 CF/SD 无线网卡。

② 无线 AP。AP 是英文单词 Access Point 首字母的缩写,无线 AP 的中文含义即为"无线接入点"或"无线访问点"。无线 AP 是有线网络和无线局域网实现互联的一个网络设备,无线局域网通过无线 AP 的网络接口与有线网络实现互联和通信。无线 AP 是无线局域网内使用无线设备(如手机、笔记本电脑等)的用户进入有线网络的接口点。

③ 无线网桥。无线网桥具有两种类型,即电路型网桥和数据型网桥。无线网桥的作用是利用无线通信方式为两个网络或两个以上的网络建立起通信的桥梁。无线网桥的工作频段为 2.4GHz 或 5.8GHz 频段,这两个频段都属于免申请频段。无线网桥具有有线网桥的基本特点,另外,与有线网桥相比,其部署更方便。

④ 无线路由器。无线路由器是单纯性无线 AP 和宽带路由器的扩展型产品,它不仅具有传统路由器的基本功能,还具有防火墙、网络地址转换等功能。无线局域网内的网络设备可以通过无线路由器接入 Internet 网络,同时无线网络也可以通过无线路由器建立与 Internet 网络的连接共享,实现 ADSL、Cable Modem 和小区宽带的无线共享接入。

(2) 无线局域网的组成。无线局域网的组成可以从不同的方面进行论述,下面主要从无线局域网的拓扑结构方面对无线局域网的组成进行论述。针对不同的应用场合,无线局域网的拓扑结构主要分为点对点对等无线网络结构和基于 AP 的集中式无线网络结构。

① 点对点对等无线网络结构。在有线网络中,多台网络设备(例如,多台电脑主机)可

以通过有线网卡直接相连,组建成一个简单的有线网络。在无线局域网中,点对点对等无线网络的实质就相当于有线网络中将多台网络设备通过网卡直接相连,它的结构如图 2-14 所示。在点对点对等无线网络中,网络中的所有设备都是对等的,若网络中的任意两台设备需要进行通信和传送数据,由于网络中不存在信号交换设备,需要通信的两台网络设备可以通过网络中的一台或多台网络设备的无线网卡建立无线通信线路,无线通信线路建好之后,两台网络设备即可进行通信和传送数据。

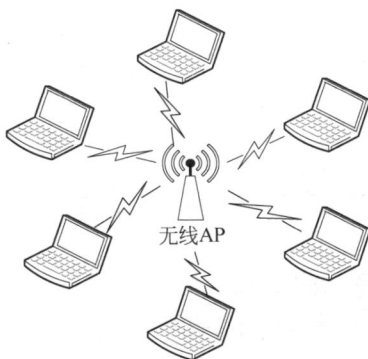

　　② 基于 AP 的集中式无线网络结构。在点对点对等无线网络中,由于网络中没有信息交换设备,致使网络的通信效率较低,基于 AP 的集中式无线网络能有效地克服点对点对等网络存在的不足。基于 AP 的集中式无线网络主要由无线 AP 和其他无线网络设备组成,无线 AP 对网络内的所有网络设备进行集中连接和集中管理,网络内所有网络设备之间的数据通信必须通过无线 AP 来完成,无线 AP 在网络中起数据连接及数据交换的作用。基于 AP 的集中式无线网络结构图如图 2-15 所示。

图 2-14　点对点对等无线网络结构图　　　图 2-15　基于 AP 的集中式无线网络结构图

2.1.3　互联网技术

　　1969 年,美国国防部高级研究计划管理局(Advanced Research Projects Agency, ARPA)开始建立一个名为 ARPAnet 的网络,把美国的几个军事及研究用电脑主机连接起来。当初,ARPAnet 只连接 4 台主机,从军事要求上是置于美国国防部高级机密的保护之下,在技术上讲它还不具备向外推广的条件。1983 年,ARPA 和美国国防部通信局研制成功了用于异构网络的 TCP/IP 协议,美国加利福尼亚伯克莱分校把该协议作为其 BSD UNIX 的一部分,使得该协议得以在社会上流行起来,从而诞生了真正的 Internet。

　　互联网(Internet)是由一些使用公用语言互相通信的计算机连接而成的全球网络,即广域网、局域网及单机按照一定的通信协议组成的国际计算机网络。互联网是一种公用信息的载体,这种大众传媒的传播速度比以往的任何一种通信媒体都快。它具有如下特点:①全球信息传播;②检索方便快捷;③多媒体信息通信;④使用费用低廉;⑤信息资源丰富。

　　1. 互联网体系结构

　　与其他计算机网络不同,互联网体系结构所遵循的模型为 TCP/IP 模型。TCP/IP 主要对原来 OSI/RM 的七层结构进行了以下简化:把原来的"物理层"和"数据链路层"这两层结构合并为"网络访问层";合并了原来 OSI/RM 中最高的三层,成为新的"应用层"。总体而言,TCP/IP 协议体系结构更加精简,更有利于网络系统的设计。但是,其中网络访问层的定位具有显著的逻辑抽象性,其设计并非独立的标准协议层,它具有 OSI/RM 中的物理层和数据链路层这两层的功能,所以现在通常认为如图 2-16 所示的五层网络体系结构才是最为科学、合理的。这是因为它综合了 OSI/RM 和 TCP/IP 协议两种体系结构的优点,同时克服了这两种体系结构的不足。

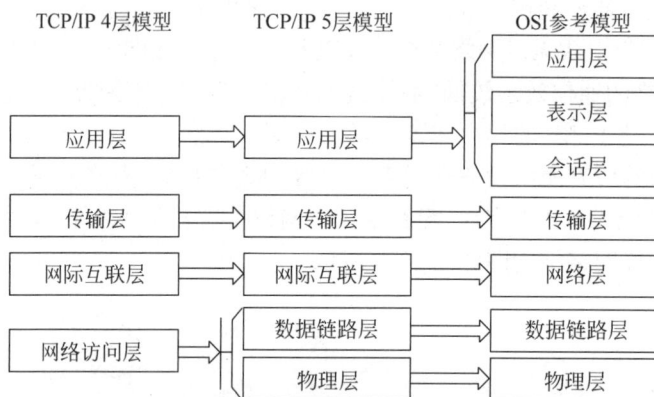

图 2-16　网络体系结构

TCP/IP 模型的每一层都提供一组协议,各层协议的集合构成了 TCP/IP 模型的协议簇。

1) 网络访问层协议

TCP/IP 的网络访问层中包括各种物理网络协议,例如 Ethernet、令牌环、帧中继、ISDN 和分组交换网 X.25 等。当各种物理网络被用作传输 IP 数据包的通道时,就可以认为这种传输过程属于这一层的内容。

2) 网际互联层协议

网际互联层包括多个重要协议,主要协议有 4 个,即 IP、ARP、RARP 和 ICMP。网际协议(Internet protocol,IP)是其中的核心协议,IP 协议规定网络层数据分组的格式。Internet 控制消息协议(Internet control message protocol,ICMP)提供网络控制和消息传递功能。地址解析协议(address resolution protocol,ARP)用来将逻辑地址解析成物理地址。反向地址解析协议(reverse address resolution protocol,RARP)通过 RARP 广播,将物理地址解析成逻辑地址。

3) 传输层协议

传输层协议主要包含传输控制协议(transport control protocol,TCP)和用户数据报协议(user datagram protocol,UDP)两个协议。TCP 是面向连接的协议,用三次握手和滑动窗口机制来保证传输的可靠性和进行流量控制。UDP 是面向无连接的不可靠运输层协议。

4) 应用层协议

应用层包括了众多的应用与应用支撑协议。常见的应用层协议有文件传输协议(FTP)、超文本传输协议(HTTP)、简单邮件传输协议(SMTP)、远程登录(telnet)协议。常见的应用支撑协议包括域名服务(DNS)和简单网络管理协议(SNMP)等。

2. IP 地址和域名系统

互联网中的地址方案分为两套：IP 地址系统和域名地址系统。这两套地址系统之间其实是一一对应的关系。

1）IP 地址

在 Internet 上有千百万台主机，为了区分这些主机，人们给每台主机都分配了一个专门的地址，称为 IP 地址（Internet protocol address，IP address），这一地址可用于与该计算机有关的全部通信。

网际协议是互联网的支柱，它已有近 30 年的历史，第一个正式发布的规范在 RFC 791 中只有简短的 45 页，定义了 IP 属于网络层协议。1991 年，IETF 确定了目前我们正在使用的 IP 协议版本，即 IPv4，但现在已经完全停止开发。新的 IP 版本称为下一代 IP 协议（next generation，IPng）或 IPv6，这个版本经历了漫长的讨论和反复的修改，1994 年 IETF 终于明确了 IPv6 的方向。IPv6 的主要目的是解决 IPv4 中存在的问题。IPv6 除了具有 IPv4 的功能外，还消除了 IPv4 的局限性。

（1）IPv4 地址。IPv4 地址是一个 32 位的二进制数，以 8 位为一单位，组成四组十进制数字来表示每一台主机的位置，是将计算机连接到 Internet 的网际协议地址。在 Internet 中，IPv4 地址是唯一的，即没有两台主机有相同的 IPv4 地址。

IPv4 地址是 Internet 主机的一种数字型标识，由 4 部分数字组成，每部分都不大于 256，各部分之间用小数点分开（图 2-17），如 168.160.66.119。IPv4 地址由网络标识（netid）和主机标识（hostid）两部分组成，网络标识用来区分 Internet 上互联的各个网络，主机标识用来区分同一网络上的不同计算机（即主机）。Internet 体系结构委员会规定 IPv4 地址分为 A、B、C、D、E 5 类，分别对应于不同类型的网络，具体如表 2-1 所示。

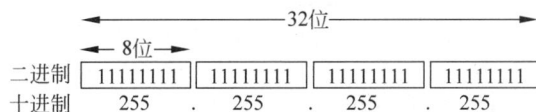

图 2-17 IPv4 地址结构

表 2-1　IPv4 地址分类

位	0	1	2	3	4	5	6	7	8…15	16…23	24…31
A 类	0				网络号					主机号	
B 类	1	0				网络号					主机号
C 类	1	1	0				网络号				主机号
D 类	1	1	1	0				多播地址			
E 类	1	1	1	1	0			保留地址			

A 类地址：第一个字节为网络号，高端第 1 位为 0，后三个字节为主机号，用于大型网络。A 类网络的总数为 128（2^7）个，但实际可用的只有 126 个，因为网络号为 0 和 127 的 A 类网络是不可用的。网络号全为 0 的地址为保留地址，不能被分配；而网络号为 01111111（十进制 127）的地址专用于本地环路测试，也不能被分配。每个 A 类网络中拥有的 IPv4 地

址数为 166 777 216(2^{24})个,但主机号全为 0 的地址为网络地址,而主机号全为 1 的地址为广播地址,不能分配给主机使用,所以实际上可用的地址数为 166 777 214 个。

B 类地址:前两个字节为网络号,高端前二位为 10,后两个字节为主机号,用于中型网络。B 类网络的总数为 16 384(2^{14})个。B 类 IPv4 地址中主机号为 16 位,每个 B 类网拥有的 IPv4 地址数为 65 536(2^{16})个。同样,主机号全为 0 的地址为网络地址,而主机号全为 1 的地址为广播地址,不能分配给主机使用,所以实际上可用的地址数为 65 534 个。

C 类地址:前三个字节为网络号,高端前三位为 110,最后一个字节为主机号,用于较小型网络。C 类网络的总数为 2 097 152(2^{21})个。C 类 IPv4 地址中主机号为 8 位,每个 C 类网拥有的 IPv4 地址数为 256(2^8)个。同样,主机号全为 0 的地址为网络地址,而主机号全为 1 的地址为广播地址,不能分配给主机使用,所以实际上可用的地址数为 254 个。

D 类地址:高端前四位为 1110,后面是成组地址,作网络测试用。

E 类地址:高端前五位为 11110,保留。

子网掩码(subnet mask)是一种用来指明一个 IPv4 地址的哪些位标识的是主机所在的子网以及哪些位标识的是主机的位掩码。子网掩码不能单独存在,它必须结合 IPv4 地址一起使用。它的作用是将某个 IPv4 地址划分成网络地址和主机地址两部分。子网掩码可表明一台主机所在的网络与其他网络的关系,使网络正常工作。

(2) IPv6 地址。IPv6 地址的长度是 128 位或 16 个字节(八位组),如图 2-18 所示,IPv6 地址的长度是 IPv4 地址长度的 4 倍。

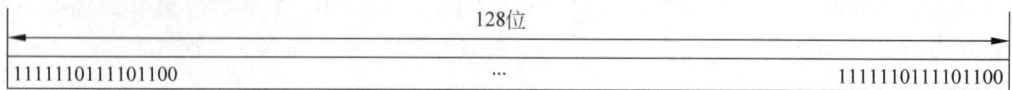

图 2-18   IPv6 地址

为了使地址的可读性更好,IPv6 地址协议指明了十六进制冒号记法(colon hexadecimal notation)。在这种记法中,128 位被划分为 8 个区,每个区的长度为两个字节。在十六进制记法中,两个字节需要 4 个十六进制数字,因此,IPv6 地址由 32 个十六进制数字组成,每 4 个数字间用一个冒号分隔开。图 2-19 所示为用十六进制冒号记法表示的一个 IPv6 地址。

FDEC:BA98:7654:3210:ADBF:BBFF:2922:FFFF

图 2-19   十六进制冒号记法

这个 IP 地址即使用十六进制格式表示起来也很长,不过其中有许多数字都是零。在这种情况下,可以对这个地址进行简写。一个区(即两个冒号之间的 4 个数字)开头的几个零可以忽略。使用这种简写方式,0074 可以写为 74,000F 可以写为 F,0000 则写为 0。须注意,3210 不能简写。

如果连续几个区都只包含 0,那么这个十六进制冒号记法还可以更进一步简写,通常称为零压缩(zero compression)。可以把这些零全部去掉,代之以一个双冒号。图 2-20 描绘了这个概念。

图 2-20　零压缩

IPv6 的地址空间包含了 2^{128} 个地址,如下式所示。这个地址空间是 IPv4 地址数量的 2^{96} 倍,肯定不会存在地址耗尽的问题。

$$2^{128} = 340\ 282\ 366\ 920\ 938\ 463\ 374\ 607\ 431\ 768\ 211\ 456$$

2）域名

IP 地址是 Internet 主机的一种数字型标识,数字型标识对于计算机网络来说当然是有效的,但是对于使用网络的人来说却有一个很大的缺点,即不容易记忆。为此,人们研究出一种字符型标识,这就是域名(domain name)。

域名是 Internet 上某一台计算机或计算机组的名称,用于在数据传输时标识计算机的电子方位(有时也指地理位置)。域名由若干部分组成,每部分由至少两个字母或数字组成,各部分之间用圆点分隔开,最右边的是顶级域名,再往左是二级域名、三级域名等,如图 2-21 所示。一般来说,域名分为三级,其格式为:商标名(或企业名).单位性质代码.国家代码(中间用".".隔开)。由于 Internet 起源于美国,故美国的公司或机构一般没有国家代码,只以企业性质代码为后缀,如美国波音公司的域名为 Boeing.com,其中 Boeing 为公司名,.com 代表商业机构。中国国内企业一般采用企业名.com.cn 格式。

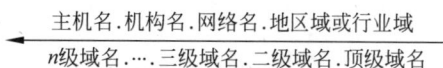

主机名.机构名.网络名.地区域或行业域

n 级域名.…….三级域名.二级域名.顶级域名

图 2-21　域名的组成

中国的域名管理机构是中国互联网络信息中心(China Internet Network Information Center,CNNIC)。CNNIC 是经国家主管部门批准,于 1997 年 6 月 3 日组建的管理和服务机构,行使国家互联网络信息中心的职责,负责运行和管理相应的中文域名系统,维护中央数据库。CNNIC 的主要职责包括:①运行、维护和管理中文域名服务器和相关资料,保证中文域名系统有效运行;②授权中文域名注册服务机构提供中文域名注册服务。

为了确保域名注册和解析途径的唯一性,避免发生域名冲突,通常每一个顶级域名只能有一个注册表(Registry)。Registry 必须经过域名管理机构的授权和认可。在国际域名体系中,顶级域名中的地理顶级域名通常由相应国家或者地区的互联网信息中心(NIC)负责。例如在我国".cn"域名就是在工业和信息化部的授权下由中国互联网络信息中心(CNNIC)具体负责的。在韩国则是韩国互联网络信息中心(KRNIC)负责".kr"的注册管理事宜。顶级域名体系中的类别顶级域名(如".com"".net"),是由国际域名与数字分配机构(ICANN)授权给一家特定机构来负责其注册管理。需要注意的是:域名注册管理机构并不负责受理具体的域名注册申请。

顶级域名可以分为两类:一类表示国家或行政区(参见表 2-2),另一类表示机构类别(参见表 2-3)。

表 2-2　顶级域名按国家或行政区分类（部分）

域名	国家或行政区	域名	国家或行政区	域名	国家或行政区
.uk	英国	.au	澳大利亚	.us	美国
.ca	加拿大	.ch	瑞士	.in	印度
.cn	中国	.hk	中国香港	.fr	法国
.de	德国	.sg	新加坡	.jp	日本
.it	意大利	.tw	中国台湾	.ru	俄罗斯
.mx	墨西哥	.mo	中国澳门	.ws	西萨摩亚
.tv	图瓦卢	.cc	科科斯群岛	.bz	伯利兹

表 2-3　顶级域名按机构类别分类（部分）

域名	类别	域名	类别
.com	工、商、金融等企业	.biz	工商企业
.edu	教育机构	.int	国际组织
.gov	政府组织	.org	非营利性组织
.mil	军事部门	.info	信息相关机构
.net	网络相关机构	.name	个人网站
.coop	合作组织	.aero	航空运输
.pro	医生、律师、会计专用	.museum	博物馆

中国互联网络的二级域名分为类别域名和行政区域名两类（表 2-4 和表 2-5）。类别域名有 6 个，行政区域名有 34 个。

表 2-4　我国二级域名按类别分类

域名	类别	域名	类别
.ac	科研机构	.gov	政府部门
.edu	教育机构	.org	各种非营利性组织
.com	工、商、金融等企业	.net	互联网络、接入网络的信息中心（NIC）和运行中心（NOC）

表 2-5　我国二级域名按行政区分类

域名	行政区	域名	行政区	域名	行政区
.bj	北京市	.ah	安徽省	.sc	四川省
.sh	上海市	.fj	福建省	.gz	贵州省
.tj	天津市	.jx	江西省	.yn	云南省
.cq	重庆市	.sd	山东省	.xz	西藏自治区
.he	河北省	.ha	河南省	.sn	陕西省
.sx	山西省	.hb	湖北省	.gs	甘肃省
.nm	内蒙古自治区	.hn	湖南省	.qh	青海省
.ln	辽宁省	.gd	广东省	.hk	中国香港
.jl	吉林省	.gx	广西壮族自治区	.mo	中国澳门
.hl	黑龙江省	.hi	海南省	.tw	中国台湾
.js	江苏省	.xj	新疆维吾尔自治区		
.zj	浙江省	.nx	宁夏回族自治区		

3) DNS

把域名翻译成 IP 地址的软件称为域名系统(domain name system,DNS)。它是一种管理名字的方法。

为了用户使用和记忆方便,通常习惯使用域名来表示一台主机。但主机域名不能直接用于 TCP/IP 的路由选择之中。1984 年 9 月,ARPANET 开始使用 DNS,从此 DNS 成为访问主机名到 IP 地址映射的标准方法。当用户使用主机域名进行通信时,必须首先将其映射成 IP 地址,实现这种转换的主机称为域名服务器(DNS server)。域名服务器好像翻译器,它可以实现将域名与 IP 地址映射转换。域名服务器是一个基于客户机/服务器的数据库,在这个数据库中,每个主机的域名和 IP 地址是一一对应的。域名服务器的主要功能是:回答有关域名、地址、域名到地址或地址到域名的映射的询问以及维护关于询问类型、分类或域名的所有资源记录的列表。

将主机域名映射为 IP 地址的过程叫作域名解析。域名解析包括正向解析(从域名到 IP 地址)以及反向解析(从 IP 地址到域名)。DNS 能够透明地完成此项工作。域名到 IP 地址之间的转换具体可分为两种情况:第一种情况是目标主机(要访问的主机)在本地网络,第二种情况是目标主机不在本地网络。对于第一种情况,解析过程比较简单:首先,客户机向本地域名服务器发出域名解析的请求;然后,本地域名服务器检查其管理范围内主机的域名,查出目标主机的域名所对应的 IP 地址;最后,将解析出的 IP 地址返回给客户机。对于第二种情况,解析过程相对复杂一些。以解析 www.sina.com.cn 的 IP 地址为例:首先,客户机向自身指定的本地 DNS 服务器发出域名解析的请求,请求得到 www.sina.com.cn 的 IP 地址;接着,收到查询请求的本地 DNS 服务器若未能找到其对应的 IP 地址,则立即从根域层的域名服务器开始自上而下地逐层查询,直到找到对应该域名的 IP 地址为止;然后,sina.com.cn 域名服务器给本地 DNS 服务器返回 www.sina.com.cn 所对应的 IP 地址;最后,本地 DNS 服务器向客户机发送一个包含有 www.sina.com.cn IP 地址的回复。整个域名的解析过程如图 2-22 所示。

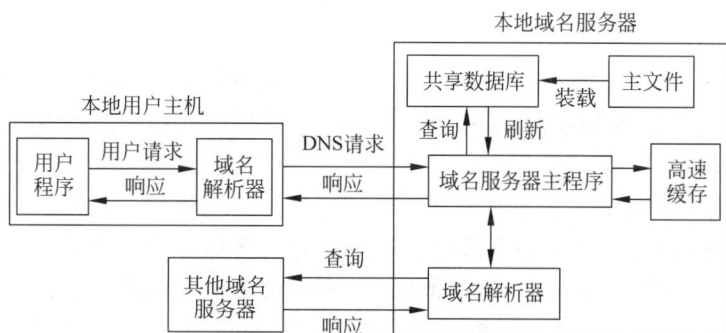

图 2-22　域名的解析过程

2.1.4　5G 与移动互联网

1. 5G

第五代移动通信技术(5th generation mobile communication technology,5G)是一种具

有高速率、低时延和大连接特点的新一代宽带移动通信技术,5G 通信设施是实现人机物互联的网络基础设施。

1) 5G 的特点

(1) 超大带宽。5G 是增强型移动互联网,峰值速率可达到 20Gb/s 的标准,在连续广域覆盖和高移动性下,5G 用户体验速率可达 100Mb/s 至 1Gb/s,可以满足高清视频、虚拟现实等大数据量传输需求。

(2) 超低时延。5G 具有超低时延、高可靠通信的特点,空中接口时延水平低至 1ms,包交换的可靠性在 99.999% 以上,可以满足自动驾驶、远程医疗等实时应用需求。

(3) 超密连接。5G 网络的连接数密度和流量密度大幅度提高,提供千亿设备的连接能力,连接数密度达到 100 万/km^2,流量密度 10(Mb/s)/m^2,可以满足智能家居、智慧城市等智慧物联网的应用需求。

(4) 低功耗。为实现大规模物联网应用,5G 网络必须考虑低功耗需求,通过采用先进技术,如高通 eMTC 和华为 NB-IoT,使得设备可以长时间不换电池,有利于各种设备的大规模部署。

(5) 万物互联。5G 系统支持百亿甚至千亿数据级的海量传感器接入,能够很好地满足数据传输及业务连接需求,大量的智能硬件能够进入 5G 网络,设备连接量数十倍于 4G网络。

2) 5G 的关键技术

(1) 超密集异构网络。5G 网络正朝着多元化、宽带化、综合化、智能化的方向发展。在5G 网络中,减小小区半径,增加低功率节点数量,是保证 5G 网络支持 1000 倍流量增长的核心技术之一。因此,超密集异构网络成为 5G 网络提高数据流量的关键技术。5G 网络是一种利用宏站与低功率小型化基站(Micro-BS,Pico-BS,Femto-BS)进行覆盖的,Wi-Fi、4G、LTE、UMTS 等多种无线接入技术混合的异构网络。随着蜂窝范围的逐渐减小,频谱效率得到了大幅提升。随着小区覆盖面积的变小,最优站点的位置可能无法得到,同时小区进一步分裂难度增加,所以只能通过增加站点部署密度来部署更多的低功率节点。超密集异构网络可以使功率效率、频谱效率得到大幅提升,但是也不可避免地引入了一些问题。从物理层角度看需要满足多速率接入要求,例如从低速的传感器网络到高速率的多媒体服务。从异构网络角度,超密集异构网络需要一种能够具有可扩展的帧结构的空中接口来满足不同频段频率的接入。

(2) 自组织网络(self-organizing network,SON)。传统移动通信网络中,主要依靠人工方式完成网络部署及运维,既耗费大量人力资源又增加运行成本,而且网络优化效果也不理想。在 5G 网络中,将面临网络的部署、运营及维护的挑战,这主要是由于网络存在各种无线接入技术,且网络节点覆盖能力各不相同,它们之间的关系错综复杂。因此,自组织网络的智能化成为 5G 网络必不可少的一项关键技术。自组织网络技术解决的关键问题主要有:①网络部署阶段的自配置和自规划。自配置即新增网络节点的配置可实现即插即用,具有低成本、安装简易等优点;自规划的目的是动态进行网络规划并执行,同时满足系统的容量扩展、业务监测或优化结果等方面的需求。②网络维护阶段的自优化和自愈合。自优化的目的是减少业务工作量,达到提升网络质量及性能的效果;自愈合指系统能自动检测问题、定位问题和排除故障,大大降低维护成本并避免对网络质量和用户体验的影响。

（3）内容分发网络（content distribution network，CDN）。在 5G 网络中，面向大规模用户的音频、视频、图像等业务急剧增长，网络流量的爆炸式增长会极大地影响用户访问互联网的服务质量。内容分发网络是在传统网络中添加新的层次，即智能虚拟网络。CDN 系统综合考虑各节点连接状态、负载情况，以及用户距离等信息，通过将相关内容分发至靠近用户的 CDN 代理服务器上，实现用户就近获取所需的信息，使得网络拥塞状况得以缓解，降低响应时间，提高响应速度。

（4）设备到设备通信（device-to-device communication，D2D）。在 5G 网络中，网络容量、频谱效率等都需要进一步提升。设备到设备通信是一种基于蜂窝系统的近距离数据直接传输技术。D2D 会话的数据直接在终端之间进行传输，不需要通过基站转发，而相关的控制信令，如会话的建立、维持、无线资源分配，以及计费、鉴权、识别、移动性管理等仍由蜂窝网络负责。蜂窝网络引入 D2D 通信，可以减轻基站负担，降低端到端的传输时延，提升频谱效率，降低终端发射功率。当无线通信基础设施损坏时，或者在无线网络的覆盖盲区，终端可借助 D2D 实现端到端通信甚至接入蜂窝网络。

（5）信息中心网络（information-centric network，ICN）。随着实时音频、高清视频等服务的日益激增，基于位置通信的传统 TCP/IP 网络无法满足数据流量分发的要求，网络呈现出以信息为中心的发展趋势。信息中心网络作为一种新型网络体系结构，采用的是以信息为中心的网络通信模型，忽略 IP 地址的作用，甚至只是将其作为一种传输标识。信息中心网络所指的信息包括实时媒体流、网页服务、多媒体通信等，而信息中心网络就是这些片段信息的总集合。信息中心网络的主旨是进行信息的分发、查找和传递，不再是维护目标主机的可连通性。全新的网络协议栈能够实现网络层解析信息名称、路由缓存信息数据、多播传递信息等功能，从而较好地解决计算机网络中存在的扩展性、实时性及动态性等问题。与传统的 IP 网络相比，信息中心网络具有高效性、高安全性且支持客户端移动等优势。

2. 移动互联网

移动互联网是互联网与移动通信各自独立发展后互相融合的新兴市场，呈现出互联网产品移动化强于移动产品互联网化的趋势。从技术层面定义移动互联网，指的是以宽带 IP 为技术核心，可以同时提供语音、数据和多媒体业务的开放式基础电信网络；从终端层面定义，指的是用户使用手机、上网本、笔记本电脑、平板电脑、智能本等移动终端，通过移动网络获取移动通信网络服务和互联网服务。

1）移动互联网的特点

移动互联网是高速率的移动通信网络，具有智能感应能力，是由业务管理和计费平台、客户服务支撑平台共同构成的一个新的业务体系。移动互联网具有一些传统互联网的基因，也有自己的特点，具体如下：

（1）广泛性。移动互联网的基础网络是一张立体的网络，GPRS、EDGE、4G、5G 和 WLAN 或 Wi-Fi 构成的无缝覆盖，使得移动终端具有通过上述任何形式方便联通网络的特性。

（2）便携性。移动互联网的基本载体是移动终端。顾名思义，这些移动终端不仅仅是智能手机、平板电脑，还有可能是智能眼镜、手表、服装、饰品等各类随身物品。它们属于人体穿戴的一部分,随时随地都可使用。

(3) 定向性。基于位置的服务(location based services,LBS),不仅能够定位移动终端所在的位置,甚至可以根据移动终端的趋向性确定下一步可能去往的位置,使得相关服务具有可靠的定位性和定向性。

(4) 即时性。移动互联网便捷、便利的特点,使得利用生活、工作和学习过程中的琐碎时间来接收和处理互联网的各类信息变为可能。

(5) 精准性。伴随大数据的兴起,移动互联网的新型服务不断涌现,如打车服务、地图热图服务等都较为突出。通过运用大数据技术、数据挖掘技术对数据进行整理和挖掘,移动互联网能够针对不同用户的不同喜好,提供更加精准、更加丰富的个性化服务。

2) 移动互联网关键技术

移动互联网关键技术主要包括终端技术、网络服务平台技术、应用服务平台技术和网络安全控制技术。

(1) 终端技术。终端技术主要包括终端制造技术、终端硬件技术和终端软件技术三类。

终端制造技术是集成了机械工程、自动化、信息、电子技术等所形成的技术、设备和系统的统称。

终端硬件技术是实现移动互联网信息输入、信息输出、信息存储与处理等技术的统称,一般分为处理器芯片技术、人机交互技术等。

终端软件技术是指通过用户与硬件间的接口界面与移动终端进行数据或信息交换的技术统称,一般分为移动操作系统、移动中间件及移动应用程序等。

(2) 网络服务平台技术。网络服务平台技术是将两台或多台移动互联网终端设备接入互联网的计算机信息技术的统称,一般分为移动网络接入技术和移动网络管理技术。

① 移动网络接入技术。移动网络接入技术主要包括移动通信网络、无线局域网(WLAN)、无线 MESH 网络(WMN)以及其他接入网络技术和异构无线网络融合技术等。

② 移动网络管理技术。移动网络管理技术主要有 IP 移动性管理技术和媒体独立切换协议两类。IP 移动性管理技术能够使移动终端在异构无线网络中漫游,是一种网络层的移动性管理技术,目前正在发展移动 IPv6 技术。移动 IPv6 协议有足够大的地址空间和较高的安全性,能够实现自动的地址配置并有效解决三角路由问题。媒体独立切换协议也就是 IEEE 802.21 协议,能解决异构网络之间的切换与互操作的问题。

(3) 应用服务平台技术。应用服务平台技术是指通过各种协议把应用提供给移动互联网终端的技术统称,主要包括云计算、HTML5、Widget、Mashup、RSS、P2P 等。

云计算是指服务的交付和使用模式,即通过网络以按需、易扩展的方式获得所需的服务。这种服务可以是与 IT(信息技术)、软件和互联网相关的,也可以是其他任意服务。

与以前的 HTML 版本相比,HTML5 提供了一些新的元素和属性,如嵌入了音频、视频、图片的函数,以及客户端数据存储和交互式文档,内建了 WebGL 加速网页 3D 图形界面的技术标准,有利于搜索引擎进行索引整理和手机等小屏幕装置的使用。

Widget(中文译名为微件)是一小块可以在任意基于 HTML 的 Web 页面上执行的代码,它的表现形式可能是视频、地图、新闻、小游戏等,其根本思想来源于代码复用。Widget

技术的特点为：①适合小应用，用户操作简单；②一次编写，随处运行；③形态多样，超越了浏览器和客户端的传统分类。

移动 Mashup 技术将两种以上使用公共或者私有数据库的 Web 应用加在一起形成一个集成应用，是通过多种渠道将多个源的数据和应用功能糅合起来创建全新的服务。真正简单的聚合(really simple syndication, RSS)是一种描述和同步网站内容的技术，是资源共享模式的延伸。

RSS 技术被广泛使用在时效性比较强的内容中。例如在网站发布一个 RSS Feed，这个 RSS Feed 中包含的信息能直接被其他站点调用，用户可以快速获取网站上最近更新的内容。

P2P(点对点技术)，又称对等互联网络技术，是一种用户终端之间不通过中介设备直接交换数据和资源的技术。P2P 的本质是把集中处理和存储转化为分布式处理和存储，它改变了互联网以服务器为中心的状态，使得网络应用的核心从中央服务器扩散到终端设备。P2P 的典型应用包括服务共享、应用协作、构建充当基层架构的互联系统等。

（4）网络安全控制技术。移动网络安全技术主要分为移动终端安全、移动网络安全、移动应用安全和位置隐私保护等技术。移动终端安全主要包括终端设备安全及其信息内容的安全，如信息内容被非法篡改和访问，或通过操作系统修改终端的有用信息，使用病毒和恶意代码对系统进行破坏，以及越权访问各种互联网资源，泄露隐私信息等，主要包括用户信息的加密存储技术、软件签名技术、病毒(木马)防护技术、主机防火墙技术等；移动网络安全技术重点关注接入网及 IP 承载网/互联网的安全，主要关键技术包括数据加密、身份识别认证、异常流量监测与控制、网络隔离与交换、信令及协议过滤、攻防与溯源等技术；移动应用安全技术可分解为云计算安全技术和不良信息监测技术；位置隐私保护技术主要包括制定高效的位置信息的存储和访问标准、隐藏用户身份及与位置的关系、位置匿名等。

3. 移动互联网和 5G 技术的融合

移动互联网和 5G 技术的融合将会给人们带来更加便捷、快速的信息交流体验。5G 技术的高带宽、低时延和移动互联网的广泛应用相结合，将会形成强大的基础设施，进一步推动数字经济的发展。

例如，移动互联网已经渗透到各行各业，医疗、教育、金融、零售等行业都已经采用移动应用来提高工作效率和服务质量。而 5G 技术提供的低延迟和高速率将会进一步提升这些应用的效率和用户体验。

另外，5G 技术将有助于开拓新的应用领域，例如自动驾驶、无人机等。这些新兴领域都需要高速率和低延迟的支持才能实现。

在 5G 的引领下，未来移动互联网也将发展出更多的新技术、新应用和新模式。例如，可以通过运用 AR/VR 技术来实现更为沉浸式的移动互联体验；物联网设备的数量也将会迅速增加，使得移动互联网更加广泛地渗透到人们的日常生活中。

案例：中国民航数据网

中国民航数据网是向中国民航相关部门提供数据通信服务的基础网络平台，是统一、先进、服务于全民航的网络，可以提供综合的、方便的、有特色的多种业务服务，包括传统数据、IP、话音等各类业务。中国民航数据网是以 ATM 信元交换技术为核心，能够实现对 ATM、

FR、CES、X. 25/HDLC/SDLC、IP 及语音等业务的支持,并能提供专线连接、VPN、局域网互联、程控交换机互联等服务。网络解决方案具备最好的服务质量保证机制、完整的网络服务性能和较强的可扩展性,能够满足下列高质量网络服务需求:

(1) 覆盖全民航所有的机场,提供良好的数据和专线服务;

(2) 网络整体方案支持若干个覆盖全国机场的程控电话交换机联网和语音拨号、专线业务网络;

(3) 网络整体方案支持若干个覆盖全国、具有各种规模和多种服务质量要求的 IP 业务网络;

(4) 支持覆盖全国、各种规模和不同服务质量要求的 VPN 应用。

1. 网络结构

民航数据网在总体结构上采用层次化的网络结构,划分为核心层、汇接层和接入层三层,全网共有 135 个网络节点。网络层次示意图见图 2-23。

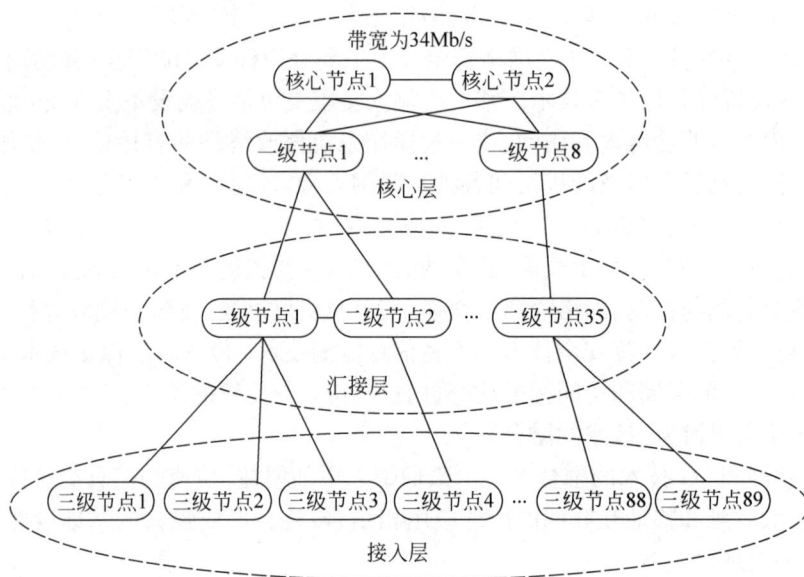

图 2-23 中国民航数据网层次化网络结构示意图

1) 核心层网络结构

核心层由两个核心节点和 8 个一级节点组成。核心层构成的 ATM 骨干网主要负责各地区空管局至总局空管局以及地区空管局之间数据包的高速转发。核心层采用双星型结构,两个核心节点互为备份,其间通过一条高速线路互连。一级节点分别以 E1 IMA 方式上联到总局空管局和上海浦东核心节点。在核心层中,总局空管局和中国民航局、首都机场之间采用本地高速线路互连。在上海浦东与上海虹桥节点之间也采用本地高速线路互连,核心层网络拓扑结构见图 2-24。

2) 汇接层网络结构

汇接层由 7 个管理局下辖的 35 个二级节点组成。汇接层用于连接接入层网络到核心层网络设备并为本地节点的中高速业务提供接入服务,它主要负责部分二级节点之间和各三级节点到核心层的数据转发。汇接层是一种以管理局所在地的一级节点为核心的星型结

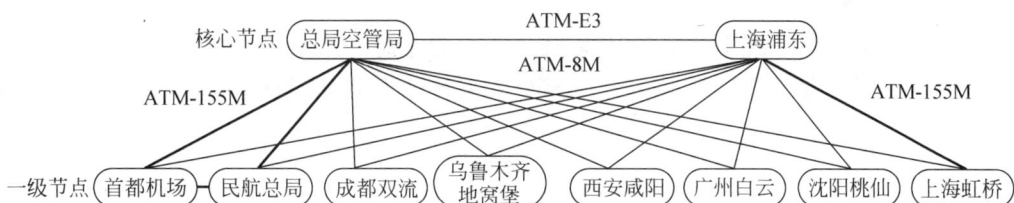

图 2-24 中国民航数据网核心层与一级节点拓扑结构

构,各个二级节点利用 SDH 数据电路,采用 IMA 捆绑或者线路互备的方式上联到本二级节点所在地区的一级节点,部分节点构成多方向横向连接,如图 2-25 所示。

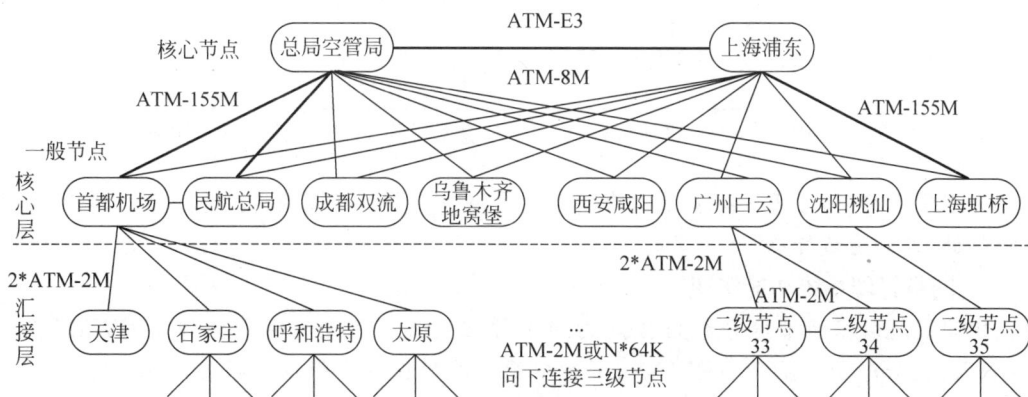

图 2-25 中国民航数据网汇接层结构示意图

3）接入层网络结构

接入层由 35 个二级节点下辖的 89 个三级节点组成。接入层主要为本地节点的中低速业务提供接入服务。接入层是以二级节点为核心的星型结构,各个三级节点利用 SDH 数据电路、DDN 或卫星电路上联到二级节点。在接入层可以构成多方向中继的结构,如图 2-26 所示。

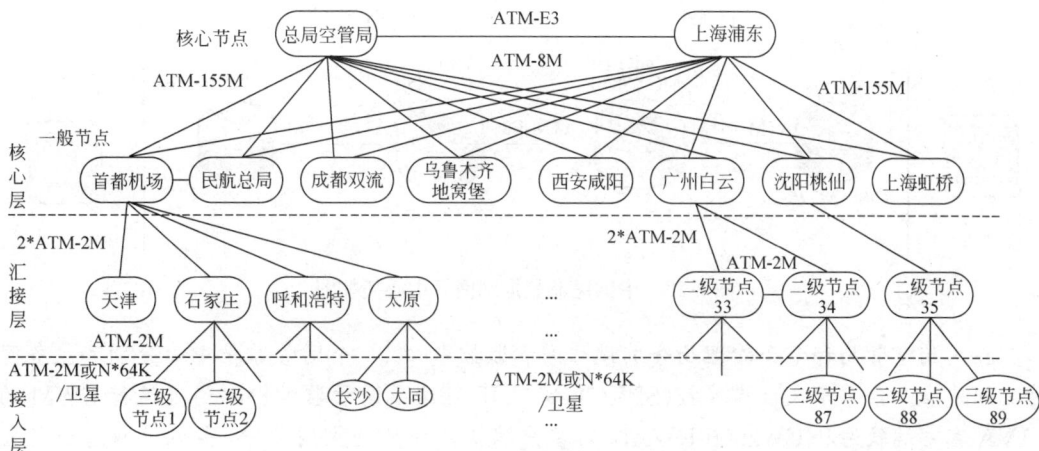

图 2-26 中国民航数据网接入层结构示意图

2. IP 地址规划

中国民航数据网一级地域互联 IP 地址用于空管总局和上海浦东与各一级节点之间的互联。该地址从空管总局的用户地址中分配,类型标识为 1111,该地址统一分配使用,其编码方式为:

8b	8b	4b	12b
业务类型 VOIP	一级地域标识	类型标识 1111	用户网络地址

为了便于标识,使用 20.108.241.X/24 作为一级骨干网的互联 IP。

中国民航数据网二级地域互联 IP 地址用于一级节点与所辖二级和三级节点之间的互联。该地址从二级地域用户地址中分配,类型标识为 1111,该地址由各个管区分配使用,其编码方式为:

8b	8b	4b	12b
业务类型 VOIP	二级地域标识	类型标识 1111	用户网络地址

为了便于标识,沿用一级骨干网中的用法。即每个管区使用 20.Y.241.X。其中,Y 由该分行的"二级地域标识"唯一确定。

3. 网络管理系统功能实现

中国民航数据网采取分级监控式的网络管理模式。配置的网管软件是 CWM(Cisco WAN Manager)和 CW2000-RWAN,可对中国民航数据网执行以下网管功能:故障管理、配置管理、计费管理、性能管理、安全管理。

民航数据网在核心节点的北京总局空管局建立主网管中心,在上海浦东建立备份网管中心,管理全国的网络。主备网管工作站分别通过本地局域网连接到本地网管路由器上,然后通过网管路由器的 ATM-155M 模块连接到核心交换机。主备网管分别通过网管路由器的 ATM-155M 端口同网络中所有设备建立起管理交换虚连接(SVC),从而对整个民航数据网进行完全有效的管理,具体方式如图 2-27 所示。

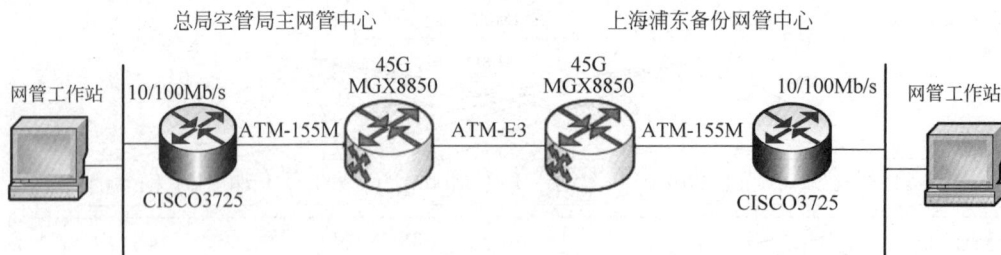

图 2-27　中国民航数据网网管中心拓扑图

在总局空管局和 7 个管理局分别设立网管监控中心。7 个网管监控中心分别和主备网管之间建立一条半永久性虚连接(SPVC),实现 IP 可达。网管监控中心通过运行 CWM 的 JAVA 客户端软件和 CW2000-RWAN 的客户端软件登录到主网管中,实现对网络进行监控和管理。总局空管局的网管操作站和备网管之间建立一条 SPVC,实现 IP 可达,在主网管故障的情况下登录备网管实现对网络的监控和管理。网管示意图如图 2-28 所示。

主网管中心可以对网管监控中心设置多种用户权限,一旦设定用户权限,则此用户对整

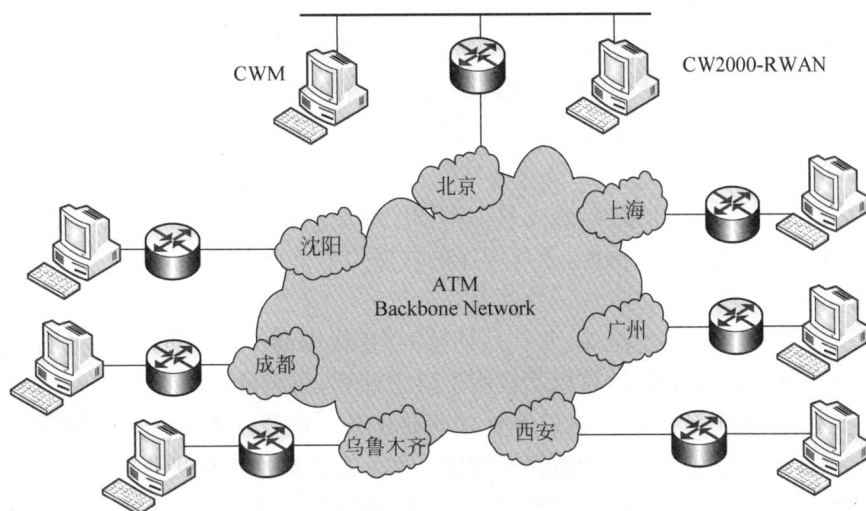

图 2-28　中国民航数据网网络管理示意图

个网络都能进行相同权限的操作。计费系统也是本网管系统的重要组成部分,用于提取整个数据网以及 VoIP 业务的所有计费数据,同时也提供计费数据的标准格式、数据库标准 SQL 接口和开放的 API 编程接口,保证能从计费系统中提取计费数据进行二次开发,以实现较完善的计费功能。

（资料来源：佚名. 中国民航数据通信网情况介绍［EB/OL］. (2020-04-07). https://wenku. baidu. com/view/8320e7e831d4b14e852458fb770bf78a65293ab3. html. 编者有删改）

2.2　数据管理技术

2.2.1　数据管理技术的发展阶段

随着社会应用需求的推动,加之计算机软件和硬件的高速发展,数据管理技术经历了人工管理、文件系统和数据库系统三个发展阶段。

1. 人工管理阶段

20 世纪 50 年代中期以前属于人工管理阶段,它是计算机数据管理的初级阶段。在这一阶段,计算机主要用于科学计算。外部存储器只有磁带、卡片和纸带等,还没有出现磁盘等直接存储设备。软件只有汇编语言,没有操作系统和管理数据的软件。数据处理方式基本是批处理。人工管理阶段的特点如下：

（1）没有对数据进行管理的软件系统,数据不能长期保存。

因为当时计算机主要用于科学计算,对于数据保存的需求尚不迫切。只在计算一个题目时,将数据输入计算机,运行程序,得到计算结果就可以。

（2）系统没有专用的软件对数据进行管理。

每个应用程序都要有数据的存储结构、存取方法、输入方式等,程序员编写应用程序时要规定数据的逻辑结构和物理结构等,其负担很重。

（3）数据是面向应用的。

数据是面向应用的，一组数据对应一个程序。不同应用的数据之间是相互独立、彼此无关的，即使两个不同应用涉及相同的数据，也必须各自定义，无法相互利用，互相参照。数据不但高度冗余，而且不能共享。

（4）不单独保存数据。

基于数据与程序是一个整体，数据只为本程序所使用，数据只有与相应的程序一起保存才有价值，否则就毫无用处。因此，所有程序的数据均不单独保存。

2. 文件系统阶段

文件系统阶段是指 20 世纪 50 年代后期至 60 年代中期。这一阶段，大量的数据存储、检索和维护成为紧迫的需求，计算机不仅用于科学计算，还大量用于信息管理。软硬件技术也取得飞速发展，硬件有了磁盘、磁鼓等直接存储设备。在软件方面，出现了高级语言和操作系统，操作系统中有了专门管理数据的软件。文件系统数据具有两种形式，即用户看到的逻辑结构（称为逻辑文件）和实际存储的物理结构（称为物理文件）。在这一阶段，文件系统提供从逻辑文件到物理文件的转换，部分实现了逻辑数据和物理数据的相互独立性，并且出现了多种文件组织形式，如顺序文件组织、链接文件组织和直接存取文件组织。文件系统阶段的特点如下：

（1）数据可以长期保存。

数据可以组织成文件长期保存在计算机中反复使用，用户可随时对文件进行查询、修改和增删等处理。

（2）文件系统可对数据的存取进行管理。

程序员只与文件名打交道，不必明确数据的物理存储，大大减轻了程序员的负担。

（3）文件形式多样化。

文件形式有顺序文件、倒排文件、索引文件等，因而对文件的记录可顺序访问，也可随机访问，更便于存储和查找数据。

（4）程序与数据间具有一定独立性。

由专门的软件即文件系统进行数据管理，程序和数据间根据软件提供的存取方法进行转换，数据存储发生变化不一定影响程序的运行。

文件系统存在以下缺点：

（1）数据共享性差，冗余度大。文件与应用程序密切相关。例如，航空公司行政部门的职工人事档案，地面服务部门考勤系统的出勤情况，所用的数据很多是重复的。

（2）数据独立性差。文件系统中的文件是为某一特定应用服务的，文件的逻辑结构对该应用程序来说是优化的，因此要想对现有的数据再增加一些新的应用会很困难，系统不容易扩充。

3. 数据库系统阶段

20 世纪 60 年代后期，计算机应用于管理的规模更加庞大，数据量急剧增加，硬件方面出现了大容量磁盘，使计算机联机存取大量数据成为可能，而文件系统的数据管理方法已无法适应开发应用系统的需要。1969 年，美国 IBM 公司研制了世界上第一个层次结构的数据库管理系统（information management system，IMS）；美国 CODASYL 委员会（Conference On Data System Language）的 DBTG 小组（Data Base Task Group）对数据库方法进行了系统的研究、讨论,于 60 年代末至 70 年代初提交了若干研究报告,称为 DBTG 报告,它所提议的方法是基于网状结构的;1970 年,美国 IBM 公司的高级研究员 Edgar F. Codd 连续发表论文,提出了关系数据模型,奠定了关系数据库的理论基础,标志着以数据库系统为基本手段的数据管理阶段的开始。

数据库技术从开始到现在的几十年中主要经历了四个发展阶段:第一代是层次和网状数据库系统,第二代是关系数据库系统,第三代是以面向对象数据模型为主要特征的数据库系统,第四代是非关系数据库系统。

1) 第一代数据库系统

第一代数据库系统是 20 世纪 70 年代研制的层次和网状数据库系统。层次数据库系统的典型代表是 1969 年 IBM 公司研制出的层次模型的数据库管理系统 IMS。20 世纪 60 年代末至 70 年代初,美国数据库系统语言协会 CODASYL 下属的数据库任务组 DBTG 提交了若干报告,被称为 DBTG 报告。DBTG 报告确定并建立了网状数据库系统的许多概念、方法和技术。在 DBTG 思想和方法的指引下数据库系统的实现技术不断成熟,开发了许多商品化的数据库系统,它们都是基于层次模型和网状模型的。

2) 第二代数据库系统

第二代数据库系统是关系数据库系统。1970 年 IBM 公司的 San Jose 研究实验室的研究员 Edgar F. Codd 发表了题为"大型共享数据库数据的关系模型"的论文,提出了关系数据模型,开创了关系数据库方法和关系数据库理论,为关系数据库技术奠定了理论基础。Edgar F. Codd 于 1981 年被授予 ACM 图灵奖,以表彰他在关系数据库研究方面的杰出贡献。20 世纪 70 年代是关系数据库理论研究和原型开发的时代,其中以 IBM 公司的 San Jose 研究实验室开发的 System R 和 Berkeley 大学开发的 Ingres 为典型代表。大量的理论成果和实践经验终于使关系数据库从实验室走向了社会,因此,人们把 20 世纪 70 年代称为数据库时代。20 世纪 80 年代几乎所有新开发的系统均是关系型的,其中涌现出了许多性能优良的商品化关系数据库管理系统,如 DB2、Ingres、Oracle、Informix、Sybase 等。这些商用数据库系统的应用使数据库技术日益广泛地应用到企业管理、情报检索、辅助决策等方面,成为实现和优化信息系统的基本技术。

3) 第三代数据库系统

从 20 世纪 80 年代以来,数据库技术在商业上的巨大成功刺激了其他领域对数据库技术需求的迅速增长。这些新的领域为数据库应用开辟了新的天地,并在应用中提出了一些新的数据管理的需求,推动了数据库技术的研究与发展。1990 年高级 DBMS 功能委员会发表了"第三代数据库系统宣言",提出了第三代数据库管理系统应具有的 3 个基本特征:

(1) 应支持数据管理、对象管理和知识管理;

(2) 必须保持或继承第二代数据库系统的技术;

(3) 必须对其他系统开放。

面向对象数据模型是第三代数据库系统的主要特征之一,数据库技术与多学科技术的有机结合也是第三代数据库系统的一个重要特征。分布式数据库、并行数据库、工程数据库、演绎数据库、知识库、多媒体库、模糊数据库等都是这方面的实例。

4) 第四代数据库系统

随着互联网的发展和 Web 应用的高峰期到来,传统的关系数据库在处理大规模分布式数据时遇到了一些问题,例如扩展性、性能和灵活性等。为了解决这些问题,非关系型数据库(NoSQL)应运而生。非关系型数据库根据数据的特点和需求选择适当的数据模型,如键值存储数据库、文档存储数据库、列存储数据库和图形存储数据库等,以满足不同的应用场景和需求。

近年来,随着人工智能、物联网和大数据等技术的快速发展,新型数据库不断涌现。这些数据库结合了传统关系型数据库和非关系型数据库的优点,具备高扩展性、高性能和高灵活性等特点。同时,人们也在探索更高级的数据库技术,如图数据库、时空数据库和区块链等。

2.2.2 数据库技术基础

1. 数据库的概念及特点

数据库是指长期保存在计算机的存储设备上,并按照某种模型组织起来的、可以被各种用户共享的数据集合。数据库的概念实际上包括两层含义:一方面,数据库是一个实体,它是能够合理保管数据的"仓库",用户在该"仓库"中存放要管理的事务数据,"数据"和"库"两个概念结合成为"数据库";另一方面,数据库是数据管理的新方法和技术,它能够更合理地组织数据,更方便地维护数据,更严密地控制数据和更有效地利用数据。它具备以下特点:

(1) 实现数据共享。数据共享包括所有用户可同时存取数据库中的数据,也包括用户可以用各种方式通过接口使用数据库。

(2) 减少数据的冗余度。同文件系统相比,由于数据库实现了数据共享,从而避免了用户各自建立应用文件,减少了大量重复数据,减少了数据冗余,维护了数据的一致性。

(3) 数据的独立性。数据的独立性既包括数据库中数据的逻辑结构和应用程序相互独立,也包括数据物理结构的变化不影响数据的逻辑结构。

(4) 数据实现集中控制。文件管理方式中,数据处于一种分散的状态,不同的用户或同一用户在不同操作场景下产生的文件之间缺乏逻辑关联。利用数据库可对数据进行集中控制和管理,并通过数据模型表示各种数据的组织以及数据间的联系。

(5) 数据一致性和可维护性,以确保数据的安全性和可靠性。主要包括:①安全性控制,以防止数据丢失、错误更新和越权使用;②完整性控制,即保证数据的正确性、有效性和相容性;③并发控制,使在同一时间周期内,允许对数据实现多路存取,并能防止用户之间的不正常交互作用。

(6) 故障恢复。数据库管理系统提供一套方法,可及时发现故障和修复故障,从而防止数据被破坏。数据库系统能尽快恢复数据库系统运行时出现的故障,可能是物理上或是逻辑上的错误。比如对系统的误操作造成的数据错误等。

2. 数据库管理系统

数据库管理系统(database management system,DBMS)是操纵和管理数据库的软件系统,它由一组计算机程序构成,管理并控制数据资源的使用。在计算机软件系统的体系结构中,数据库管理系统位于用户和操作系统之间。DBMS是数据库系统的核心,主要用于实现对共享数据有效的组织、管理和存取,它的基本功能包括以下几个方面。

1）数据库定义功能

数据库定义就是对数据库的结构进行描述，包括：外模式、模式、内模式的定义；数据库完整性的定义；安全保密定义（如用户口令、级别、存取权限）以及存取路径（如索引）的定义。这些定义存储在数据字典（亦称为系统目录）中，是 DBMS 运行的基本依据。DBMS 提供数据定义语言（data definition language，DDL），用户通过它可以方便地对数据库结构进行定义。

2）数据操纵功能

DBMS 还提供数据操纵语言（data manipulation language，DML），用户可以使用 DML 操纵数据，实现对数据库的基本操作，如检索、插入、删除和修改等。一个好的 DBMS 应该提供功能强、易学易用的 DML，以及方便的操作方式和较高的数据存取效率。DML 有宿主型语言和自立型语言两类。前者的语句不能独立使用，必须嵌入某种主语言，如 C 语言、Pascal 语言；后者可以独立使用，通常供终端用户使用。

3）数据库的运行管理功能

数据库在建立、运用和维护时由 DBMS 统一管理、统一控制，以保证数据的安全性、完整性、多用户对数据的并发使用及发生故障后的系统恢复，从而保证数据库系统的正常运行。

4）数据组织、存储和管理功能

DBMS 要分类组织、存储和管理各种数据，包括数据字典、用户数据、存取路径等。要确定以何种文件结构和存取方式在存储级上组织这些数据以及如何实现数据之间的联系。数据组织和存储的基本目标是提高存储空间利用率和方便存取，提供多种存取方法（如索引查找、Hash 查找、顺序查找等），提高存取效率。

5）数据库的建立和维护功能

它包括数据库初始数据的输入、转换功能，数据库的转储、恢复功能，数据库的重组织功能和性能监视、分析功能等。

6）其他功能

其他功能包括 DBMS 与网络中其他软件系统的通信功能，一个 DBMS 与另一个 DBMS 或文件系统的数据转换功能，异构数据库之间的互访和互操作功能等。

3. 数据库系统

数据库系统（database system，DBS）是一个实际可运行的存储、维护和应用系统提供的数据的软件系统，是存储介质、处理对象和管理系统的集合体。数据库系统由数据库（database，DB）、数据库管理系统（DBMS）、应用系统和各类人员等组成。数据库（DB）是统一管理的相关数据的集合，是存储数据的"仓库"。数据库按照一定的格式将大量的、有组织的数据存储在一起，方便进行查询、修改、删除等操作。数据库管理系统（DBMS）是位于用户与操作系统之间的一层数据管理软件，对数据实行专门管理，提供安全性和完整性等统一机制，可以对数据库的建立、使用和维护进行管理，用户可以通过 DBMS 访问数据库中的数据。数据库应用系统是系统开发人员采用应用开发工具，利用 DBMS 等系统软件提供的资源开发出来的面向某一类实际应用或业务需求的应用软件。而各类人员则包括数据库管理员以及其他有权使用数据库的用户等。数据库系统的主要组成如图 2-29 所示。

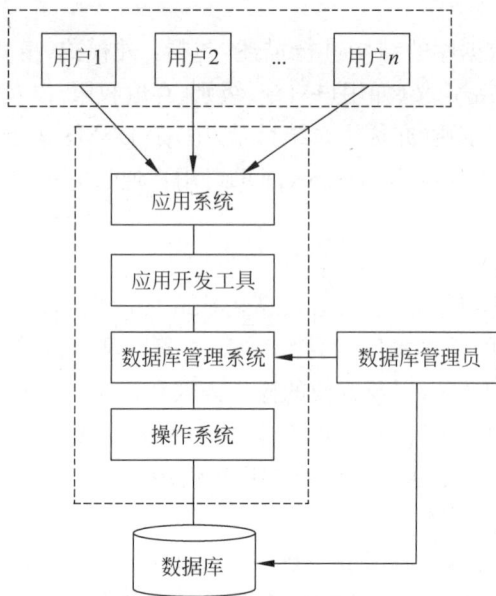

图 2-29　数据库系统组成

2.2.3　数据模型

数据是描述事物的符号记录,模型是现实世界的抽象。数据模型是数据特征的抽象,是数据库技术的核心和基础。从用户观点来看,数据模型是用来创建数据库、维护数据库,并将数据库解释为外部活动模型的工具。数据模型所描述的内容包括 3 个部分:数据结构、数据操作、数据约束。

(1) 数据模型中的数据结构主要描述数据的类型、内容、性质以及数据间的联系等。数据结构是数据模型的基础,数据操作和数据约束都建立在数据结构上。不同的数据结构具有不同的操作和约束。

(2) 数据模型中的数据操作主要描述在相应的数据结构上的操作类型和操作方式。

(3) 数据模型中的数据约束主要描述数据结构内数据间的语法、词义联系,它们之间的制约和依存关系,以及数据动态变化的规则,以保证数据的正确、有效和相容。

数据模型按不同的应用层次分为 3 种类型,分别是概念模型、逻辑模型和物理模型。下面依次介绍这 3 个模型。

1. 概念模型

概念模型是现实世界到机器世界的一个中间层次,是数据库设计的有力工具。对于一个好的概念模型来说,其一定要满足一些基本要求,比如具有较强的语义表达能力,能够方便、直接地表达应用中的各种语义知识,不仅简单、清晰,容易使用户理解,而且可以作为数据库设计人员和用户之间交流的语言。概念模型中最常见的是实体-联系模型,简称 E-R (entity-relationship)模型,该模型就能满足上述基本要求。E-R 模型中有 3 个主要概念:实体、属性和联系。

1）实体

实体是指客观存在并可相互区别的事物。实体可以是可触及的对象,如一位乘客、一张机票、一架飞机,也可以是抽象的事件,如一次飞行、一次会议等。同型实体的集合称为实体集,如所有的乘客、所有的飞机等。

2）属性

实体的某一特性称为属性,一个实体可以由若干个属性来刻画。如乘客实体有姓名、年龄、性别、联系电话等方面的属性。

属性有"型"和"值"之分,"型"即为属性名,如姓名、年龄、性别是属性的型;"值"即为属性的具体内容,如"李四,20,男"这些属性值的集合表示了一个乘客实体。

3）联系

在现实世界中,事物内部以及事物之间是有联系的。在信息世界中,实体的联系分为实体内部的联系和实体之间的联系。实体内部的联系通常指组成实体的各属性之间的联系,实体之间的联系通常指不同实体集之间的联系。两个实体之间的联系有如下 3 种:

（1）一对一。如图 2-30 所示,实体集 E1 中的一个实体至多与实体集 E2 中的一个实体相对应,反之亦然,则称实体集 E1 与实体集 E2 为一对一的联系,记作 1∶1。如:飞机与适航证(每架飞机在其生命周期内严格对应唯一有效适航证)。

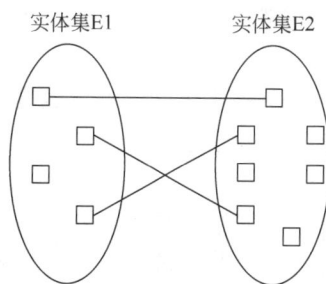

图 2-30　一对一关系

（2）一对多。如图 2-31 所示,实体集 E1 中的一个实体与实体集 E2 中的多个实体相对应;反之,实体集 E2 中的一个实体至多与实体集 E1 中的一个实体相对应,记作 1∶n。如:机场和跑道(一座机场可以有多条跑道,一条跑道属于一座机场)。

（3）多对多。如图 2-32 所示,实体集 E1 中的一个实体与实体集 E2 中的多个实体相对应;反之,实体集 E2 中的一个实体与实体集 E1 中的多个实体相对应,记作 m∶n。如:航班与乘客(一个航班有多个乘客乘坐,一个乘客可以乘坐多个航班)。

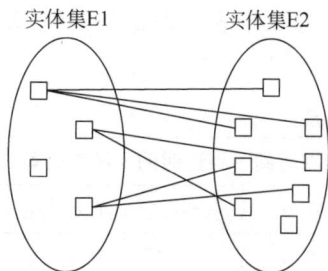

图 2-31　一对多关系

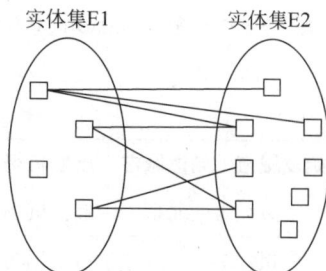

图 2-32　多对多关系

设计 E-R 模型会用到一些构件,其主要形状及含义如表 2-6 所示。

表 2-6　E-R 模型中的主要构件

图形名称	形　状	含　义
矩形	▭	表示实体集
菱形	◇	表示联系集
椭圆	⬭	表示属性
线段	—	将属性与相关的实体集连接,或将实体集与联系集联系

例如,航空订票模拟系统的 E-R 模型应该有 4 个实体:旅客、航班计划、航班动态、机型。

(1) 各实体的属性。旅客实体的属性包括:旅客编号、姓名、性别、旅客类型、出生日期、证件号码、证件类型、联系电话。航班计划实体的属性包括:航班号、始发城市、到达城市、出发机场、到达机场、出发时间、到达时间、航空公司。航班动态实体的属性包括:航班编号、头等舱空位数、公务舱空位数、经济舱空位数、头等舱票价、公务舱票价、经济舱票价、航班日期。机型实体的属性包括:机型号、头等舱座位数、公务舱座位数、经济舱座位数。

(2) 各实体之间的联系。旅客与航班动态是多对多的“订票”联系,航班计划与航班动态是一对多的“制定”联系,航班计划与机型是多对一的“采用”联系。其中,订票联系产生机票号、订票时间、票价、舱位类型属性。

图 2-33 所示为航空订票模拟系统数据库的概念模型(E-R 模型)。

2. 逻辑模型

在关系数据库中逻辑模型通常采用关系模型作为数据的组织方式。关系模型的数据结构是一种二维表格结构。在关系模型中,实体本身的信息以及实体之间的联系均表现为二维表,这种表就称为关系。

1) 关系模型的主要概念

(1) 关系。一个关系(relation)对应通常所说的一张二维表。表 2-7 所示的就是一个航班计划关系。

表 2-7　航班计划关系

航班号	始发城市	到达城市	出发机场	到达机场	出发时间	到达时间	航空公司	机型号
MU5137	上海	北京	虹桥机场	首都机场	07:00	09:20	东方航空	空客 323
CZ3101	广州	北京	白云机场	首都机场	08:00	10:55	南方航空	波音 777
CA1948	成都	上海	双流机场	浦东机场	12:15	15:05	中国航空	空客 321
HU7117	海口	深圳	美兰机场	美兰机场	21:45	22:55	海南航空	波音 737
…	…	…	…	…	…	…	…	…

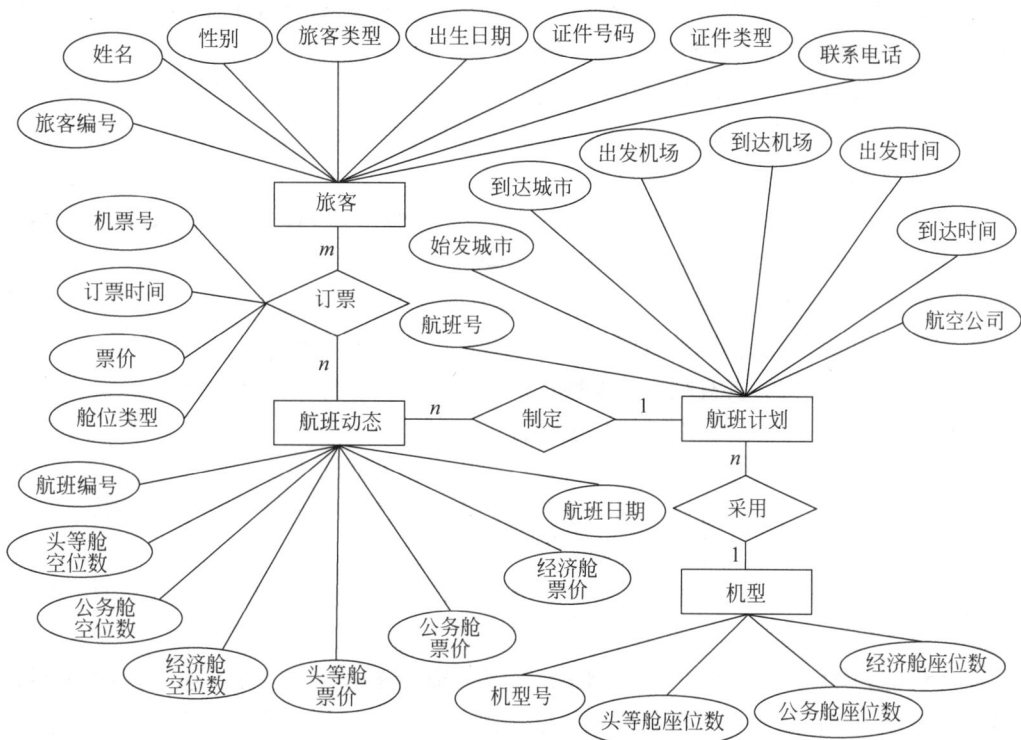

图 2-33　航空订票模拟系统数据库的概念模型

（2）元组。表 2-7 中的一行即为一个元组（tuple），表中有多少行，就对应多少个元组，也称记录。

（3）属性。表 2-7 中的一列即为一个属性（attribute）。一个表中往往会有多个属性，为了区分这些属性，要给每一个列起一个属性名。如表 2-7 中有 9 个属性（航班号、始发城市、到达城市、出发机场、到达机场、出发时间、到达时间、航空公司、机型号）。

（4）码。关系中的某个属性或属性组可以唯一确定一个元组（记录），且属性组中不含多余的属性，这样的属性或属性组称为关系的码。例如表 2-7 中的航班号属性为航班计划表的码。

（5）域。属性的取值范围称为域（domain）。例如，机票的票价一般在区间范围之内。

（6）分量。元组中的一个属性值称为分量（element）。

（7）关系模式。关系的型称为关系模式，关系模式是对关系的描述。关系模式一般的表示是：

$$关系名（属性 1，属性 2，\cdots，属性 n）$$

例如，航班计划关系可描述为：

航班计划（航班号、始发城市、到达城市、出发机场、到达机场、出发时间、到达时间、航空公司、机型号）。

（8）外码。如果一个关系模式中某一个属性或属性集是另一个关系的主码，那么这个属性或属性集就是这个关系的外码。在"航班计划"关系中，"机型号"属性是"机型"关系的主码，因而"机型号"是"航班计划"关系的外码。有了这种定义后，"航班计划"关系中的外码属性值不是由"航班计划"关系本身来定义,必须要参照外码对应的关系中的主码的码值。这就是"参照完整性约束"规则。

(9)关系数据模型的操纵与完整性约束。关系数据模型的操纵主要包括查询、插入、删除和更新数据,这些操作必须满足关系的完整性约束条件。关系的完整性约束条件包括三大类:实体完整性、参照完整性和用户定义的完整性。

关系模型不是人为地设置,而是由数据本身自然地建立它们之间的联系,并且用关系代数和关系运算来操纵数据,这就是关系模型的本质。

关系具有如下属性:

(1)关系中的每一列都是不可再分的基本属性;

(2)关系中的列位置具有顺序无关性;

(3)同一关系的属性名具有不能重复性;

(4)关系中不允许有完全相同的两行存在;

(5)关系中同一列中的分量是同一类型的数据,也就是同一属性的数据具有同质性。

2)概念模型向关系模型的转换

将 E-R 图转换为关系模型实际上就是将实体集、属性以及联系转换为相应的关系模式。

实体集的转换规则为:将概念模型中的一个实体集转换为关系模型中的一个关系,实体的属性就是关系的属性,实体的码就是关系的码,关系的结构是关系模式。

实体集联系的转换规则分为 3 种:

(1)1∶1 联系的转换方法。一个 1∶1 联系可以转换为一个独立的关系,也可以与任意一端实体集所对应的关系合并。如果将 1∶1 的联系转换为一个独立的关系,则与该联系相连的各实体的码以及联系本身的属性均转换为关系的属性,且每个实体的码均是该关系的候选码。如果将 1∶1 联系与某一端实体集所对应的关系合并,则需要在被合并关系中增加属性,其新增的属性为联系本身的属性和与联系相关的另一个实体集的码。

(2)1∶n 联系的转换方法。在向关系模型转换时,实体间的 1∶n 联系可以有两种转换方法:一种方法是将联系转换为一个独立的关系,其关系的属性由与该联系的各实体集的码以及联系本身的属性组成,而该关系的码为 n 端实体集的码;另一种方法是在 n 端实体集中增加新属性,新属性由联系对应的 1 端实体集的码和联系自身的属性构成,新增属性后原关系的码不变。

(3)m∶n 联系的转换方法。在向关系模型转换时,一个 m∶n 联系转换为一个关系。转换方法为:与该联系相连的各实体集的码以及联系本身的属性均转换为关系的属性,新关系的码为两个相连实体码的组合(该码为多属性构成的组合码)。

根据以上转换规则,图 2-33 所示航空订票模拟系统数据库的概念模型转换为以下关系模式,关系的码用下画线标注。

旅客(旅客编号,姓名,性别,旅客类型,出生年月,证件类型,证件号码,联系电话);

航班计划(航班号,出发城市,到达城市,出发机场,到达机场,出发时间,到达时间,航空公司,机型号);

机型(机型号,头等舱座位数,公务舱座位数,经济舱座位数);

航班动态(航班编号,头等舱空位数,公务舱空位数,经济舱空位数,头等舱票价,公务舱

票价,经济舱票价,航班日期,航班号);

订票信息(旅客编号,航班编号,机票号,座舱类型,订票日期,票价)。

3. 物理模型

物理模型是描述数据在存储介质上的组织方式的数据模型,它不仅与具体的 DBMS 有关,而且与操作系统和硬件有关。每一种逻辑数据模型在实现时都有对应的物理数据模型,一般说来都由 DBMS 自动完成物理数据模型的实现工作,设计者则只负责设计索引、聚集等特殊结构。

2.2.4 数据库设计

数据库设计是指对于一个给定的应用环境,构造最优的数据库模式,建立数据库及其应用系统,使之能够有效地存储数据。按照规范设计的方法,考虑到数据库及其应用系统开发的全过程,将数据库设计分为 6 个阶段,如图 2-34 所示。

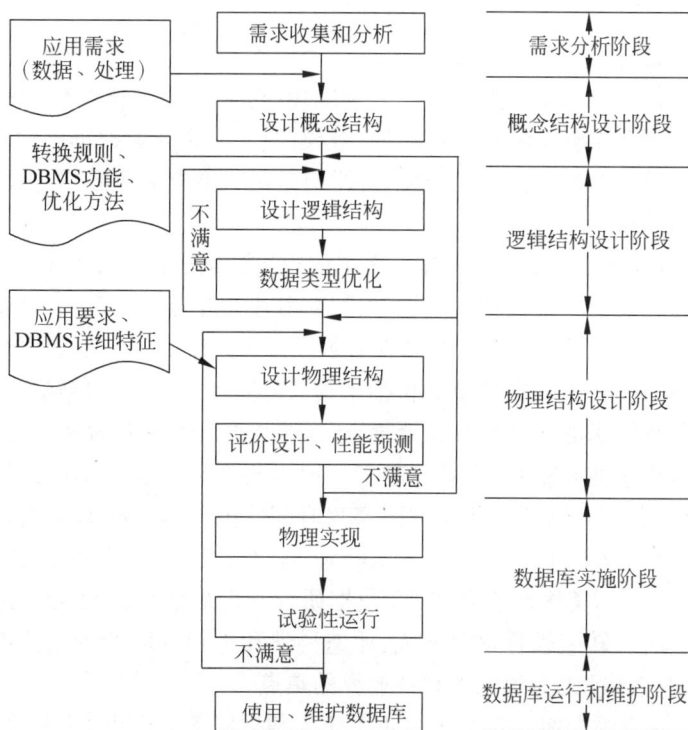

图 2-34 数据设计步骤

每个阶段的具体要求如下:

(1) 需求分析阶段,主要是准确收集用户信息需求和处理需求,并对收集的结果进行整理和分析,形成需求说明。需求分析是整个设计活动的基础,也是最困难和最耗时的一步。如果需求分析不准确或不充分,可能导致整个数据库设计的返工。通过需求收集和分析,得到用数据字典描述的数据需求、用数据流图描述的处理需求。

(2) 概念结构设计阶段是数据库设计的重点。该阶段对用户需求进行综合、归纳、抽象,形成一个概念模型(一般为 E-R 模型)。形成的概念模型是与具体的 DBMS 无关的模型，是对现实世界的可视化描述，属于信息世界，是逻辑结构设计的基础。

（3）逻辑结构设计阶段是将概念结构设计的概念模型转换为某个 DBMS 所支持的数据模型（例如关系模型），建立数据库逻辑模式，并对其进行优化，同时为各种用户和应用设计外模式。

（4）物理结构设计阶段为逻辑数据模型选取一个最适合应用环境的物理结构（包括存储结构和存取方法）。

（5）数据库实施阶段，运用 DBMS 提供的数据语言（例如 SQL）及其宿主语言（例如 C），根据逻辑设计和物理设计的结果建立数据库，编制与调试应用程序，组织数据入库，并进行试运行。

（6）数据库运行和维护阶段。数据库应用系统经过试运行后即可投入正式运行。在数据库系统运行过程中必须不断地对其进行评价、调整与修改。

2.2.5　大数据技术

1. 大数据的概念

随着计算机和信息技术的迅猛发展和普及应用，行业应用系统所产生的数据呈爆炸性增长。动辄达到数百 TB 甚至数十至数百 PB 规模的行业/企业大数据已远远超出了现有传统的计算机和信息系统的处理能力。因此，寻求有效的大数据处理技术、方法和手段已经成为现实世界的迫切需求。

2008 年，在 Google 成立 10 周年之际，著名的《自然》杂志出版了一期专刊，专门讨论未来的与大数据处理相关的一系列技术问题和挑战，其中提出了 Big Data 也就是大数据的概念。维基百科将其定性描述为：大数据是现有数据库管理工具和传统数据处理应用很难处理的大型、复杂的数据集，大数据的挑战包括采集、存储、搜索、共享、传输、分析和可视化等。

由于大数据处理需求的迫切性和重要性，近年来大数据技术已经得到全球学术界、工业界和各国政府的高度关注和重视，全球掀起了一股可与 20 世纪 90 年代的信息高速公路相提并论的研究热潮，美国和欧洲一些发达国家政府都从国家科技战略层面提出了一系列的大数据技术研发计划，以推动政府机构、重大行业、学术界和工业界对大数据技术的探索研究和应用。2012 年 3 月，美国政府发布《大数据研究和发展倡议》，投资 2 亿美元发展大数据，用以强化国土安全、转变教育学习模式、加速科学和工程领域的创新速度和水平。目前大数据的应用和研究已经成为学术界和产业界的热点。

2012 年 7 月，联合国在纽约发布了一本关于大数据服务的白皮书《大数据促发展：挑战与机遇》，全球大数据的研究和发展进入了前所未有的高潮。这本白皮书总结了各国政府如何利用大数据响应社会需求，指导经济运行，更好地为人民服务，并建议成员国建立"脉搏实验室"（pulse labs），挖掘大数据的潜在价值。受益于数字化转型、云计算普及、人工智能发展等驱动因素，全球大数据行业呈现出快速增长态势。

根据尚普咨询的数据，2016—2022 年期间，全球大数据支出保持了 19.55% 的年复合增长率（CAGR），从 280 亿美元增长到 572 亿美元。国际数据公司（IDC）在其《数据时代 2025》白皮书中指出，伴随着传统产业与移动互联网技术深度融合，传统产品不断数字化转型，数字经济不断崛起，核心数据、边缘数据、终端数据将快速增长，到 2025 年全球数据量预计达到 175ZB，数据总量将会是现在的 4 倍以上。

全球大数据技术产业与应用创新不断迈向新高度。数据存储与计算、数据管理、数据流通、数据应用、数据安全五大核心领域均伴随相关政策、技术、产业、应用的不断演进,发展目标进一步明确和丰富,发展成效不断显现。

2. 大数据的来源

大数据应用的基础是大数据的积累。获得大数据的渠道可以来自企业自身,也可以来自外部。

1) 企业内部大数据的来源

(1) 企业数据化的档案。每个企业都会有历史档案资料。在历史档案资料中,那些与财务、客户、员工、地理、人文、天气等相关的资料蕴含着客观的数据挖掘潜力。例如著名的啤酒与尿布的故事,就是通过对历史销售数据进行分析,才发现两者之间的相关性。又如在房地产企业的销售中,可以通过历史档案数据与当时天气、地理等数据的结合,有针对性地进行一些营销活动。当然,利用历史档案的前提是档案的数据化,借助于现代的图像、文字、音视频等识别技术,将大量的历史档案转变为数据资料,是档案大数据挖掘的重要基础。

(2) 企业信息化系统。企业的信息化系统包括 OA(办公自动化系统)、ERP(企业资源规划系统)、CRM(客户关系管理系统)等多种类别。在这样的信息化系统中,每一天都会有大量的数据产生并沉淀。例如 OA 系统中各种办公流程所产生的人事、财务、业务、项目等方面的数据,以及后台的日志数据;ERP 系统中关于企业人、财、物、时间、空间等资源与企业供应链方面的数据;CRM 系统中客户的信息与交互数据等。这样的信息化系统本身就是良好的数据分析平台,其报表生成、运营分析等各种分析功能也能够为企业带来诸多的分析价值。在大数据时代,还需要关注信息化系统中的"数据废气"(data exhaust)。

(3) 企业物联网络。企业数据化的一个重要领域是物联网。一方面,物联网的技术存在于企业产品的智能化互联;另一方面,物联网的大数据还可能来自企业内部管理的物联网络。

2) 企业外部大数据的来源

(1) 互联网大数据。随着互联网的普及和社交网络的兴起,产生了大量的数据。社交网络平台如 Facebook、Twitter、Instagram、微博、微信、QQ 等每天都有数以亿计的用户在上面发布文字、图片、视频等内容。这些用户生成的数据包含了丰富的信息,如用户兴趣、社交关系、消费行为等。同时,互联网上还有大量的网页、博客、论坛等网站,用户在浏览和搜索过程中产生的点击、评论、收藏等行为也会产生大量的数据。这些社交网络和互联网数据具有多样性、多源性和高实时性的特点,为大数据分析提供了丰富的资源。

(2) 物联网的大数据。除了互联网,外部大数据的渠道仍然不得不提能量更大、影响更深的物联网世界。一架波音 787 飞机每一次飞行所产生的物联网数据量大约有 500GB,一台智能化新能源汽车每秒钟产生的数据量可达到 1GB。物联网市场研究机构 Transforma Insights 发布的《2024—2034 年全球物联网预测报告》中指出,未来 10 年,物联网的全球连接数预计将从 160 亿增长到 400 亿。

(3) 公共渠道的大数据。企业所面对的政府、协会、其他中介组织等也会拥有大量的数据信息。例如现在许多城市所推动的智慧城市建设蓝图,其基本思路之一即是推动各种公共渠道大量数据的共享,从而为城市的各种智慧化应用提供数据支撑,其服务对象当然包括广大的企业。又如,我国实施的企业工商数据公示制度,其实也会成为一个很好的公共数据来源。在任何一个企业的基本情况与报表消息都可以在网上查到的情况下,如果能够对这样的数据资源进行归集整理,其中的价值不可小视。

3. 大数据的特征

关于大数据的特征,业内人士表示,可以用很多词语来表示。2001 年 Doug Laney 最先提出"3V"模型,包括数量(volume)、速度(velocity)和种类(variety)。此后,在 3V 的基础上又提出了一些新的特征。国际数据公司 IDC 认为大数据还应当具有价值性(value),大数据的价值往往呈现出稀疏性的特点。而 IBM 认为大数据必然具有真实性(veracity)。如今,业内人士已经将其扩展到了 11 个 V,包括有效性、可见性等。下面介绍目前使用最多的"5V"模型的特征。

1) 规模性

规模性(volume)指的是数据庞大的数据量以及其规模的完整性。数据的存储量级从TB 扩大到 ZB,这与数据存储和网络技术的发展密切相关。数据的加工处理技术的提高,网络宽带的成倍增加,以及社交网络技术的迅速发展,使得数据产生量和存储量成倍增长。根据著名咨询机构 IDC(Internet Data Center)做出的估测,人类社会产生的数据一直都在以每年 50% 的速度增长,也就是说,每两年就增加一倍,这被称为"大数据摩尔定律"。实质上,从某种程度上来说,数据的数量级的大小并不重要,重要的是数据具有完整性。

2) 高速性

高速性(velocity)主要表现为数据流和大数据的移动性,现实中则体现在对数据的实时性需求上。随着移动网络的发展,人们对数据的实时应用需求更加普遍,比如通过手持终端设备关注天气、交通、物流等信息。高速性要求具有时间敏感性和决策性的分析——能在第一时间抓住重要事件发生的信息。比如,当有大量的数据输入时(需要排除一些无用的数据)或者需要马上作出决定的情况。例如,一天之内需要审查 500 万起潜在的贸易欺诈案件;需要分析 5 亿条日实时呼叫的详细记录,以预测客户的流失率。

3) 多样性

多样性(variety)指有多种途径来源的关系型和非关系型数据。互联网时代,各种设备通过网络连成了一个整体,不仅是数据量开始了爆炸式增长,数据种类也开始变得繁多。如此类型繁多的异构数据对数据处理和分析技术提出了新的挑战,也带来了新的机遇。传统数据主要存储在关系数据库中,但是,在类似 Web 2.0 等应用领域中,越来越多的数据开始被存储在 NoSQL 数据库中,这就必然要求在集成的过程中进行数据转换,而这种转换的过程是非常复杂和难以管理的。传统的联机分析处理(on-line analytical processing,OLAP)分析和商务智能工具大都面向结构化数据,而在大数据时代,用户友好的、支持非结构化数据分析的商业软件也将迎来广阔的市场空间。

4) 价值性

价值性(value)体现的是大数据运用的真实意义所在,其价值具有稀缺性、不确定性和多样性。大数据数据价值密度相对较低,或者说是浪里淘沙却又弥足珍贵。随着互联网以及物联网的广泛应用,信息感知无处不在,信息海量,但价值密度较低,如何结合业务逻辑并利用强大的机器算法来挖掘数据价值是大数据时代最需要解决的问题。

5）真实性

真实性（veracity）是指数据的质量和保真性。大数据的内容是与真实世界息息相关的，真实不一定代表准确，但一定不是虚假数据，这也是数据分析的基础。应提升数据的质量，质量提高了，会间接地提高其他的"4V"水平。

4. 大数据处理的基本流程

大数据的处理流程可以定义为在适合工具的辅助下，对广泛异构的数据源进行抽取和集成，结果按照一定的标准统一存储，利用合适的数据分析技术对存储的数据进行分析，从中提取有益的知识并利用恰当的方式将结果展示给终端用户。大数据处理的基本流程如图 2-35 所示。

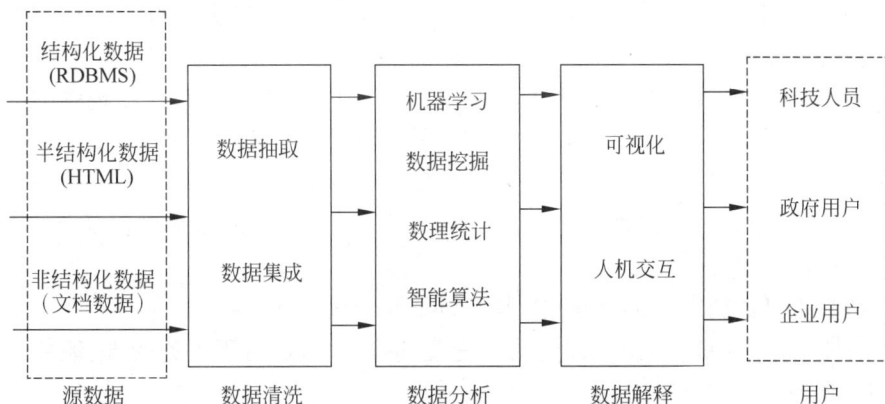

图 2-35　大数据处理的基本流程

1）数据抽取与集成

由于大数据处理的数据来源类型丰富，大数据处理的第一步是对数据进行抽取和集成，从中提取出关系和实体，经过关联和聚合等操作，按照统一定义的格式对数据进行存储。现有的数据抽取和集成方法有 4 种：基于物化或 ETL 方法的引擎（materialization or ETL engine）、基于联邦数据库或中间件方法的引擎（federation engine or mediator）、基于数据流方法的引擎（stream engine）以及基于搜索引擎的方法。

2）数据分析

数据分析是大数据处理流程的核心步骤，通过数据抽取和集成环节，我们已经从异构的数据源中获得了用于大数据处理的原始数据，用户可以根据自己的需求对这些数据进行分析处理，如数据挖掘、机器学习、数理统计、智能算法等。数据分析可以用于决策支持、商业智能、推荐系统、预测系统等。

3）数据解释

大数据处理流程中用户最关心的是数据处理的结果，正确的数据处理结果只有通过合适的展示方式才能被终端用户正确理解，因此数据处理结果的展示非常重要。可视化和人机交互是数据解释的主要技术。

使用可视化技术，可以将处理的结果通过图形的方式直观地呈现给用户，标签云（tag cloud）、历史流（history flow）、空间信息流（spatial information flow）等是常用的可视化技术，用户可以根据自己的需求灵活地使用这些可视化技术；人机交互技术可以引导用户对数据进行逐步分析,使用户参与到数据分析的过程中,使用户可以深刻地理解数据分析结果。

5. 非关系型数据库

关系型数据库由于具有数据模型、完整性约束和事务的强一致性等特点,致使其难以实现高效率、易横向扩展的分布式部署架构,而关系模型、完整性约束和事务特性等在典型互联网业务中并不能体现出优势。例如,在管理海量的页面访问日志时,并不需要严格保障数据的实体完整性和引用完整性。在这种情况下,NoSQL 数据库应运而生,为大数据时代的应用提供了新的解决方案。

1)非关系型数据库的概念及特点

非关系型数据库(not-only SQL,NoSQL)是分布式的、非关系型的,不保证遵循 ACID 原则的数据存储系统。NoSQL 数据库一般会弱化"关系",即弱化模式或表结构、弱化完整性约束、弱化甚至取消事务机制等,其目的就是去掉关系模型的约束,以实现强大的分布式部署能力,一般包括分区容错性、伸缩性和访问效率(可用性)等。和 Hadoop、Spark 等知名的大数据批处理不同,NoSQL 数据库一般提供数据的分布式存储、数据表的统一管理和维护,以及快速的分布式写入和简单查询能力等,一般不直接支持对数据进行复杂的查询和处理(例如关联查询、聚合查询等)。

与传统关系型数据库相比,NoSQL 具有以下几个重要特点:

(1) 高性能。NoSQL 具有很高的响应速度和吞吐量,这对于事务处理、流数据处理或轻量级的远程通信非常重要。

(2) 高可伸缩性。NoSQL 可以轻松地扩展数据库规模,满足动态的业务需求,而无须中断服务或动态添加分布式集群。

(3) 高可用性。NoSQL 具有自适应性,当其中的一个节点出现故障时,其他节点将代替其进行工作,因此可用性高且不会出现中断服务的情况。

(4) 灵活性。NoSQL 可以存储各种数据类型,包括非结构化数据和半结构化数据。

2)NoSQL 的数据模型

NoSQL 在数据模型上的一个共同点就是不会采用传统意义上的行列结构,例如,采用嵌套的列结构(不满足列原子性要求),没有固定的列名和值域(不满足域完整性要求),不会预先定义表结构等。

常见的 NoSQL 数据模型具有以下几种形式:键值对存储模式、列存储模式、文档式存储模式和图存储模式。其中键值对存储模式、列存储模式和文档式存储模式的应用比较广泛,通常被称为面向聚合的数据模型,以区别于传统面向关系的数据模型。实际应用中,这几种模式可能是相互配合的关系,并无绝对的界限。

(1) 键值对存储模式。键值对存储模式也就是 Key-Value 模式。如图 2-36 所示,在这种数据结构中,数据表中的每个实际行只具有行键(key)和数值(value)两个基本内容。值可以看作一个单一的存储区域,可能是任何类型,甚至数组。在实际的软件实现中,可能会存储时间戳、列名等信息,也就是说,每个值可能都有不同的列名,不同键所对应的值可能是完全不同的内容(完全不同的列)。因此,表的结构(表中包含的列、其值域等)无法提前设计好,也就是说这种键值对模式的表是无结构的。在应用时,相同行键的行被看作属于同一个逻辑上的行(类似于元组的概念)。

　　键值对模式适合按照键对数据进行快速定位,还可以通过对键进行排序和分区,以实现更快速的数据定位。但如果对值内容进行查找,则需要进行全表的遍历,在大数据场景下效率较低。现实中,键值对模式的 NoSQL 数据库通常不会支持对值建立索引,因为值对应的列不确定。

　　(2) 文档式存储模式。文档式(document)存储模式和键值对存储模式具有一定的相似性,但其值一般为半结构化内容,需要通过某种半结构化标记语言进行描述。如图 2-37 所示,通过 JSON 或 XML 等方式来组织其值,键值存储则一般不关心值的结构。不同的元组对应的文档结构可能完全不同。文档中还可能会嵌套文档,以及出现不定长的重复属性,因此文档式存储也是无法预先定义结构的。和键值模式相比,文档式存储模式强调可以通过关键词查询文档内部的结构,而非只通过键来进行检索。此外,由于文档允许嵌套,因此可以将传统关系型数据库中需要 Join 查询的字段整合为一个文档,这种做法理论上会增加存储开销,但是会提高查询效率。在分布式系统中,Join 查询的开销较大,文档式存储的嵌套结构的优势更加明显。

图 2-36　键值对存储模式

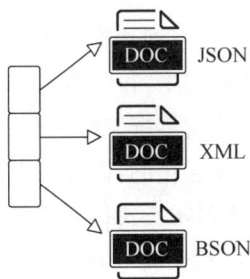

图 2-37　文档式存储模式

　　文档式存储模式通常会采用 JSON 或类似的方式描述数据。一些基于列族模式的 NoSQL 也会利用 JSON 描述应用层数据。JSON 是一种轻量级数据交换语言,对数据的组织方法和 XML 类似,独立于语言,具有自我描述性,以“:”间隔,前面是键,后面是值,键需要用双引号包括。

　　(3) 列存储模式。列存储模式可以称为面向列的存储模式,以区别于关系型数据库中面向行的存储模式,这种存储模式主要用在联机分析处理(online analytical processing,OLAP)、数据仓库等场合。

　　如图 2-38 所示,面向行的存储模式中,数据以行(或记录)的方式集成到一起,数据行中的每一个字段都集中在一起存储。但在面向列的存储模式中,属于不同列或列族的数据存储在不同的文件中,这些文件可分布在不同的位置上,甚至是不同的节点上。

　　在执行某些查询时,列存储模式更加有效,例如,查询某个列的前 1000 行数据,此时数据库只需要读取相应列的存储文件即可,不相关的列则不需要检索。如果采用关系型数据库,则相关行所有的字段都要被扫描或装载到内存中。上述处理方式对于检索行列数超大(如 10 亿条数据以上或几千列以上)的稀疏宽表非常有效;但如果数据量较小,则并不具备明显优势。

　　在面向行的存储模式中,数据表中的每行所涉及的列或字段都是相同且不可分的。但在面向列的存储模式中,每行所涉及的列都可以是不同的。

姓名	性别	年龄
艾青	女	18
陈力	男	Null
李明	Null	20
王强	男	21

列1		列2	
姓名	年龄	姓名	性别
艾青	18	艾青	女
李明	20	陈力	男
王强	21	王强	男

行储存 　　　　　　　　　　　　　　列储存

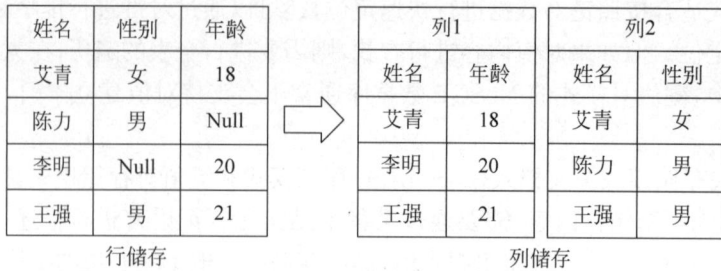

图 2-38　面向行和面向列存储的对比

（4）图存储模式。图存储模式来源于图论中的拓扑学。图存储模式是一种专门存储节点和边以及节点之间的连线关系的拓扑存储方法。节点和边都存在描述参数，边是矢量，即有方向，可能是单向或双向的。例如，"今天执飞 MU5101 航班的飞机是 B2030"这个信息，可以将"MU5101 航班"和"B2030 飞机"理解为节点，这两个节点间存在一个单向的关系："x 是 y 的执飞飞机"。这种拓扑关系类似于 E-R 图，但在图存储模式中，"关系"和节点本身就是数据，而在关系型数据库中，"关系"和 E-R 图描述的是数据结构。

在图存储模式中，每个节点都需要有指向其所有相连对象的指针，以实现快速的路由。因此图存储模式比传统二维表模式更容易实现路径的检索和处理。此外，由于图数据库中的节点都是相互连接的，因此对数据进行分片和分布式部署较为困难。

NoSQL 数据库主要包括 5 种类型：键值数据库（key-value database）、图数据库（graph database）、时序数据库（time series database）、列簇式数据库（column-family database）和文档数据库（document-oriented database）。

6. 大数据技术在民航领域的应用

在民航业的多个领域，大数据都展现了其强大的应用潜力，可为航空公司、机场等提供精准的预测和决策支持。

1）航班延误预测

大数据通过对历史航班数据的深入挖掘和分析，使航空公司能够更准确地预测航班延误。这就像是给航空公司装上了一双千里眼，使其能够提前洞悉风险，及时调整航班计划，从而提升整体运营效率。

2）航线规划

大数据通过对旅客出行习惯、市场需求等数据的综合分析，为航空公司提供更加精准的航线规划策略。这不仅有助于提升航空公司的盈利能力，还能够为旅客提供更加便捷、高效的出行体验。

3）精准营销

航空公司可以通过大数据分析客户的交易记录、出行情况、购票渠道、消费行为等多方面的数据，从中挖掘客户的特征和需求。对于商务旅客，航空公司可以根据其经常出行的目的地和舱位需求，提供特殊的服务和优惠政策，以增加其忠诚度和满意度。对于度假旅客，可以根据其出行偏好和心理需求，提供相应的产品和服务，如景点门票优惠、酒店推荐等。对于经济旅客，航空公司可以通过定价和机位分配等方式，满足其价格敏感度和需求稳定性。通过大数据分析客户的特征和需求,航空公司可以精准地推送个性化的营销活动和服务,增加客户的转化率和忠诚度。

4) 航空维修保障

通过实时监控飞机的各项参数和运行状态,大数据能够预测飞机可能遇到的问题,帮助航空公司机务人员及时进行测试和维修,确保飞机处于良好状态。在飞机维修活动中,可以利用强大的数据处理和分析功能,快速、准确地整合各操作终端获取的故障、拆卸、更换、改装、修理、调整、任务计划、维修人员等维修数据,进行收集、处理和存储,形成全维度航空装备维修保障信息源。维修保障单元可以实时感知航空装备的维修保障信息。此外,大数据以其强大的网络存储能力,为信息资源提供全面、全天候的存储服务,存储各种航空装备维修保障数据,实时获取维修保障信息,并提供维修保障信息处理服务。

5) 智慧机场

通过对旅客流量、安检效率等数据的实时监控和分析,机场能够及时调整安检流程、优化航班调度,提升整体运营效率。这不仅能够提升旅客的出行体验,还能够确保机场的安全和顺畅运行。大数据可以分析乘客对于机场商品的喜好,帮助机场制定好科学合理的商业规划,以满足乘客需求和提高机场服务质量。

6) 空中交通管理

民航空中管理系统配备大数据人工智能设备(具有相应功能的软硬件设备)能够对众多庞杂的因素信息进行计算并显示。除了减少人工工作量,最大的优点是能够实现与地面进行数据交换共享,将所测计算信息上传至终端设备(各种大型的计算机或者单片机),这为空中管理提供了极大的方便,也为航空公司节约了成本。

案例:基于大数据的民航数据治理及应用实践

一、背景和痛点

1. 背景

中国航信作为市场领先的航空运输旅游业信息技术和商务服务提供商,被行业和媒体誉为"民航健康运行的神经",是全球第三大 GDS(航空旅游分销系统提供商),行业数据集中度高、数据质量佳。其数据源自航信核心业务交易系统-旅客信息服务系统(PSS),PSS运营了 40 余家航空公司的信息服务,业务范围涵盖航空产品管理、航空产品销售、机场旅客服务等领域,每日产生 30GB 以上的旅客交易数据、5TB 以上的系统处理相关数据,每年数据增量 1.5PB 以上(图 2-39)。

为帮助行业各方洞察行业态势,预判发展趋势,共同寻找行业问题的解决之道,中国航信以服务中国民航发展为目标,以民航市场旅客服务数据为依托,以不断优化的科学算法为核心,分析洞察民航市场。中国航信自主搭建的航信大数据平台(采用关系型数据库与非结构化数据库混载模式),每日完成中国民航市场的 1.2 万个以上航班数据(航班计划、库存、票价、订单等)、130 万名以上旅客数据(值机、登机、行李等)的实时采集存储、整合计算、可视化展现的全链条核心业务数据处理。

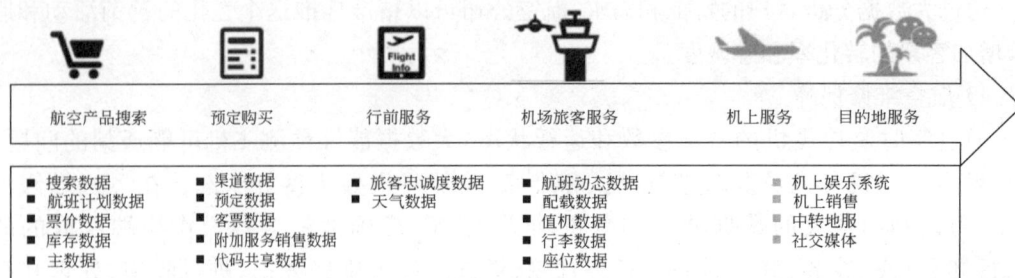

图 2-39　数据来源种类

2. 痛点

随着民航行业进入大数据时代,非结构化数据采集存储、海量数据实时处理及挖掘分析、全流程数据管理支撑等方面的技术取得跨越式突破,也为大数据在民航领域的广泛应用打开了想象空间。行业数据也已经开始从简单的各经营主体的内部处理对象转变为一种行业内的基础性资源。但与此同时也要看到民航行业面临的具体问题:

一是民航行业多主体运行,数据来源分散,数据资源尚未汇聚,数据资源目录缺失,使得数据获取效率低下,从数据的形态、存储周期、数据质量等方面均无法满足旅客服务的业务需要。

二是民航行业信息化发展不均衡,数字化基础设施不健全,数字鸿沟扩大。

三是数据标准尚未建立,大量数据难以融合,数据对业务支撑基础不强。由于尚未建立统一的数据标准,数据完整性不够、一致性不够、准确性不够、更新不及时,致使大量数据难以融合,数据的可用性存在问题。

针对上述问题,构建民航数据资源体系,并对数据之间的交互方式展开研究,依托中国航信的全市场数据,进行数据资源集中整合,构建企业级大数据处理平台,面向行业进行数据价值的直观呈现和深度分析,并通过企业内部在科研体系、市场体系的现有机制,积极与行业内部主体(民航局、航空公司、机场)开展合作,推动民航行业内的数据价值流动,具有重要的现实意义。

二、实践路径

为完成面向行业数据共享和运行态势分析,中国航信搭建了基于大数据平台的数据治理及智能挖掘系统。以企业级大数据平台为支撑,从多个数据源获取数据,并进行分析、智能挖掘等处理,实现行业分析的计算及预测等功能。数据开发模式采用的是目前主流的平台化的开放路线,按数据加工特点进行分工合作,以提升开发效率和开发质量,同时构建面向业务主题的数据整合模型,大力提升数据平台的服务能力,实现业务相关性强的分析统计,提升开发效率,提升数据质量,加速数据产品业务迭代演进。

1. 数据架构

数据架构采用"五横一纵"模式,其中五横分别为数据源层、基础平台层、数据整合层、数据访问层和数据应用层,一纵为数据集成与共享。数据逻辑架构如图 2-40 所示。

数据源层:包括航信自有的具备集中度优势的 PSS 全市场数据:源自航信核心业务交易系统-旅客信息服务系统(PSS)。通过其他方式获取的民航业关联数据(如航空公司电商零售平台数据、渠道销售数据);航旅生态数据(如航班动态、互联网票价等),呈现海量、多

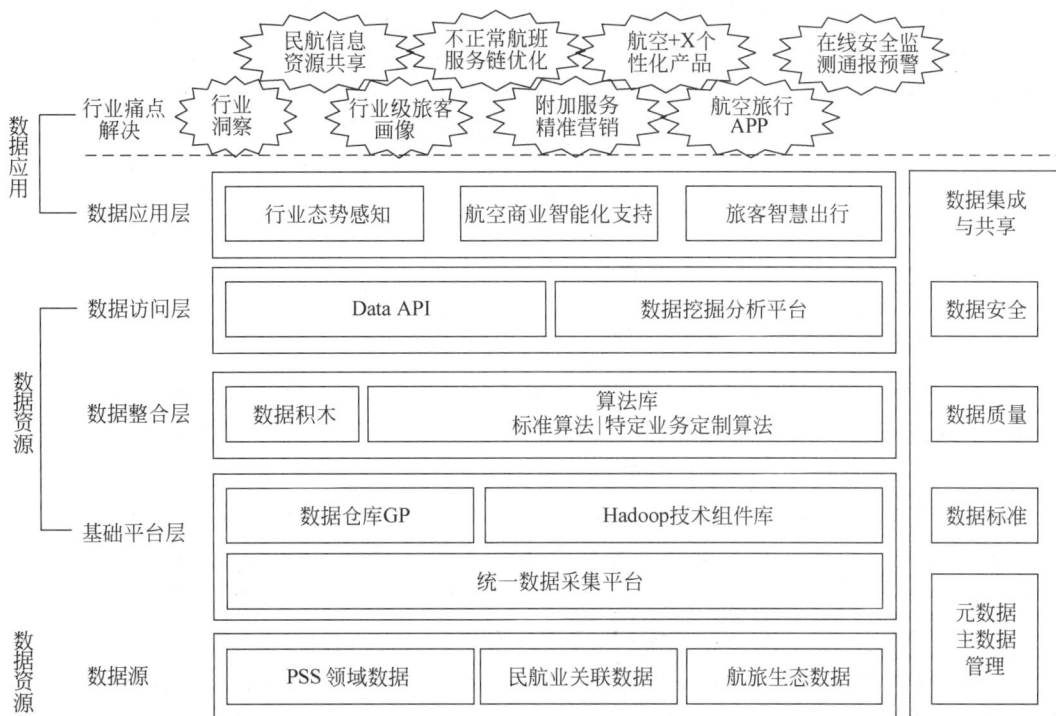

图 2-40 数据逻辑架构图

源、异构、复杂等特点。

基础平台层：负责数据采集、处理和存储。通过"统一数据采集平台"提供的多种数据接入方式，根据数据存储类型、不同的时效性要求而形成不同的存储及处理策略，将结构化数据、日频处理的数据放入 GP 数据仓库，非结构化、实时处理的数据放入 Hadoop 平台。

数据整合层：基于汇集的基础数据、技术平台进行数据加工处理。为了提升对业务场景下整合数据的复用率，整合不同主题下的业务数据，生成"数据积木"，比如面向航班销售、航班值机等业务主题数据；并面向不同的业务领域去构建算法模型，比如航班标签、旅客画像、最低票价预测模型、需求指数模型等。

数据访问层：包括数据实时查询服务接口和自助分析服务平台，为机器和分析人员提供数据。

数据应用层：以"行业态势感知""航空商业智能化支持""旅客智慧出行"三大应用方向聚焦行业态势感知应用方向，主要解决民航行业洞察、民航信息资源共享、民航旅客个性化服务等行业痛点。

在五横结构的基础上，为保证数据的权威和专业性，减少数据问题发生，提高整体数据的应用价值，通过一系列措施规范数据，优化数据架构，提升数据仓库/信息化管理系统建设，支持管理能力的提高、精细化和决策的科学性，引入全链条、全流程的数据治理，具体来说包括以下四方面：数据质量、数据安全、数据标准、元数据管理。

数据质量：建立基于表、字段质量检核的模板，简化规则配置过程，如字段模板、实例模板、表级模板等。字段模板主要是最大值、最小值、值域范围、外键等，实例模板主要是基于通识规则的模板，表级模板主要是一致性、跨表平衡性等。

数据安全：大数据环境下的数据安全防护工作是业界公认的一项难题，数据在大数据技术平台内的处理链条很长，大数据体系下开源技术的大量应用和异构系统的集成，也为统一的数据安全防护带来了重大的挑战。基于业务特点，结合企业内外部的相关数据保护要求，大数据技术平台数据安全防护功能重点包含如下内容：一是对实时数据实施链路加密，确保实时数据处理通道安全；二是为保证数据的安全性，除在传输过程中的加密处理外，数据脱敏是重要的一环，对某些敏感信息通过脱敏规则进行数据的变形，实现敏感隐私数据的可靠保护，可以安全地使用脱敏后的真实数据集。

数据标准：由于航空公司、机场等主体各部门依据不同标准建立了各自的信息系统和数据库，各单位与部门在信息采集、筛选、存储、加工、计算、发布以及共享等方面缺乏统一参照，技术标准不一致，更没有形成统一的标准规范与兼容性，进而形成了诸多分散并且相互封闭的"信息孤岛"，影响了信息的实效性与准确性，致使大量数据资源的管理与应用受到限制，难以为上层应用提供有效支撑。为后续的计算提供统一的数据，针对来自不同数据源的不同格式和传输方式的数据，建立健全旅客服务数据资源目录，实行标准化、规范化的定义与分类，建立统一的数据标准，实现数据打通，融合各渠道数据，整合数据资源，建立旅客服务数据资源体系，便捷地支持业务数据。

针对业务目标，根据民航旅客服务业务特点和旅客出行流程，总结旅客服务数据资源目录。目录中旅客服务数据划分为一级类别、二级类别和数据项。每个类别的数据描述均包括数据项描述和数据项说明。数据项描述侧重于从数据静态属性的角度对数据项进行定义和格式规范（或数据项包含内容），数据项说明侧重于从数据动态属性的角度对该类别数据的流动性进行分析。目录将数据资源分为 13 个一级类别，下设 45 个二级类别，共覆盖 222 个数据项。

元数据管理：支持 XML 格式的元模型导入和导出，同时内置大量技术元数据、业务元数据的元模型，可直接使用。元模型管理对元模型的基本信息、属性、父子关系、依赖关系、组合关系进行增删改查操作，内置元模型的内置信息不允许修改或者删除，但可进行新增操作。对元数据信息的维护除界面手动操作方式外，元数据管理平台利用内置采集适配器，让用户通过配置数据源参数及定时采集任务，进行自动化采集，实现直连数据源的端到端元数据采集，同时可对不需要采集的元数据进行过滤设置。

2. 关键技术

底层系统使用了包括海量多源异构数据采集、海量数据处理、海量数据存储、高性能计算、机器学习、数据挖掘、深度学习、数据可视化等关键技术。物理架构图如图 2-41 所示。

（1）数据采集。数据采集平台可处理的数据类型主要包括批量数据、高速数据、多格式数据等。批量数据是指必须以批处理方式或者微批处理方式处理的数据，数据量与应用场景有关，包括各种应用程序存储在关系数据库中的海量数据。微批处理指的是操作更频繁但是数据量相对较小的数据操作。高速数据是指从微批处理到批处理，数据量可能会从几 MB 增加到几 TB。其中微批处理需要被数据获取层高效处理而不能有任何性能瓶颈。高速数据需要从两个方面来理解，其一是数据涌入数据采集平台的速度（微批处理操作频繁但是随机，批处理通常在特定时段触发）；其二是涌入数据采集平台的数据量。多格式数据是指能够兼容并处理多种文件格式（如 XML、JSON、TEXT 等）以及不同结构类型（结构化、半结构化、非结构化）的数据集合。数据的采集方式分为实时采集、准实时采集、离线采集。

大数据应用过程	大数据架构			
数据应用	大数据可视化			平台管理
	Tableau	Echarts		任务调度
数据挖掘	大数据可视化			元数据
	机器学习	数据挖掘	深度学习	
	Python/R算法库			
数据整合	大数据分析			数据质量
	离线分析	实时分析	流式计算	数据开发	数据安全
数据存储	大数据存储			
	HDFS Greenplum	HBase Impala	Redis EDB	...	平台计量
数据治理	大数据计算引擎			资源负载
	MapReduce Spark	检索引擎 Storm	MPI SQL	...	监控告警
数据采集	大数据采集			
	FtpOverHdfs	Kafka	ETL工具		多用户

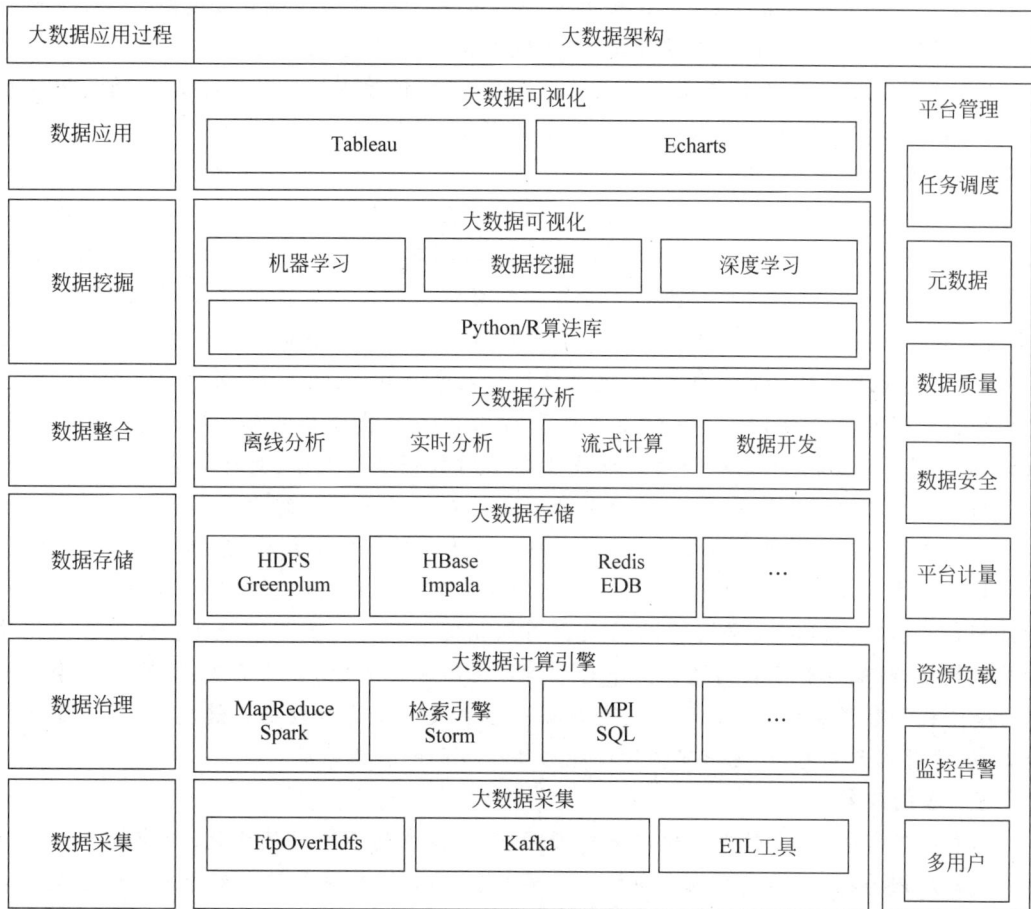

图 2-41　物理架构图

实时数据采集可以直接实时采集入库,对于有实时计算的业务场景可采用多技术方式实时计算入库;准实时采集可以采用流式计算;离线采集中对多种数据源采用批量传输方式,调度执行数据采集。

（2）数据计算引擎。通过企业级的任务调度及工作流引擎,均支持对 Python、Scala、Java、Perl、sh 脚本的调度支持。

（3）数据存储。数据存储平台由关系型数据仓库以及可存储非结构化数据的大数据平台两大体系组成。其中传统的 OLAP 系统存储,主要存储批量的结构化数据,借助数据仓库的 RDMS 特性,能够支持复杂的数据关联与查询,满足了面向离线型的主题数据分析的需求。大数据平台的相关组件提供了大规模的数据存储与计算能力,同时流处理平台可以让数据实时接入大数据平台,弥补了过去数据时效性低,数据延迟高的不足。既能存储流处理的数据,也能处理大数据平台中的离线数据,引入实时计算框架,实现 TB/PB 级数据处理高时效性的目标,集成高性能检索技术,实现灵活的非结构化数据秒级检索目标,能够很好地接收和处理实时数据和历史归档数据,支持结构化、半结构化和非结构化的异构数据存储,将与数据仓库互为补充。

（4）数据分析。利用离线分析、实时分析、流式计算等技术进行数据加工处理,提供基于不同主题下的业务数据整合的"数据积木"和面向不同的业务领域算法模型。基于实际业务需求,将数据进一步细化成维度数据、主题数据、指标应用事实数据等。

(5)数据挖掘。数据挖掘主要有七个流程。①数据导入:以数据整合层的数据为基础,支持多源多方式的数据导入,包含关系型数据库,平台支持多源,多方式数据接入。数据探索:支持数据标注及数据变量统计。②数据预处理:支持无效异常数据过滤,缺失数据的补齐;支持数据预处理自动化,包括自动填充数据、自动清理数据、自动数据转换以及自动数据归一等;支持数据属性转换,新属性生成,数据属性的归一化等。③特征工程:完成特征工程的各项工作,为数据挖掘算法准备特征数据。包含特征变换、特征重要性评估、特征选择、特征生成等。④模型训练:利用机器学习、深度学习、数据挖掘等技术对数据进行分析处理,支持上百种机器学习算法,包括传统机器学习算法、图算法、深度学习算法。广泛引入现在流程的算法库,也支持直接将自己写的算法封装成算法库,整个技术架构支持Java语言、Scala语言、Python语言。取决于算法对数据量的大小、对计算速度的要求以及对数据的多少次的迭代计算需求,灵活选择。支持自定义多种训练模式和自动化调参。性能验证:对上述训练得到的模型进行评估,判断其是否符合业务需求,支持机器学习中常用的多种评估方式。⑤模型部署:对上述通过评估得到的训练好的模型进行部署,可单机和多机部署,支持负载均衡;并可将结果数据写入指定路径。⑥数据可应用:通过可视化技术呈现数据,解决行业痛点问题。⑦平台管理:使用数据管理、资源负载、监控告警等技术进行全流程的数据管理。底层使用的大数据平台主要包括海量数据存储能力、高性能计算能力、敏捷数据开发能力、运维安全管控能力4个方面的能力维度。

三、应用效果

随着人工智能技术、数据可视化技术、网站开发技术的不断发展优化,以市场分析预测和大数据应用为特色,构建民航市场数据共享平台,为各级政府部门以及行业提供宏观决策支持,在行业内发出更为专业、准确、引领行业动向的声音。数据应用由最早的"简单数据库查询-基本计算-展现"时代进入了大数据时代,数据存储再到结果展现,全流程依托大数据技术,采用最优的统计分析方法,通过建立模型算法使指数化结果更加科学,更加符合市场规律。其分析成果覆盖航空、旅行社、OTA、酒店、金融、零售、传媒、政府研究机构等10多个行业,被1000余位行业专家关注,20余家媒体引用转载。

(资料来源:中国民用航空局计划发展司. 智慧民航数据治理典型实践案例[EB/OL]. (2023-05-04). http://www.caac.gov.cn/XXGK/XXGK/GFXWJ/202305/t20230506_218494.html. 编者有删改)

2.3 物联网技术

2.3.1 物联网的起源和发展

人类社会进入到互联网时代后,极大丰富了沟通信息的获取渠道,提高了沟通的效率。人类智能技术和传感技术的发展,刺激了人类对人与物关系和作用的新模式的设想,物联网因此应运而生。在物联网平台中,物与物可越过人直接进行沟通,为满足人类的物质需求服务,人也可以通过这个平台和任何物进行直接沟通,而不需要其他人作为沟通媒介。

长期以来,物理信息的重要性奠定了传感器技术厚实的应用需求,也促使传感器技术不断发展和完善,形成了较为完善的技术体系。在此背景下,美国军方于 1978 年提出传感器网络(sensor network)的概念,并由美国国防部高级研究计划局(DARPA)开始资助卡耐基梅隆大学进行分布式传感器网络的项目研究,当时仅局限于由若干具有无线通信能力的传感器节点自组织构成网络。此后,美国很多大学和企业在无线传感器网络方面开展了大量研究工作。传感网技术及 RFID 技术等的发展和应用,初步实现了通过技术手段对物的属性进行规模性感知。无线传感网等底层技术的突破以及互联网的飞速发展,促使"泛在网"的概念被提出并受到重视。泛在网(ubiquitous network)即广泛存在的网络,它以无所不在、无所不包、无所不能为基本特征,以实现在任何时间、任何地点、任何人、任何物都能顺畅地通信为目标。而在通信技术领域,M2M 技术得到了迅速发展。M2M 技术指将数据从一台终端传送到另一台终端,也就是机器与机器(machine to machine)的对话。从广义上说,M2M 可代表机器与机器、人与机器、机器与人、移动网络与机器之间的连接与通信,它涵盖了所有实现人、机器、系统之间通信连接的技术和手段。

传感网、RFID、M2M、泛在网等技术与概念的出现和发展为人与物、物与物之间实现智能控制奠定了技术基础。1991 年美国麻省理工学院(MIT)的 Kevin Ashton 教授首次提出物联网的概念。1995 年在《未来之路》一书中比尔·盖茨也提及物联网的概念,只是当时受限于无线网络、硬件及传感设备的发展,并未引起世人的重视。1998 年,美国麻省理工学院(MIT)创造性地提出了当时被称作 EPC 系统的物联网的构想。

1999 年,美国 Auto-ID 首先提出物联网的概念,主要是建立在物品编码、RFID 技术和互联网的基础上。过去在中国,物联网被称为传感网。中国科学院早在 1999 年就启动了传感网的研究,并已取得了一些科研成果,建立了一些适用的传感网。同年,在美国召开的移动计算和网络国际会议提出了"传感网是下一个世纪人类面临的又一个发展机遇"。2003年,美国《技术评论》提出传感网络技术将是未来改变人们生活的十大技术之首。

2005 年 11 月 17 日,在突尼斯举行的信息社会世界峰会(WSIS)上,国际电信联盟(ITU)发布了《ITU 互联网报告 2005:物联网》,正式提出物联网的概念。报告指出,无所不在的"物联网"通信时代即将来临,世界上所有的物体,例如从轮胎到牙刷、从房屋到纸巾都可以通过互联网主动进行交换。

2006 年韩国确立了 u-Korea 计划,该计划旨在建立无所不在的社会(ubiquitous society),在民众的生活环境里建设智能型网络(如 IPv6、BCN、USN)和各种新型应用(如 DMB、Telematics、RFID),让民众可以随时随地享有科技智慧服务。2009 年韩国通信委员会出台了《物联网基础设施构建基本规划》,将物联网确定为新增长动力,提出到 2012 年实现"通过构建世界最先进的物联网基础设施,打造未来广播通信融合领域超一流信息通信技术强国"的目标。

2009 年欧盟执委会发表了欧洲物联网行动计划,描绘了物联网技术的应用前景,提出欧盟政府要加强对物联网的管理,促进物联网的发展。

2009 年 1 月 28 日,IBM 首次提出"智慧地球"概念,建议新政府投资新一代的智慧型基础设施。当年,美国将新能源和物联网列为振兴经济的两大重点。

2009 年 8 月,温家宝总理在无锡视察时提出"感知中国",无锡市率先建立了"感知中国"研究中心,中国科学院、运营商、多所大学在无锡建立了物联网研究院。物联网被正式列为国家五大新兴战略性产业之一,并写入了十一届全国人大三次会议政府工作报告,物联网在中国受到了全社会极大的关注。

全球物联网应用朝着规模化、协同化和智能化方向发展,各国将结合本国优势产业,在电力、交通、物流等基础设施领域加快物联网的应用发展。

自 2013 年《物联网发展专项行动计划》印发以来,我国鼓励应用物联网技术来促进生产生活和社会管理方式向智能化、精细化、网络化方向转变。2016 年 12 月,国务院发布《"十三五"国家信息化规划》,其中有 20 处提到物联网,明确提出推进物联网感知设施规划布局,发展物联网开环应用的目标。2017 年 3 月,李克强总理作政府工作报告,指出要加快大数据、云计算、物联网应用,以新技术新业态新模式,推动传统产业生产、管理和营销模式变革。在《"十四五"数字经济发展规划》中,物联网被明确提出,被视为数字经济时代的基础设施。

物联网已经深刻地改变了我们的生活和工作方式。它不仅连接了人与人,还连接了人与物,甚至物与物。在数字经济时代,物联网作为连接的桥梁,将各行各业紧密联系在一起。从生产制造到公共服务再到个人消费,物联网的应用无处不在。

2.3.2　物联网的定义和特点

1. 物联网的定义

物联网的英文名称为 the Internet of Things,强调 Any Things Connection,而 Things 不但包括现实世界的物(object),也包括各种计算设备与虚拟空间的人工物体(artifact),还包括用户(human)。

由英文名称可见,物联网是"物物相连的互联网"。物联网概念是在互联网概念的基础上,将其用户端延伸和扩展到任何物品与物品之间,进行信息交换和通信的一种网络概念。

国际通用的物联网的定义是:通过射频识别器、红外感应器、全球定位系统、激光扫描器等信息传感设备,按约定的协议,把任何物品与互联网连接起来,进行信息交换和通信,以实现智能化识别、定位、跟踪、监控和管理的一种网络。

欧盟关于物联网的定义是:物联网是未来互联网的一部分,能够被定义为基于标准和交互通信协议的具有自配置能力的动态全球网络设施。在物联网内物理和虚拟的物件具有身份、物理属性、拟人化等特征,它们能够被一个综合的信息网络所连接。

2010 年,我国的政府工作报告所附的注释中对物联网有如下说明:物联网是指通过信息传感设备,按照约定的协议,把任何物品与互联网连接起来,进行信息交换和通信,以实现智能化识别、定位、跟踪、监控和管理的一种网络。

通过剖析物联网的运行规律可知,其本质在于物、人和运行环境(网络与标准规范)之间的信息交互。这里涉及的"物"是指物理世界中的实体存在,也包括人的实体属性;而"人"是指控制层面中人的意志,物联网中所有活动均为人的意愿服务;网络与标准规范是物联网运行环境的两个重要组成要素,其主要为信息交互提供外界环境支持。物联网运行规律如图 2-42 所示。

2. 物联网的特点

物联网作为新技术时代下的信息产物,在其漫长的演化与发展过程中不断对自身进行完善,在现有网络概念的基础上,将其用户端延伸和扩展到任何物品与物品之间,进行信息交换和通信,从而更好地进行"物与物"之间信息的直接交互。物联网主要有以下 4 个方面的特点。

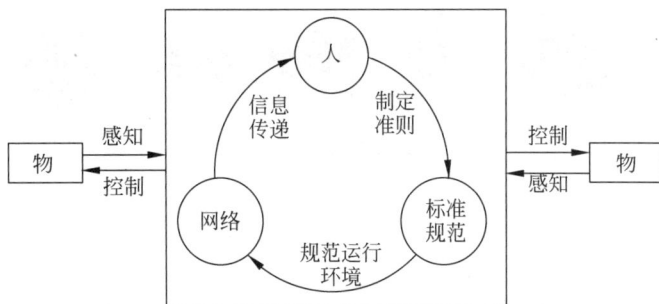

图 2-42　物联网运行规律

1）技术性

物联网是技术变革的产物，代表着未来计算与通信技术的发展趋势，而其发展又依赖众多技术的支持，如射频识别技术、传感技术、纳米技术、智能嵌入技术等。

2）连通性

连通性是物联网的本质特征之一。国际电信联盟认为，物联网的连通性有 3 个维度：一是任意时间的连通性（anytime connection），二是任意地点的连通性（any place connection），三是任意物体的连通性（anything connection）。物联网通过各种有线和无线网络与互联网融合，将物体的信息实时准确地传递出去。物联网上的传感器定时采集的信息需要通过网络传输，由于其数量极其庞大，形成了海量信息，在传输过程中，为了保障数据的正确性和及时性，必须适应各种异构网络和协议。

3）智能性

物联网将传感器和智能处理相结合，利用云计算、模式识别等各种智能技术，扩充其应用领域。从传感器获得的海量信息中分析、加工出有意义的数据，以适应不同用户的不同需求，发现新的应用领域和应用模式。物联网可以感知人们所处的环境，最大限度地支持人们更好地洞察、利用各种环境资源以便作出正确的判断。

4）嵌入性

物联网的嵌入性表现在两个方面：一是各种各样的物体本身被嵌入在人们所生活的环境中；二是由物联网提供的网络服务被无缝地嵌入到人们日常的工作与生活中。

2.3.3　物联网体系结构

物联网的基本结构是物联网系统化的主要体现，物联网各组成部分分工协作、有机结合，以实现物与物之间的交互沟通和基于物联网的工作组织。物联网的价值在于让物体也拥有了"智慧"，从而实现人与物、物与物之间的沟通，物联网的特征在于感知、互联和智能的叠加。物联网的组成包括感知层、网络层和应用层，其基本结构如图 2-43 所示。

1. 感知层

物联网在传统网络的基础上，从原有网络用户终端向"下"延伸和扩展，扩大通信的对象范围，即不仅局限于人与人之间的通信，还扩展到人与现实世界的各种物体之间的通信。

物联网的"物"是物理实体，正是物理实体的集合构成了物质世界，即物联网的作用对象。这里的"物"并不是自然物品，而是要满足一定的条件才能够被纳入物联网范围的对象，

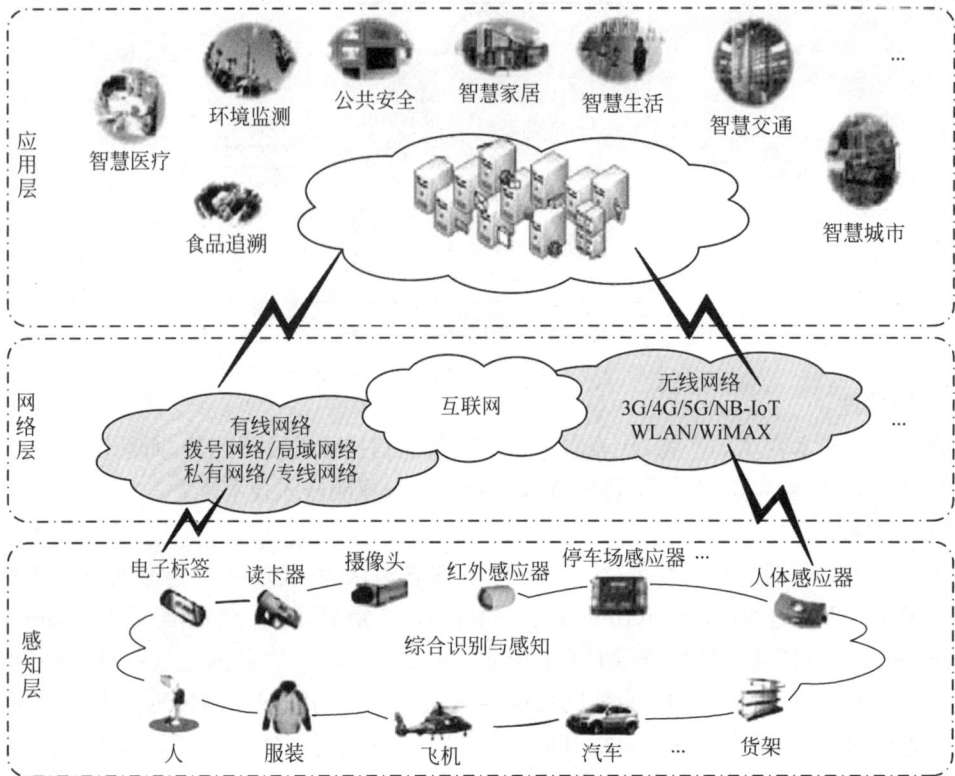

图 2-43　物联网的基本结构

例如有相应的信息接收器和发送器、数据传输通路、数据处理芯片、操作系统、存储空间等，遵循物联网的通信协议，在物联网中有可被识别的标识。

感知层的构成包括实体感触端、感触传输网与感知工具。实体感触端与物质世界紧密相连，是物联网对物理实体属性信息进行直接感触的载体，也是整个物联网网络的末梢节点。实体感触端可以以实物方式存在，也可以是虚拟的。感触传输网是对物理实体的属性信息进行传输的网络，距离可以很长。感知工具是将实物的属性信息转化为可在网络层的传输介质中进行传输的信息的工具。

感知层所需要的关键技术包括检测技术、中低速无线或有线短距离传输技术等。具体来说，感知层综合了传感器技术、嵌入式计算技术、智能组网技术、无线通信技术、分布式信息处理技术等，能够通过各类集成化的微型传感器的协作实时监测、感知和采集各种环境或监测对象的信息。通过嵌入式系统对信息进行处理，并通过随机自组织无线通信网络以多跳中继方式将所感知信息传送到接入层的基站节点和接入网关，最终到达用户终端，从而真正实现"无处不在"的物联网的理念。

2. 网络层

物联网的网络层是在现有网络的基础上建立起来的，它与目前主流的移动通信网、国际互联网、企业内部网、各类专网等网络一样，主要承担着数据传输的功能，特别是当三网融合后，有线电视网也能承担数据传输的功能。

围绕着对感知信息的汇集、处理、存储、调用、传输五项作用，网络层的构成中由相应的

组成部分完成各项职能目标。汇集工具与感知层相衔接,将感知层采集终端的信息进行集中,并接入物联网的传输体系;处理工具用于对传输信息进行选择、纠正,以及不同信息形式间的转化等处理工作;存储工具对信息进行存储;调用工具以某种方式实现对感知信息进行准确调用;传输工具是网络层的主体,通过可传递感知信息的传输介质构建传输网络,使感知信息可传递到物联网的任何工作节点上。

3. 应用层

应用是物联网发展的驱动力和目的。应用层的主要功能是把感知和传输来的信息进行分析和处理,作出正确的控制和决策,实现智能化的管理、应用和服务。这一层解决的是信息处理和人机界面的问题。

应用层可由应用控制和应用实施构成。物联网通过感知层和网络层传递的信息是原始信息,这些信息只有通过转换、筛选、分析、处理后才有实际价值,应用控制层就承担了该项工作。应用实施是通过应用控制分析、处理的结果对事物进行相关应用反馈的实施,实现物对物的控制。应用实施可由人参与,也可不由人参与,实现完全的智能化应用。

应用层是物联网实现其社会价值的部分,也是物联网拓宽产业需求、带来经济效益的关键,还是推动物联网产业发展的原动力。目前,物联网的应用层通过应用服务器、手机、PC、PDA 等终端,可在交通、医疗、销售、家庭等产业实现应用。未来应用层需要拓宽产业领域,增加应用模式,创新商业运营模式,推进信息的社会化共享。

2.3.4 物联网关键技术

1. 感知与标识技术

感知与标识技术是物联网的基础,用于采集物理世界中发生的物理事件和数据,实现外部世界信息的感知和识别,包括传感器、RFID、二维码等多种技术。

传感技术利用传感器和多跳自组织传感器网络,协作感知、采集网络覆盖区域中被感知对象的信息。传感器技术依赖于敏感机理、敏感材料、工艺设备和监测技术,对基础技术和综合技术要求非常高。

识别技术覆盖物体识别、位置识别和地理识别,对物理世界的识别是实现全面感知的基础。物联网标识技术是以二维码、RFID 标识为基础的,对象标识体系是物联网的一个重要技术点。从应用需求的角度,识别技术首先要解决的是对象的全局标识问题,需要研究物联网的标准化物体标识体系,进一步融合及适当兼容现有各种传感器和标识方法,并支持现有和未来的识别方案。

2. 网络与通信技术

由于物联网网络层是建立在 Internet 和移动通信网等现有网络基础上的,除具有目前已经比较成熟的如远距离有线、无线通信技术和网络技术外,为实现"物物相连"的需求,物联网网络层将综合使用 IPv6、Wi-Fi、蓝牙、ZigBee、LoRa、NB-IoT、5G、M2M 等技术,实现有线与无线的结合、宽带与窄带的结合、感知网与通信网的结合。同时,网络层中的感知数据管理与处理技术是实现以数据为中心的物联网的核心技术。感知数据管理与处理技术包括物联网数据的存储、查询、分析、挖掘、理解以及基于感知数据决策和行为的技术。

3. 计算与服务技术

海量感知信息计算与处理技术是物联网应用大规模发展后面临的重大挑战之一,需要研究海量感知信息的数据融合、高效存储、语义集成、并行处理、知识发现和数据挖掘等关键技术,攻克物联网"云计算"中的虚拟化、网格计算、服务化和智能化技术。核心是采用云计算技术实现信息存储资源和计算能力的分布式共享,为海量信息的高效利用提供支撑。

物联网的发展以应用为导向,在"物联网"的语境下,服务的内涵将得到革命性扩展,不断涌现的新型应用将使物联网的服务模式与应用开发受到巨大挑战,如果沿用传统的技术路线必定束缚物联网应用的创新。从适应未来应用环境变化和服务模式变化的角度出发,需要面向物联网在典型行业中的应用需求,提炼行业普遍存在或要求的核心共性支撑技术,研究针对不同应用需求的规范化、通用化服务体系结构,以及应用支撑环境、面向服务的计算技术等。

4. 管理与支撑技术

管理与支撑技术是保证物联网实现"可运行、可管理、可控制"的关键,包括测量分析、网络管理和安全保障等方面。

(1) 测量分析。测量是解决网络可知性问题的基本方法,可测性是网络研究中的基本问题。随着网络复杂性的提高与新型业务的不断涌现,需研究高效的物联网测量分析关键技术,建立面向服务感知的物联网测量机制与方法。

(2) 网络管理。物联网具有"自治、开放、多样"的自然特性,这些自然特性与网络运行管理的基本需求存在着突出矛盾,需研究新的物联网管理模型与关键技术,保证网络系统正常高效运行。

(3) 安全保障。安全是基于网络的各种系统运行的重要基础之一,物联网的开放性、包容性和匿名性也决定了不可避免地存在信息安全隐患,需要研究物联网安全关键技术,满足机密性、真实性、完整性和抗抵赖性这四大要求,同时还需要解决好物联网中的用户隐私保护与信任管理问题。

2.3.5 物联网技术在民航领域的应用

在民航业中,物联网技术在提高运营效率、改善乘客体验、实现数据驱动决策、提高飞机性能和安全性,以及解决环境影响方面发挥着至关重要的作用。

民航领域中,物联网可以有以下相关应用。

1. 智慧机场

建立全面覆盖机场空侧、航站楼和陆侧的网络系统,实现对航班、旅客、行李、货物、车辆的精细化、协同化、可视化和智能化管理,已成为智慧机场建设的重要方向。大量依托于射频识别、智能传感、嵌入式系统、生物特征识别、边缘计算和异构数据融合等技术的物联网系统显著提升了民航机场的运营水平,已成为智慧机场建设与发展的核心支撑技术。

(1) 智慧空侧。智慧空侧是以保障航空器安全、高效运行为核心,通过对气象、空管、雷达、跑道、停机位、特种车辆和监控等多源异构信息数据进行实时获取,实现对空侧状态的监控和预警;再通过对相关数据的融合、分析和挖掘,实现对跑道和滑行道运行能力、特种车辆调度的智能化评估与优化,从而为空侧的高效运行提供合理的资源保障和配置。尤其是物联网在跑道异物探测方面的应用,可以实现对跑道安全状态的自动化感知和危险情况的提前预警。

(2) 智慧航站楼。航站楼是旅客出行的必经之所,旅客的高满意度和商业的高创收性

是航站楼的运营核心。全流程自助服务是智慧航站楼的直接体现。自助值机设备通过旅客证件确定身份信息,分担工作人员的工作负荷;自助行李托运设备通过扫描旅客的登机牌确认旅客信息,测量行李尺寸及重量并将结果传输至行李处理系统;自助安检登机设备集成了面部识别、指纹识别和智能读卡器,可在提高旅客体验的同时,实现自动化的旅客分流登机。以上各种自助设备有助于对旅客的值机、行李、安检和登机等关键信息进行采集,从而构建面向旅客服务的数据体系,为旅客提供个性化、精准化服务;同时,利用物联网技术实现航站楼的楼宇控制和能耗监测也是"绿色机场"理念的直接体现。此外,通过对人流的热成像监控,可以实时获取客流密度,进而为航站楼的客流疏导和资源合理调配提供依据。

(3)智慧陆侧。机场陆侧是集不同交通方式运行为一体的综合交通枢纽,其涉及的业务场景不仅包括旅客和车辆的集散,还包括车辆分流以及多种交通资源的配置和调度。因此,智慧陆侧的建设体现在综合交通的智慧监测、智慧调度和智慧服务等方面。同时,陆侧还是航空货物集散地,利用物联网技术可以实现货物的物流管理。通过 RFID 电子标签记录货物特征信息,掌握货品状态和位置,便于全流程追踪。

2. 航材设备管理

航空安全与航空部(附)件维修、各类航材的使用密不可分,航材部件直接影响到飞行安全,需从生产源头确保航材部件的安全符合规格,防止伪劣、翻新航材流入维修环节。基于共享平台的航材管理信息系统根据维修管理的特点将机务维修和航材管理有机结合在一起,通过故障全程计算机管理、维修工作计算机监控和预测、航材综合管理,实现对故障分类、识别重复故障;对飞机定检、特殊间隔作业、防腐等工作,合理安排维修;对航材的订货计划制订、询价、订货、验收、上架入库、送修索赔、出库领用、盘库、航材价值统计、航材库存控制等实现电子化管理。引入物联网技术,给航材添加传感器——射频标签,既可完善相关数据的采集、交换手段,又可依据标签的唯一性保证航材在不同流通环节中的不可替代性,从而保护优质航材不被仿制,报废航材不被翻新后再使用,从根本上杜绝劣质产品对航空安全的威胁,为飞行安全提供强有力的保障支持。

3. 飞机监控和维护

传感器和监测设备安装在飞机上,可以实时监测飞机的性能、引擎状况、燃油效率和机载设备的运行状态。这些数据可以通过卫星通信传送到地面运维中心,让维修人员能够远程监控飞机,并预测维护需求。这降低了飞机的停飞时间,提高了安全性和效率。

物联网设备可以提供有关飞行路径的数据,这些数据可用于飞行后分析,以识别潜在的危险或飞行风险。通过感应天气条件的意外变化,可以根据需要改变航线,从而降低飞机上乘客或机组人员的生命安全威胁。在紧急情况下,例如遇到医疗紧急情况和其他需要空中交通管制人员立即关注的问题时,通过提供随时可用的准确的位置信息,能够有助于相关人员迅速采取行动。

4. 智慧物流

通过货物跟踪定位、无线射频识别、物流信息平台、移动物流信息服务、物流管理软件等技术,提高物流效率,减少周转时间,并能实时跟踪货物。每件航空货物都拥有唯一的识别标志,通过物联网的感知设备读取并录入货物信息,以全流程跟踪及掌握货物的实时位置和状态,有效控制货物运输流向,及时发现破损和丢失问题,使客户能实时跟踪货物及其相关信息。

5. 航空公司运行控制

航空公司内部的运行管理可以运用导航定位、物联网和移动互联等技术，实现航空公司在复杂运行体系内获得相关运行信息的实时感知、公司资源的智能分配和生产设备的智能调度。通过运行风险控制系统（management of operational risk control system，MORCS）作用，建立有效应急预案，加强运行品质数据分析，通过主动预警，实现航班运行管理从事后向事前转变。

案例：智慧机场物联网平台架构设计

智慧机场是以智能的信息集成平台为基础，使机场管理者进行高效运营和管理，让乘客体验便捷舒适的服务和安全可信的环境。智慧机场建设涉及各种软硬件资源以及资源的全面整合，其中物联网技术将发挥重要作用。物联网平台是机场物联网的信息集成平台，它管理机场所有传感设备，采集并处理海量的感知数据，并将这些数据与其他系统进行交互共享。物联网平台是智慧机场物联网的关键，是实现机场透彻感知、互联互通的技术保障。

北京首都国际机场构建以"云、管、端"为原则的物联网集中管理平台，对终端设备和资产进行"管、控、营"一体化管理，实现设备管理、连接管理、数据管理、运维管理及服务总线管理等功能。

1. 智慧机场体系架构

首都机场智慧机场体系架构可以分为基础设施层、物联网支撑层、数据资源层、应用层和展现层，如图 2-44 所示。

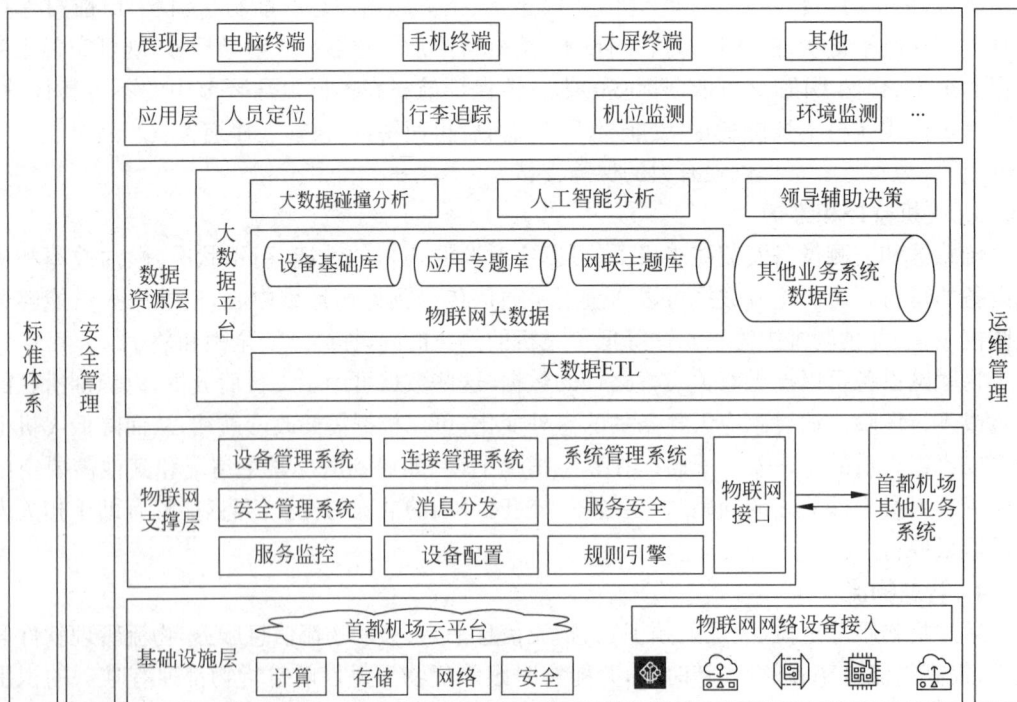

图 2-44　首都机场智慧机场体系架构

从图 2-44 中可以看到，机场物联网平台在首都机场的智慧化建设中起着承上启下的关键作用,其功能类似中枢神经系统,可以实现底层终端设备"管、控、营"一体化,为上层提供应用开发和统一接口,构建终端设备和业务的端到端通道。由此,机场物联网平台汇聚了机场前端感知设备的信息(包括设备状态信息和机场运行信息),并且通过大数据平台对数据进行挖掘和计算。基于分析结果,可以提供多形态的大数据应用服务,为机场中的管理人员和旅客提供智慧、贴心的服务,使机场的运行变得更加高效节能,使旅客对机场的服务更加满意。而随着人工智能、机器学习等技术的迅速发展,物联网平台也将为用户提供更强大的分析功能。

2. 物联网平台功能模块设计

首都机场物联网平台应用层具有 5 大功能,包括设备管理、连接管理、运维管理、数据资源管理及系统管理功能,形成服务层 4 个管理模块,包括设备管理、数据管理、运维管理及系统管理,通过平台服务总线模块接口功能,对接物联网应用及机场其他已建业务系统。机场物联网平台功能架构如图 2-45 所示。

图 2-45　机场物联网平台功能架构

北京首都国际机场物联网平台实现了对机场已建物联网设备的集中统一管理,加强了机场对机场运营数据、信息资源的统一管理和应用,可满足北京首都国际机场对数据进行深层次的挖掘和"加工"需求。通过使用物联网平台,解决了机场各部门信息系统之间的数据孤岛问题,为促进北京首都国际机场管理水平的提升、减少员工的工作量发挥了很好的作用。

（资料来源：张玄弋,张立斌. 智慧机场物联网平台架构设计[J]. 物联网技术,2021(10)：91-96.）

2.4 云计算技术

2.4.1 云计算的概念

因为云计算涉及太多的领域和应用场景,因此很多学者和机构都对云计算赋予了不同的内涵和比喻。

维基百科认为:云计算是一种能够将动态伸缩的虚拟化资源通过互联网以服务的方式提供给用户的计算模式,用户不需要知道如何管理那些支持云计算的基础设施。

CloudCamp 的创始人 Reuven Cohen 认为:云计算是一种基于 Web 的服务,目的是让用户只为自己需要的功能付钱,同时消除传统软件在硬件、软件和专业技能方面的投资。

中国云计算专委会认为:云计算最基本的概念是通过整合、管理、调配分布在网络各处的计算资源,并以统一的界面同时向大量用户提供服务。借助云计算,网络服务提供者可以在瞬息之间处理数以千万计甚至数以亿计的信息,实现和超级计算机同样强大的效能,同时,用户可以按需计量地使用这些服务,从而实现让计算成为一种公用设施来按需而用的梦想。

中国网格计算、云计算专家刘鹏认为:云计算将计算任务发布在大量计算机构成的资源池上,使各种应用系统能够根据需要获取计算力、存储空间和各种软件服务。

中国云计算网认为:云计算是分布式计算(distributed computing)、并行计算(parallel computing)和网格计算(grid computing)的发展,或者说是这些科学概念的商业实现。

2012 年的国务院政府工作报告将云计算作为国家战略性新兴产业给出了定义:云计算是基于互联网的服务的增加、使用和交付模式,通常涉及通过互联网来提供动态、易扩展且经常是虚拟化的资源。云计算是传统计算机和网络技术发展融合的产物,它意味着计算能力也可作为一种商品通过互联网进行流通。

云计算技术作为一种新兴的计算模式,已经在各个领域取得了显著的成就。根据市场研究机构的报告,2021 年全球公共云服务市场规模已经达到 3310 亿美元,预计到 2026 年将达到 5460 亿美元。云计算技术将继续发展并呈现出更高的规模和效率、更强的安全性和隐私保护、更高的智能化和自动化,多云和混合云、人工智能和机器学习、安全和隐私、边缘计算和量子计算将成为云计算的未来发展趋势。

2.4.2 云计算的特点

(1) 高可靠性。云计算使用数据多副本容错、计算节点同构可互换等措施来保障服务的高可靠性,使用云计算比使用本地计算更加可靠。

(2) 高扩展性。云计算能够无缝地扩展到大规模的集群之上,甚至包含数千个节点同时处理。云计算可从水平和竖直两个方向进行扩展。

(3) 高可用性。在云计算系统中,出现节点错误甚至很多节点发生失效的情况都不会影响系统的正常运行。因为云计算可以自动监测节点是否出现错误或失效,并且可以将出现错误和失效的节点清除掉。

(4) 虚拟化。云计算支持用户在任意位置、使用各种终端获取服务。所请求的资源来自"云",而不是固定的有形的实体。应用在"云"中某处运行,但实际上用户无须了解应用运行的具体位置。

（5）通用性。云计算不针对特定的应用。在"云"的支撑下可以构造出千变万化的应用，同一片"云"可以同时支撑不同的应用运行。

（6）廉价性。云计算将数据送到互联网的超级计算机集群中处理，这样无须对计算机的设备不断进行升级和更新，仅需支付低廉的服务费用就可完成数据的计算和处理，从而大大减少了资金成本。

2.4.3　云计算的分类

对于云计算的分类可以从多种角度进行。从技术路线角度可以分为资源整合型云计算和资源切分型云计算；从服务对象角度可以分为公有云和私有云；按照资源封装的层次可以分为基础设施即服务（infrastructure as a service，IaaS）、平台即服务（platform as a service，PaaS）和软件即服务（software as a service，SaaS）。

1. 按技术路线分类

（1）资源整合型云计算：这种类型的云计算系统在技术实现方面大多体现为集群架构，通过将大量节点的计算资源和存储资源整合后输出。这类系统通常能实现跨节点弹性化的资源池构建，核心技术为分布式计算和存储技术。MPI、Hadoop、HPCC、Storm 等都可以被归类为资源整合型云计算系统。

（2）资源切分型云计算：这种类型最为典型的就是虚拟化系统，这类云计算系统通过系统虚拟化实现对单个服务器资源的弹性化切分，从而有效地利用服务器资源，其核心技术为虚拟化技术。这种技术的优点是用户的系统可以不作任何改变接入采用虚拟化技术的云系统，是目前应用较为广泛的技术，特别是在桌面云计算技术上应用得较为成功；缺点是跨节点的资源整合代价较大。KVM、VMware 都是这类技术的代表。

2. 按服务对象分类

（1）公有云：指的是面向公众的云计算服务。公有云对云计算系统的稳定性、安全性和并发服务能力有更高的要求。

（2）私有云：指主要服务于某一组织内部的云计算服务，其服务并不向公众开放，如企业、政府内部的云服务。

3. 按资源封装的层次分类

云计算系统按资源封装的层次分为基础设施即服务，平台即服务，软件即服务，分别为对底层硬件资源进行不同级别的封装，从而实现将资源转变为服务的目的。

（1）基础设施即服务：把单纯的计算和存储资源不经封装地直接通过网络以服务的形式提供给用户使用。这类云计算服务用户的自主性较大，就像是发电厂将发的电直接送出去一样。这类云服务的对象往往是具有专业知识能力的资源使用者，传统数据中心的主机租用等可以作为 IaaS 的典型代表。IaaS 提供给消费者的服务是对所有计算基础设施的利用，包括虚拟机、处理器（CPU）、内存、防火墙和网络带宽等基本的计算机资源，用户能够部署和运行任意软件，包括操作系统和应用程序。消费者不管理或控制任何云计算基础设施，但能控制操作系统的选择、存储空间、部署的应用，也有可能获得有限制的网络组件（例如路由器、防火墙、负载均衡器等）的控制。

（2）平台即服务：计算和存储资源经封装后，以某种接口和协议的形式提供给用户调用,资源的使用者不再直接面对底层资源。平台即服务需要平台软件的支撑,可以认为是从资源到应用软件的一个中间件,通过这类中间件可以大大减小应用软件开发时的技术难度。这类云服务的对象往往是云计算应用软件的开发者,平台软件的开发需要使用者具有一定的技术能力。

(3) 软件即服务:将计算和存储资源封装为用户可以直接使用的应用并通过网络提供给用户,SaaS 面向的服务对象为最终用户,用户只是对软件功能进行使用,无须了解任何云计算系统的内部结构,也不需要用户具有专业的技术开发能力。

传统的信息系统资源的使用者通常是以直接占有物理硬件资源的形式来使用资源的,而云计算系统通过 IaaS、PaaS、SaaS 等不同层次的封装将物理硬件资源封装后,以服务的形式利用网络提供给资源的使用者。

如图 2-46 所示,在云计算中,根据其服务集合所提供的服务类型,整个云计算服务集合被划分成 4 个层次:应用层、平台层、基础设施层和虚拟化层,这四个层次每一层都对应一个子服务集合。

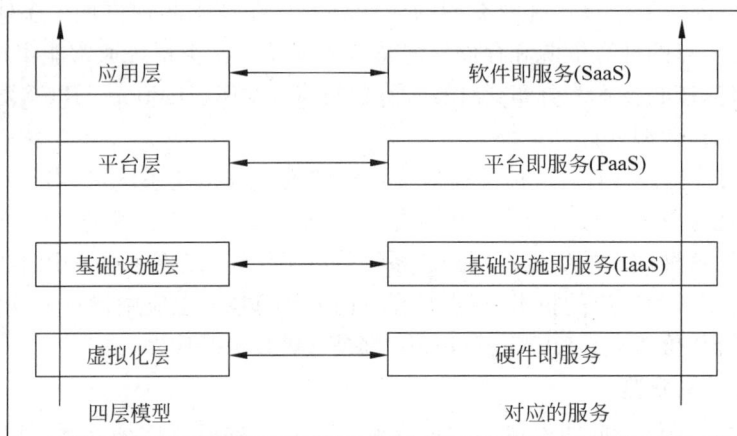

图 2-46　云计算服务体系结构

2.4.4　云计算技术在民航领域的应用

1. 民航信息共享服务

民航已经拥有了相当规模的数据,如日常运行数据、日常管理数据、技术资料、电子商务库、客户支持平台、收益管理系统、常旅客和高端旅客系统、呼叫中心系统、离岗系统、培训系统、SOC 控制系统、非常规运营管理系统、维修保养记录和机组人员信息,以及网络媒体中的网页,等等。这些庞大的系统和数据由于缺乏有效的相互连接,使得储存的大量信息都分散在各自的孤岛上,很难细化运用这些数据,并把它们运用于日常工作和重大决策上。云计算是一种基于互联网的超级计算模式,即把存储于个人电脑、移动电话和其他设备上的大量信息和处理器资源集中在一起,协同工作。通过民航云可以建设更加庞大的数据库,使数据得到有效处理,实现资源的集中优化,提高信息服务效率和水平,真正实现信息共享。

2. 机场运行管理

基于云计算建立的管理平台能够服务于机场航班运行板块的生产运营核心系统,该系统能支撑机场航班信息的管理和发布业务、机场动态运营资源的分配和管理业务以及地面服务保障的监控和保障业务。

以航班计划动态、地面保障进程、空域相关限制动态大数据为基础,采用云计算的方法构建资源优化模型,对机场的运行态势进行监控和预测,既能对机位进行智能分配,又能对系统自身进行智能优化的智能机位分配。

3. 航班运营管理

通过云计算平台,航空公司可以实时监控航班运营情况,根据需求动态调整航班排班计划。利用云计算进行数据分析,帮助航空公司预测航班需求,提前做好资源规划。通过云计算技术得到航班的预计起飞时间和到达时间,实现海量的航班数据实时快速整合,分析提炼出有用结果反馈给用户,体现良好的交互性和数据处理的实时性。

4. 航空安全

利用云计算进行风险评估和预测,帮助航空公司提前采取措施降低风险。通过云计算技术,航空公司可以对航班进行实时监控,及时发现潜在安全隐患并采取预警措施。空管安全方面,云计算赋能的 GPS 信号品质监测能实现对无线电干扰新型风险的有效管控,并且有效减少航空器突然拉升、复飞导致的飞行冲突,减少运行风险;飞行航迹复盘程序应用云计算,以航班数据仓库建设为基础,能完成空中交通管制(air traffic control,ATC)航迹数据的结构化存储,成为安全管理复盘的重要工具。

案例:基于云计算的民航公共信息服务平台

民航公共信息服务云平台以云端服务的方式,提供给中国民航信息网络股份有限公司、航空公司、机场、第三方合作伙伴、旅客以及其他行业或部门,共同建设以旅客订票、旅行服务为核心的航空信息业云计算服务生态链,将传统的民航基于传统大型机的交易系统迁移到更集中、更统一、更简便的云平台,实现信息资源的高安全性与高共享性。

1. 信息服务云平台设计

航信云的设计理念是基于平台驱动,通过航信云平台提供多样性、可定制、弹性扩展的服务解决方案,提供快捷、方便的服务,以适应航空公司业务需求多变及快速响应的特点。平台驱动主要通过开放架构、海量高性能处理、基础服务共享和业务可扩展性处理,具有系统总体架构的易扩展性、易集成性、标准化和资源冗余等特点。研究支持民航信息服务的云计算和大数据关键技术,内外兼顾,分层实现,有效地复用庞大 IT 资源,建设面向服务、数据集中、资源共享的民航信息服务公共云计算平台,总体方案如图 2-47 所示。

平台着眼于提高企业内部 IT 资源管理效能以及增强企业对外服务能力两方面,综合运用云计算的各种技术模式和服务模式,衔接相关科技计划创新成果,实现基础资源池化、开发运维框架共享、应用按需定制 3 种逻辑层次云,按需提供不同层次的云服务,打造国内民航信息服务业的第一朵公共服务云。

2. 信息服务云平台建设方案

该项目的建设内容主要包括三大部分:①中国航信云计算管理系统,将计算、网络和存储等 IT 基础设施资源整合成资源池,通过 IaaS 方式,向中国航信内部和外部用户提供云主机、云存储、云网络服务等云端公共服务资源;②中国航信云计算生产系统,以中国航信研发的拥有完全自主知识产权的中间件为基础,将集成开发环境、运行环境和管理监控环境整

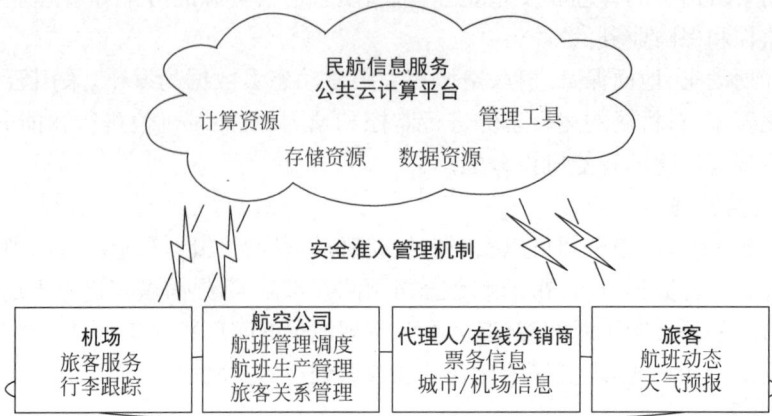

图 2-47　民航信息服务公共云计算平台总体方案

合成服务资源，通过 PaaS 方式，向中国航信内部和外部用户提供集成化的开发、部署和运维平台环境；③中国航信云计算服务系统，通过 SaaS 方式，向航空公司、机场、第三方代理人、政府用户提供定制化、可配置、易扩展、高可靠的应用服务，以及各类服务接口。总体建设方案如图 2-48 所示。

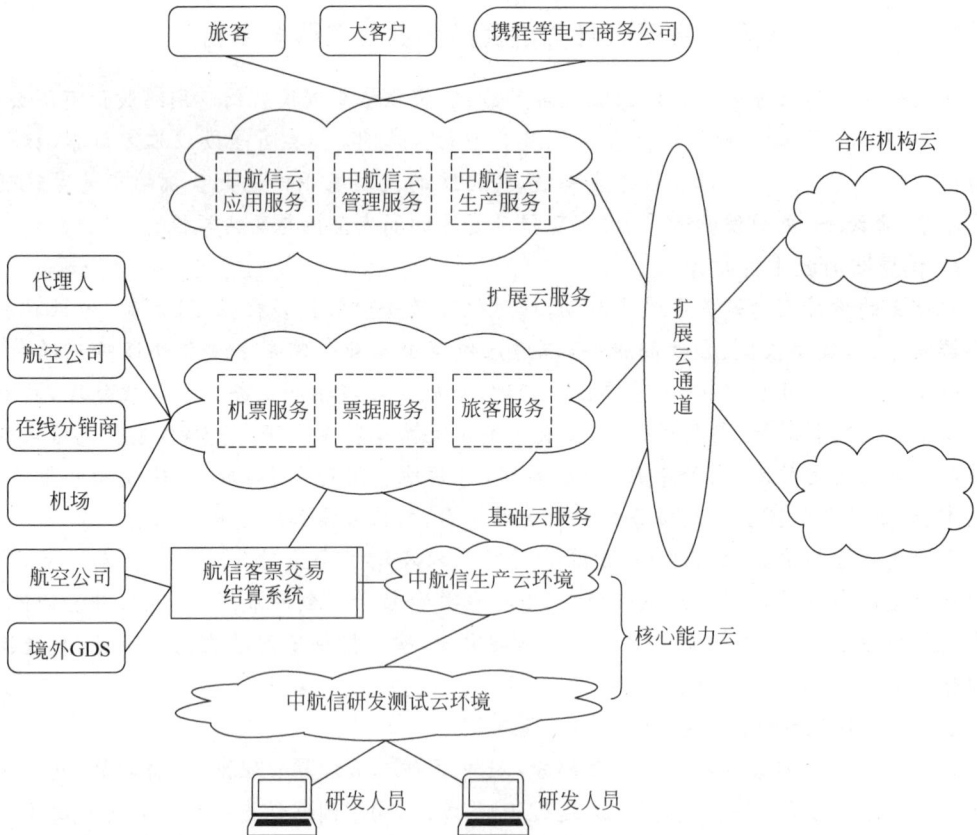

图 2-48　总体建设方案

1）云计算管理系统

云计算管理系统将数据中心中的资源整合为提供基本计算、存储能力的资源池，是实现物理资源层抽象能力的虚拟化技术平台，为业务系统提供云主机、云存储、云网络服务等基础设施资源，用户可以通过自助式服务门户按需获取自己所需的计算、存储、网络资源。构建的云计算服务平台具备弹性可扩展的基础架构、友好的用户界面、基于角色的多租户管理、丰富多样的资源交付手段，可同时支持多种不同的虚拟化平台，且具备强大的二次开发接口，以帮助用户快速部署系统及应用的映像库，可动态实时跟踪资源使用情况的计费统计系统，以及供用户使用的自服务管理界面；同时，整套系统还提供高度的故障自动恢复能力和安全性，以及可以与数据中心现有的运维管理工具进行无缝整合。作为云基础架构的核心组成部分，提供了完整的技术架构来实现云计算服务平台的必要功能与数据中心各组成要素之间的协作。

2）云计算生产系统

中国航信云采用航信云计算生产系统，以中国航信研发的拥有完全自主知识产权的中间件为基础，将集成开发环境、运行环境和管理监控环境整合成服务资源，通过 PaaS 方式，向中国航信内部和外部用户提供集成化的开发、部署和运维平台环境，用户只需关注业务逻辑实现。航信云生产系统具有高稳定性、高并发处理能力的特点，提供基础开发框架、运行容器、可复用构件和企业部署管理功能，在此基础上，进行统一开发、测试和监控，集中运维支持和服务管理。可实现应用开发的规范化、标准化，提高应用组件的复用率，降低应用开发运维成本，确保应用的高可靠性。突破构件等服务资源统一注册、调用和编排，事务补偿，数据源服务，系统资源细粒度管理，故障隔离等关键技术，以保障交易类服务稳定、安全、可靠、高效、可扩展地运行。航信云计算生产系统的规模可达到 2000T/s（每秒事务数）级的并发访问能力，可进行多租户管理，以及支持实时服务计量。

3）云计算服务系统

可实际提供的服务包括机票服务、离港服务、航空共享业务服务（为民航业提供实时业务专属数据服务，相对独立的公共信息服务，以及统一、权威的主数据管理服务）、航旅纵横服务等，以及面向中国航信外部的各类服务接口。同时，中国航信云采用统一的用户服务管理窗口，面向用户提供统一的用户管理、认证授权、服务提供、服务水平管理和计费管理等在线企业服务，并为航信云配套建设运行维护体系和安全防护体系。

（资料来源：彭明田，杨健，胡刚. 基于云计算的民航公共信息服务平台[J]. 计算机技术与发展，2017，29(2)：129-142.）

第3章 民航管理信息系统规划与开发方法

管理信息系统的建设是个投资大、历时长、技术复杂的系统工程,如 2023 年全年民航完成固定资产投资 1150 亿元,连续 4 年超千亿元,其中信息化投资占比 8%～10%。民航管理信息系统的规划是系统生命周期中的第一个阶段,"凡事预则立,不预则废",科学、有效的系统规划对信息系统建设非常重要。好的系统规划可以使民航管理信息系统有明确的战略目标和科学的开发计划,使系统具有良好的全局性,也可使开发的系统适用性好、可靠性高。其质量直接影响着系统开发的成败。

引例:激活首都机场智慧机场建设驱动力

首都机场智慧机场建设的驱动力源自宏观战略规划带来的机遇、机场业务模式不断创新的内在要求,以及突飞猛进的新技术为航空业注入的源源不断的活力。

首都机场股份公司始终坚持打造世界一流的大型国际枢纽这一主线,深入贯彻落实民航局局长冯正霖讲话精神,加快构建"平安机场、绿色机场、智慧机场、人文机场"标杆体系,坚持以科技创新为引领,以新技术、新理念为驱动,通过战略目标理解、业务模型构建、技术趋势分析、行动路线规划及项目落地实施等过程,实现首都机场智慧机场建设的战略规划目标。以首都机场"五维六化"的业务模型框架为蓝图,通过不断融入创新理念与技术,制订一系列智慧机场建设的落地方案,实现首都机场在协同运行、主动安全、个性服务、精准商业、精细管理等业务领域的智慧化进阶,为将首都机场建设成为具有特色的未来机场、成为世界先进的大型国际机场提供有力支撑。

首都机场股份公司的智慧机场建设战略以"构建智慧机场"为中心,以促进"五大智慧业务"发展为抓手,以"六大信息化策略"为落实手段、"三个体系"为支撑,实现首都机场智慧化发展。

通过以构建智慧机场为核心目标,实现首都机场各项业务综合协同发展,建成属地之间、驻场单位以及外部相关所有单位的流程集成、信息共享的可持续性发展的生态型新机场。

首都机场自 2016 年启动智慧机场信息技术研究规划项目起,顺利完成了对现有重要信息系统及业务架构的全方位调研梳理,绘制了首都机场发展蓝图及实施路径图。

(资料来源:王瀚林. 激活首都机场智慧机场建设驱动力[N]. 中国民航报,2019-01-11(002)[OL]. http://epaper.caacmedia.cn:81/. 编者有删改)

3.1 管理信息系统生命周期及发展阶段论模型

3.1.1 管理信息系统生命周期

任何系统都会经历一个产生、发展、成熟、消亡或更新的过程,称之为生命周期。管理信息系统也不例外,它在使用过程中,随着环境的变化和技术进步,需要不断维护、更新,新的目标和要求不断提出,从而要求设计新系统,用新系统替代老系统。这种周而复始、循环不息的过程叫作管理信息系统的生命周期。如图 3-1 所示,民航管理信息系统的生命周期管理涵盖了系统的规划、分析、设计、实施、运行和维护等不同阶段,以确保系统能够满足业务需求,并保持与环境的协调。

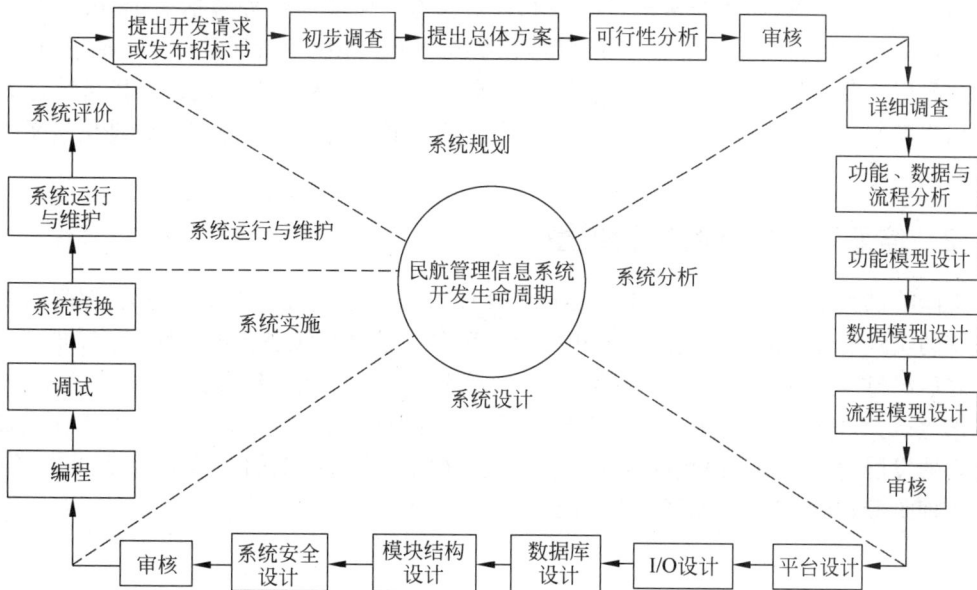

图 3-1 民航管理信息系统生命周期

1. 系统规划阶段

系统规划阶段的主要任务是对企业的环境、目标及现行系统的状况进行初步的调查,明确系统要完成的主要功能、基本要求和要产生的信息,即确定总体结构方案,然后进行可行性研究,确定所要开发的系统是否可行。只有可行才可以进行后续工作,将新系统建设方案及实施计划编成系统设计任务书。

2. 系统分析阶段

系统分析阶段的任务是根据系统设计任务书所确定的范围,对现行系统进行详细调查,描述现行系统的业务流程,指出现行系统的局限性和不足之处,确定新系统的基本目标和逻辑功能要求,即提出新系统的逻辑模型。这个阶段又称为逻辑设计阶段。这个阶段是整个系统建设的关键阶段,也是信息系统建设与一般工程项目的重要区别所在。系统分析阶段的工作成果体现在系统说明书中,这是系统建设的常用文件。

3. 系统设计阶段

系统设计阶段的任务是根据系统说明书中规定的功能要求,考虑实际条件,具体设计实现逻辑模型的技术方案,也就是设计新系统的物理模型。这个阶段又称为物理设计阶段。这个阶段又可分为总体设计和详细设计两个阶段。这个阶段的技术文档是系统设计说明书。

4. 系统实施阶段

系统实施阶段是将设计的系统付诸实施的阶段。这一阶段的任务包括计算机等设备的购置、安装和调试,程序的编写和调试,人员培训,数据文件转换,系统调试与转换等。这个阶段的特点是几个互相联系、互相制约的任务同时展开,必须精心安排、合理组织。系统实施是按实施计划分阶段完成的,每个阶段应写出实施进展报告。

5. 系统运行和维护阶段

系统投入运行后,需要经常进行维护和评价。这一阶段的任务包括三个方面的工作:系统运行的日常管理与系统维护、系统管理和系统评价。系统评价通常每年定期进行,发生特殊情况后要及时进行,评价结果一般是提出维护要求。如果发现仅通过维护系统已无法满足用户新的需求时,就应该提出开发新的系统要求,这标志着一个新民航管理信息系统的生命周期就要开始了。

3.1.2　信息系统发展阶段论模型

美国哈佛大学教授理查德·诺兰(Richard L. Nolan)通过对 200 多个公司、部门发展信息系统的实践和经验的总结,在 1974 年提出了著名的信息系统进化的四阶段论,即诺兰模型。之后经过实践进一步验证和完善,又于 1979 年将其调整为六阶段论。

诺兰认为,任何组织由手工信息系统向以计算机为基础的信息系统发展时,都存在着一条客观的发展规律。诺兰模型的六个阶段分别是初始阶段、传播阶段、控制阶段、集成阶段、数据管理阶段和成熟阶段,如图 3-2 所示。

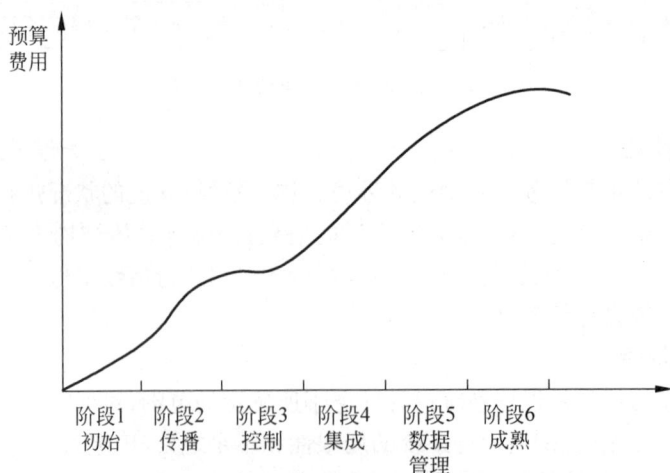

图 3-2　诺兰模型六阶段

1. 初始阶段

计算机刚进入企业时，只作为办公设备使用，通常用来完成一些报表统计工作，甚至大多数时候被当作打字机使用。

在这一阶段，企业对计算机基本不了解，更不清楚信息技术可以为企业带来哪些好处、解决哪些问题。信息技术的需求只被作为简单的办公设施改善的需求来对待，采购量少，只有少数人使用，在企业内没有普及。

2. 传播阶段

企业对计算机有了一定了解，想利用计算机解决工作中的问题，比如，进行更多的数据处理，给管理工作和业务带来便利。应用需求开始增加，企业对信息技术应用开始产生兴趣，并对开发软件热情高涨，投入开始大幅度增加。但此时很容易出现盲目购机、盲目定制开发软件的现象，缺少计划和规划，因而应用水平不高，信息化的整体效用无法凸显。

3. 控制阶段

在前一阶段盲目购机、盲目定制开发软件之后，企业管理者意识到计算机的使用超出控制，信息化建设的投资增长快，但效益不理想，于是开始从整体上控制计算机信息系统的发展，在客观上要求组织协调，解决数据共享问题。企业信息化建设更加务实，对信息技术的利用有了更明确的认识和目标。在这一阶段，一些职能部门内部实现了网络化，如财务系统、人事系统、库存系统等，但各软件系统之间还存在"部门壁垒""信息孤岛"。信息系统呈现单点、分散的特点，系统和资源利用率不高。

4. 集成阶段

在控制的基础上，企业开始重新进行规划设计，建立基础数据库，并建成统一的信息管理系统。企业的信息化建设开始由分散和单点发展到成体系。此时，企业信息技术主管开始把企业内部不同的信息化机构和系统统一到一个系统中进行管理，使人、财、物等资源信息能够在企业集成共享，更有效地利用现有的信息系统和资源。不过，这样的集成所花费的成本会更高、时间更长，而且系统更不稳定。

5. 数据管理阶段

企业高层意识到信息战略的重要，信息成为企业的重要资源，企业的信息化建设也真正进入数据处理阶段。这一阶段中，企业开始选定统一的数据库平台、数据管理体系和信息管理平台，统一数据的管理和使用，各部门、各系统基本实现资源整合、信息共享。信息系统的规划及资源利用更加高效。

6. 成熟阶段

到了这一阶段，信息系统已经可以满足企业各个层次的需求，从简单的事务处理到支持高效管理的决策。企业真正把信息技术同管理过程结合起来，将组织内部、外部的资源充分整合和利用，从而提升了企业的竞争力和发展潜力。

诺兰模型对制定管理信息系统规划具有指导意义。应根据企业的实际情况，利用诺兰模型分析企业管理信息系统开发所处的阶段，实事求是地规划。当企业管理信息系统建设处于初始阶段和传播阶段时，应首先选择易于实现的系统，如财会系统，然后逐步推广；对处于控制和集成阶段的企业，应加强引导，避免盲目发展，加强各部门的协调配合；当处于数据管理和成熟阶段时，应用数据库技术、网络技术等，对各系统综合开发，保证数据共享等。总之，在企业管理信息系统建设中，要正确判断当前的状态，制定管理信息系统的战略规划。

3.2 系统规划概述

3.2.1 系统规划的定义

管理信息系统规划,又称管理信息系统战略规划,是对组织总的信息系统目标、战略、信息系统资源和开发工作的一种综合性计划。系统规划是对组织管理使用计算机信息技术进行长远计划,规划期限一般为3～5年或更长时间。系统规划是为将来的成功提供一个总体构架,促进MIS的开发。

系统规划的内容由3个要素组成,即方向和目标、约束和政策,以及计划和指标。

(1)方向和目标。方向和目标的设立往往很困难,作为企业组织的领导者,在设立方向和目标时,不得不考虑外部环境的影响和变化,同时受个人价值观念、工作风格等因素的影响,最后确定的目标往往不完全是个人意愿的表现,而是一个个人意愿和现实约束的综合体。

(2)约束和政策。进行系统规划过程中的约束和政策多是对未来情况的考虑,即现在并未出现的机会和目前正在寻找的资源条件。目的是使企业组织能够最合理地安排生产,使企业组织的资源、环境与机会能找到最好的平衡点,以最快的速度、最高的效率实现企业组织的目标。

(3)计划和指标。计划和指标与前两项内容有一定的区别,主要是近期的任务,考虑如何在目前或最近一段时间内充分利用企业组织的资源,抓住机会,更好地实现企业组织的目标。

系统规划内容的制定处处体现了平衡与折中,要在这一基础上考虑回答以下4个问题:

(1)我们要求做什么?

(2)我们可以做什么?

(3)我们能做什么?

(4)我们应当做什么?

在企业组织内部,系统规划的层次依据企业组织管理的层次和职能,可以分为公司级、业务级和执行级。与系统规划内容相结合,横向排列系统规划的3个层次,纵向排列系统规划的三项内容,构成系统规划的框架结构,如图3-3所示。

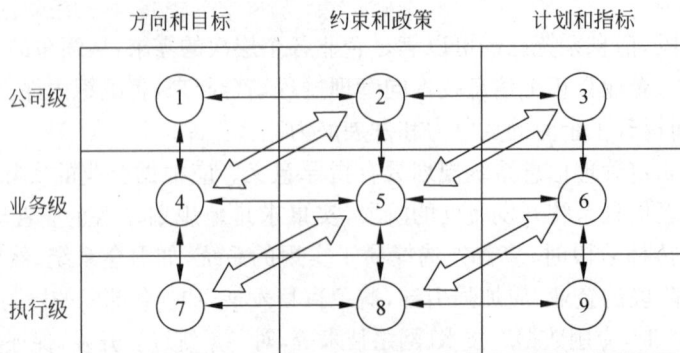

图3-3 系统规划的框架结构

图 3-3 中,各元素之间上下、左右关联,左下与右上相关。约束和政策由目标引出,计划和指标则由约束和政策引出;上级计划由下级计划完成,下级计划在上级计划的指导下制定出来。例如,业务经理在确定自己的目标④时,要考虑下级的目标①,也要考虑公司的约束和政策②,同时,其目标需要通过执行级目标⑦来完成,必须注意:目标应切合实际,不能太低或太高。

3.2.2 系统规划的内容和步骤

1. 系统规划的内容

1) 民航管理信息系统的目标、约束及总体结构

民航管理信息系统的目标确定了信息系统应该实现的功能,民航管理信息系统的约束包括民航管理信息系统实现的环境、条件(如规章制度、人力、物力等),民航管理信息系统的总体结构指明了民航信息的主要类型和主要的子系统。

2) 单位(企业、部门)的现状

单位的现状包括计算机软件及硬件情况、从业人员的配备情况以及开发费用的投入情况等。

3) 业务流程的现状、存在问题以及在新技术条件下的流程重组

业务流程重组实际上是根据信息技术的特点,对手工方式下形成的业务流程进行根本性的再思考、再设计。

4) 对影响规划的信息技术发展的预测

民航信息技术主要包括计算机硬件技术、网络技术及数据处理技术等,这些技术的推陈出新将给民航管理信息系统的开发带来影响(如处理效率、响应时间等),并决定将来民航管理信息系统性能的优劣。因此,规划及时吸取相关新技术,有可能使开发出的民航管理信息系统更具生命力。

2. 系统规划的步骤

民航管理信息系统规划的任务是通过对组织目标、现状的分析,制定指导民航管理信息系统建设的总体规划和民航管理信息系统长期发展展望。围绕规划的基本任务,下面列出了系统规划的具体步骤。

1) 规划准备

规划准备包括确定规划的年限、规划的方法,确定集中式还是分散式的规划,以及是进取还是保守的规划,邀请专家,组织规划小组,落实规划工作环境,启动规划等工作。

2) 收集相关信息

进行必要的初步调查,调查内容包括企业发展战略、企业产品、企业技术、设备和生产能力、企业综合实力、组织机构和管理、企业员工素质、企业面临的机遇和挑战、企业现行的民航管理信息系统建设水平、管理水平和民航信息技术现状。

3) 进行战略分析

对民航管理信息系统目标、开发方法、功能结构、计划活动、信息部门的情况、财务情况、风险和政策等进行分析。

4) 定义约束条件

根据单位的财务资源、人力及物力等方面的限制,定义民航管理信息系统的约束条件和

政策。

5）明确战略目标

确定整个企业的目标、民航管理信息系统的开发目标,明确民航管理信息系统应具有的功能、服务范围和质量等。

6）提出未来的蓝图

给出民航管理信息系统总体框架、民航管理信息系统总体技术路线、民航管理信息系统建设路线,以及各子系统的划分等。

7）选择开发方案

由于资源有限,不可能所有项目同时进行,只有选择一些好处最大、企业需求最为紧迫、风险适中的项目先进行。在确定优先开发的项目之后,还要确定总体开发顺序、开发策略和开发方法。

8）提出实施进度

估计项目成本和人员需求,并依次编制项目的实施进度计划。

9）战略规划文档化

将战略规划书写成文,在此过程中,还要不断与用户、信息系统工作人员交换意见。

3.3 系统规划的主要方法

制定民航管理信息系统总体规划的方法有多种,常用的有战略目标集转化法、关键成功因素法、企业系统规划法等,另外还有组织计划引出法、投资回收法、目的手段分析法、零点预算法、阶石法、征费法等。目前还没有一种规范方法能够制定科学合理的战略规划,这更多地取决于管理者对企业发展趋势的正确估计和对环境的理解。各种规划方法往往只能起到辅助作用。规划的方法很多,但无论在何种规划方法中,保持企业的信息系统战略与业务战略的一致性,即业务战略与 IT 战略的集成问题,是非常重要的。下面主要介绍常用的3 种方法。

3.3.1 战略目标集转化法

战略目标集转化法由 William R. King 于 1978 年提出,它将整个组织的战略目标看成一个"信息集合",由使命、目标、战略与其他战略性的组织属性,如管理的习惯、改革的复杂性、重要的环境变量约束等组成。战略目标集转化法提供一种将信息系统战略规划与组织战略关联起来的途径,将组织战略转化为信息系统战略。

在制定民航管理信息系统的战略规划时,该方法的步骤是首先识别组织的战略集合,然后转化为民航管理信息系统的战略,包括信息系统的目标、约束、设计原则等,最后提交整个信息系统的结构,转化过程如图 3-4 所示。

第一步是识别组织的战略集,先考查该组织是否有战略式长期计划,如果没有,就要去构造这种战略集合,识别每类人员的目标,对于每类人员识别其使命及战略。当组织战略初步识别后,应立即送交总经理审阅和修改。

第二步是将组织战略集转化成民航管理信息系统战略集,民航管理信息系统战略应包括系统目标、约束以及设计原则等。这个转化的过程包括对应组织战略集的每个元素识别

图 3-4　战略目标转换法

对应的民航管理信息系统战略约束,然后提出整个民航管理信息系统的结构。最后,选出一个方案送给决策者。该过程可由以下几个步骤实现:

(1) 描绘出组织的关联集团。企业的需求、目标和战略同它的顾客或对企业有需求的集团相关,这些集团就是关联集团。对于航空公司来说,关联集团可能有公众(public)、政府监管机构(government regulatory agencies,包括交通运输部、民航局等)、顾客(customer,主要指旅客、货运代理人及货主等)、雇员(employee)、持股人(stockholder)、管理者(manager)、债权人(creditor,包括银行等金融机构)等,如图 3-5 所示。

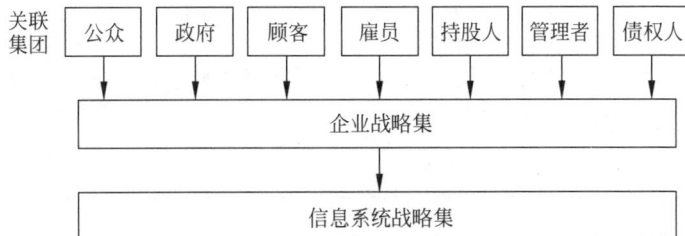

图 3-5　转换过程流程

(2) 确定关联集团的需求。企业的使命、目标和战略反映了每一个关联集团的需求,因此需要对每一个关联集团需求的特性进行定性描述,并对这些需求被满足程度的直接、间接度量加以说明。

(3) 定义企业相对于每一个关联集团的任务和战略。当确定每个关联集团需求的特性以后,企业相对于这些关联集团的任务和战略一定能确定下来。战略通常是在综合评价各关联集团需求的基础上提出来的。

(4) 解释和验证企业战略集。把一组初始的企业使命、目标和战略送交到企业的最高管理者进行审查,得到反馈信息。

(5) 由企业战略集到信息系统战略集的转换。把企业战略集转化成由系统目标、系统约束和系统设计原则组成的信息系统战略集。这种转化反映元素之间的映射,但很难有一个非常结构化的模式。这一转化过程可通过图 3-5、表 3-1 和表 3-2 进行说明。表 3-2 列出了信息系统战略集的具体组成是如何由航空公司企业战略集(见表 3-1)导出来的,即系统的目标、约束和设计战略同企业战略集中不同元素的关系,还包括信息系统战略集中元素的相互关系。其中,G 代表政府监管机构,Cu 代表顾客,S 代表持股人,M 代表管理者,Cr 代表债权人,O 代表企业的目标,S 代表企业的战略,A 代表战略性的组织属性,MO 代表信息系统目标,C 代表信息系统约束,D 代表信息系统设计原则。

表 3-1　航空公司企业战略集

企业的目标(O)	企业的战略(S)	战略性的组织属性(A)
O1：每年增加收入 15％(S、Cr、M) O2：改善现金流(G、S、Cr) O3：提高客户满意度(Cu) O4：实现持续性的安全生产(S、Cr) O5：履行社会责任(Cu) O6：提高航班准点率(G、Cu)	S1：提高飞机载运效率 (O1、O6) S2：改进信贷情况(O1、 O2) S3：重构航旅产品(O3、 O5、O6)	A1：管理水平高(M) A2：目前的经营状况不好，提高了对改革的要求(S，M) A3：大部分管理人员有用计算机的经验(M) A4：管理权力的高度分散 A5：对行业监管机构负有责任

表 3-2　信息系统的战略集

信息系统目标(MO)	信息系统约束(C)	信息系统设计原则(D)
MO1：提高航班载运率(S2) MO2：提高公司安全生产水平(O4) MO3：提供新业务机会信息(S1) MO4：提供对企业盈利水平的估计信息(S1) MO5：提高航班保障能力(O6)	C1：缩减信息系统建设总体投资的可能性(A2) C2：系统必须采用 AI 决策模型和创新的管理技术(A1、A3) C3：同时使用外部信息和内部信息(MO1、MO2、MO3) C4：系统必须提供在不同综合水平上的报告(A4) C5：系统要有能力产生除了管理信息之外的其他信息	D1：用模块设计法(C1) D2：在每个完成阶段，由模块设计提供的系统能独立使用(C1) D3：系统要面向不同类型的管理者(A4、C4)

由表 3-1、表 3-2 可以看出，如信息系统目标中 MO1(提高航班载运率)这一条是由航空公司企业的信贷战略 S2(改进信贷情况)导出的，而 S2 是由企业目标 O1(每年增加收入 15％)、企业目标 O2(改善现金流)导出的，而企业目标 O1 涉及持股人(S)、债权人(Cr)和管理者(M)的需求，企业目标 O2 涉及政府(G)、持股人(S)和债权人(Cr)的需求，企业目标 O3 涉及顾客(Cu)的需求。再如，信息系统约束 C2(系统必须采用 AI 决策模型和创新的管理技术)是由组织属性要求 A1(管理水平高)和 A3(大部分管理人员有使用计算机的经验)导出的；信息系统约束 C3(同时使用外界信息和内部信息)与信息系统目标 MO1(提高航班载运率)、MO2(提高公司安全生产水平)和 MO3(提供新业务机会信息)密切相关。

要想把两个战略集之间的关系完全表示出来是非常困难的。上述例子中的两个表只是表明两个战略集的关系，并指出它们由关联集团推导出来的过程。SST 显然是一种确定企业信息系统目标(战略集)的方法论，King 认为"这里所描述的过程是从企业的基本宗旨出发，得到对系统开发阶段的输入，其目的是产生一个与企业的战略和能力紧密相符的系统"。信息系统战略集的确定为解决信息系统规划中各优先系统的排序打下了基础。

3.3.2　关键成功因素法

关键成功因素(critical success factors，CSF)是指对企业成功起关键作用的因素或领域，这些因素或领域的状态决定企业的运营状况和未来发展。关键成功因素是企业绝对不能出差错的地方，因此这些领域是企业决策者经常关注的领域。对于企业在这些领域的表现,必须不断地加以衡量并用信息表达出来,这些信息称为关键信息或重要信息。如在民航业,保障航班的准点率是一项十分重要的关键因素。

关键成功因素法是以关键因素为依据来确定系统信息需求的一种管理信息系统总体规划的方法。通过对关键成功因素的识别,找出实现目标所需的关键信息集合,确定企业的信息需求是什么,并进行民航管理信息系统的规划。如图 3-6 所示,关键成功因素法的基本步骤可以分为目标识别、关键成功因素(CSF)识别、具体指标确定、信息需求确定、信息需求指标监测 5 个阶段。

图 3-6　关键成功因素法的步骤

1. 目标识别

关键成功因素法的实质就是围绕企业或组织目标的关键成功因素展开分析,在这个过程中,"目标"有多个层次,可以是企业的整体发展战略目标,也可以是某个管理层或职能领域的具体目标。

战略目标的核心结构是明确具体企业的战略目标的前提。不同企业的战略目标重点不同,其战略目标核心结构自然不同。通常情况下,战略目标可以从以下 4 个方面展开:市场目标、创新目标、盈利目标和社会目标。其中每个方面又可以进行进一步细化。在此核心结构的基础上,结合企业自身特点,构造适合本企业的战略目标核心结构。

2. 关键成功因素识别

关键成功因素的识别,主要是分析影响具体目标的各种核心因素以及影响这些因素的子因素,从中选择决定企业成败的重要因素。关键成功因素的选择力求精练,通常控制在5~6 个因素以内。在目标识别的基础上,由信息专家和决策者参与,通过一系列访谈问题的设置来整理访谈记录,完成关键成功因素的确定。

3. 具体指标确定

具体指标是对关键成功因素的明确和细化,是关键成功因素的具体评价体系。具体指标的确定过程是构造形象系统的评价体系的过程,也是为以后的工作提供框架的过程。一个关键成功因素的具体评价指标很多,实际应用过程中,根据每个指标的重要程度选择最重要的几个指标,通常控制在 3 个以内。

4. 信息需求确定

信息管理者在所确定的具体指标基础上,确定针对每一具体指标的信息来源、信息内容、信息提供方式和提供周期。并确定各信息源的属性,如使用状态、获取地点、更新时间、获取存取及维护成本,以及其信息产品提供形式,如文件、图片、声音等,描述信息状态,如有效期、需求程度及其使用目的。帮助信息管理者界定信息搜集的范围,并搜集相应的信息。在信息搜集的过程中需要企业各个部门的全力配合,确保信息的完整性和有效性。这个过程同时也涉及信源和信道的选择,以最大程度减少信息失真的程度,并考虑决策者的信息偏好,使信息服务内容体现个性化。

5. 信息需求指标监测

决策信息需求动态性强的特点决定了决策信息需求的满足必须不断进行调整。需通过建立预警系统,实现对信息需求指标的监测来实时监测信息需求的变化。构建预警系统的难点之一就是预警指标的设置。关键成功因素的具体指标可作为预警指标的直接参考对象和直接监测对象。企业可以根据自身监测能力,分别建立指标预警子系统和因素预警子系统。不同行业、不同企业的关键成功因素存在差别,因此具体预警指标以及阈值的设置并无一定之规。而任何一个好的预警系统都不是一蹴而就的,而是经过不断调整,逐步完善。

确定关键成功因素所用的工具是树枝因果图。例如,某航空公司的一个目标是提高产品竞争力,可以用树枝因果图画出影响它的各种因素以及影响这些因素的子因素,如图 3-7 所示。

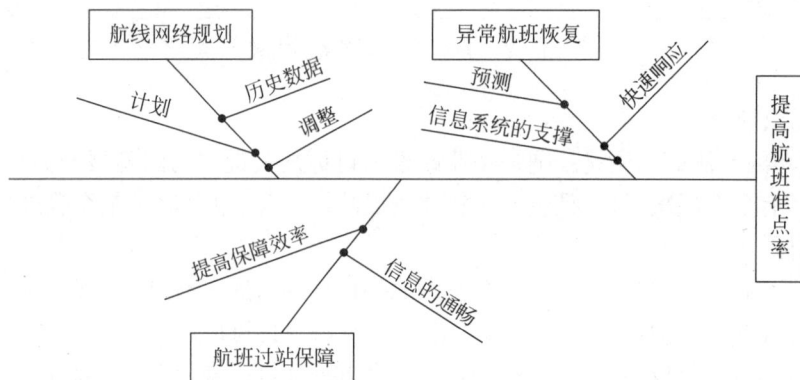

图 3-7　树枝因果图

3.3.3　企业系统规划法

企业系统规划法(business system planning,BSP)是美国 IBM 公司 20 世纪 70 年代初用于企业内部系统开发的一种规划方法。该方法要求所建立的管理信息系统能够支持企业目标,表达所有管理层次的要求,向企业提供一致性信息,对组织机构的变动具有适应性。BSP 方法是对组织信息需求分析的一种全面调查方法,是为指导管理信息系统开发而建立的一种规范方法。它是一种结构化方法,通过一整套把企业目标转化为管理信息系统战略的过程,帮助企业做出管理信息系统战略规划。

BSP 方法的基本步骤如图 3-8 所示,下面对其中的主要活动进行描述。

(1) 准备工作。准备工作是成立信息系统规划小组。组长由企业高层领导担任,组员除专职系统分析员之外,还要有经验丰富的管理人员,也可聘请咨询公司业内资深专家作为顾问。规划小组要确定信息系统规划的范围,一般要延伸到高层管理。每位组员在思想上要明确"为什么做""做什么""如何做",以及"希望达到的目标是什么"。

(2) 调研。规划组成员通过查阅资料,深入各级管理层,了解企业有关决策过程、组织职能部门和部门的主要活动以及存在的主要问题。

(3) 定义业务过程。业务过程又称企业过程或管理功能组,定义业务过程是 BSP 法的核心。业务过程是指企业管理中必要且逻辑上相关的、为完成某种管理功能的一组活动,例如,产品预测、材料库存控制等业务处理活动或决策活动。

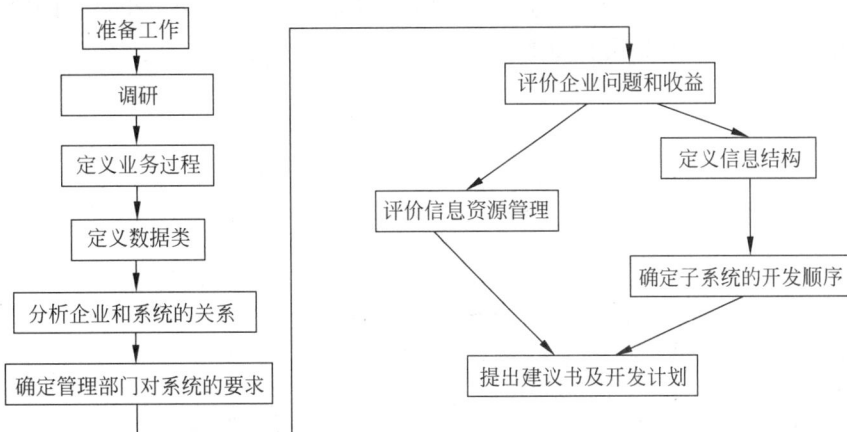

图 3-8　BSP 方法的基本步骤

企业过程通过输入-处理-输出(input-process-output，IPO)图来描述(图 3-9)，例如，机场货站业务处理过程"航班配载"的 IPO 图："运单信息"和"订舱信息"是"航班配载"的输入，即使用数据类；而"航班舱单"和"板箱装配信息"是"航班配载"的输出，即生成数据类。在企业系统规划法中最关键的工作就是识别企业过程，其他工作都是基于企业过程进行的。

图 3-9　输入-处理-输出图(一)

(4) 定义数据类。数据类是指支持业务过程所必需的逻辑上相关的数据。对数据进行分类是按业务过程进行的，即分别从各项业务过程的角度将与该业务过程有关的输入数据和输出数据按逻辑相关性整理出来归纳成数据类。

定义数据类的方法有两种：

一种方法是企业实体法，例如航空公司中有旅客、机票、飞机以及业务员等客观存在的实体。企业实体法的第一步是列出企业实体，一般来说要列出 7～15 个实体。再列出 1 个矩阵，在水平方向列出实体，垂直方向列出数据类，如表 3-3 所示。

表 3-3　数据/企业实体矩阵

数据类	企业实体						
	机票	旅客	飞机	航班保障资源	航空物流部门	现金	业务人员
计划/模型	航班舱位	销售领域 市场计划	航班计划	资源需求 航班计划	货物 订舱计划	预算	人员计划
统计/汇总	可售 机票总量	销售历史	飞机 利用情况	需求汇总	舱位汇总	财务统计	人员 使用情况
业务	销售机票	乘坐航班	执飞航班	采购外包	运输保障	接收支付	航班保障

另一种方法是企业过程法,它利用以前定义的企业过程,分析每一个过程的输入数据类和输出数据类,用输入-处理-输出图来形象地表达,如图 3-10 所示。

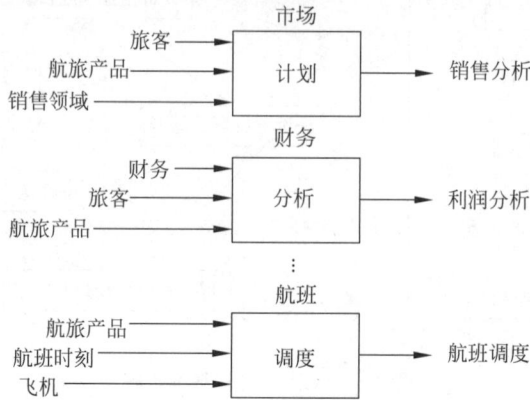

图 3-10　输入-处理-输出图(二)

(5) 分析企业和系统的关系。采用组织/过程矩阵,在水平方向列出各种组织,垂直方向列出各种过程。如果该组织是该过程的主要负责者,则在对应的矩阵元素中画"＊";若为主要参加者,就画"×";若为部分参加者,就画"/";若无关系为空白。如表 3-4 所示为某航空公司部分组织/过程矩阵。

表 3-4　组织/过程矩阵

过　程	组织															
	总经理	总经济师	总会计师	总飞行师	总安全师	战略规划部	市场部	销售部	旅客服务部	机务部	航班调度部	安全管理部	科技信息部	财务部	人力资源部	行政部
战略管理	＊	×	×			×							/		/	/
战略过程实施		×	×	×	×	＊	/	/				/	/	/	/	/
组织机构管理	＊	×	×			×							/		×	
企业文化建设	＊	×	×			×									/	×
民航市场情报管理		＊				×							/		/	/
选择目标市场	＊	×				×					×					
航旅客户关系管理	＊	×				×		×					/			
营销策略组合	＊	×	×				×	×						×		
制定营销计划	×	×		×			×	＊			×		/			
营销组织管理	＊	×				＊	×						/			
航线规划	＊	×	×	＊			×	×			×	×			×	
安全管理计划	×	×		＊								×			/	
安全管理执行										×	×	＊				
旅客服务计划	＊	×		×			×							×		
航班保障计划	×	×					×				×	/				
机务管理										＊						
IT 建设	/	/	/	/	/	/	/	/	/	/	/	/	＊	/	/	/
人员保障计划						/	/	/	/	/	/	/	/		＊	/
行政管理						/	/	/	/	/	/	/	/		/	＊
财务计划执行	×	×				/	/	/	/	/	/	/	/	＊	/	

如果企业已有现行系统,可以采用组织/系统矩阵。如果在矩阵元素中填 C,表示该组织使用该系统;如果在矩阵元素中填 P,表示该组织计划使用该系统。同理,可以画出"系统/过程矩阵",用来表示某系统支持某过程,还可以用 C 和 P 表示,C 表示该系统已经支持该过程,P 表示该组织计划让该系统支持该过程。用同样的方法还可以画出系统和数据类的关系。

(6) 确定管理部门对系统的要求。这就是确定企业领导对企业长期发展战略的看法。在采访前,规划小组应当事先拟定好采访提纲,在采访结束后,应当认真地分析总结。一般来说,规划小组所提出的问题应该是无限制问题(open-ended questions),而不仅仅是有限制问题(closed-ended questions)。有限制问题是指要求进行简单而明确回答的问题,如"是"或"否"。无限制问题则要求对问题进行讨论,而不是必须对问题做出简短的回答。

例如:采访某航司销售部经理的主要问题。采访的主要问题请参考:

- 你的工作领域是什么?
- 公司为你部门设置的基本目标是什么?
- 你去年达到目标所遇到的 3 个最主要的问题是什么?
- 有什么东西妨碍你解决它们? 为什么需要解决它们?
- 较好的信息在这些领域的价值是什么?
- 如果有更好的信息支持,你在什么领域还能得到最大的改善? 这些改善的价值是什么?
- 什么对你是最有用的信息? 你是如何获取这些信息的?
- 你如何衡量你的下属?
- 你希望做出什么样的决策?
- 你所在的领域明年和 3 年内主要的变化是什么?
- 影响机票销售的最主要的 3 个因素是什么? 有哪些应对方法?
- 你希望本次规划研究达到什么结果? 规划对你和企业将起什么作用?

(7) 评价企业问题和收益。在 BSP 采访以后,应当根据这些材料来评价企业的问题。第一步是总结采访数据并汇集到一张表中。第二步是对采访数据进行分类。采访数据可以分为三类:现存系统的问题和解决方案、新系统需求和解决方案、非信息系统问题。第三步是将数据和过程进行关联。可以采用问题/过程矩阵来表示。

(8) 评价信息资源管理工作。信息资源与人力、物力、财力和自然资源一样,都是企业的重要资源。信息资源管理是指企业在业务活动中(例如,生产和经营活动)对信息的产生、获取、处理、存储、传输和使用进行全面的管理。评价信息资源管理工作需要综合考虑其对企业运营、决策支持、信息安全及效率提升等方面的贡献。

(9) 定义信息结构(划分子系统)。BSP 法根据信息的产生和使用来划分子系统,它尽量把产生信息的业务过程和使用信息的业务过程划分在一个子系统中,从而减少了子系统之间的信息交换。具体的做法是建立 U/C 矩阵(过程/数据分类矩阵),它描述了支持某一过程需要哪些信息,由哪个过程建立这些数据,数据的使用者是谁,U 表示使用(use),C 表示产生(create)。沿对角线方向将 C 和 U 最密集的地方框起来,便形成一个个子系统。

U/C 矩阵的正确性可由三方面的检验来判定:

① 完备性检验。这是指每一个数据类必须有一个产生者(即 C) 和至少一个使用者(即

U），每个功能必须产生或者使用数据类。否则这个 U/C 矩阵是不完备的。

② 一致性检验。这是指每一个数据类仅有一个产生者，即在矩阵中每个数据类只有一个 C。如果有多个产生者的情况出现，则会产生数据不一致的现象。

③ 无冗余性检验。这是指每一行或每一列必须有 U 或 C，即不允许有空行和空列。若存在空行或空列，则说明该功能或数据的划分是没有必要的、冗余的。

将 U/C 矩阵进行整理，移动某些行或列，把字母 C 尽量靠近 U/C 矩阵的对角线，可得到 C 符号的适当排列。

利用 U/C 矩阵方法划分子系统的步骤如下：

① 用表的行和列分别记录下企业系统的数据类和过程。表中功能与数据类交叉点上的符号 C 表示这类数据由相应功能产生，U 表示这类功能使用相应的数据类。如表 3-5 所列。

表 3-5　功能/数据类表格

业务/功能	数据类																	
	航班计划	航班动态	运单	分单	货物仓储	航班预配舱单	配载舱单	航空集装器	出库信息	收运信息	提货信息	货物安检信息	货物组装信息	单证信息	航班接机报告	到货情况	费用	报文
航线规划	C																	
航班连线	U																	
航班计划发布	U																	
航班动态管理	U	C																
运单制单		U	C															
运单核单		U	U															
分单制单				C														
货物安检	U		U									C						
收运管理			U	U	C	C				C		U						
集装器装货						U	U	C					C					
散货配载							U						U					
集装器配载		U	U			U	U	U										
航班配载		U	U	U	U	U	C	U				U	U					C
进港核单														C	C			
进港理货		U	U	U											U		C	U
进港仓储处理									C						U	U		
收费处理											U			U	U	U	C	
提货处理									U		C						U	

② 对表 3-5 作重新排列，把功能按功能组排列。然后调换“数据类”的横向位置，使得矩阵中 C 最靠近对角线。将 U 和 C 最密集的地方框起来，给框起个名字，就构成了子系统。落在框外的 U 表明了子系统之间的数据流。这样就完成了划分系统的工作，如表 3-6 所列。

表 3-6　调整的功能/数据类表

业务/功能	航班计划	航班动态	运单	分单	货物安检信息	收运信息	货物仓储	航班预配舱单	航空集装器	货物组装信息	配载舱单	报文	单证信息	到货情况	航班接机报告	费用信息	出库信息	提货信息
航线规划	C																	
航班连线	U																	
航班计划发布	U				航班管理													
航班动态管理	U	C																
运单制单			U	C														
运单核单			U	U		单证管理												
分单制单				C														
货物安检	U		U		C				货检及收运管理									
收运管理			U	U	U	C	C	C										
集装器装货								U	C	C	U							
散货配载									U	U		航班配载管理						
集装器配载	U	U			U				U		U							
航班配载	U	U	U	U				U	U	U	C							
进港核单												U	C		C			
进港理货		U	U	U								U	U	C	进港管理			
进港仓储处理			U										U	U			C	
收费处理			U										U	U	U	C		U
提货处理			U								收费及提货管理					U	U	C

（10）确定子系统开发的先后顺序。由于资源的限制，信息系统的总体结构一般不能同时开发，应有先后次序。划分子系统之后，根据企业目标和技术约束确定子系统实现的优先顺序。一般来讲，对企业贡献大的、需求迫切的、容易开发的子系统应优先进行开发。

（11）完成 BSP 法研究报告，提出建议书和开发计划。每个开发计划都应包括项目的范围、主题和目标、预期成果、进度、潜在的效益、人员和职能、工具和技术、人员培训、通信、后勤和控制。写出 BSP 研究报告的目的是得到管理部门的支持和参与，并向管理部门介绍研究工作所作出的判断，提出建议并通过开发计划。

3.4　系统初步调查和可行性分析

3.4.1　初步调查

对当前系统的调查通常可以分为初步调查和详细调查。在总体规划阶段进行初步调查，主要从总体上了解企业概况、基本功能和信息的需求。初步调查以可行性分析为目的，为可行性分析提供定性和定量的依据。要恰当掌握调查的深度与广度，过浅、过窄可能导致错误的结论，过深、过细会造成无谓的浪费，因为新系统开发与否尚未定论。

初步调查的具体内容包括：

（1）了解企业的概况，包括企业的规模、特点、发展规划、经营策略，行业发展概况，企业

的外部环境等基本情况;

(2)企业的管理水平和管理人员素质,各管理层次人员对开发和使用新系统的态度;

(3)现行系统的管理目标、功能以及存在的主要问题;

(4)新系统的范围,不同管理层对新系统目标的期望、功能与信息需求;

(5)开发新系统的资源状况;

(6)开发新系统的约束条件,如开发时限、投资额度、系统使用和维护人员的技术水平等。

3.4.2　新系统方案设想

在初步调查的基础上,开发人员应当与用户一起反复讨论,提出新系统建立的总体方案。新系统方案设想包括以下几个方面。

(1)确定系统目标。系统目标的确定主要是依据管理人员提出的系统需求。只有经过初步调查并明确管理人员提出的问题之后,系统分析员才能够确定系统的目标。如果在问题弄清楚之前就急于设计,往往会导致整个开发过程的失败和返工,造成人力和物力的浪费。新系统目标是新系统建立之后所要达到的运行指标。正如新产品的设计初期需要确定出设计性能指标一样,系统规划阶段也要提出目标,它是可行性分析、系统分析与设计、系统评价的主要依据。

(2)确定新系统的功能框架。总体目标确定后,就要确定新系统的总体结构,包括对各管理层次的信息支持、辅助管理与决策的范围、初步设想子系统及其功能、确定新系统的规模和功能范围。

(3)决定总体开发方法,制订开发计划。根据系统目标和功能确定系统开发策略,如自上而下或自底向上或两者综合;选择系统的开发方法,如结构化方法或信息工程法或其他软件工程方法;确定新系统各部分的优先级,并制订开发进度和工作计划。系统开发计划主要是针对已确定的开发策略选定相应的开发方法。但必须注意到这种方法所适用的开发环境、所需要的计算机软硬件技术支撑和开发者对它的熟悉程度。

(4)制定资源计划。这里制订的资源计划是初步的,包括初步的硬件计划、软件计划、网络计划和人员计划。制定初步的资源计划是为了估算出新系统开发的经费预算。

3.4.3　可行性分析

根据初步调查和总体方案,系统开发人员根据系统环境、资源等条件,判断所提出的项目是否具备技术、经济和社会可行性。

1. 技术可行性分析

技术可行性分析是指分析现有的技术条件能否达到所提出的要求,项目所涉及的关键技术是否已经成熟,是否还存在重大技术风险,所需要的物理资源是否具备或能否得到等。包括当前的软、硬件技术能否满足系统提出的要求,拟聘外部开发人员的技术水平,参与开发的内部人员的技术水平等。

2. 经济可行性分析

经济可行性分析包括成本分析和效益分析。成本分析是对系统开发、运行整个过程的总费用进行估算和预测;效益分析只能凭借经验,根据已建成的类似系统取得的效益预测可能取得的效益。

3. 社会可行性分析

社会可行性分析可以从组织内和组织外两个层面来分析组织是否具备使用新系统的条件,比如目前的管理体制和管理方法是否适合新的系统方案、管理方法,或经过管理制度的改革能否为系统提供齐全而正确的数据,中层管理人员对开发新系统的态度等。

可行性研究活动完成后将形成一套完整的文档报告。可行性研究成果一般包括可行性研究报告、初步的项目开发计划、工作指导与建议书、口头汇报提纲等。可行性报告是初步调查分析的结果,是系统建设的一个必备文件。其主要内容见表 3-7。

表 3-7　可行性研究报告的内容

提　纲	说　明
引言	说明系统的名称、系统目标和系统功能、项目的由来
现行组织系统概况	组织目标和战略、业务概况和存在的主要问题
新系统的总体方案	对拟建系统做出简要说明,分析对组织的意义和影响,提出一个主要方案及几个辅助方案,包括: • 新系统的目标 • 新系统的概念框架(信息系统建模) • 新系统的功能规划(功能图)、流程规划(流程图) • 新系统的数据规划(确立主题数据库) • 新系统的平台规划(软件、硬件、网络) • 新系统开发方式(自行开发/外购商品软件,如外购 ERP) • 新系统开发计划(进度和项目组织) • 新系统开发预算(总经费＝平台投资＋系统集成费＋人工费＋不可预见费) • 系统开发组织设计(企业领导、业务骨干、企业信息中心人员、开发技术人员)
可行性分析	• 经济可行性分析:从支出、收益以及两者之间的关系来分析 • 技术可行性分析:对提出的主要技术路线进行分析 • 社会可行性分析:从组织内外部的社会环境入手来分析
方案的比较	在比较多个方案的基础上,给出系统开发计划
结论	对可行性结果做出结论,并予以解释,结论可以是以下 5 种之一: • 立即开始进行 • 需要增加资源才能开始进行 • 需要推迟到某些条件具备之后才能进行 • 需要对目标进行某些修改才能进行 • 不能或没有必要进行

3.5　系统开发方法

民航管理信息系统是通过对与民航业务领域相关信息的收集、加工、处理、储存和传递来达到对民航业务活动的有效控制和管理,并为企业提供信息分析和决策支持。它具有实时化、网络化、系统化、规模化、专业化、集成化和智能化等特点。

民航管理信息系统的开发是一项复杂的系统工程工作,它涉及航空运营理论、计算机处理技术、系统理论、组织结构、管理功能、管理思想、认识规律以及工程化方法等多方面的问题。

因此,必须遵循科学的方法,按照民航管理信息系统开发规律进行开发,只有这样,才能开发出结构合理、功能完全、符合用户要求的民航管理信息系统,同时提高民航管理信息系统开发的效率。

3.5.1 结构化系统开发方法

1. 结构化系统开发方法的基本思想

结构化系统开发方法也称 SSA&D(structured system analysis and design)或 SADT(structured analysis and design technologies),是自顶向下的结构化方法、工程化的系统开发方法和生命周期方法的结合,它是迄今为止开发方法中应用最普遍、最成熟的一种。

结构化系统开发方法的基本思想:用系统工程的思想和工程化的方法,按用户至上的原则,结构化、模块化、自顶向下地对系统进行分析与设计。具体来说,先将整个信息系统开发过程划分为若干个相对独立的阶段,如系统规划、系统分析、系统设计、系统实施等。在前三个阶段自顶向下地对系统进行结构化划分。在系统调查或理顺管理业务时,应从最顶层的管理业务入手,逐步深入至最基层。在系统分析阶段,提出新系统方案和系统设计时应从宏观整体考虑入手,先考虑系统整体的优化问题,然后再考虑局部的优化问题。在系统实施阶段,则应自底向上地逐步实施。也就是说,组织人力从最基层的模块做起(编程),然后按照系统设计的结构,将模块一个个拼接到一起进行调试,自底向上、逐渐地构成整体系统。

2. 结构化开发方法的特点

(1)"自顶向下"整体性的分析与设计和"自底向上"逐步实施的系统开发过程。在系统分析与设计时,要从整体全局考虑,自顶向下地工作(从全局到局部,从领导到普通管理者);而在系统实现时,要根据设计的要求先编制一个个具体的功能模块,然后自底向上逐步实现整个系统。

(2)用户至上。用户对系统开发的成败是至关重要的,故在系统开发过程中要面向用户,充分了解用户的需求和愿望。

(3)深入调查研究。在设计系统之前,深入实际单位,详细地调查研究,努力弄清实际业务处理过程的每一个细节,然后分析研究,制定出科学合理的新系统设计方案。

(4)严格区分工作阶段。把整个系统开发过程划分为若干个工作阶段,每个工作阶段都有其明确的任务和目标。在实际开发过程中,严格按照划分的工作阶段一步步地展开工作,如遇到较小、较简单的问题,可跳过某些步骤,但不可打乱或颠倒。

(5)充分预料可能发生的变化。系统开发是一项耗费人力、物力、财力且周期很长的工作,一旦周围环境(组织的内外部环境、信息处理模式、用户需求等)发生变化,都会直接影响到系统的开发工作。所以结构化开发方法强调,在系统调查和分析时对将来可能发生的变化给予充分的重视,以及所设计的系统对环境的变化具有一定的适应能力。

(6)开发过程工程化。要求开发过程的每一步都按工程标准规范化,文档资料也要标准化。

3.5.2 原型法

原型法是一种用户参与系统设计并修改直到满足用户需求的系统开发方法。它的基本思想是系统开发人员首先对用户提出的问题进行理解、研究、总结,快速建立原型系统并运行。在运行过程中，不断发现新情况、新问题，反复修改，增加新功能，直到用户满意为止。经过这样一个反复补充和修改过程，应用系统"最初版本"就逐步演变为系统"最终版本"。原型法就是不断地运行系统"原型"来进行启发、揭示、判断、修改和完善的系统开发方法。

1. 原型法的工作步骤

原型法的工作步骤如图 3-11 所示，分为 4 个阶段，分别为：进行快速分析，明确用户的基本信息需求；建立系统初始原型；用户和系统开发人员运行和评价原型；系统开发人员修改和完善原型系统。

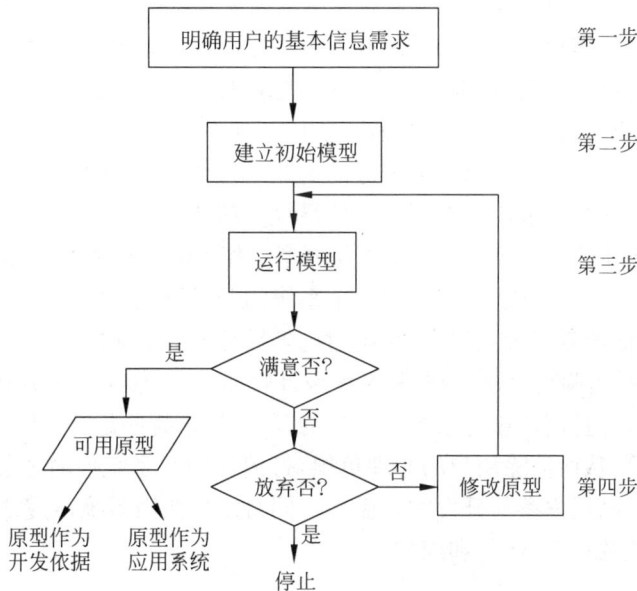

图 3-11 原型法的工作步骤

1）明确用户的基本信息需求

这一步骤主要是确定用户准备从系统得到些什么，对系统有哪些要求。如果要求较多，还要确定各种要求的优先顺序。在分析用户的这些基本需求基础上，构造一个简单的、并不完整和完善的计算机化的模型。这一阶段不需要大量收集和充分积累数据及信息。

2）建立系统初始原型

根据构造的模型，采用快速技术，开发出一个尽量满足用户基本要求和习惯的初始系统模型。构成初始模型时要注意两个原则：①集成原则。尽可能用现成软件和模型来构成，这需要相应的工具。②最小系统原则。耗费最少，但能反映系统的基本特性，并能扩充和完善。

3）运行和评价原型

将开发出来的系统原型交用户使用。用户在使用过程中检验、评价这个原型，如不满意或者不满足，再提出意见和要求，请求修改完善。

4）修改和完善原型

根据用户提出的意见和要求对原型进行修改、完善或扩充，构造新的系统原型，再重复第三步，即将修改、完善后的新原型交给用户运行和评价。

5）建立最终系统

如果用户和开发者对原型比较满意，则将其作为正式原型。经过双方继续进行细致的工作，把开发原型过程中的许多细节问题逐个补充、完善、求精，最后形成一个适用的信息系统。

2. 原型法的优缺点

（1）由于原型法的循环反复、螺旋式上升的工作方法更多地遵循了人们认识事物的规律，因而更容易被人们掌握和接受。

（2）原型法强调用户的参与，特别是对模型的描述和系统运行功能的检验，都强调了用户的主导作用，这样就缩短了用户和系统开发者的距离。在系统开发过程中，需求分析更能反映客观实在，信息反馈更及时、准确，潜在的问题能尽早发现、及时解决，增加了系统的可靠性和适用性。用户参与了系统研制的所有阶段。在系统开发过程中，通过开发人员与用户之间的相互作用，使用户的要求得到较好的满足。传统的生命周期法中用户与开发者之间的信息反馈较少，往往导致用户对研制成的系统不满意。

（3）原型法提倡使用工具开发，即使用与原型法相适应的模型生成和修改、目标建立和运行等一系列的系统开发生成环境，使得整个系统的开发过程摆脱了老一套的工作方法，时间、效率、质量等方面的效益大大提高，系统对内外界环境的适应能力大大增强。

（4）原型法将系统调查、系统分析和系统设计合而为一，使用户一开始就能看到系统开发后是什么样子的，并且用户参与系统全过程的开发，知道哪些是有问题的，哪些是错误的，哪些需要改进，等等，从而消除用户的心理负担，打消他们对系统何时才能实现以及实现后能否运用等疑虑，提高用户参与开发的积极性。同时用户使用系统，对系统的功能容易接受和理解，有利于系统的移交、运行和维护。

3.5.3 面向对象的开发方法

1. 面向对象开发方法的基本思想

面向对象开发方法起源于面向对象的编程语言。自 20 世纪 80 年代中期到 90 年代，面向对象（object oriented，OO）的研究重点已经从面向对象编程语言转移到设计方法学方面，陆续提出了一些面向对象的开发方法和设计技术。其中具有代表性的工作有：B. Henderson-Sellers 和 J. M. Edwards 提出的面向对象软件生存周期的"喷泉"模型及面向对象系统开发的七点框架方法；G. Booch 提出的面向对象开发方法学；P. Coad 和 E. Yourdon 提出的面向对象分析（object-oriented analysis，OOA）和面向对象设计（object-oriented design，OOD）；J. Rumbaugh 等提出的对象建模技术（object modeling technique，OMT）；Jacobson 提出的面向对象的软件工程（object-oriented software engineering，OOSE）方法等。值得一提的是统一的建模语言（unified modeling language，UML），该方法结合了 Booch、Rumbaugh 和 Jacobson 方法的优点，统一了符号体系，并从其他的方法和工程实践中吸收了许多经过实际检验的概念和技术。这些方法的提出，标志着面向对象方法逐步发展成为一类完整的方法学和系统化的技术体系。而有关抽象数据类型的基础研究为面向对象开发方法提供了初步的理论基础。

面向对象开发方法认为，客观世界的一切事物都可以看成由各种不同的对象组成，每个对象都有各自内部的状态、机制和规律；按照对象的不同特性，可以组成不同的类。不同的对象和类之间的相互联系和相互作用就构成了客观世界中的不同的事物和系统。对象是由属性和操作方法组成的,其属性反映了对象的数据信息特征,而操作方法则用来定义改变对象属性状态的各种操作方式;对象之间的联系通过消息传递机制来实现,而消息传递的方式是通过消息传递模式和操作方法所定义的操作过程来完成的;对象可以按其属性来归类,借助类的层次结构,子类可以通过继承机制获得其父类的特性;对象具有封装的特性,一个对象就构成一个严格模块化的实体,在系统开发中可被共享和重复引用,达到软件(程序和模块)重用的目的。

2. 面向对象方法用于系统开发的优点

(1) 强调从现实世界中客观存在的事物(对象)出发来认识问题域和构造系统,使系统能更准确地反映问题域。

(2) 运用人类日常的思维方法和原则(体现于 OO 方法的抽象、分类、继承、封装、消息等基本原则)进行系统开发,有利于发挥人类的思维能力,有效控制系统复杂性。

(3) 对象的概念贯穿于开发全过程,使各个开发阶段的系统成分具有良好的对应关系,显著提高系统的开发效率与质量,并大大降低系统维护的难度。

(4) 对象概念的一致性,使参与系统开发的各类人员在开发的各阶段具有共同语言,有效地改善了人员之间的交流和协作。

(5) 对象的相对稳定性和对易变因素隔离,增强了系统对环境的适应能力。

(6) 对象、类之间的继承关系和对象的相对独立性,对软件复用提供了强有力的支持。

3. 面向对象方法开发的基本过程

如图 3-12 所示,面向对象方法的开发过程分为 3 个阶段,即面向对象分析(OOA)、面向对象设计(OOD)和面向对象实现(OOI)阶段。

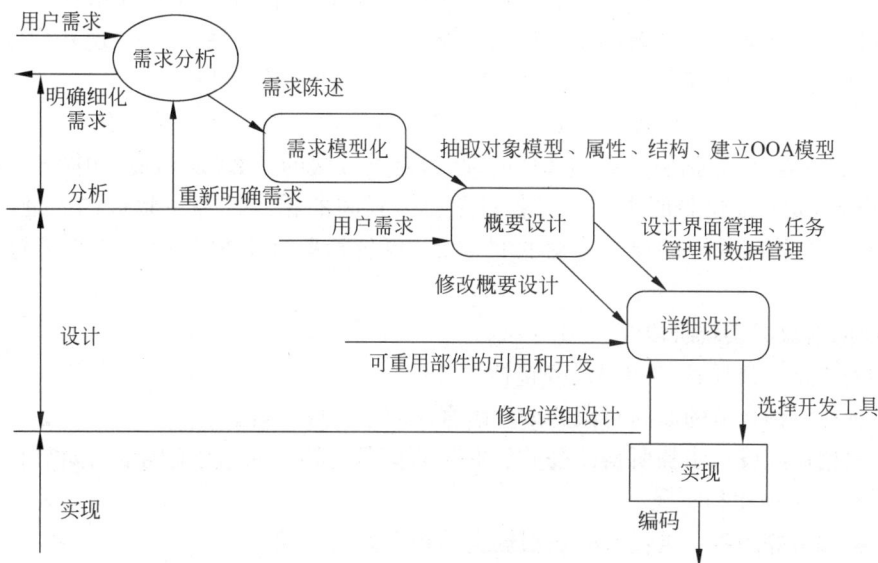

图 3-12   面向对象方法的开发过程

1）面向对象的分析阶段

面向对象的分析阶段包括需求分析和需求模型化两个步骤,它的主要作用是明确用户的需求,并用标准化的面向对象的模型来规范地表述这一需求,最后将形成面向对象的分析模型,即 OOA 模型。分析阶段的工作应该由用户和开发人员共同协作完成。

（1）需求分析。面向对象需求分析的主要任务是明确用户需求,包括全面理解和分析、筛选,明确所要开发软件系统的职责界限,并进行各种可行性研究和指定资源、进度预算等。

需求分析的过程是一个复杂、烦琐甚至艰难的过程,通常需要用户和开发人员反复地讨论、协商和修改,才能达成最后的一致。

（2）需求模型化。经过需求分析并明确了用户对即将开发的软件系统的具体要求之后,就要转入需求模型化的步骤。将需求以标准化模型的形式规范地表示出来,即以准确的文字图形来描述用户和开发人员的想法,形成双方都认可的文件。

面向过程方法通过结构化分析、数据流图和数据字典等工具来完成,优点是对工作状态和它们之间的切换有清晰的认识和控制;缺点是过于烦琐,不够灵活,维护代价高。

面向对象方法抽取存在于用户需求中的各对象实体,分析、明确这些对象实体的静态数据属性和动态操作属性以及它们之间的相互关系;要能够反映出由多个对象组成的系统的整体功能和状态,包括各种状态之间的变迁和对象在这些变迁中起到的作用,对象在整个系统中的位置等。

2）面向对象的设计阶段

如果说分析阶段应该明确所要开发的软件系统"干什么",那么设计阶段将明确这个软件系统"怎么做"。这个阶段包括概要设计和详细设计两个步骤,在这两个步骤中,将对 OOA 模型加以扩展,最终得到面向对象的设计阶段的最终结果:OOD 模型。

（1）概要设计。在 OOA 模型的基础上引入界面管理、任务管理和数据管理三部分的内容。界面管理负责整个系统的人机界面的设计;任务管理负责系统中处理并行操作之类类似于操作系统功能的工作;数据管理则负责系统与数据库的接口。

（2）详细设计。详细设计的主要任务是对于概要设计所得的模型作进一步的细化分析、设计和验证,主要包括静态数据属性的确定,对类方法的参数、返回值、功能和功能的实现进行明确规定;细化验证主要指对各对象类公式间的相容性和一致性的验证,对各个类、类内成员的访问权限的严格合理性的验证,也包括验证对象类的功能是否符合用户的需求。

3）面向对象的实现阶段

面向对象的实现阶段的主要任务包括:

（1）选择一种合适的面向对象的编程语言,如 C++、Java 等。

（2）根据详细设计步骤所得的公式、图表、规则等,选用特定的编码语言对软件系统各对象类进行详尽描述和实现。

（3）将编写好的各个类代码模块根据类的相互关系集成。

（4）利用开发人员提供的测试样例和用户提供的测试样例分别检验编码完成的各个模块和整个软件系统。

3.5.4 计算机辅助开发方法

自计算机在工商管理领域应用以来,系统开发过程,特别是系统分析、设计和开发过程,就一直是信息系统发展的一个瓶颈。这个问题一直延续到 20 世纪 80 年代,计算机图形处理技术和程序生成技术的出现才得以缓和。解决这一问题的工具就是集图形处理技术、程序生成技术、关系数据库技术和各类开发工具于一身的计算机辅助软件工程(computer aided software engineering,CASE)。

1. CASE 方法的基本思路

严格地从认知方法论的角度来看,CASE 只是一种开发环境而不是一种开发方法。它是 20 世纪 80 年代末从计算机辅助编程工具、第四代程序生成语言及绘图工具发展而来的。目前,CASE 仍是一个发展中的概念,各种 CASE 软件较多,没有统一的模式和标准。采用 CASE 工具进行系统开发,必须结合一种具体的开发方法,如结构化系统开发方法、面向对象的开发方法或原型法等,CASE 只是为具体的开发方法提供了支持每一个过程的专门工具。因此,CASE 工具实际上是把原先由手工完成的开发过程转变为由自动化工具和支撑环境支持的自动化开发过程。

2. 开发工具

为提高软件开发效率和减轻开发人员的劳动强度而设计的软件称为软件工具。软件工具是为支持计算机软件的开发、维护、模拟、移植或管理而研制的程序系统。

软件工具涉及的面很广,种类繁多,目前分类方法也很多。较为流行的分类方法是按生存周期分类,通常分为以下五大类。

(1) 软件需求分析工具。利用形式化语言描述,其与自然语言相近,可产生需求分析的文档和相关的图形,如 DFD 图。例如,问题描述语言(PSL)、问题分析器(PSA)都是需求分析工具。

(2) 软件设计工具。一种是图形、表格、语言的描述工具,如结构图、数据流程图、判定表、判定树、IPO 图等;另一种是转换与变换工具,如程序设计语言(PDL)可实现算法描述到接近可执行代码的描述转换。

(3) 软件编码工具。如各种高级语言编译器、解释器、编译链接程序和汇编程序等。软件编码工具是软件开发的主要工具。

(4) 软件测试和验收工具。如静态分析程序(DAVE)和程序评测系统(PET)。

(5) 软件维护工具。如 PERT、TSN 和 GANTT 等。

有些软件工具支持多个软件开发阶段,因此,难以明确地将其归入上述五类中的某一类。对于依赖数据库技术的管理信息系统的开发,目前主要采用面向对象的开发工具。很多数据库管理系统支持多个软件开发阶段,既作为系统开发平台,又作为系统开发编程工具。

案例:上海智慧机场战略规划

1. 规划背景

1) 机场智慧化建设成就

党的十八大以来,上海机场信息化建设取得长足进步,为保障航空枢纽安全平稳运行、推进机场旅客服务品质提升提供了重要基础支撑。回顾 10 年来上海机场信息化发展历程,上海机场确立了"智慧机场"的发展目标,在采用新技术保障安全、便捷、人性化方面开展了一系列有益的创新探索和实践,运行保障能力不断提高。

上海机场大力推进 FOD 探测新技术应用试验,通过违纪安防升级、智慧安保、诚信安检等试点,全面推进《科技提升安全专项计划》。逐步完善了信息系统和航班正常性协同管理机制,浦东国际机场和虹桥国际机场构建了 A-CDM 运行协同系统,帮助大幅提升航班正常率。推进使用货运电子运单,建设信息平台捷运通,实现了电子化交运,浦东机场目前是全球出港电子运单使用率最高的大型货运枢纽。实现互联网+机场服务,旅客"全程扫码"即可轻松完成从值机到登机的全流程,享受智慧便捷服务。陆侧智能交通系统实现旅客预约定制交通出行服务。发布了上海机场地理信息共享服务平台,初步构建上海国际航空枢纽多机场体系的"智慧一张图",形成上海多机场体系的统一时空的空间数据服务管理体系。加强统一办公、全面预算、采购、合同、法定自查、审计等系统建设,提升集团管控能级。

2)机场智慧化发展瓶颈

上海机场在智慧化发展过程中,仍存在诸多问题及瓶颈:①管控体系有待提升。管控体系不能满足数字化转型需要,有待进一步提升。②专业人才不足。IT 人员数量和结构不够合理,业务条线人员运用 IT 技术的能力不一。③智能系统之间缺乏协同。信息化程度不一,智能系统建设形成不同的孤岛,无法实现全面全流程的智慧化协同。④数据价值挖掘不足。数据标准不统一,赋能效果不显著。⑤新技术落地较慢。从接触新技术开始,到了解、深刻理解、掌握,乃至于运用,需要的时间较长。

3)智慧化发展面临的形势及需求

我国城市正处于新旧治理模式交替、城镇人口快速上升、信息技术蓬勃发展的阶段,智慧城市的出现和建设发展顺应了我国政策、社会、技术和实践背景,在四维度的利好之下,我国智慧城市建设蓬勃发展起来。中国经济进入"双循环"新发展格局,上海要努力成为国内大循环的中心节点和国内国际双循环的战略链接点。对于机场行业,四型机场建设已成为承载企业愿景与使命,推动行业新一轮发展的重要驱动力。

在"四型"机场建设过程中,以网联化、可视化、协同化、个性化和精细化为建设目标的智慧机场建设是主要内容。要实现全面化、全流程的协同智慧,在飞行保障方面,存在飞行监控、飞机保障、滑行轨迹优化、防鸟侵及 FOD 入侵、工作车道监控等需求;旅客服务方面,涉及登机及行李流程便捷、旅客轨迹监测、中转流程简化、异常行为侦测等需求;航空物流方面,涉及超级货运站、货运信息平台需求,创新监管模式、视频监控分析需求,物流辅助系统需求;陆侧交通方面,陆侧交通车辆是机场运行中的重要关注点,涉及旅客集散速度、效率、安全等方面内容;运营管理方面,涉及机场运行可视化、气象精准预测、各方应对预案、旅客商业行为监控等需求。

全球机场为满足不断增长的航空出行需求,以智慧机场为重要战略,加大了信息化、智慧化等新技术的投入,且具有体系化、持续性的特点。我国北京大兴国际机场是全新智慧机场建设的代表,智慧建设高起点、高标准。运行数据核心和智能数据核心分别满足决策支持和智能化运行决策,但缺乏历史数据积累,智能数据核心难以引导智能业务发展。我国深圳宝安国际机场是运行中智慧化提升的代表,数字化转型较为全面,未来还将结合 T3 建设进行阶梯式智慧提升,但投资额较大,需要从整体规划、系统构架及治理体系多维度转型,适应于单个机场智慧化建设。新加坡樟宜机场是改扩建智慧机场建设的代表,T4 提供一整套的

"快捷与顺畅通行"措施,有大量的旅客自主服务及基础设施系统,T5 则通过结合自然、艺术和科技来提升旅客的飞行经验,但 T4、T5 与 T1、T2、T3 之间存在割裂感。德国法兰克福机场是智慧机场 2.0 的代表,构建有 A-CDM 系统、枢纽运行控制中心、信息联动和协同决策系统等局部建设,但智慧化提升不够彻底。建设智慧机场的客观需要和前提基础是数字化转型,智慧机场需要统一规划,进行数据共享融合。

2. 智慧机场规划愿景、目标及路径

1) 上海智慧机场的建设愿景及蓝图

智慧机场的建设使命:为落实集团战略提供强效的科技推动力。

如图 3-13 所示,上海机场根据民航局智慧民航建设总体部署,认真贯彻落实《智慧民航建设路线图》要求,制定了数字化转型智慧化发展规划,按照"18332"总体思路深入推进智慧机场建设,即明确"打造卓越的全球智慧机场标杆"一个愿景,实现机场安全、运行、服务、经营、交通、环境、货运和管理八大目标,通过"一图观天下、一线通全域和一脑治全局"三个关键实现整个愿景和目标,通过"智慧组织、智慧技术、智慧协同"三大要素和数字化管理机制、网络安全管理机制两大体系支撑数字化转型。

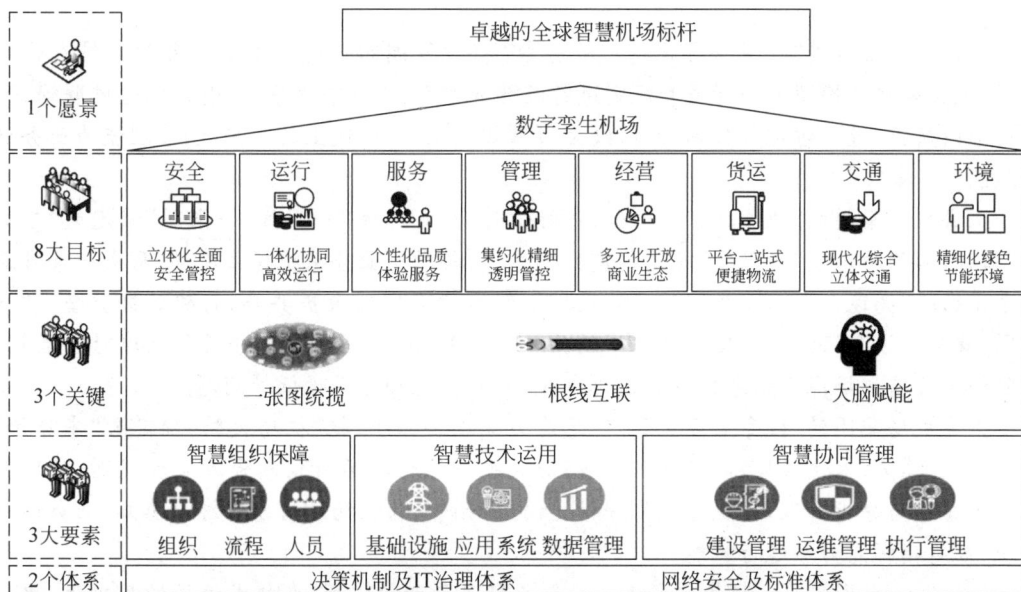

图 3-13 数字化转型智慧化发展规划总体思路

2) 上海智慧机场推进的指导思想

上海机场通过数字化转型推进智慧化发展,不仅仅着眼于解决问题,更重要的是增强解决各类问题的能力。如图 3-14 所示,集团通过数字孪生机场,为一线生产运行赋能,具体途径包括智慧技术运用、业务智慧协同、组织机制保障三个维度。

组织体系确保技术体系的推进和执行,技术体系为组织体系提供管控抓手,技术体系为管理体系提供支撑,管理体系保证技术体系有效发挥防护及监审作用。管理体系为组织体系建立了管理支撑和流程基础,组织体系为管理体系提供资源保障。

(1)智慧技术运用。智慧技术运用的进程分为两个层次:首先是实现"业务数字化",

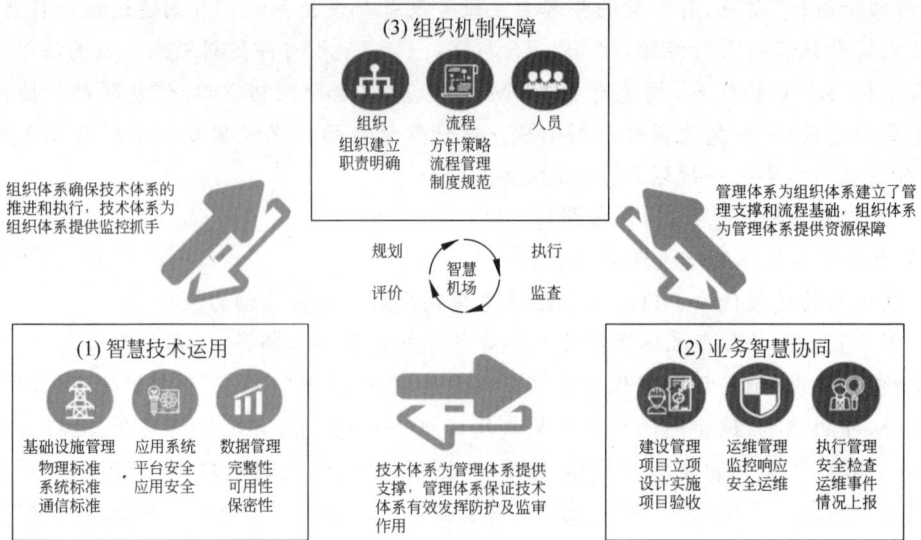

图 3-14 数字化转型推进途径

然后在此基础上推进"数字业务化"。"业务数字化"强调的是通过不断提升业务信息化水平,实现业务数据按照统一标准和规则进行沉淀和归集;"数字业务化"则强调通过联通、整合跨部门数据,进一步挖掘数据价值,线上线下智能联动,以线上的数据流、管理流为业务进行赋能。

上海机场集团的"业务数字化"以数据标准作为抓手,把"一根线、一张图"确定为"牛鼻子"项目,持续推进。"一根线"就是构建数据总线,与所有业务系统建立联动,形成一条贯通多个系统的"高速公路",以集团统一的数据框架和标准实现数据共享,打破数据壁垒。"一张图"就是通过上海机场地理信息共享服务平台来整合、处理、存储、分析和呈现时空数据,帮助解决目前机场海量信息资源的逻辑离散、多源异构和可用性低等问题。

上海机场集团的"数字业务化"以智慧能力建设为抓手,把"机场大脑"确定为"牛鼻子"项目,通过算力、算法管理,依托知识图谱,形成统一的机场运行信息资源管理规则,实现数据资源整合与分析管理,实现智能化分析、监控和预警,为机场运行态势综合感知、业务运行管理、应急指挥能力等进行赋能。

(2) 业务智慧协同。智慧化发展是一个长期且复杂的过程,在技术运用的基础上,要着眼于常态化,形成业务智慧协同长效管理机制。上海机场集团主要从决策管理机制和 IT 治理体系两个方面切入。

为了让智慧机场决策"扁平化",减少了层级性,压缩了中间冗余环节,以缩短最后的拍板决策和前沿问题处理的"时间差"。上海机场集团设立智慧机场领导小组,负责智慧机场顶层设计相关决策,依托智慧化牵头部门组成领导小组办公室承担顶层设计相关工作,及时发布决策制定的智慧机场规划目标、滚动实施计划和年度投资计划等,指引各直属单位形成执行力,同时结合绩效管理提升执行力。

为加强智慧技术运用的效果,满足业务需求,切实解决问题,上海机场集团构建合理的 IT 治理体系,优化组织架构,在各主要直属单位设立 IT 管理部门,增强管理职能,形成完整的 IT "管理链",为智慧机场建设的推进打好基础;重塑智慧化项目从规划、设计、实施到运行维护全生命周期的操作流程、跨部门跨层级跨区域协同管理及业务流程，为智慧机场建设实施扫清障碍，保驾护航。

（3）组织机制保障。上海智慧机场建设离不开强有力的组织机制保障。

智慧机场领导小组成员主要由各级领导班子组成，各级领导班子是落实集团决策部署、推动各项工作的"指挥部""战斗部"，是抓好智慧化发展各项工作的关键。

智慧机场的建设需要方向拟定、跨界沟通和项目实施等多层级、全方位的统筹协调和监管掌控，目前这些职责由智慧化部门主管和公司高层领导共同承担，从战略、执行、变革和沟通层面全面推进相关工作。建立首席信息官制度是上海智慧化发展的需要。

成立智慧机场推进办公室和业务专班，推进数字赋能工作。在原有生产运行管理基础上，数字孪生机场管理人员在数字机场虚拟空间围绕数据对机场管理和公共服务提供数字赋能。

3）上海智慧机场的建设抓手

上海机场集团以数字孪生机场为抓手、途径和引擎，全面推动智慧机场建设，边思考边实践，逐渐探索出了一条适合于上海的智慧机场建设道路。

数字孪生机场可分为一表一里："表"是对外的展示层，为各业务和用户直观交互的界面。"里"即机场大脑和数字底座（数据中心），数字底座负责机场所有地理时空大数据和运行大数据的汇集、清洗、存储和质量管理等职责；机场大脑负责机场业务逻辑、业务流程的实现和执行，实现虚拟机场中各项业务的模拟、运行、预测和决策。数字底座是数字孪生机场的基础，数字孪生机场是智慧机场的起点，三者之间是逐层递进演化的，各层之间既有联系又有侧重。上海智慧机场概念如图 3-15 所示。

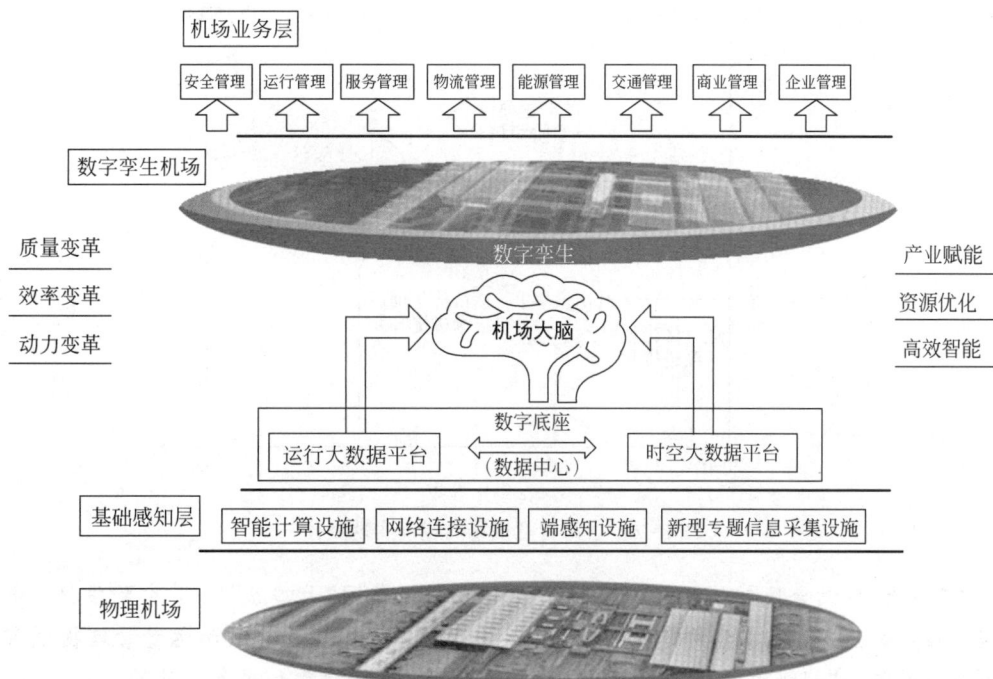

图 3-15　上海智慧机场概念

上海数字孪生机场建设以"机场大脑""业务运行大数据平台""时空大数据平台"为三大抓手,并在每个抓手中确定"牛鼻子"项目,以多项目形式分别布置、并行实施,具体建设思路如下:

首先,上海数字孪生机场建设基于数据底座,实现对机场道路、井盖、灯盖、建筑、跑道、机坪和航站楼等基础设施的全面数字化建模,以及对机场运行状态的充分感知、动态监测,形成虚拟机场在信息维度上对实体机场的"精准映射"。

其次,在精准映射的基础上,机场大脑将孪生机场虚拟空间中的各种信息按照物理机场的运行逻辑通过软件进行定义和模拟,实现"虚实交互"和"业务模拟"。

最后,基于智能应用,通过模拟仿真等,对规划、决策等对物理机场可能产生的不良影响、矛盾冲突、潜在危险进行智能评判和预警,进而提供合理可行的对策建议,以未来视角智能干预机场原有发展轨迹和运行,进而指引和优化实体机场的规划、管理,改善旅客服务供给,赋予机场生活"智慧"。

4)上海智慧机场的建设实现路径

在实施路径上,上海机场将按照"双驱动,三步走"发展路径推进实施。"双驱动"即以机场改扩建工程为契机,实现核心生产系统的升级换代以及智慧化应用的全面推广及全面覆盖,以及通过持续实施科技提升计划,对既有业务范畴、既有基础条件在安全、运行、服务三大智慧机场专项方面不断提升智慧化程度。上海智慧机场的建设实现路径如图 3-16 所示。

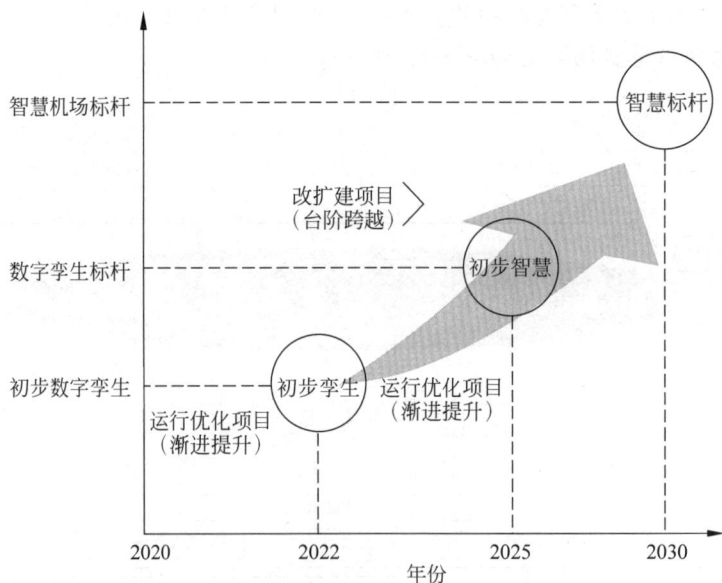

图 3-16　上海智慧机场的建设实现路径

"三步走"即结合民航局、上海市相关规划以及机场集团"十四五"规划,分阶段推进智慧机场建设:到 2022 年,初步构建数字孪生,形成可以为机场规划建设和运营管理提供智能决策支撑的机场"超级大脑",持续引导机场安全保障、运行效率和服务体验的进一步提升;到 2025 年,实现智慧化跨越发展,跻身国内智慧机场建设领军者行列,拥有全球一流的基础设施,先进的数字化运营、管理和服务场景,提供品质领先的机场服务;到 2030 年,通过持续创新,深化各项业务智慧能力,成为卓越的全球智慧机场标杆。

3. "十四五"智慧机场建设的分年度目标

1) 2021 年:开局年

(1) 集团开始搭建机场大脑、数据总线和时空数据平台,建立数据标准。

(2) 规范集团及两场信息化建设和管理体系。

(3) 两场进行持续提升计划,开展信息化项目和基础设施的升级改造。

2) 2022 年:初步孪生

(1) 集团完成机场大脑、数据总线和时空数据平台的一期建设。

(2) 两场及分子公司进行持续提升计划,开展信息化项目和基础设施的升级改造。

3) 2023 年:持续提升

(1) 集团和两场开展规划调整工作,完成后续智慧建设设计工作。

(2) 两场开始第二轮持续提升计划,启动作业自动化和智能化系统建设。

4) 2024 年:台阶跨越

(1) 浦东机场通过四期工程进行智慧化项目的集中建设,实现机场安全、运行、服务水平的大幅度提升,使上海机场整体智慧化水平达到行业领先。

(2) 集团强化机场大脑等建设,整合四期工程的业务数据,建立完整的数据赋能架构。

5) 2025 年:智慧机场

(1) 跟随行业技术发展趋势和局方的相关要求,吸纳新技术,建设新的智能化系统。

(2) 以浦东机场为试验田,试点新技术并在虹桥机场推广。

(3) 保持全集团智慧化水平的国际领先,树立并巩固上海机场世界标杆的地位。

当前,上海机场集团已全面进入数字化建设阶段,以"一条主线""两个转变"为指导思想,围绕"卓越的全球智慧机场标杆"的目标愿景,聚焦机场超级大脑和数字孪生工程开展重点建设。未来继续沿着持续改善和工程建设并重的"双驱动,三步走"发展路径推进建设,打造卓越的基于智能分析的全感知、可视化及主动防御的安全体系,卓越的基于人工智能的全自动、协同化及高效率的运行体系,卓越的基于大数据的全自助、流体验、无感知的服务体系。

(资料来源:[1]周俊龙."数字孪生机场"助力上海智慧机场建设[J].航空港,2021(3):6-10.编者有删改.

[2]冉祥来.上海机场信息化发展与展望[EB/OL].(2022-10-20).https://cloud.tencent.com/developer/salon/live-2014,编者有删改)

第 4 章 结构化系统分析与设计

系统分析与设计阶段是民航管理信息系统开发工作中的重要阶段。结构化的信息系统分析与设计方法作为一种成熟的传统方法,对于实现信息系统工程化和规范化开发起到了重要的作用。系统分析阶段是通过对现有系统的描述和分析来回答未来系统"要做什么"的问题。系统设计阶段是在已经获得批准的系统分析报告的基础上,确定系统的物理模型实现方案,解决系统"怎么做"的问题。

引例:广州白云机场加速绿色转型

近年来,在数字化转型背景下,广州白云国际机场结合行业先进的技术经验,探索能源管理信息系统、云桥设备综合管理系统、车辆智能监控与运行管理系统等多个平台,重塑业务流程,为机场运行提供更加高效的动能,以数字化转型推动绿色机场建设。

1. 数字赋能重塑流程

广州白云机场能源管理信息系统具备全类型能源数据实时监测、计量计费统一集成、管理体系平台化运行三大功能,并融合光伏、充电桩、APU替代设施等系统运行数据,正以数字化技术手段重塑机场能源管理各项流程。

2. "云桥"启航协同减排

云桥设备综合管理系统由广州白云机场下属空港设备公司自主研发,依托云计算和物联网数据采集,以节能降碳为核心建设理念,从设备监控、航班调度、电子签单、碳足迹计算等各个方面为航企提供更优质的APU替代设施,成为绿色机场建设的重要基础设施之一。

3. "滴滴模式"智能抢单

为提升地面保障车辆运行效率,广州白云机场联合行业内多家单位开发了车辆智能监控与运行管理系统,实现了地面保障车辆与航班实时对接,建立起飞行区"滴滴模式"。

在推进碳达峰、碳中和的路上,广州白云机场秉持开放创新理念,不断融合数字化转型、流程与组织再造等多种方法和技术,为绿色机场建设提供更多"白云方案"。这也是广州白云机场实现"双碳"目标,打造世界一流航空枢纽的重要路径之一。

(资料来源:郭瑛. 广州白云机场加速绿色转型[N]. 中国民航报. 2023-09-06(008)[OL]. http://epaper. caacmedia. cn:81/. 编者有删改)

4.1 系统分析

4.1.1 系统分析的目标和步骤

1. 系统分析的目标

系统分析是民航管理信息系统开发的关键环节,是对新系统的各种方案和设想进行探索、研究、分析、比较、判断的过程。在这个阶段,系统分析人员基于对企业管理业务的详细调查,利用一些描述及分析方法对企业现有的信息处理系统进行描述和分析,提出新系统的逻辑方案。

系统分析阶段的目标,就是通过详细调查用户对信息处理的需求,提出新的计算机化系统的逻辑方案,即分析出系统应该具有哪些功能。在整个系统开发过程中,系统分析要解决"做什么"的问题,把要解决的问题、满足用户哪些具体的信息需求调查分析清楚。换句话说,系统分析的目的就是根据用户需求和资源条件,以现状为基础,确定系统应对哪些信息作存储、变换与传递,具备哪些功能,从而明确系统应该做些什么,为下一阶段的系统设计工作提供依据。

2. 系统分析的步骤

1) 现行系统的详细调查

集中一段时间和一些人力,对现行系统作全面、充分和详细的调查,弄清现行系统的边界、组织机构、人员分工、业务流程,各种计划、单据和报表的格式、种类,以及处理过程、企业资源及约束情况等,为系统开发做好原始资料的准备工作。

2) 组织结构与功能分析

在详细调查的基础上,用图、表和文字对现行系统进行描述,详细了解各级组织的职能和有关人员的工作职责、决策内容和对新系统的要求。

3) 业务流程分析

在详细调查的基础上,用图、表和文字对现行系统业务流程各环节处理业务及信息的来龙去脉进行描述。

4) 系统数据流程分析

在详细调查的基础上,用图、表和文字对现行系统分析数据的流动、传递、处理与存储过程。

5) 建立新系统的逻辑模型

在系统调查和系统分析的基础上建立新系统逻辑模型,用一组图、表工具表达和描述,方便用户和分析人员对系统提出改进意见。

6) 撰写并提交系统分析报告

对系统分析阶段的工作进行总结和向有关领导提交文字报告,为下一步系统设计提供工作依据。

在运用上述步骤和方法进行系统分析时,调查研究将贯穿于系统分析的全过程。调查与分析经常交替进行,系统分析深入的程度将是民航管理信息系统成败的关键。系统分析的工作步骤如图 4-1 所示。

4.1.2 系统详细调查

详细调查是系统开发工作中的一项十分重要的工作,它是开发人员弄清实际情况、制定合

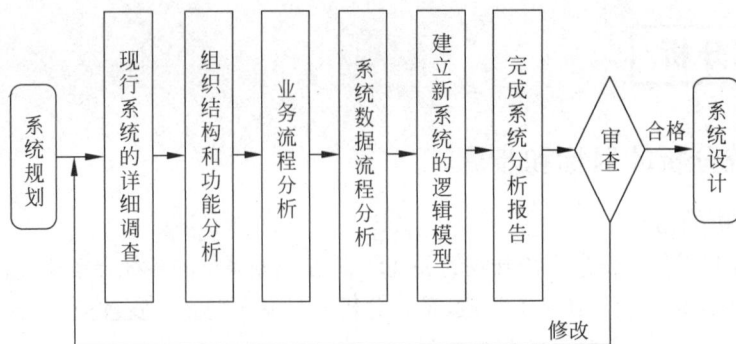

图 4-1　系统分析的工作步骤

理方案、开发管理信息系统的基础。民航业务信息系统详细调查的目的在于完整地掌握现行系统的状况,发现问题,收集资料,为下一步系统化分析和提出新系统的逻辑设计做好准备。在详细调查过程中应遵循用户参与的原则,即根据用户对系统的要求,并结合现行系统的运行状况,更深入地发现对象系统存在的问题,共同研讨解决的方案。详细调查涉及组织内部所有管理职能岗位的业务人员,是一项十分繁杂、工作量很大的工作,对此必须加以充分重视。

1. 系统调查的内容

系统调查的内容包括组织内部信息流、物流所涉及领域的各个方面,因此,系统调查应涉及组织的各项业务活动。系统分析员应向用户单位的各级领导、业务人员及其他有关人员进行多种调查。

1) 组织目标、界限和运行状态

系统功能的设定必须与组织目标及发展战略相一致,必须能为实现组织目标提供服务,并且在一定时间内能满足组织发展变化的需要。

界限和运行状态指现行系统的发展历史、目前规模、经营效果、业务范围及与外界联系等,以便确定系统界限、外部环境和接口,以及衡量现有的管理水平等。

2) 组织机构及其职能调查

采用从上至下的方法,详细了解企业或组织的组织结构、部门划分、部门间的隶属关系、各部门的职能等问题,其目的是明确企业或组织的现有业务功能。开发人员可在此基础上分别对各部门的各项职责(业务)作更详细的调查研究。

3) 业务流程调查

在了解各部门具体业务的基础上,进一步了解业务与业务之间的关系,即各业务的执行顺序、物资及数据的传递过程等情况,并详细调查部门内部各业务的处理流程及其数据需求。其目的是明确企业或组织中各管理职能的实现过程,即业务流程,以及实现这些管理职能所需的数据。

例如,某机场空港货站的航班配载部门的主要工作为:负责审核航班运单数据,航班配载,编制航班文件袋,关闭航班。其业务流程图如图 4-2 所示。

4) 各种计划、单据和报表的处理

计划单据和报表都是信息的载体,实质上是进一步明确现行系统的数据收集、整理、输入、存储、处理、输出等各个环节,从而得到完整的信息流程。

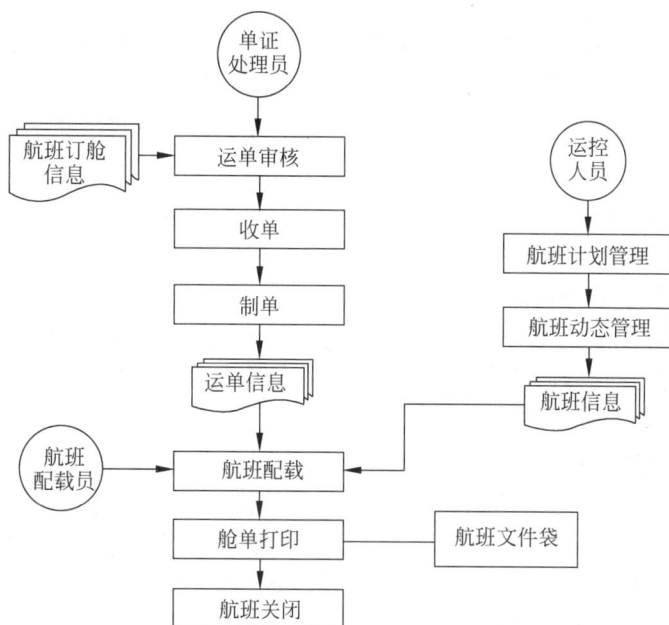

图 4-2 某机场空港货站的航班配载部门业务流程图

为此,要了解组织中现有数据(信息)、数据与数据间的关系以及每个数据的处理过程。例如,在机场空港货站生产系统中,涉及的数据有运单信息、运单数据、货物装配数据、航班舱单数据等,数据间的处理流程如图 4-3 所示。

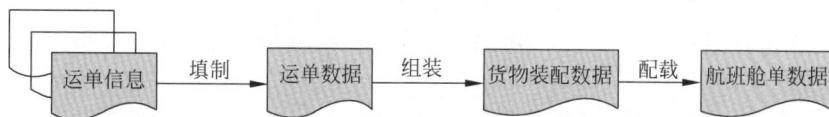

图 4-3 数据间的处理流程

在实际调查中还应注意收集各类数据的清单及产生频度等。

5)管理方式及决策过程调查

企业的管理方式、方法与系统功能及结构的设置也有密切的联系。企业的管理方式、方法不同,企业的业务流程不同,所对应的信息处理过程也不同。如在仓库管理中,管理药品一般应遵循分批存放及先进先出的原则,而管理机床零配件则通常不受此限制。因此,与此相对应的计算机软件的功能也将有所不同。

如果新系统将用于辅助企业决策,则应了解现行企业各管理层次的决策过程,以便新系统能提供与之相适应的辅助决策功能。

6)可用资源和限制条件调查

新系统的设计原则之一就是充分利用企业现有资源,包括硬件资源、软件资源及人力资源等。这些信息也将影响到新系统的软硬件配置及人员培训等问题。

新系统开发之前要充分了解现行系统在人员、资金、设备、处理时间和方式等各方面的限制条件和规定。

新系统需要解决和改进现行系统中各个环节的主要问题,这也是新系统目标的重要组成部分。因此,在调查中要注意收集用户的各种要求,善于发现问题并找到问题的前因后果。

7) 现存问题和改进意见调查

企业目前工作中的难点和瓶颈往往是新系统中要解决和改进的重点问题,有必要作深入调查研究。

现行系统调查研究是一项烦琐而艰巨的工作,为了使该项任务能够顺利进行,需要掌握一定的工作方法。系统分析员和用户要制定调查研究的进度计划,以便事先安排时间和内容,并通知有关人员;应先自上而下作初步调查,在了解全局、总体的基础上自下而上地进行具体调查研究;在调查过程中要注意数量概念,收集足够的数据供定量分析用,系统分析员必须对这些数据进行整理、研究和分析,并绘制成描述现行系统的图表,以便在短时期内对现行系统有全面细致的了解。

2. 系统调查方法

系统调查是系统分析人员与用户进行广泛、深入交流的一种活动,因此,在开始调查活动之前,应对企业中的各级管理人员、业务人员进行动员或培训,使企业中的有关人员对开发工作具有正确的认识,并得到他们的积极支持与配合。

详细调查中常用的方法有以下几种。

1) 查阅资料

阅读企业的业务资料和大量书面资料,主要包括企业的规章制度、工作流程、各种计量标准、操作规程、各种单据和统计报表等。这种方法的主要优点是了解的信息量大、具体、详细。系统分析员可通过工作流程文件,详细了解每个业务的具体工作过程;通过每种单据了解这种单据中具体包括哪些信息等。主要缺点是现存的资料可能无法反映已经变化了的情况和用户潜在的观点及想法。在阅读资料时,应注意每个信息的处理过程,明确以下问题:

(1) 每份单据、表格由谁编制、谁审核,作用是什么;

(2) 每种单据、表格中的原始数据来源于何处,计算公式有哪些;

(3) 每种单据、表格一式几份,编制好后将传送到何处;

(4) 各种单据、表格的编制周期、保存周期、信息量的大小等。

2) 开调查座谈会

开调查座谈会是系统调查最常用、最有效的方式之一。会议由开发小组成员主持,邀请相关部门人员参加会议,了解跨部门的业务处理和企业业务流程,开发人员介绍信息系统的作用,了解与会人员的意见与建议。

3) 问卷调查

问卷调查是系统详细调查时常用的方法,也是一种行之有效的方法。如果问卷设计得当,又及时地对调查结果加以分析整理,一般情况下,一次调查加上 1~2 次反复询问就可以将业务内容全部弄清楚。问卷调查的具体做法常常是提前几天将问卷交给被调查对象,请其先有针对性地准备一下,然后提问并记录调查的内容。

问卷调查中所问的问题既要能反映本系统的特点,又要能全面地反映本业务的内容。通过问卷调查,调查者要能够了解促使该岗位业务成功的"关键成功因子"。问卷设计一般是根据初步调查的结果,先对组织的基本情况进行大致的分析,然后根据以往调查分析工作的经验来结合可能与所调查问题有关的方面,设计出问题和问卷。

问卷设计是一项很具体的工作，它常常是由设计者的工作经验所决定的。问卷调查的例子参见表 4-1，调查完后应将所有记录和收集的相应信息载体（如报表文件等）整理在一起以便归档保存。

表 4-1 机场空港货站生产系统需求调研问卷

×××先生/女士：

您好！现将××机场空港货站生产系统开发需求调研问卷发给您，请您准备一下，抽空填写以下问题，我们将于×月×日与您会面并回收问卷，谢谢！

××机场空港货站生产系统开发组

序号	业务环节	针对货站具体的业务问题
1	货物安检	是否要求将货物安检 X 光机视频同货物运单号进行绑定？
2		货物安检 X 光机的品牌及型号是什么？
3		有无货物安检台账？ 如果有，具体的样式是什么？
4	出港收运核单	货物收运的依据是航空公司提供的 CBA（订舱单）/订舱记录吗？ 通过什么途径从航空公司获得？
5		货物收运及运单收单有无明确的先后顺序？
6		是否有固定格式的货物交运单（或称货物交运通知书）？
7		货物交运代理人的总数有多少？
8		是否要求代理人在交运之前在网上预录入相关数据？
9		出港环节的货物处理费用如何收取，是现结还是月结？
10		如何向航空公司申领空白运单，是否需要用系统进行管理？
11		个人托运的货物，制单和货物收运的次序是什么样的？
12		出港地面处理费是否区分货物种类？ （比如：普货、贵重品、危险品、鲜活易腐等） 特殊货物是否有特别的保障流程？
13		货站架子车/拖车的数量有多少？
14		是否具有航空集装器？ 是否存在"打板装箱"操作？
15		货物收运是否存在货物交接问题？ 是否有台账进行管理？
16	出港配载	航班舱单样式，不同的航空公司是否有不同的要求？
17		收运部门是否通过纸质单据向配载部门提交航班货物收运信息？
18		航班预配后，配载部门如何向"配平"部门报货？
19		是否存在加货拉货操作？
20		货站是否有报文机？ 是否需要拍发电报？
21	进港	是否有进港核单岗位（即对进港业务单进行处理）？
22		货物从飞机卸载后运输到货站，这个环节中是否有交接单据？
23		理货交接单据的样式是怎样的？
24		代理人提货的处理流程是什么样的？
25		机场自提货的处理流程是什么样的？
26		提货费的收费标准是怎样的？
27		是否存在"仓储费"？
28		特殊货物是否有特殊的保障流程？
29	其他	是否有专门的不正常情况处理部门或岗位？
30		目前对飞的主要机场有哪些？
31		货站是否具有货物装卸机设备？

4）实地调查

到工作现场调查，了解业务处理过程。开发人员有选择地参加某些业务工作，了解数据的发生、传递、加工与存储的各个信息处理的环节；深入地了解现有系统的功能、效率以及存在的问题。深入实际的调查方式是应用最广泛的调查方式。这种方式要求用户一方的主管领导先做广泛动员，强调详细调查的意义，并组织用户讨论由系统分析员设计的调查提纲；然后，系统分析员在计算机信息管理部门有关人员的配合和支持下，深入各管理职能部门与各级管理人员面对面交谈，了解情况，通过不断地反复，最后双方确认各项调查的内容，并由系统分析员向用户提交供评审的系统分析成果。

5）个别访谈

个别访谈是通过系统分析人员与被访人员面对面地谈话来收集工作数据的方法，要注意访谈原则、访谈准备、访谈过程以及访谈后的整理及时，以确保访谈的有效性和数据的准确性。

6）专业在线调查

专业在线调查是将传统的调查过程完全在线化、智能化，并作出深度分析，最终形成专业调查报告。专业在线调查可分为七大模块：建立问卷、问卷测试、问卷发送、数据收回、统计报告、项目管理、系统使用权限。

4.1.3　组织结构和功能分析

组织结构指的是一个企业的组成以及这些组成部分之间的隶属关系或管理与被管理的关系，是组织内的全体成员为实现组织目标，在管理工作中进行分工协作，通过职务、职责、职权及相互关系构成的结构体系。组织结构与管理功能分析主要有组织结构分析、功能结构分析等。

1. 组织结构分析

组织结构分析的目的是弄清企业内部的部门划分，以及各部门之间的领导与被领导关系、物资流动关系、资金流动关系、资料（文件、报表）传递关系等，并了解各部门的工作内容与职责、各级组织存在的问题以及对新系统的要求等。然后将了解和掌握的组织结构用组织结构图的方式描绘出来，供后续分析和设计参考。

组织机构调查中使用的主要工具是组织结构图。组织结构图把企业组织分成若干部分，并且标明各部分之间可能存在的各种关系，包括上下级关系、物流关系、资金流关系和资料传递关系等。由于通过对包含着信息交换的这四种关系作进一步抽象分析可逐步揭示系统的目标和功能，因此，在调查中应尽量不遗漏地将组织机构中的各种关系记录下来，每种内在联系用一张图画出来，以更好地反映、表达各部门间的真实关系。组织结构图的绘制一般采用自上而下的方法，绘制组织结构图时要尽量全面、突出重点。图4-4所示为某机场空港货站组织结构图。

2. 功能结构分析

功能指的是完成某项工作的能力。为了实现系统目标，系统必须具有各种功能。各子系统功能的完成又依赖于下面更具体的工作的完成。管理功能的调查是要确定系统的这种功能结构。

组织机构的划分总是随着功能的扩展或缩小、人员的变动等因素的变化而变化。以功

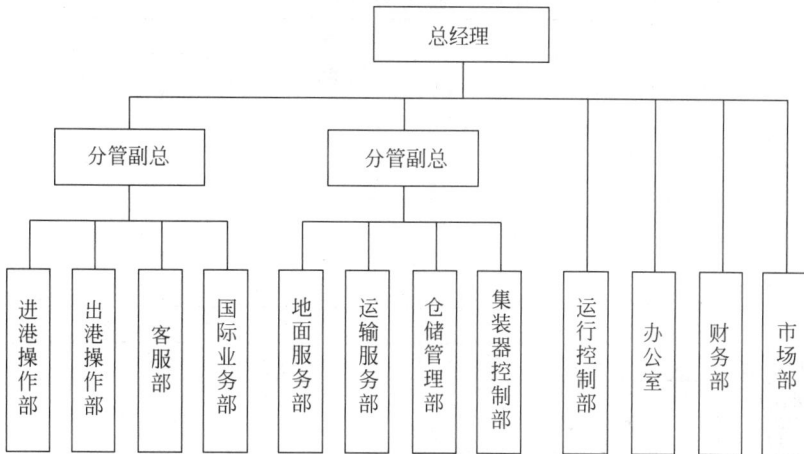

图 4-4 某机场空港货站组织结构图

能为基点分析问题,则系统将会相对于组织的变化而有一定的独立性,即可获得较强的生命力。所以在分析组织情况时还应该画出其业务功能一览表。这样可以使我们在了解组织结构的同时,对于依附于组织结构的各项业务功能有一个概貌性的了解,也可对于各项交叉管理、交叉部分各层次的深度以及各种不合理的现象有一个总体的了解,在后面的系统分析和设计时应特别注意避免这些问题。

功能要以组织结构为背景来识别和调查,因为每个组织都是一个功能机构,都有各自不同的功能。调查时要按部门的层次关系进行,然后用归纳法找出它的功能,形成各层次的功能结构。图 4-5 所示为某机场空港货站地面处理系统功能结构图。

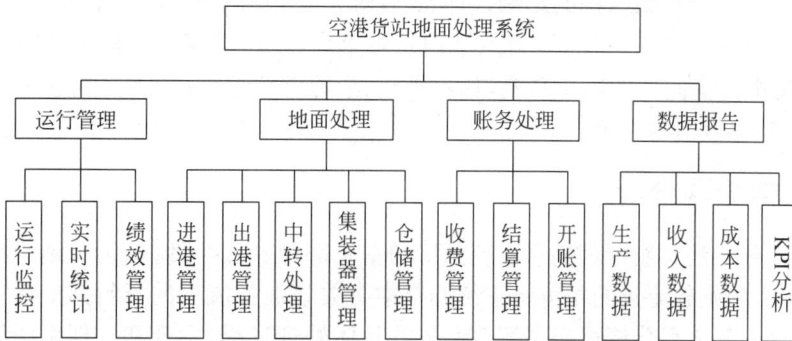

图 4-5 某机场空港货站地面处理系统功能结构图

3. 组织/业务功能分析

组织结构图反映组织内部和上下级关系,但是对于组织内部各部分之间的联系程度、组织各部分的主要业务职能和它们在执行业务过程中所承担的工作等却不能反映出来,这将会给后续的业务、数据流程分析和过程/数据分析等带来困难。为了弥补这方面的不足,通常增设组织/业务关系表(或称组织/业务关系矩阵)来反映组织各部分在承担业务时的关系,例如,表 4-2 所列为航空物流机场地面货站系统的组织/业务关系表。组织/业务关系表中的横向栏表示各组织名称,纵向表示业务过程名,中间栏填写组织在执行业务过程中的作用。

表4-2　组织/业务关系表

序号	业务	组织									
		收运科	安检科	装配科	配载室	出港复磅科	驳运科	仓储部	集装器控制部	运输服务部	地面服务部
1	货物收运	*	√	√							
2	安检	√	*	√	×						
3	运单收单	√	×		*						
4	出港仓储							*	√		
5	ULD申领							×	*		
6	货物装配	√		*				×			
7	ULD复磅			√		*	√	×			
8	航班配载	×		√	*	√		×			
9	货物转运				×	√	*	√			
10	货物交接								×	*	√
11	装机				√				×	√	*

注："*"表示该项业务是对应组织(即主持工作的单位)的主要业务;

　　"√"表示该单位是该项业务的相关单位(或称有关单位);

　　"×"表示该单位是参加协调该项业务的辅助单位;

　　空格表示该单位与对应业务无关。

在对该矩阵进行分析时应注意两个问题:

(1)该矩阵中每行有且仅有一个星号"*",即每个业务只能由一个部门主管;

(2)该矩阵中每列至少有一个星号"*",即每个部门至少要主管一个业务。

若系统分析后得到的矩阵不满足以上两点,则可能是该组织在管理职能的划分上有问题,这是新系统中应调整的地方。

管理信息系统受组织结构的影响,但同时管理信息系统对组织结构和功能也会产生重大影响。这种影响产生的结果是,组织结构发生重大变革,组织的功能出现重新组合。包括:组织结构由传统向现代组织转变,如扁平化、学习型组织等;按照业务流程对功能进行重组,如业务流程重组理论等。

4.1.4　业务流程分析

业务流程分析是民航管理信息系统分析的重要部分,在对系统的组织结构和功能进行分析时,需从实际业务流程的角度将系统调查中有关该业务流程的资料都串起来作进一步的分析。通过业务流程分析可以了解该业务的具体处理过程,发现和处理系统调查工作中的错误和疏漏,修改和删除原系统的不合理部分,在新系统基础上优化业务处理流程。

业务流程分析的基本工具是业务流程图,业务流程图通过标准的符号进行绘制。业务流程分析是数据流程分析的基础,对整个系统分析具有基础性作用。民航管理信息系统的开发过程可以看成是一系列流程图的设计过程,即从业务流程图开始到数据流程图、处理流程图、程序流程图、代码、测试到最终的构建。

1. 业务流程分析的内容

业务流程分析主要是定义项目的内容,即对现行的管理仔细地进行回顾和描述,从而充分认识项目的业务和技术上的具体要求。

业务流程分析应顺着原系统信息流动的环节逐步地进行,内容包括各环节的处理过程、信息来源、处理方法、计算方法、信息流的去向、提供信息的时间和形态(如报告、单据、屏幕显示等)等。

(1) 原有流程的分析。分析原有业务流程中的各个处理过程是否具有存在的价值,哪些过程可以删除或合并,分析原有业务流程哪些过程不尽合理,可以进行改进和优化。

(2) 业务流程的优化。分析哪些过程存在冗余信息处理,哪些活动可以变串行处理为并行处理,变事后监督为事前或事中控制,产生更为合理的业务流程。

(3) 确定新的业务流程。画出新系统的业务流程图。

(4) 新系统的人机界面要求。新的业务流程中应注明人与机器的分工,即哪些工作可以由计算机自动完成,哪些必须有人的参与。

2. 业务流程图

业务流程图(transaction flow diagram,TFD)是一种描述管理系统内各单位、人员之间的业务关系、作业顺序和管理信息流向的图表。它通过一些规定的符号及连线来表示某个具体业务的处理过程,帮助分析人员找出业务流程中的不合理流向。业务流程图的画法虽然尚不太统一,但只是一些具体的规定和所用的图形符号有些不同,而在准确明了地反映业务流程方面是非常一致的。

业务流程图是用尽可能少的规定的符号和简单的连接方法来表述具体业务处理过程的一种图形化工具。它的符号简单明了,所以非常易于阅读和理解业务流程。不足之处是对于一些专业性较强的业务处理细节缺乏足够的表现手段,它适于反映事务处理类型的业务过程。

业务流程图所用的符号在国家标准《GB 1526—1989》全称为《信息处理 数据流程图、程序流程图、系统流程图、程序网络图和系统资源图的文件编制符号及约定》中有详细的说明,基本图形符号有 6 个,符号的内部解释可直接用文字标于图内。这些符号所代表的内容与信息系统最基本的处理功能一一对应,如图 4-6 所示。圆圈通常用来表示业务处理单位,即执行特定业务操作的部门或岗位;方框则表示业务处理的具体内容或步骤,方框内会详细列出该步骤所执行的具体业务功能或操作;表格/报表符号用于表示业务流程中需要制作或生成的表格、报表等输出信息;不封口的方框则通常用来表示数据或文件的存档环节;卡片符号表示业务流程中需要收集、整理或统计的数据或信息;矢量连线则用于连接各个业务处理单位、功能描述和输出信息等,清晰地展示业务流程中信息的流动和传递过程。业务流程图是业务流程重组的有力工具。

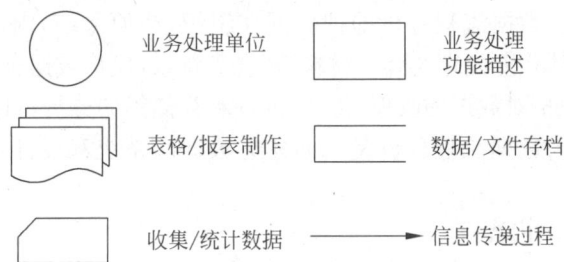

图 4-6 业务流程图符号

某机场空港货站地面处理系统航空集装器(ULD)领用业务流程图绘制实例:进港操作部

货物装配人员根据航班预配舱单提交 ULD 领用申请；集装器控制部的 ULD 管理人员根据申请单及 ULD 库存记录分配 ULD；出港操作部货物装配人员进行货物装配，并将组装完成的 ULD 提交至运输服务部的驳运卡车司机，由卡车司机将组装完成的 ULD 运送至机场机坪；地面服务部的空侧作业人员接收 ULD，并完成飞机装机工作。其业务流程如图 4-7 所示。

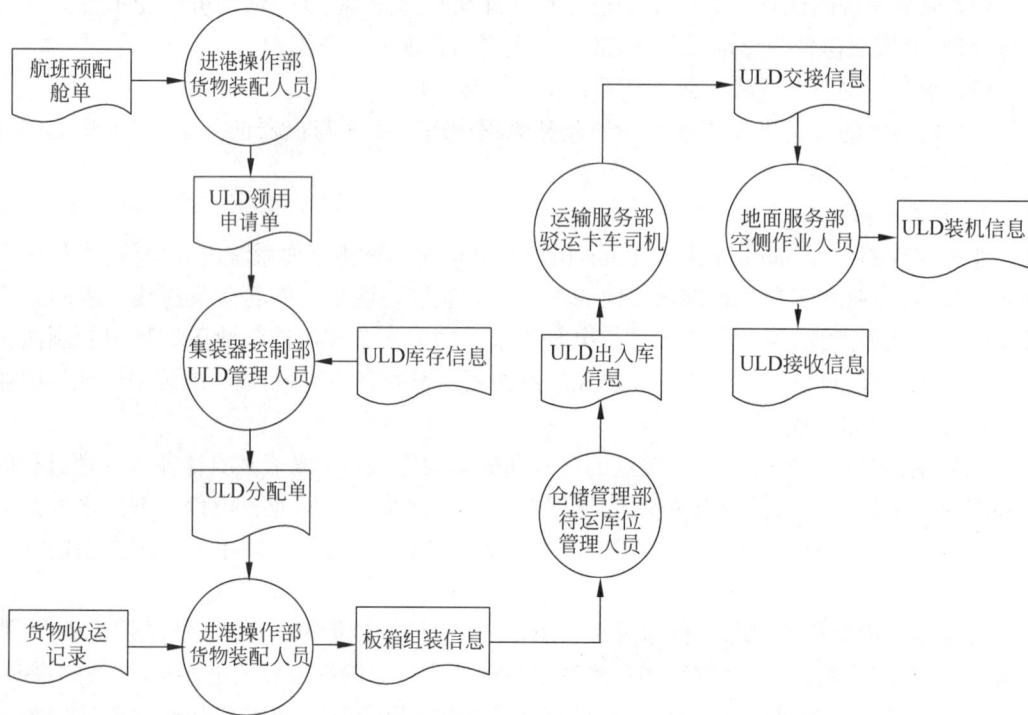

图 4-7　某机场空港货站地面处理系统 ULD 领用业务流程图

业务流程图的绘制方法：根据系统调查表中所得到的资料和问卷调查的结果，按业务实际处理过程将它们绘制在同一张图上，如图 4-8 所示。

4.1.5　数据流程分析

数据是信息的载体，是民航管理信息系统处理的主要对象。数据与数据流程是建立民航管理信息系统的重要基础。因此必须对系统调查中所收集的数据以及统计和处理数据的过程进行分析和整理。数据流程分析即把数据在组织（或原系统）内部的流动情况抽象出来，忽略组织机构、具体作业处理、物流、材料、资金等背景，仅从数据流动过程来考查实际业务的信息处理模式，包括对数据的收集、传递、处理和存储等的分析，目的是发现和解决数据流通中的问题。数据与数据流程分析是后面建立数据库系统和设计功能模块处理过程的基础。

1. 数据流程分析的内容

数据流程分析把数据在组织中的流动过程抽象出来，专门考虑业务处理中的数据处理模式，目的在于发现和解决数据处理中的问题。

1）围绕系统目标进行分析

（1）从业务处理角度来看，要明确需要哪些信息，哪些信息是冗余的，哪些信息暂缺有

B2系统分析	B2.2		
表格名称	业务流程		第 图/共 张 图

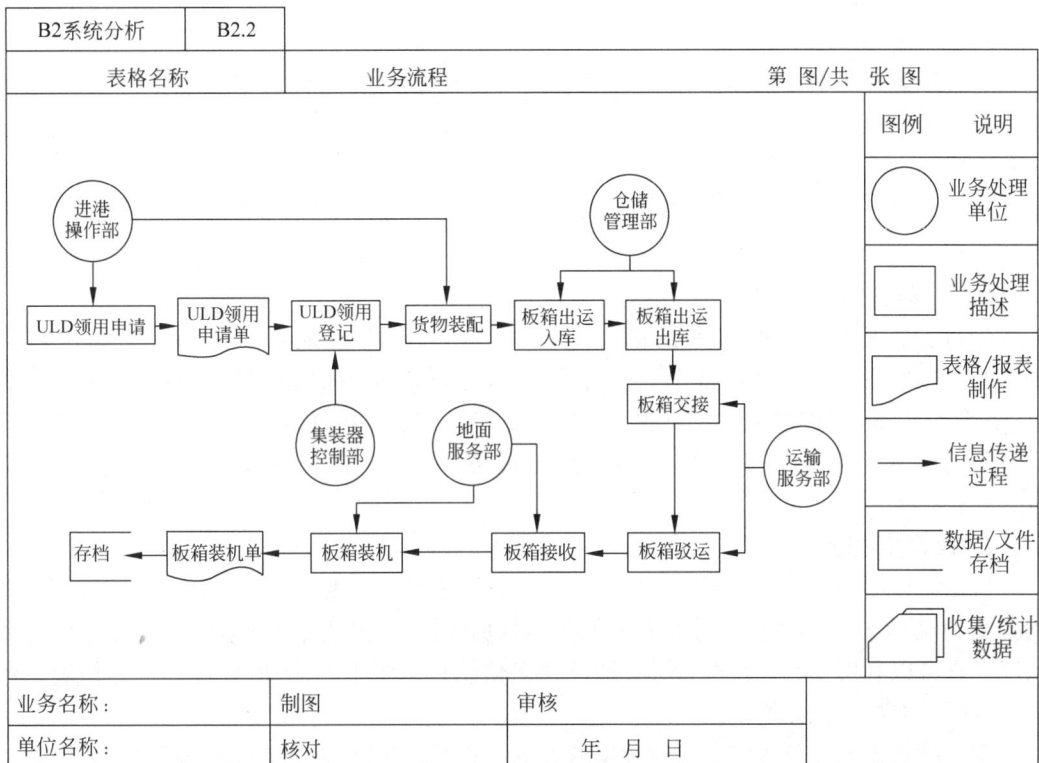

图 4-8 业务流程图的绘制

待于进一步收集,从而满足正常的业务处理运行。

(2) 从管理角度来看,应当分析信息的精度能否满足管理的需要;信息的及时性、信息处理的抽象层次、能否满足生产过程中及时进行处理的要求,对于一些定量的分析(如预测、控制等)能否提供信息支持等。

2) 信息环境分析

为了对数据进行分析,还需要了解信息与环境的关系。弄清信息是从现有组织结构中哪个部门来的,目前用途如何,受周围哪些环境影响较大(如有的信息受具体统计人员的计算方法影响较大;有的信息受检测手段的影响较大;有的受外界条件影响,起伏变化较大),它的上一级(或称层次)信息结构是什么,下一级信息结构是什么等。

3) 围绕现行业务流程进行分析

(1) 分析现有报表的数据是否全面,是否满足管理需要,是否正确、全面地反映业务的物质流动过程。

(2) 分析现有的业务流程有哪些弊端,需要做出哪些改进;根据这些改进的需要,信息和信息流应该做出什么样的相应改进;对信息的收集、加工、处理有哪些新要求等。

(3) 根据业务流程,确定哪些信息是实际采集的初始信息,哪些信息是系统内部产生的,哪些是临时数据,哪些需要长期保存等。

4) 数据的逻辑分析

逻辑分析主要是为了对各种各样的信息梳理出不同的层次,从而根据需要提出相应的处理方法和存储结构。

5）数据汇总分析

在系统调查中会获得各种数据，这些数据涉及企业的各个过程，形式多样，来源和目的不明确。为了建立合理的数据流程图，必须对这些数据进行汇总分析，通过归纳和筛选，确定每个流程中实际数据流的内容。为此，在分析中要把调查研究中获得的资料按业务过程分类编码，按处理过程的顺序整理，弄清各环节上每一栏数据的处理方法和计算方法，把原始数据和最终处理结果单独列出。

6）数据特征分析

分析各种单据、报表、账本的制作单位、报送单位、存放地点、发生频度，每个数据的类型、长度、取值范围等，整个业务流程的业务量以及与之相应的数据流量、时间要求、安全要求等。按照数据的来源、管理的职能和层次、共享程度、数据处理层次等特征进行分类。数据的分析与数据的调查不能截然分开，在分析过程中还需要不断调查、补充完善。

2. 数据流程图

数据流程图是一种能全面地描述信息系统逻辑模型的主要工具。它是业务流程图的数据抽象，屏蔽了业务流程的物理背景而抽象出数据的特征，描述了数据在业务活动中的运动状况。它可以利用少数几种符号综合地反映出信息在系统中的流动、处理和存储情况。数据流程图具有抽象性和概括性。

现有的数据流程分析多是通过分层的数据流程图来实现的。其具体的做法是：按业务流程图体现的业务流程顺序，将相应调查过程中所掌握的数据处理过程绘制成一套完整的数据流程图，一边整理绘图，一边核对相应的数据和报表、模型等。如果有问题，则会在这个绘图和整理过程中显现出来。

1）基本符号

数据流程图中用到了 4 个基本符号，分别是外部实体、数据处理、数据流和数据存储，如图 4-9 所示。

图 4-9　数据流程图符号

（1）外部实体。

外部实体（external entity）指系统以外与系统有联系的人或事物。它表示该系统数据的外部来源和去处，例如顾客、职工、供货单位等。外部实体也可以是另外一个信息系统。

（2）数据处理。

数据处理（data processing）是对数据进行逻辑处理加工，即进行变换处理，变换数据的结构，如将数据的格式重新排列。在原有数据内容基础上产生新的数据内容，如计算总量或平均值。它可以是人工处理，也可以是计算机处理。对数据处理符号来说，它有入有出。因为没有入就没有处理对象，处理不存在，同样，没有出则处理没有意义。当箭头方向指向数据处理符号时表示"入"，反之表示"出"。

（3）数据流。

数据流（data flow）指处理功能的输入或输出，用一个水平箭头或垂直箭头表示。箭头指出数据的流动方向。一般对每个数据流都要加以简单描述，使用户和系统设计员能够理解它的含义。通常情况下不要在数据流符号中画双向箭头，因为在特定数据流动时，在时间、方向确定的情况下，同一个数据不会双向流动。

（4）数据存储。

数据存储（data storage）表示数据保存的地方。这里的"地方"不是指保存数据的物理地点或物理介质，而是指数据存储的逻辑描述。在数据流程图中，数据通常是有来源的，即从哪里来，又去哪里使用。所以，数据存储符号都应该有入有出。当箭头方向指向数据存储符号时表示"入"，反之表示"出"。

2）数据流程图的绘制及实例

（1）设计流程图时先从左侧开始，标志外部实体，左侧的外部实体通常是系统主要的数据输入来源；然后画出该外部实体产生的数据流和相应的数据处理，如果需要将数据保存，则标志数据存储。接收系统数据的外部实体一般画在数据流程图的右侧。

（2）反复修改或检查是否有遗漏或不符之处。在修改过程中要和民航业务系统的管理人员详细讨论，直到取得一致意见为止。

（3）尽量避免线条的交叉，必要时可以用重复的外部实体符号和重复的数据存储符号。数据流程图中各种符号布局要合理、整齐和清楚，分布要比较均匀。

（4）根据第一张数据流程图，对其中每个数据处理逐层向下扩展出详细的数据流程图，每一层数据流程图中的数据处理一般不超过七八个，上下层的数据流程要相互对应。

建立分层的数据流程图，应该注意编号、父图与子图的关系、局部数据存储以及分解的程度等问题。数据处理子图的编号是父图中相应处理的编号的扩充，能反映出相应的层次关系。

例如，图 4-10 中的处理 3 被分解成子图中的 3 个子处理，所有子图中的输入和输出数据流与父图中处理 3 的输入输出完全一致。

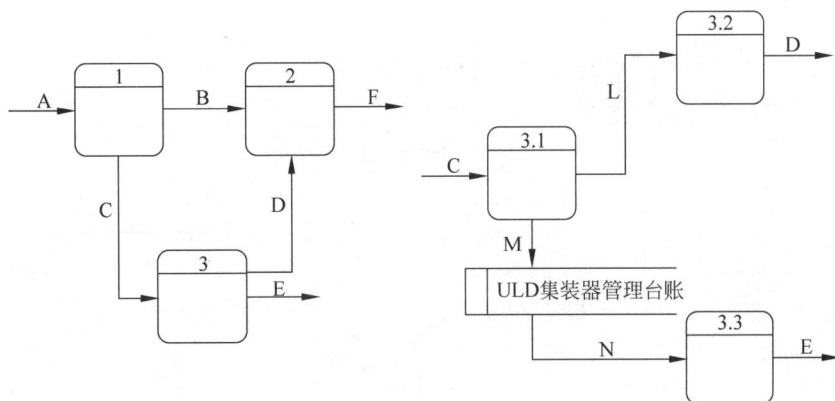

图 4-10 数据流程图的分解

下面给出航空物流系统中航空集装器（ULD）采购业务处理数据流程图示例：
采购部门定期编制 ULD 订货报表，报表按 ULD 类型排序，列出所有需要再次订货的

ULD。对于每种需要再次订货的 ULD 应列出下列数据：ULD 编号、名称、订货数量、目前价格（或参考价格）、主要供应单位、第二供应单位等。材料入库或出库称为事务，通过放在仓库的业务系统终端把事务报告给订货系统。当某种材料的库存数量少于库存量临界值时就应该再次订货。

从上面对系统的描述可以知道，仓库管理员通过终端把事务报告给订货系统，系统经过汇总处理，每天向采购部提供一张订货报表。所以，采购员是数据的终点，而仓库管理员是数据的源点。图 4-11～图 4-13 所示为实例的分层数据流程图。

图 4-11　ULD 管理系统采购业务的顶层数据流程图

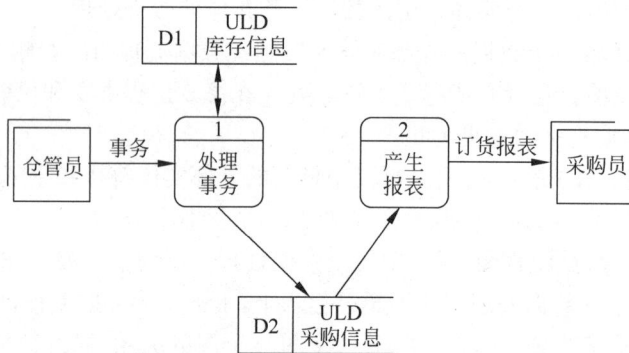

图 4-12　ULD 管理系统采购业务的一层数据流程图

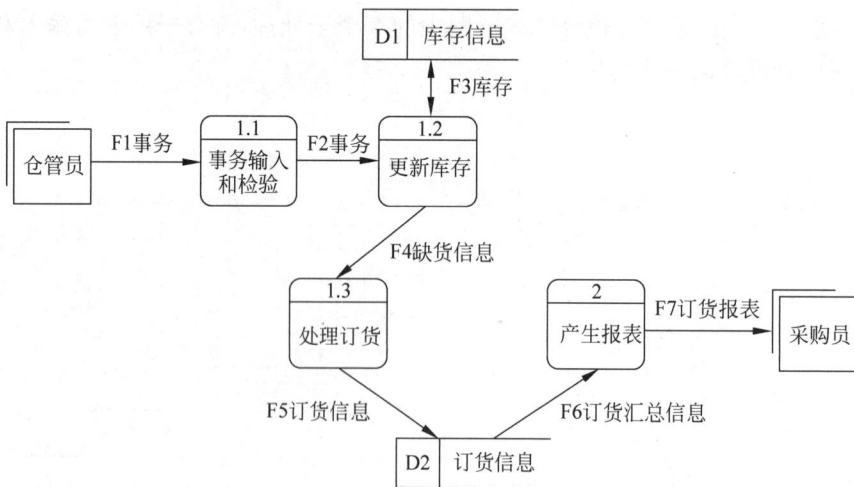

图 4-13　ULD 管理系统订货业务的二层数据流程图

3. 数据字典

数据字典的作用是对数据流程图上的每个成分给予定义和说明。数据字典描述的主要内容包括数据元素、数据结构、数据流、数据存储、数据处理和外部实体等,其中数据元素是组成数据流的基本成分。数据字典是数据流程图的辅助资料,对数据流程图起注解作用。

数据字典中有 6 类条目,分别是数据元素、数据结构、数据流、数据存储、数据处理、外部实体,不同的条目有不同的属性需要描述。

1) 数据元素

数据元素又称数据项,是数据的最小单位。分析数据特性应从静态和动态两个方面进行。在数据字典中仅定义数据的静态特性,具体包括:数据元素的名称、编号、别名和简述;数据项的长度,数据项的取值范围。图 4-14 所示为数据元素定义示例。

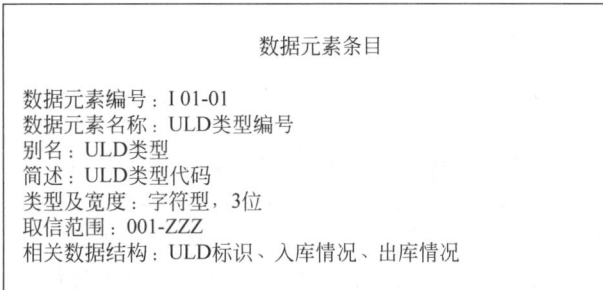

```
                    数据元素条目

   数据元素编号:I 01-01
   数据元素名称:ULD类型编号
   别名:ULD类型
   简述:ULD类型代码
   类型及宽度:字符型、3位
   取信范围:001-ZZZ
   相关数据结构:ULD标识、入库情况、出库情况
```

图 4-14   数据元素定义示例

2) 数据结构

数据结构描述数据项之间的关系,由数据项或其他数据结构组成。一个简单的数据结构由数据项组成,而复杂的数据结构则包含其他数据结构。在数据字典中,需要详细列出每个数据结构包含的数据项。对数据结构的描述包括数据结构的编号、名称、简述和组成等。图 4-15 所示为数据结构定义示例。

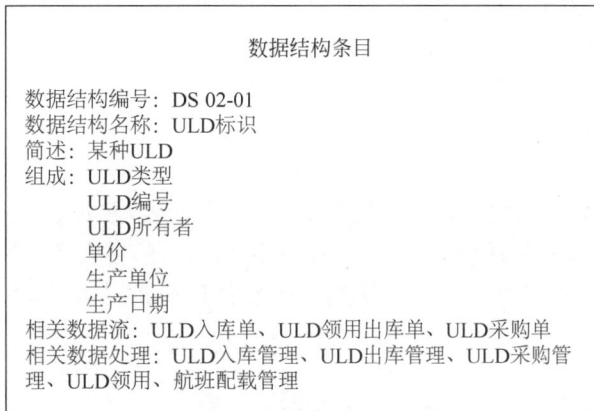

```
                    数据结构条目

   数据结构编号:DS 02-01
   数据结构名称:ULD标识
   简述:某种ULD
   组成:ULD类型
         ULD编号
         ULD所有者
         单价
         生产单位
         生产日期
   相关数据流:ULD入库单、ULD领用出库单、ULD采购单
   相关数据处理:ULD入库管理、ULD出库管理、ULD采购管
   理、ULD领用、航班配载管理
```

图 4-15   数据结构定义示例

3) 数据流

数据流用来描述数据的流动过程,由一个或一组固定的数据项组成。它可以是一个已定义的数据结构,也可以由若干数据项组成。在数据流的描述中,不仅要说明数据的名称、组成,还要说明数据的来源、去向和数据流量等。图 4-16 所示为数据流定义示例。

```
                    数据流条目

数据流编号：F 03-02
数据流名称：ULD入库单
简述：进港理货完成后，空板箱ULD需要存放到ULD库
数据流来源：进港操作部
数据流去向：ULD管理模块
数据流组成：ULD类型、ULD序号、ULD所有者、入库日期、
入库单位、入库员等
数据流量：10份/小时
高峰流量：20份/小时
```

图 4-16　数据流定义示例

4）数据存储

数据流是动态的。数据的逻辑保存是数据存储，包括永久保存数据和暂时保存数据，数据库设计主要是分析数据存储。在数据字典中，对数据存储只进行描述，不作优化设计，优化设计在系统设计阶段进行。描述内容包括：数据存储的编号、名称、简述、组成、备注、关键字，相关联的处理，流入数据流及流出数据流。图 4-17 所示为数据存储定义示例。

```
                    数据存储条目

数据存储编号：D 05-08
数据存储名称：ULD库存
简述：ULD的库存量和单价等信息
数据存储组成：ULD类型、ULD编号、ULD所有者、单价、库
存量、备注等
关键字：ULD类型+ULD序号+ULD所有者
数据流来源：P 02-01
数据流去向：P 03-05
有无立即查询：有
```

图 4-17　数据存储定义示例

5）数据处理

在数据字典中，数据处理定义数据流程图中数据项的处理方式，包括数据处理的编号、名称、功能的简要说明，有关的输入、输出。对功能进行描述，主要是让用户知道这一数据处理的主要功能，至于更详细的功能介绍需要用"数据处理逻辑说明"描述。图 4-18 所示为数据处理定义示例。

6）外部实体

外部实体描述数据流入、流出和处理的实际发生地点和有关的主体。对外部实体的描述包括实体编号、名称、简述以及输入和输出数据流。图 4-19 所示为外部实体定义示例。

4. 处理逻辑的表达工具

数据流程图在系统分析中着重表达系统的逻辑功能及各个部分之间的联系。数据字典补充说明系统所涉及的数据，是数据属性的清单。数据字典中包括对各个处理功能的一般描述，但这种描述是高度概括的。在数据字典中不可能也不应该过多地描述各种处理功能的细节，这些细节需要另一种工具——小说明（或称为基本说明）来完成。表达工具有决策

```
                        数据处理条目

数据处理编号：P 04-09
数据处理名称：统计
简述：每个月的月底要统计当月的ULD使用情况，包括领用、
归还、采购、存储等
处理：根据每月的入库数据和出库数据修改仓库存储数据，并
列出当月的货物流通情况
输入数据流：入库单、出库单、仓库清单
输出数据流：数据流统计表，去向是外部实体"经理"
处理频率：每月一次
```

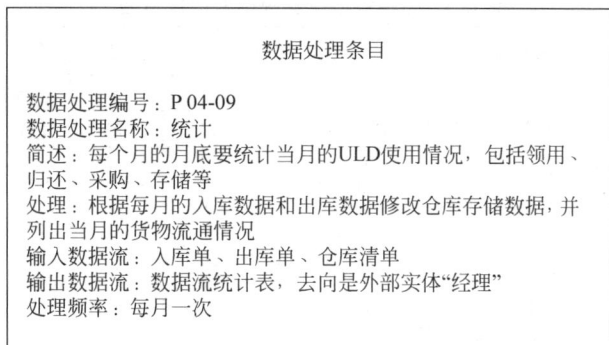

图 4-18　数据处理定义示例

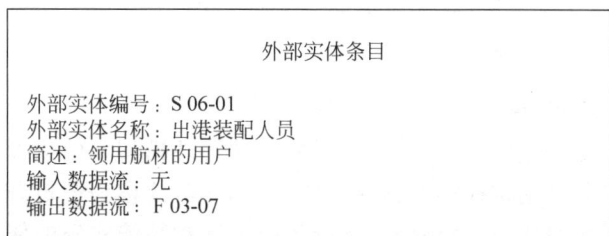

```
                        外部实体条目

外部实体编号：S 06-01
外部实体名称：出港装配人员
简述：领用航材的用户
输入数据流：无
输出数据流：F 03-07
```

图 4-19　外部实体定义示例

树、决策表和结构化英语表示法，下面介绍决策树和决策表。

1）决策树

决策树是用图来表示处理逻辑的一种工具，可以直观、清晰地表达数据处理的逻辑过程。它用"树"来表达不同条件下的不同处理，特别适合于判断逻辑组合关系复杂的情况。图 4-20 所示为航空物流中进港货物仓储费用计费处理逻辑，不同类型的货物，理货完成后开始存储计时，其仓储费结算的规则是不同的，其中，对于进港贵重品，不论存储几天，机场地面货站都要收取仓储费用。

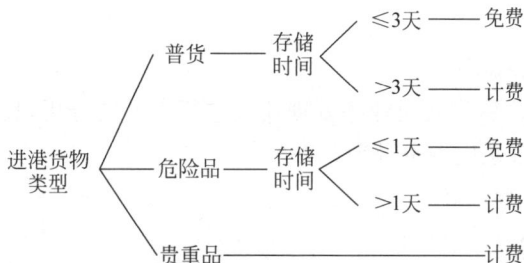

图 4-20　决策树示例

2）决策表

决策表是采用表格方式来描述处理逻辑的工具，它实际上是决策树的另一种表达方式。由于采用表格方式，便于表达复杂条件下的多元逻辑关系，可以清楚地表达决策条件、决策规则和应采取的行动之间的关系。决策表的缺点是建立过程复杂，不如决策树直观方便。这里以处理用户 ULD 采购的例子来说明，其决策表如表 4-3 所列。

表 4-3　处理进港货物仓储费的决策表

决策规则号		1	2	3	4	5
决策条件	进港货物类型：普货	Y	Y	N	N	N
	进港货物类型：危险品	N	N	Y	Y	N
	进港货物类型：贵重品	N	N	N	N	Y
	货物存储时间≤3 天	Y	N	N	N	N
	货物存储时间＞3 天	N	Y	N	N	N
	货物存储时间≤1 天	N	N	Y	N	N
	货物存储时间＞1 天	N	N	N	Y	N
计算仓储费用时采取的处理逻辑	免收仓储费	√		√		
	收取仓储费		√		√	√

注：Y 表示满足决策条件；N 表示不满足决策条件；√表示选择这个逻辑。

4.1.6　新系统逻辑方案

1. 新系统逻辑方案的建立

新系统逻辑方案是经过分析和优化后,拟采用的管理模型和信息处理方法。因它不同于计算机配置方案和软件结构模型方案等实体结构方案,故称为逻辑方案。新系统逻辑方案是系统分析阶段的最终成果,也是今后进行系统设计和系统实施的依据。新系统逻辑方案包括以下内容:

（1）新系统的业务流程。这是业务流程分析和业务流程优化重组后的结果,包括:原系统的业务流程的不足及优化过程,新系统的业务流程,新系统业务流程中的人机界面划分。

（2）新系统的数据流程。这是数据流程分析的结果,包括:原数据流程的不合理之处及优化过程,新系统的数据流程和新的数据流程中的人机界面划分。

（3）新系统的逻辑结构。这是指新系统中的子系统划分。

（4）新系统中数据资源的分布。这是指确定数据资源如何分布在服务器或主机中。

（5）新系统中的管理模型。这是指确定在某一具体管理业务中采用的管理模型和处理方法。

另外,在系统分析阶段对原有系统进行了大量的分析和优化,这些分析和优化的内容包括:

（1）确定合理的业务流程。

在绘出业务流程图之后需要对业务处理流程进行必要的分析,具体包括:

① 除去不必要的、多余的业务环节;

② 对重复的环节进行合并;

③ 对缺少的必需环节进行增补;

④ 确定计算机系统要处理的环节。

（2）确定合理的数据处理流程。

如果将数据流程和业务流程结合起来分析,更容易发现其中存在的问题,并合理解决。具体包括:

① 用户确认最终的数据指标和数据字典;

② 确定最终删除、合并或增加的数据处理流程;

③ 确定数据处理流程的优化、改动、增补及原因;

④ 给出最后确定的数据流程图；

⑤ 确定数据流程图中新系统可完成的部分。

（3）确定数据项/类和必要的功能。

利用前面介绍的方法对数据和功能业务进行分类整理，以及通过 U/C 矩阵所进行的正确性检验等来确定数据项/类及其必要的功能。

（4）从管理角度进行系统划分。

信息系统的子系统的划分还要考虑计算机系统的配置情况和处理技术。

2. 系统分析报告

系统分析的结果是系统分析报告。系统分析报告是总结系统分析阶段的成果，说明用户需求、系统目标、系统逻辑模型的规范化文档，是作为系统开发下一阶段的初始文档和依据。

4.2 系统设计

系统设计不仅与系统分析阶段的成果密不可分，还是系统实施阶段的蓝图和依据，是系统开发从逻辑设计到物理设计、从理论到实践的一个重要的过渡阶段。系统设计阶段要在各种技术和实施方法中权衡利弊，精心设计，合理使用各种资源，使所设计的系统安全可靠、易于理解、便于维护并具有良好的经济性。

4.2.1 系统设计概述

1. 系统设计的原则

为了保证系统设计顺利完成，应遵循以下原则。

1）系统性原则

系统是作为统一整体而存在的，因此，在系统设计中，要从整个系统的角度进行考虑，局部应服从全局。系统的代码要统一，设计规范要统一、标准，传递语言要尽可能一致，对系统的数据采集要做到数出一处、全局共享，使一次输入得到多次利用，系统功能应尽量完整。

2）灵活性原则

系统环境在不断变化，为了使系统适应变化的环境，修改、删除、扩充系统功能是很正常的。因此，系统设计人员要有一定的预见性，要从通用的角度考虑系统设计，系统应具有较好的开放性和结构的可变性，采用模块化结构提高各模块的独立性，尽可能减少模块间的耦合，使各子系统间的数据依赖降至最低限度。

3）可靠性原则

系统可靠性是指系统的抗干扰能力、检错与纠错能力、排除故障后系统的重新启动和恢复能力、预防非法使用与保证数据安全能力等。提高系统的可靠性可以从系统的硬件、软件、运行环境以及运行规程等多方面综合考虑。要选用可靠性较高的设备，适当考虑硬件结构的冗余度。在软件中设置身份验证及数据操作校验等各种检验及保证措施，以防止误操作和非法使用。要设置防火墙软件等各种安全保障措施，制定明确的规章制度及运行规程。只有系统是可靠的，才能得到用户的认可。

4）经济性原则

在满足需要的情况下，尽可能选择性价比高的、相对成熟的产品。一方面，在硬件投资上不能盲目追求技术上的先进,而应以满足应用需要为前提;另一方面,系统设计中应尽量避免不必要的复杂化,各模块应尽量简洁,以便缩短处理流程、减少处理费用。

5) 实用性原则

信息化的最终目标应是提高服务质量,提高工作效率和管理水平,信息系统的建设应尽可能使各业务流程和管理要素都得到体现和落实,并以最为简洁实用的操作方式来实现。

6) 规范性原则

在信息系统的开发过程中要制定统一的规范,包括规范的数据、规范的编码、规范的程序设计、规范的文档等,只有这样才能保证不同开发阶段之间和各子系统之间能有机地衔接。

2. 系统设计的任务和内容

系统设计的主要任务:以系统分析中所提出的逻辑方案为基础,根据系统实现的内、外环境和主、客观条件,从技术的角度考虑系统的划分、功能结构等问题,从提高系统的运行水平、工作效率和质量方面完成系统物理方案的设计,使民航企业能从信息系统的应用中获得最大的综合经济效益。

系统设计过程一般分总体设计和详细设计两个阶段。总体设计的任务是设计系统的框架和概貌,在总体设计工作完成后,设计人员要向用户和有关部门提交详细报告,说明设计方案的可行程度和更改情况,得到批准后转入详细设计。详细设计是在总体设计的基础上进行的,将设计方案进一步具体化、条理化和规范化,包括代码设计、数据库设计、输入/输出格式的详细设计、处理流程图的详细设计和编写程序设计说明书等内容。这两部分工作是互相联系的,需要交叉进行。系统设计的主要内容可以归纳概括如下:

(1) 总体设计,主要包括子系统划分、系统模块结构设计和系统物理配置方案设计等;

(2) 代码设计和设计规范的制定;

(3) 数据存储设计,包括数据库设计、数据库的安全保密设计等;

(4) 人机交互设计,包括输入设计、输出设计;

(5) 计算机处理过程设计,包括处理流程图设计以及编写程序设计说明书等。

4.2.2 系统总体设计

系统总体设计又称概要设计,主要任务是根据系统分析阶段的成果(系统分析报告)和组织的实际情况建立目标系统的总体结构。系统总体设计的主要内容有子系统的划分、子系统模块结构设计、计算机与网络系统方案的选择等。总体设计是系统设计中十分重要的一步,总体设计的质量将直接影响系统的质量和整体特性,系统越大,影响就越大。

1. 子系统划分

民航管理信息系统覆盖组织机构管理工作的各个方面,涉及不同的部门,而每个部门所要完成的工作一般都不相同。子系统划分就是综合考虑管理要求、业务特点、环境条件和开发工作等各方面因素将系统划分成若干相对独立的子系统。

机场空港货站生产系统的子系统通常包括进港管理、出港管理、中转处理、仓储管理、ULD 管理、运行管理、数据报告、收费管理、结算管理及开账管理等,对于不同的组织机构,其管理功能要求也不尽相同,应根据系统分析的结果来进行划分。

而对于较小的系统,也可以按照组织机构的部门设置来进行划分,因为部门的设置在一定程度上反映了管理功能的要求和分布。例如,一个规模较小的支线机场地面货站可以分为管理部门、业务部门、财务部门、单证储运部门,可以将支线机场地面货站管理系统划分为综合管理子系统、业务管理子系统、财务子系统和单证储运子系统。

为了便于后续的系统开发和系统运行,子系统的划分通常遵循如下几点原则:

(1)子系统要具有相对独立性。子系统的划分必须使得子系统内部功能、信息等各方面的凝聚性较好。子系统独立可以减少子系统间的相互影响,有利于多人分工开发不同的模块,便于系统的分阶段实施,同时也增强了系统的可维护性和适应性。

(2)子系统的划分结果要易于理解。所划分的各子系统功能要明确,规模要适中且均衡,减少复杂性。划分时在合理可行的前提下应尽可能考虑现行系统的结构和用户的习惯,使划分的子系统易于用户理解和接受,便于新旧系统的转换。

(3)子系统之间数据的依赖性尽量小。子系统之间的联系要尽量减少,接口要简单、明确。要尽量将联系较多的模块都划入子系统内部,使子系统内部联系较强。这样划分的子系统有助于后续的调试、维护和运行。

(4)子系统的划分结果应尽量减少数据冗余。子系统划分不合理会使相关数据分布到各个不同的子系统中,这会导致子系统的数据传递量增大或在子系统之间存在重复数据,从而使得程序结构紊乱、数据冗余,增加系统的复杂性及易出现数据错误,降低系统的工作效率。

(5)子系统的设置应考虑今后管理发展的需要。应充分考虑组织未来业务发展的需要,使子系统具有扩展性,如对外的接口及业务逻辑的可扩展性,并且适当考虑一些更高层次的管理决策需求。

(6)子系统的划分应考虑各类资源的充分利用。适当的系统划分应该既有利于各种设备资源的搭配使用,又能使各类信息资源分布合理和充分使用,有效减少系统对网络资源的过分依赖,减少输入、输出、通信等压力。

(7)子系统的划分应便于系统分阶段实现。信息系统的开发是一项较大的工程,它的实现一般都要分期分批进行,所以子系统的划分应能适应这种分期分批的实施。另外,子系统的划分还必须兼顾组织结构的要求。

2. 子系统模块结构设计

为了使复杂的问题简单化,降低系统的开发难度,人们在系统划分的基础上进一步采用模块来描述局部的功能。

1)模块与模块化

模块是指独立命名并且拥有明确定义的实体。系统中任何一个处理功能都可以看成一个模块。根据模块功能具体化程度的不同,可以分为逻辑模块和物理模块。在系统分析逻辑模型中,定义的处理功能可视为逻辑模块;在系统设计中,物理模块是逻辑模块的具体化;在系统实施中,模块可以是一个计算机程序、子程序或若干条程序语句,也可以是人工过程的某项具体工作。

一个模块应具备以下 4 个要素:

(1)输入和输出:模块的输入来源和输出去向都是同一个调用者,即一个模块从调用者那里取得输入,进行加工后再把输出返回调用者。

(2)处理功能:模块把输入转换成输出所做的工作。

(3)内部数据:仅供该模块本身引用的数据。

(4) 程序代码：用来实现模块功能的程序。

前两个要素是模块的外部特性，反映模块的接口规范；后两个要素是模块的内部特性。在结构化设计中，主要考虑的是模块的外部特性，对其内部特性只作必要了解，具体的实现将在系统实施阶段完成。

模块化是指解决一个复杂问题时自顶向下逐层把软件系统划分成若干模块的过程。模块完成一个特定的子功能，所有的模块按某种方法组装起来，成为一个整体，完成整个系统所要求的功能。

例如，设问题为 x，它的复杂性函数为 $C(x)$，解决它所需的工作量函数为 $E(x)$。对于问题 P_1 和 P_2，如果 $C(P_1) > C(P_2)$，即 P_1 比 P_2 复杂，那么 $E(P_1) > E(P_2)$，即问题越复杂，所需要的工作量越大。

根据解决一般问题的经验，有如下规律：

$$C(P_1 + P_2) > C(P_1) + C(P_2)$$

即由两个问题组合而成的问题的复杂度大于分别考虑每个问题的复杂度之和。这样，可以推出

$$E(P_1 + P_2) > E(P_1) + E(P_2)$$

由此可知，开发一个大而复杂的软件系统，将它进行适当的分解，不但可降低其复杂性，还可减少开发工作量，从而降低开发成本，提高软件生产率。但是模块划分得多，模块内的工作量减少，模块之间接口的工作量增加。因此，在划分模块时，应减少接口的复杂度，提高模块的独立性。

2) 模块结构图

模块结构图又称控制结构图、系统结构图，是用于描述系统模块结构的图形工具，它不仅描述系统的子系统结构与分层的模块结构，还清楚地表示每个模块的功能，而且直观地反映块内联系和块间联系等特性，包括分解关系、调用关系、数据流和控制流。

(1) 模块结构图的符号及含义。模块结构图的基本符号如表 4-4 所示。

表 4-4　模块结构图的基本符号

符　　号	含　义　说　明
□	表示一个功能模块，模块名称标注在方框内部
▯	表示一个预先定义的模块，模块名称标注在方框的内部。预先定义模块是指不必再编程实现的模块，通常是应用程序库中的一个程序
→	表示模块与模块之间的调用关系，箭头部分指示被调用模块，箭尾部分指示调用模块
⊶→	表示模块与模块之间的数据流，数据项名称或编号标注在旁边
●→	表示模块与模块之间的控制流，控制变量的名称或编号标注在旁边
◇	表示一个模块内部包含有判断处理逻辑，根据判定结果确定调用哪些功能模块
↻	表示一个模块内部包含有循环调用某个或某些模块的功能

① 模块。模块通常是指用一个名字就可以调用的一段程序语句，为物理模块。在模块结构图中，用长方形框表示一个模块，长方形中间标上能反映模块处理功能的模块名字。模块名通常由一个动词和一个作为宾语的名词组成。

② 调用。在模块结构图中,模块间有 3 种调用关系,分别是顺序调用、选择调用和循环调用。例如,在图 4-21 中,(b)是顺序调用,模块 B、C 是模块 A 的下层模块,它们由模块 A 调用,并协同完成模块 A 的功能。A 模块先调用 B 模块,然后调用 C 模块。(c)是选择调用,模块 A 根据情况选择调用模块 B、C、D。(d)是循环调用,模块 A 循环调用模块 B、C、D。(e)是模块之间的通信。

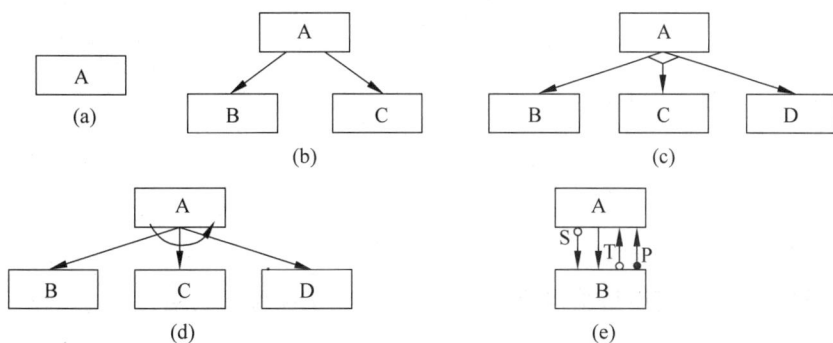

图 4-21　模块调用关系

③ 数据。数据描述两个模块之间的传递关系,数据由两模块之间带圆圈的小箭头表示。在模块间传递的数据信息还可进一步分为两类:数值信息和控制信息。若需要进一步区分,可在小箭头的尾部使用不同的标记进行表示,具体可分为以下 3 种箭头:尾部无标记,表示不区分两类信息;尾部有小空心圆圈标记,表示数值信息;尾部有小实心圆圈标记,表示控制信息,如图 4-22 所示。

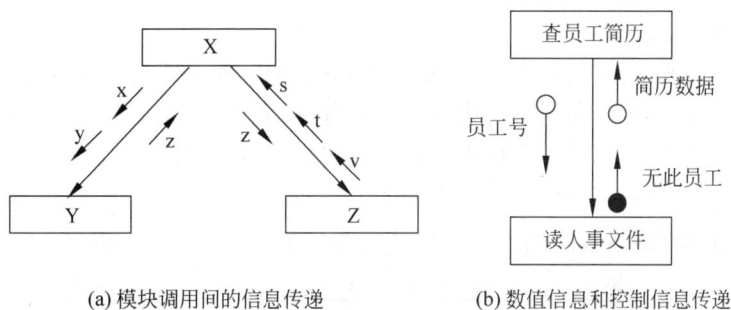

(a)模块调用间的信息传递　　　(b)数值信息和控制信息传递

图 4-22　数值信息传递和控制信息传递

图 4-22(a)中,信息传递类型不加以区分;图 4-22(b)中,数值信息传递与控制信息传递加以区分。

(2) 模块结构设计的基本方法。

模块结构图的设计依据是在系统分析阶段产生的数据流程图。数据流程图一般有两种典型的结构,即变换型结构和事务型结构。针对两种不同的数据流程图,我们可以采取不同的方法来设计模块结构图。有 3 种设计方法:变换分析法、事务分析法和混合分析法。

① 变换分析法。

变换型结构的数据流程图由输入、主加工和输出三部分组成,如图 4-23 所示。其中,加工部分执行系统的主要处理功能,对输入数据实行变换,是系统的中心部分,也称为变换中心,同时,把主加工的输入和输出数据流称为系统的"逻辑输入"和"逻辑输出"。显然逻辑输入与逻辑输出之间的部分即是系统的变换中心。而系统输入端和系统输出端的数据分别称为"物理输入"和"物理输出"。变换型数据处理的工作过程大致分为三步,即取得数据、变换数据和给出数据。

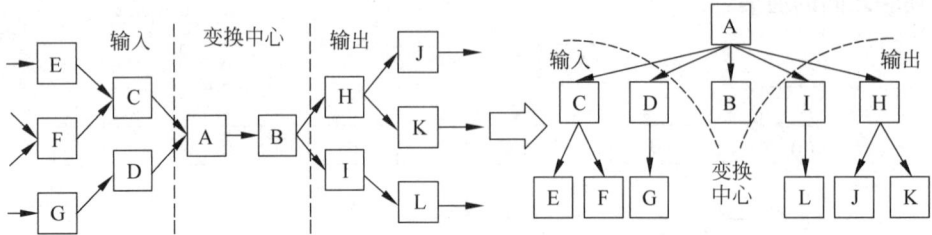

图 4-23 变换分析法

运用变换分析法从变换型结构的数据流程图导出变换型模块结构图的过程可分为以下步骤:

步骤一:找出系统的主加工。

根据系统说明书,确定数据流程图中哪些是系统的主加工。主加工一般是几股数据流汇合处的处理,也就是系统的变换中心,即逻辑输入和逻辑输出之间的处理。

• 确定逻辑输入

离物理输入端最远,但仍可被看作系统输入的那个数据流即为逻辑输入。确定方法是:从物理输入端开始,一步步向系统的中间移动,直至达到一个已不能再被看作系统的输入的数据流,则其前一个数据流就是系统的逻辑输入。

• 确定逻辑输出

离物理输出端最远,但仍可被看作系统输出的那个数据流即为逻辑输出。确定方法是:从物理输出端开始,一步步向系统的中间反方向移动,直至达到这样一个数据流,它已不能再被看作系统的输出,则其后一个数据流就是系统的逻辑输出。

对系统的每一个输入和输出,都用上面的方法找出相应的逻辑输入、逻辑输出。

逻辑输入和逻辑输出之间的加工就是系统的主加工,如图 4-24 和图 4-25 所示。

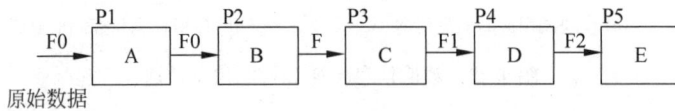

图 4-24 初始 DFD

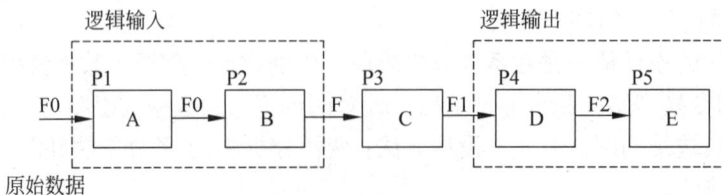

图 4-25 系统的主加工

步骤二：设计模块的顶层和第一层。

"顶层模块"也称为主控模块，其功能是完成整个系统要做的工作。在与主加工对应的位置上画出主模块。系统结构的"顶层"设计完成后，下层的结构就按输入、变换、输出等分支来分解。设计模块结构的第一层的方法：为逻辑输入设计一个输入模块，其功能是向主模块提供数据；为逻辑输出设计一个输出模块，其功能是输出主模块提供的数据；为主加工设计一个变换模块，其功能是将逻辑输入变换成逻辑输出。

第一层模块同顶层主模块之间传送的数据应与数据流程图相对应。其中，主模块控制并协调第一层的输入、变换、输出模块的工作。

步骤三：设计中、下层模块。

由上向下逐步细化的过程，为每一个上层模块设计下层模块。输入模块的功能是向它的调用模块提供数据，有两种功能：一是接收输入数据；二是将这些数据变换成其调用模块所需要的数据。在有多个输入模块的情况下，可为每一个输入模块设计两个下层模块，其中一个是输入模块，另一个是变换模块。输出模块的功能是将其调用模块提供的数据变换成输出的形式。也就是说，要为每一个输出模块设计两个下层模块，其中一个是变换模块，另一个是输出模块。该过程自顶向下递归进行，直到系统的物理输入端或物理输出端为止，如图 4-26 所示。

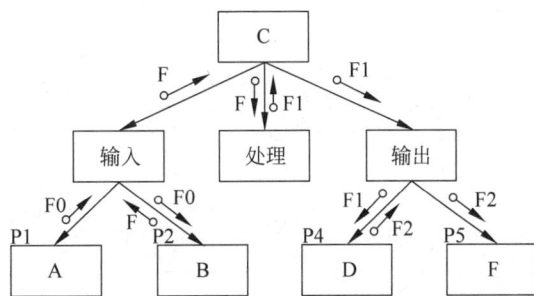

图 4-26　由变换型数据流程图导出初始模块结构图

为变换模块设计下层模块没有通用的规则可循，可以根据数据流程图中主处理的复杂与否来决定是否分为子处理。每设计出一个新模块，应同时给它起一个能反映模块功能的名字。运用上述方法，就可获得与数据流程图相对应的初始模块结构图。

② 事务分析法。

当数据流程图呈现"束状"结构时，应采用事务分析的设计方法，根据事务处理的分类，将数据流程图分解为模块结构图。

就步骤而言，该方法与变换分析法基本类似，主要区别在于由数据流程图到模块结构的映射方式不同。进行事务分析，通常采用以下四个步骤：

- 确定以事务为中心的结构，包括找出事务中心和事务来源。以图 4-27 所示的典型事务型数据流结构为例。
- 按功能划分事务，将具备相同功能的事务分为同一类，建立事务模块。
- 为每个事务处理模块建立全部的操作层模块。其建立方法与变换分析法类似，但事务处理模块可以共享某些操作模块。

- 若有必要,则为操作层模块定义相应的细节模块,并尽可能使细节模块被多个操作模块共享。

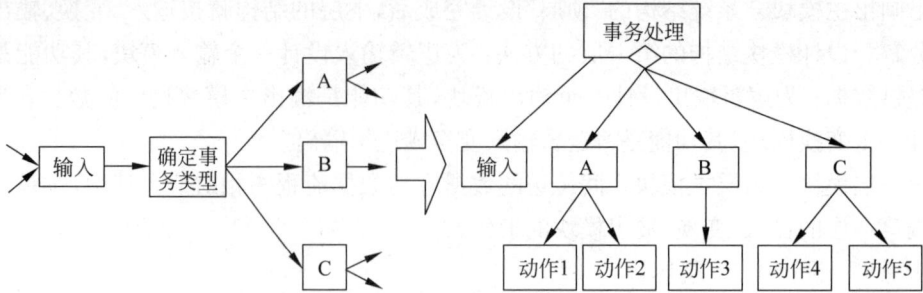

图 4-27　事务分析法

图 4-28 所示为某航班查询系统的数据流程图,是一个以事务为中心的数据流程图。显然,处理过程"分析查询"是它的事务中心,由该数据流程图经事务分析所得到的模块结构如图 4-29 所示。

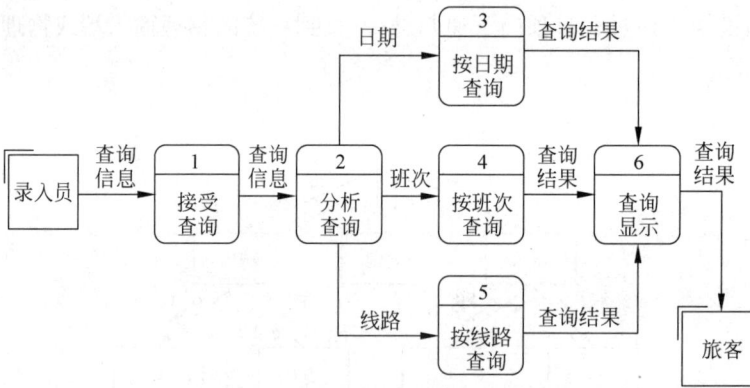

图 4-28　事务型中心数据流程图实例

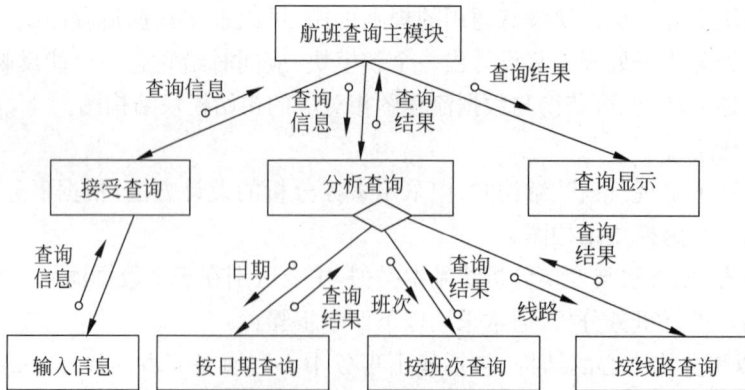

图 4-29　事务型模块结构图实例

③ 混合分析法。

混合分析法以变换分析为主,以事务分析为辅。首先找到系统输入、主加工的输出,用变换分析法设计模块结构图的上层;然后,根据数据流程图各个部分的特点,适当进行变换分析和事务分析,就可以导出模块结构图。

3) 模块的独立性原则

为了降低软件系统的复杂性,提高可理解性、可维护性,必须把系统划分成多个模块。模块不能任意划分,应尽量保持其独立性。模块独立性是指每个模块只完成系统要求的独立的子功能,并且与其他模块的联系最少且接口简单。模块的独立性大致包括耦合性和内聚性两个指标。

耦合性是指多个模块间相互联系、相互依赖的程度,主要是从模块外部考察模块的独立性。耦合度越低,相互影响越小,系统独立性越强,故应尽量降低模块间的耦合度。常见的耦合类型及特征见表 4-5。按耦合度从低到高分为 5 类:数据耦合(最好)、特征耦合、控制耦合、公共耦合、内容耦合。

表 4-5 耦合类型及特征

耦合类型	特 征
数据耦合	两个模块之间的通信信息是若干个参数,其中每一个参数都是一个数据元素。这是模块之间影响最小的耦合关系
特征耦合	两个模块都与同一个数据结构有关系
控制耦合	一个模块所传递的信息控制另一个模块的内部结构
公共耦合	两个模块都和同一个公共数据有关。公用耦合是一种不良的耦合关系,给模块的维护和修改带来困难
内容耦合	一个模块和另一个模块的内部属性(即运行模块和数据)有关系

为了减少模块间的耦合程度,可以采用下列措施:①在耦合方式上,可以通过过程或函数调用而不采用直接引用。前者使模块之间只有调用参数的传递,因此关系简单、清晰,不易发生错误。②在传递信息类型上,应尽量使用数据耦合,而少采用控制耦合。控制/数据型的信息传递是指在某个模块中修改另一个模块的指令信息,这对修改模块来说是数据,而对被修改模块来说则是控制。这种类型的耦合程度最高,应坚决避免使用。③在耦合数量上,模块间相互调用时模块间传递的参数最好只有一个,在大多数情况下,2~4 个也就足够了。

内聚性是指一个功能模块内部各项处理相互联系的密切程度,主要是从模块内部来考察模块的独立性。内聚性越高,系统独立性越强。内聚性的强弱将直接影响系统功能实现的复杂性,应尽量提高模块的内聚性。常见的内聚类型及特征见表 4-6,一般按功能的强度从强到弱分为 7 类:功能内聚(最好)、顺序内聚、通信内聚、过程内聚、时间内聚、逻辑内聚和机械内聚。

表 4-6 内聚类型及特征

内聚类型	特 征
功能内聚	一个模块内部的各组成部分的处理动作全都为执行同一个功能而存在,并且只执行一个功能
顺序内聚	一个模块内前一个处理动作产生的输出数据是后一个处理动作的输入数据

续表

内聚类型	特　征
通信内聚	一个模块内各组成部分的处理动作都使用相同的输入数据或相同的输出数据
过程内聚	一个模块内各组成部分的处理动作各不相同,彼此也没有联系,但它们都受同一个控制流支配,以此决定它们的执行次序
时间内聚	一个模块内的各组成部分的处理动作和时间有关
逻辑内聚	一个模块内部的各组成部分的处理动作在逻辑上相似,但功能都彼此不同或无关
机械内聚	一个模块内部的各组成部分的处理动作彼此没有任何联系

耦合和聚合是相互联系的。系统中每个模块的聚合度越高,耦合度就越低;反之亦然。划分系统模块时,应使模块之间尽可能独立,使模块内联系尽量大,模块间联系尽可能小。功能模块应逐层分解、细化,直至形成若干可编程的模块。当然,还要注意模块的功能、规模以及模块的出入口等诸多因素。划分模块尽量做到高聚合、低耦合,使得所设计的系统具有较高的独立性,从而方便系统实施与维护。

3. 系统物理配置方案设计

系统物理配置方案设计主要包括计算机硬件的选择、计算机软件的选择以及网络的设计和选择。

(1) 计算机硬件的选择包括客户端计算机、服务器、打印机等设备机型和数量的选配。当前的信息系统大多是基于服务器的客户机/服务器或浏览器/服务器结构的网络系统,客户端计算机和服务器因技术已相当成熟而选择比较简单,一般的大型计算机制造企业的品牌个人微型计算机和服务器都适用。硬件的采购可以通过招标方式进行。

(2) 计算机软件的选择包括操作系统的选择、数据库管理系统的选择、开发工具的选择等。操作系统是统一管理计算机软、硬件资源的系统软件,常见的操作系统有 UNIX、Mac OS、Windows 系列等。选择数据库管理系统时应考虑硬件条件、应用需求和系统规模,常用的数据库管理系统有 Oracle、DB2、Sybase、SQL Server、MySQL 和 Access 等。开发工具的选择首先要依据信息系统的总体结构设计,当前基于结构的开发工具有 Visual Basic、Visual C++、Java 等,基于浏览器/服务器模式的开发工具有 ASP、ASP. NET、JSP、PHP 等,具体使用哪一种工具主要取决于开发人员对这些工具的熟悉程度。

(3) 网络的设计和选择主要包括网络拓扑结构的设计、网络逻辑设计、服务器操作系统的选择。

① 网络拓扑结构的设计。网络拓扑结构是指网络上的通信线路以及各个计算机之间相互连接的几何排列或物理布局形式,目前常用的网络拓扑结构有总线型、环型、混合型等。网络拓扑结构的设计应根据应用系统的地域分布、信息流量等综合考虑。图 4-30 所示为某航空公司货站安检系统局域网结构。

② 网络逻辑设计。通常先按部门职能将系统从逻辑上分为各个分系统或子系统,然后按需配备主服务器、主交换机、分系统交换机、子系统集线器、通信服务器、路由器和调制解调器等,如图 4-31 所示。

③ 服务器操作系统的选择。服务器上的操作系统一般选择多用户网络操作系统。

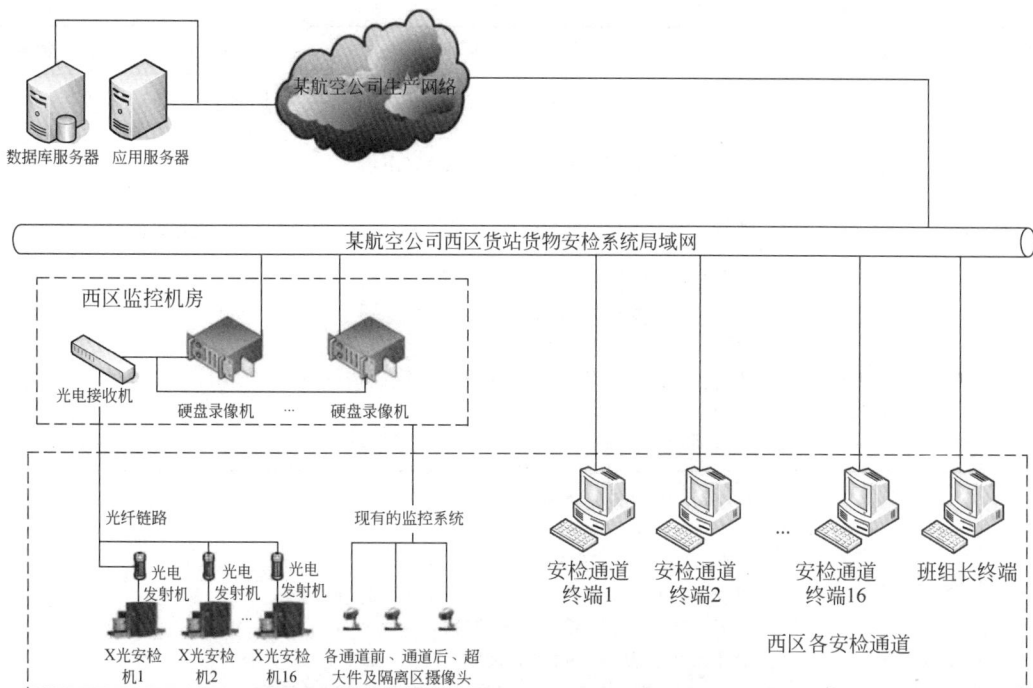

图 4-30　某航空公司货站安检系统局域网结构

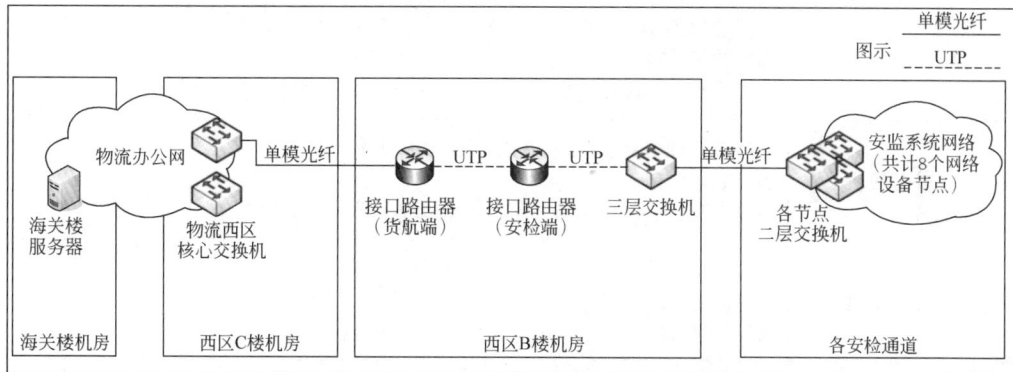

图 4-31　某航空公司货站安检系统网络逻辑设计

表 4-7 所示为某航空公司货站安检系统后台服务器及网络设备清单。

表 4-7　服务器及网络设备清单

序号	设备类型	推 荐 配 置	数量
1	数据库服务器	1. 2U 标准机架式服务器 2. CPU：2 个英特尔至强金牌 5122 处理器 3. 内存：64GB RDIMM 4. 硬盘：1 块 8T NLSAS 7200 RPM 热插拔硬盘 5. 网卡：当前配置≥4 个千兆端口 6. 操作系统：Windows NT/2000/2021 Server	2

序号	设备类型	推荐配置	数量
2	磁盘阵列	1. 功能：容量最多可扩展至 192 个硬盘，最多可直连 8 台服务器连接到 SAS 存储系统 2. Broadcom BCM57810s 双端口 10Gb/s 3. RAID 卡：支持 RAID 级别 0、1、10、5 和 6 4. 硬盘：96T(12 块 3.5 英寸的 8TB 硬盘)，7200 转 SAS 企业级硬盘	1
3	应用服务器	1. 2U 标准机架式服务器 2. CPU：2 颗英特尔至强金牌 5122 处理器 3. 内存：32GB RDIMM 4. 硬盘：1 块 2T NLSAS 7200 RPM 热插拔硬盘 5. 网卡：当前配置≥2 个千兆端口 6. 操作系统：Windows NT/2000/2021 Server	2
4	接口服务器	1. 2U 标准机架式服务器 2. CPU：2 颗英特尔至强金牌 5122 3. 内存：32GB RDIMM 4. 硬盘：1 块 2T NLSAS 7200 RPM 热插拔硬盘 5. 网卡：当前配置≥2 个千兆端口 6. 操作系统：Windows NT/2000/2021 Server	1
5	数据库	MySQL Enterprise Edition 终身授权版	1
6	服务器操作系统	Windows NT/2000/2021 Server	5
7	核心交换机	上行端口速率：万兆；下行端口速率：千兆 端口数量：24 口 端口类型：电口和光口；端口供电功能：非 POE 供电	2
8	三层交换机	上行端口速率：万兆；下行端口速率：千兆 端口数量：48 口 端口类型：电口和光口；端口供电功能：非 POE 供电	2
9	二层交换机	上行端口速率：千兆；下行端口速率：千兆 端口数量：48 口 端口类型：电口；端口供电功能：POE 供电	8
10	路由器	LAN 输出口：千兆网口；LAN 口类型：电口 WAN 接入口：千兆网口；WAN 口类型：电口 防火墙：支持防火墙；企业 VPN：支持企业 VPN 带机数：200～300	10
11	防火墙	支持上网行为管理 LAN 输出口：千兆网口；LAN 口类型：光口，电口 管理方式：WEB 页面，命令行；WAN 口类型：光口，电口 WAN 口数量：2 个；VPN 类型：IPSec VPN，SSL VPN	1
12	工作站	处理器：Intel i9；内存容量：8GB 硬盘容量：500GB～1TB；操作系统：Windows 10 显卡：集显	50

4.2.3 代码设计

代码是用来表示事物名称、属性和状态等的符号。在管理信息系统中,代码是人和机器的共同语言,是系统进行信息分类、校对、统计和检索的依据。代码设计就是设计出一套能为系统各部门公用的、优化的代码系统,这是实现计算机管理的一个前提条件。

管理信息系统中的代码可以为事物提供一个概要而准确的认定,便于数据的存储和检索,节省时间和空间;有利于提高处理的效率和精度,按代码对事物进行排序、累计或统计分析,准确高效;有利于提高数据的一致性,通过统一编码,减少了因数据不一致而造成的错误;同时,代码也是人和计算机进行信息交换的工具。

1. 代码设计的原则

代码设计是一项重要的工作,合理的编码结构是使管理信息系统具有生命力的重要因素。在进行代码设计时,应遵循以下原则:

(1) 代码在逻辑上必须满足用户需要,在结构上应当与处理方法相一致。例如,为了提高处理速度,往往在不调出有关数据文件的情况下,直接根据代码的结构进行统计。

(2) 代码对于所代表的事物或属性应具有唯一性。

(3) 设计代码时要预留足够的位置,以适应不断变化的需要。

(4) 代码的编制应标准化、系列化,使代码结构便于理解。

(5) 避免使用容易引起误解或易于混淆的字符,如 O、Z、I、S、V 与 0、2、1、5、U 等。

(6) 尽量采用不易出错的代码结构,如字母-字母-数字的结构比字母-数字-字母的结构发生错误的机会要少一些。

(7) 多于 4 个字母或 5 个数字字符时,应分段记忆。这样在读写时不易发生错误。如 137-021-05161 比 13702105161 易于记忆,并能更精确地记录下来。

(8) 若已知码的位数 P,每一位上可用字符数 S_i,则可以组成码的总数为

$$C = \prod_{i=1}^{P} S_i$$

例如,对于第一位字符必须取 1~9,其余各位字符可以取为 0~9 的 8 位电话号码,共可容纳的电话号码数目为

$$C = 9 \times 10^7 = 90\ 000\ 000$$

2. 代码的种类

一般说来,代码可按文字种类或功能进行分类。按文字种类可分为数字代码、字母代码(英语字母或汉语拼音字母)和数字字母混合码。

按功能则可以分为以下几类:

1) 顺序码

顺序码是一种最简单、最常用的代码,即把顺序的自然数或字母赋予编码对象。顺序码是一种无实际意义代码,这种代码只作为分类对象的唯一标识,只代替对象名称,而不能提供对象的任何其他信息。

顺序码的优点是代码简短、使用方便、易于管理、易添加,对分类对象无任何特殊规定;缺点是代码本身没有给出对象的任何其他信息。通常对非系统化的分类对象采用顺序码。

2）区间码

区间码也称层次码，它把数据项分成若干组，每一区间代表一个组，码中数字的值和位置都代表一定意义。

例如航班计划中的航班号编码规则。航班号由航空公司二字代码和航班编号两部分组成，国内航班编号用 4 位数字，国际航班编号用 3 位或 4 位数字。表 4-8 所示为我国国内航班号的一般编码规则（2004 年前制定）。

表 4-8　我国国内航班号一般编码规则

第一位	第二位	第三位	第四位	第五位	第六位
航空公司二字代码		执飞航空公司所在地区代码	执飞航班终点站所在地区代码	具体航班序号，去程航班为单数，回程航班为双数	

航空公司代码由中国民航局公布。后面四位数字的第一位代表航空公司的基地所在地区，第二位代表航班基地外终点所在地区，其中数字 1 代表华北、2 代表西北、3 代表华南、4 代表西南、5 代表华东、6 代表东北、8 代表厦门、9 代表新疆，第三、四位表示航班的序号，单数表示由基地出发向外飞的航班，双数表示飞回基地的回程航班。

以 CA1585 为例，CA 是中国国际航空公司的代码，第一位数字 1 表示华北地区，国航的基地在北京；第二位数字 5 表示华东，烟台属华东地区；后两位 85 为航班序号，末位 5 是单数，表示该航班为去程航班。CA1586 则为国航飞烟台至北京的回程航班。

区间码的优点：信息处理比较可靠，排序、分类、检索等操作易于进行。但这种码的长度与它分类属性的数量有关，有时可能造成很长的码。在许多情况下，码有多余的数。同时，这种码的修改也比较困难。

区间码又可分为以下类型：

（1）多面码。

一个数据项可能具有多方面的特性，如果在码结构中为这些特性各规定一个位置，则形成多面码。例如，对于航材管理业务中常见的螺钉，可作如表 4-9 所列的规定。代码 2342 表示材料为黄铜的 $\phi1.5$mm 方形头镀铬螺钉。

表 4-9　多面码示例

材　　料	螺钉直径	螺钉头形状	表面处理
1—不锈钢	1—ϕ0.5mm	1—圆头	1—未处理
2—黄铜	2—ϕ1.0mm	2—平头	2—镀铬
3—钢	3—ϕ1.5mm	3—六角方头	3—镀锌
		4—方形头	4—上漆

（2）上下关联区间码。

上下关联区间码由几个意义上相互有关的区间码组成，其结构一般由左向右排列。航空货物运费核算方面，常用最左位代表核算种类，下一位代表会计核算项目。例如，会计核算用编码 126-52-1084，一般前 3 位是总账科目，即一级科目，中间 2 位是部或行业规定的二级科目，最后 4 位是企业可以自定义的三级科目。

（3）十进位码。

此法相当于图书分类中沿用已久的十进位分类码，它是由上下关联区间码发展而成的。如 610.736，小数点左边的数字组合代表主要分类，小数点右边的数字代表子分类。子分类划分虽然很方便，但所占位数长短不齐，不适于计算机处理。显然，只要把代码的位数固定下来，则仍可利用计算机处理。

（4）助忆码。

助忆码用文字、数字或文字数字结合起来表示，其特点是可以通过联想帮助记忆。助忆码适用于数据项数目较少的情况（一般少于 50 个），否则可能引起联想出错。此外，过长的助忆码占用计算机容量过多，也不宜采用。

3. 代码设计步骤

所谓代码设计是将系统中具有某些共同属性或特征的信息归并在一起并通过一些易于计算机或人类识别和处理的符号表示各类信息。代码设计的步骤如下：

（1）确定编码对象。一般系统中涉及的各类实体都是需要编码的对象。

（2）明确编码目的。确定各类对象的代码的应用目的，如识别、分类、排序等。

（3）确定代码的个数。确定需要编码的每类对象中对象的个数及未来可能的扩充数。

（4）确定代码使用范围和使用期限。

（5）确定是否已有标准代码。如果没有，应参照国际标准化组织、其他国家、部门或单位的编码标准，以便将来标准化。

（6）确定代码类型及代码位数。根据代码的使用范围、使用时间和编码对象的个数等实际情况确定代码的类型及代码位数。

（7）确定编码规则。明确代码每位或每区段的含义及取值。

（8）考虑代码的检验性能。根据代码的重要程度考虑是否加校验位。

（9）填写代码设计书。代码设计书示例见表 4-10。

表 4-10　代码设计书

代码对象名：空港货站作业人员编号		使用范围：货站内使用
代码类型：层次码	位数：8	校验位：无
代码数量：10000	使用期限：2023.01.01 以后	使用范围：货站内使用
代码结构：		

$$\underset{\text{入职年份}}{\times\times\times\times} \quad \underset{\text{班组编号}}{\times\times} \quad \underset{\text{班组内序号}}{\times\ \times}$$

代码组成元素类型及取值范围：代码由阿拉伯数字组成，第 1～4 位取值范围为 2023～9999；第 5～6 位取值范围为 01～99；第 7～8 位取值范围为 01～99

代码示例：20230322 2023 年入职 03 班组 22 号

备注：

设计人：×××	审核人：×××	2023 年 10 月 10 日

（10）编写代码及编写代码词典。按确定的代码类型、代码位数及编码规则编写代码，编写代码词典，对代码做详细的说明并通知有关部门，以便正确使用代码。

4.2.4　数据存储设计

在系统分析阶段进行新系统逻辑模型设计时，已从逻辑角度对数据存储进行了初步设计。在系统设计阶段，应根据已选用的计算机硬件和软件及使用要求，进一步完成数据存储的详细设计。民航管理信息系统基于文件系统或数据库系统，而文件是数据管理即存储和维护数据的基本方式。

1. 文件设计

文件设计就是根据文件的使用要求、处理方式、存储量，数据的活动性以及硬件设备的条件等，合理地确定文件类别，选择文件介质，确定文件的组织方式和存取方法。

文件可以按不同特征进行分类。

1）按文件的存储介质分类

按文件的存储介质不同可把文件分为卡片文件、纸带文件、磁盘文件、磁带文件和打印文件等。

2）按文件的信息流向分类

按文件的信息流向可把文件分为输入文件（如卡片文件）、输出文件（如打印文件）和输入输出文件（如磁盘文件）。

3）按文件的组织方式分类

按文件的组织方式可把文件分为顺序文件、索引文件和直接存取文件。

4）按文件的用途分类

按文件的用途分为以下几类：

（1）主文件：系统中最重要的共享文件，主要存放具有固定值属性的数据。为发挥主文件数据的作用，它必须准确、完整并及时更新。

（2）处理文件：又称事务文件，是用来存放事务数据的临时文件，其中包含对主文件进行更新的全部数据。

（3）工作文件：处理过程中暂时存放数据的文件，如排序过程中建立的排序文件、打印时建立的报表文件等。

（4）周转文件：用来存放具有固定个体变动属性的数据。如航空公司管理系统中统计出勤情况文件，有员工代码、姓名、部门、出勤天数、病/事假天数5个数据项。对于航空公司员工，除新进员工和辞职员工外，前3项内容基本每月不变，需要输入的仅是出勤天数和病/事假天数。因此，为节约工作量，可采用周转文件来解决。即人事部门先制作一个空周转文件，输入所有员工代码、姓名和部门，下发至各部门填写后，交回人事部门进行统计。这个周转文件既是输出又是输入。

设计文件之前，首先要确定数据处理的方式、文件的存储介质、计算机操作系统提供的文件组织方式、存取方式和对存取时间、处理时间的要求等。

表4-11列出了常用文件组织方式的性能比较，表中活动率指的是更新过程中作用到记录的百分数。例如，对于10 000个记录，需要处理8000个，则活动率为80%。

表 4-11 常用文件组织方式性能比较

组织方式	使 用 效 果						
	顺序处理方式	随机处理方式	文件大小	随机查找速度	顺序查找速度	活动率	对软件要求
顺序	很好	不好	无限制	慢	很快	高	低
索引	好	好	中等大	快	快	低	中
直接	不好	很好	有限制	很快	慢	低	高

文件设计通常从设计共享文件开始,这是因为共享文件与其他文件的关系密切,先设计共享文件,其他文件中与它相同的数据项目就可以用它作为基准,尽量取得一致。

2. 数据库设计

数据库设计是在选定的数据库管理系统基础上建立数据库的过程。数据库设计除用户需求分析外,还包括概念结构设计、逻辑结构设计和物理结构设计 3 个阶段。

由于数据库系统已形成一门独立的学科,所以,当把数据库设计原理应用到民航管理信息系统开发中时,数据库设计的几个步骤就与系统开发的各个阶段相对应,且融为一体。它们之间的对应关系如图 4-32 所示。

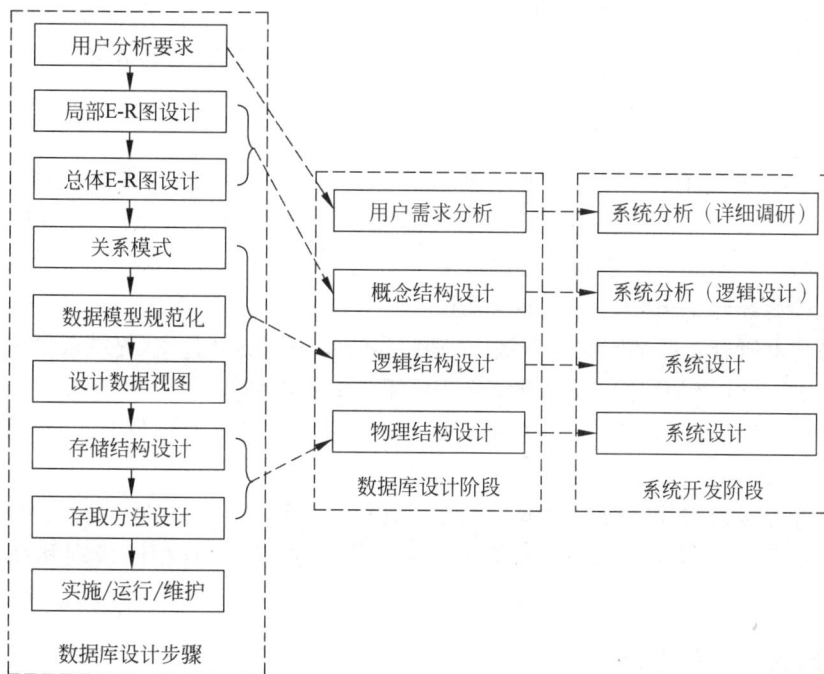

图 4-32 数据库设计步骤与系统开发阶段的对应关系

数据库的概念结构设计应在系统分析阶段进行,目的是根据用户需求设计数据库的概念数据模型(简称概念模型)。

数据库的逻辑结构设计,是将概念结构设计阶段完成的概念模型转换成能被选定的数据库管理系统支持的数据模型。

数据库的物理结构设计,是为数据模型在设备上选定合适的存储结构和存取方法,以获得数据库的最佳存取效率。物理结构设计的主要内容包括库文件的组织形式,如选用顺序文件组织形式、索引文件组织形式等；存储介质的分配；存取路径的选择等。

3. 数据资源的分布和安全保密设计

在建立了数据的整体关系结构之后，剩下的工作就是确定数据资源分布和定义安全保密属性。其中数据资源的分布是针对网络数据库(或称分布数据库系统)而言的，而安全保密属性的定义则是针对某些特殊信息而言的(如财务数据等)。如果是单机系统，并且没有保密和安全要求，则这一步设计工作可以省去。

1) 数据资源分布

如果所规划和设计的系统在网络环境之下，那么数据库设计必须考虑整个数据资源在网络各节点(包括网络服务器)上的分配问题，否则下一步的网络建立、功能模块设计和系统实现工作就无法按预定方案进行。数据资源分布的原则是：同一子系统的数据尽量放在本子系统所使用的机器上，只有公用的数据和最后统计汇总类数据才放在服务器上，在设计数据库和分配数据资源时一定要注意考虑这一原则，否则数据资源分配不当，将会造成整个网络系统数据通信紧张，从而降低系统运行效率。

考虑数据资源合理分布的一个方法是在加工整理后的 U/C 矩阵中，将子系统专属数据(仅出现在单个小方块内的数据项)部署在该子系统本地节点，对于由某子系统创建(矩阵小方块含 C 标记)且被其他子系统共享使用(同列存在多个 U 标记)的数据，需建立实时同步机制，生成该类数据后立即将其推送至中央存储节点。这种分布策略既能保证本地数据访问效率，又能确保跨系统数据共享的及时性。

2) 数据的安全保密属性定义

一般 DBMS 都具有用户自己定义数据安全保密性的功能。系统提供的安全保密功能一般有 8 个等级(0～7 级)、4 种不同方式(只读、只写、删除、修改)，而且允许用户利用这 8 个等级的 4 种方式对每一个表自由地进行定义。

定义安全保密性的方法一般有如下几种。

(1) 原则上所有文件都定义为 4 级，个别优先级特别高的办公室(终端或微机的入网账号)可定义为高于 4 级的组别，反之则定义为低于 4 级的组别。

(2) 统计文件(表)和数据录入文件一般只对本工作站定义为只写方式，对其他工作站则定义为只读方式。

(3) 财务等保密文件一般只对本工作站(如财务科等)定义为可写、可改、可删除方式，对其他工作站则定义为只读方式，而且不是每个人都能读，只有相同级别和高级别者才能读。

4.2.5 输入/输出设计

输出是系统产生的结果或提供的信息。对于大多数用户来说，输出是系统开发目的和使用效果评价的标准。尽管有些用户可能直接使用系统或从系统输入数据，但都要应用系统输出的信息。输出设计的目的是正确、及时地输出用于生产和服务部门的有用信息。因此，系统设计过程与实施过程相反，是从输出设计到输入设计。即先确定要得到哪些信息，再考虑为了得到这些信息需要准备哪些原始资料作为输入。

1. 输出设计

系统输出是用户日常业务处理和管理所需的重要信息，因此输出设计是直接与用户要求相联系的。设计的目标是：保证输出方便地为用户服务，正确反映用户所需要的有用信息。

1）选择输出方式

一般的管理信息系统输出方式有显示输出、打印输出和图形输出，表 4-12 列出了常用输出方式的对比情况。

表 4-12　常用输出方式对比

输出方式	界　　定	输出设备	特　　点
显示输出	以人机对话的形式通过显示屏直接输出信息，也称为软复制	显示终端	优点是输出实时性强，但输出信息无法保存
打印输出	用打印机将各种账单、报表等在打印纸上输出，也称为硬复制	打印机	便于传递和长期保存输出信息，因而适用对象更加广泛
图形输出	通过印刷用纸输出各种用于辅助设计及各种统计图表设计的图形	绘图机和打印机	便于长期保存

2）设计输出报表的内容

输出报表内容的设计应当根据业务管理的具体要求，遵循"因人而异"的原则进行。一般包括：

（1）输出信息使用情况：信息的使用者、使用目的、信息量、输出周期、有效期、保管方法和输出份数。

（2）输出信息内容：输出项目、精度、信息形式（文字、数字）。

（3）输出格式：表格、报告、图形等。

（4）输出设备和介质：设备，如打印机、显示器等；介质，如磁盘、磁带、纸张（普通、专用）等。

3）输出设计的方法

在系统设计阶段，设计人员应给出系统输出的说明，这个说明既是编程人员在软件开发中进行实际输出设计的依据，也是用户评价系统适用性的依据。输出主要有以下几种形式：

（1）表格信息：以表格的形式提供，一般用来表示详细的信息。

（2）图形信息：管理信息系统用到的图形信息主要有直方图、饼图、曲线图、地图等。图形信息在表示事物的趋势、多角度对比分析方面有较大的优势，可以充分利用大量历史数据的综合信息，表示方式直观，常为决策用户所喜爱。

（3）图标：用来表示数据间的比例关系和比较情况。由于图标易于辨认，无须过多解释，因此在信息系统中应用日益广泛。

4）输出报告

输出报告标出各常量、变量的详细信息，也给出各种统计量及其计算公式、控制方法。设计输出报告时须注意以下几点：

（1）方便使用者。

（2）考虑系统的硬件性能。

（3）尽量利用原系统的输出格式，如需修改，应与有关部门协商，征得用户同意。

（4）输出表格要考虑系统发展需要。例如，是否在输出表中留出位置，以满足将来新增项目的需要。

（5）输出的格式要根据硬件能力，并试制输出样品，经用户同意后才能正式使用。

保持输出内容和格式的统一性，可以提高系统的规范化程度和编程效率。对于同一内容的输出，在显示器、打印机、文本文件和数据库文件上都应具有一致的形式。

5）输出设计示例

图 4-33 和图 4-34 所示为空港货站系统出港航班配载舱单及电子运单打印输出格式示意图，实际操作时可用鼠标热键来调整舱单的格式。

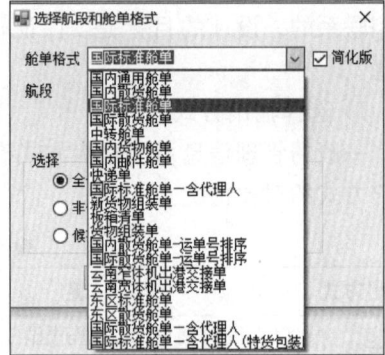

图 4-33　空港货站系统出港航班配载舱单

货邮舱单
Cargo & Mail Manifest

航班日期: 03月02日 Flight Date	航班号: SQ827 Flight Number	装载站: PVG Loading Station	经停站 Stopover Station	目的站: SIN Destination	机号: 9VSCD REG

货物运单号 AWB NO.	货物品名 Commodity	件数pcs <装载>/<运单>	重量Weight (KG) <装载>/<运单>	始发站 ORG	目的站 DEST	特货代码 SHC	货站产品 CPC	备注 REMARK
AKE 14674SQ		**28**	**920**					**UCS导入**
618-40749645	CONSOL NOT RESTRICTED	13/16	325.00/433.00	PVG	CMB	ECP,EAP,DFA		Transfer
618-41312412	COVERS MAINFRAME LOW	2/9	15.00/35.00	PVG	CMB	ELM, ECP, EAW, DFA		Transfer
618-41350820	CONSOL	1/1	386.00/386.00	PVG	CMB	ECP,EAP,DFA		Transfer
618-41351181	CONSOL	12/12	194.00/194.00	PVG	CMB	ECP,EAP,DFA		Transfer
AKE 87678SQ		**25**	**780**					**UCS导入**
618-40749645	CONSOL NOT RESTRICTED	3/16	108.00/433.00	PVG	CMB	ECP,EAP,DFA		Transfer
618-40775265	CONSOL NOT RESTRICTED	1/17	105.00/4664.00	PVG	CMB	ECP,EAP,ECC,DFA		Transfer
618-40776691	WOVEN FABRIC PO 420018	3/29	47.00/454.00	PVG	CMB	ECP, EAW, DFA		Transfer
618-41312412	COVERS MAINFRAME LOW	4/9	5.00/35.00	PVG	CMB	ELM, ECP, EAW, DFA		Transfer
618-41312703	CONSOL NOT RESTRICTED	12/15	475.00/639.00	PVG	CMB	ECP,EAP,DFA		Transfer
618-41350842	CONSOL NOT RESTRICTED	2/27	40.00/443.00	PVG	CMB	ECP,EAP,DFA		Transfer
AKE 87706SQ		**34**	**1276**					**UCS导入**

第（　1　）页page, 共（　4　）页pages

图 4-34　电子运单打印输出格式

图 4-35 所示为某空港货站系统进出港报文统计示例。在输出界面上不仅显示出统计结果数据值，也可以用直方图、饼图等图形显示统计分析结果。

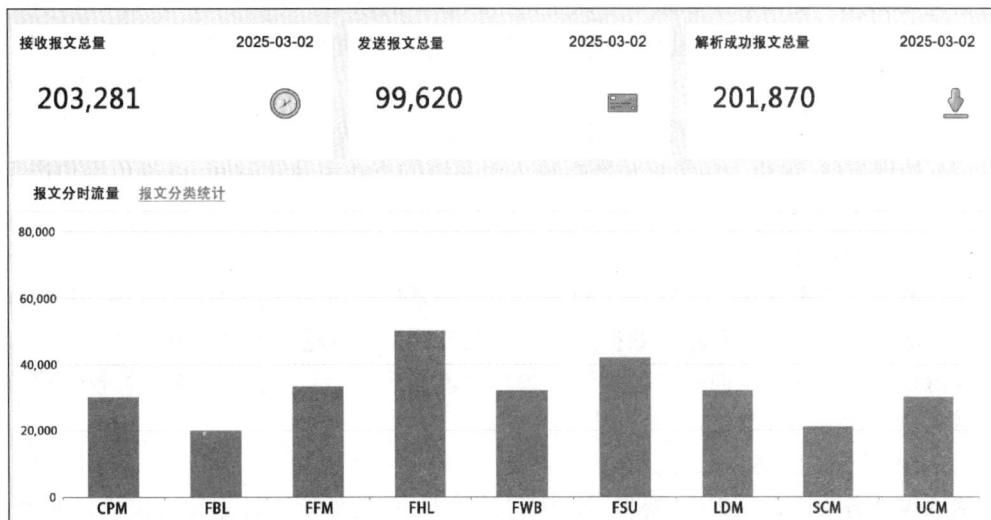

图 4-35 某空港货站系统进出港报文统计

2. 输入设计

输入数据的正确性直接影响处理结果的正确性，如果输入数据有误，即使计算和处理过程正确，也无法获得可靠的输出信息。同时，输入设计决定着人机交互的效率。根据输出信息的要求，如何选择合适的输入方法和查错方法是这一阶段的主要内容。

1）选择输入方式

对于输入方式的选择通常遵循"因地制宜"的原则，根据输入信息产生的地点、时间、周期和信息量来确定。

常用的输入方式有以下几种：

（1）键盘输入；

（2）扫描仪、条形码阅读器等其他终端设备自动化输入；

（3）媒体化后成批输入；

（4）联机时输入。

2）输入设计的原则

（1）输入量应保持在能满足处理要求的最低限度。在数据录入时，系统大多数时间都处于等待状态，系统效率显著降低，而且会浪费大量的人力、增加系统的运行成本。因此，在输入信息时，只需要输入基本的信息，其他可以通过计算、统计、检索得到的信息则应由系统自动产生。

（2）杜绝重复输入，特别是数据能共享的大系统、多子系统一定要避免重复输入。

（3）减少输入延迟。输入数据的速度往往是提高信息系统运行效率的瓶颈，为减少延迟，可以采用周转文件、批量输入等方式。

（4）减少输入错误。输入设计中应采用多种输入校验方法和有效性验证技术，减少输入错误。

（5）避免额外步骤。应尽量避免不必要的输入步骤。

（6）简化输入过程。输入设计在为用户提供纠错和输入校验功能的同时，必须保证输入过程简单易用。提高效率和减少错误是两个最根本的原则。

（7）界面友好，容错能力强。要提供数据校验功能，以便使错误及时得到改正。对于用户操作上的错误（如击错键、未按要求操作）、数据输入错误（如类型错误、数据不合理、数据越界等）、多用户环境冲突等必须给予提示，并且让用户予以纠正。

（8）处理方便、快速。尽量缩短数据输入时系统的查找和计算时间，以避免用户产生烦躁与不安的情况。

3）输入数据的校验

大多数输入数据在录入计算机之前都要经过一系列转换、传送等操作，这些处理过程难免会影响数据的准确性。对输入数据进行必要的校验是确保输入数据正确性的一项重要措施。系统设计人员需要全面考虑各种输入数据可能出现的错误，通过采取多种校验措施对有错数据进行修改与补救。

4）输入设计说明书

输入设计各项内容完成后，要填写输入设计说明书，例如航班计划输入设计说明书，如表 4-13 所列。

表 4-13　航班计划输入设计说明书

编号	OP001	填表人	×××	填表日期		2023.07.20
输入名称	航班计划		输入方式	键盘录入		
输入内容	项目号	项目名称	类型及宽度	格式要求		备注
	1	承运人	C(2)	承运人基础表中的承运人代码		
	2	航班号	C(6)	航班号，可录入数字及字母		
	3	有效日期起	D(10)	日期格式 YYYY-MM-DD		
	4	有效日期止	D(10)	日期格式 YYYY-MM-DD		
	5	航程	C(20)	样式：SHA-PEK-SHE		
	6	机型	C(10)	飞机机型基础表中的承运人代码		
	7	控制站	C(3)	航站基础表中的航站代码		
	8	机尾号	C(6)			
	9	周期	C(6)	设置航班班期		
	10	备注	C(100)			

3. 界面设计

用户界面是系统与用户之间的接口，也是控制和选择信息输入、输出的主要方式。用户界面设计应坚持友好、简便、实用、易于操作的原则，尽量避免过于烦琐和花哨。例如，在设计菜单时应尽量避免菜单嵌套层次过多，二级或三级就可以了。根据系统详细设计的要求，界面设计包括人机对话的设计、出错提示的设计和界面的集成设计。

1）人机对话的设计

人机对话问题通常的处理方式是让系统开发人员根据实际系统操作过程将对话语句写在程序中。常见的对话方式有以下两种：

（1）提示和警告性的信息。当用户操作错误时，系统向用户发出提示和警告性的信息。

（2）操作提示。为了使操作方便，常常把操作提示和要点同时显示在屏幕的旁边，当系统执行用户操作指令遇到两种以上的可能时，会提请用户进一步说明。

2）出错提示的设计

出错提示设计方法是将整个系统操作说明书全部送入系统文件中，并设置系统运行状态指针。当系统运行操作时，指针随着系统运行状态而改变，当用户按"求助"键时，系统则立刻根据当前指针调出相应的操作说明。调出说明后还请求进一步详细说明的方式，可以通过标题来索引具体内容，也可以通过选择关键字方式来索引具体的内容。

3）界面的集成设计

界面的集成设计是指将系统中多个独立开发的界面模块或子系统进行统一协调与整合，使其在视觉风格、交互逻辑、数据传递和功能衔接上形成有机整体的过程。

4）用户界面的形式

界面的形式包括菜单式、填表式、选择性问答式及按钮式。

（1）菜单式。

菜单的形式多种多样，通过屏幕显示出可选择的功能代码，由操作者进行选择，将菜单设计成层次结构，则通过层层调用，可以引导用户使用系统的每一个功能。菜单是系统整体功能结构的具体体现，应使得用户能够用尽可能少的操作找到需要的功能，同时功能描述应明确无误。随着软件技术的发展，菜单设计也更加趋于美观、方便和实用。目前，系统设计中常用的菜单设计方法主要有以下几种。

① 一般菜单。在屏幕上显示出各个选项，每个选项指定一个代号，通过键盘输入的代号或单击选项决定后续操作。

② 下拉菜单。它是一种二级菜单，第一级是选择栏，第二级是选择项，各个选择栏都横排在屏幕的第一行上。用户可以利用光标控制键选定当前选择栏，在当前选择栏下立即显示出该栏的各项功能，供用户进行选择。

③ 快捷菜单。它是选中对象后右击所出现的菜单，将光标移到所需的功能项目上单击，即执行相应的操作。

④ 级联菜单。若下拉菜单或快捷菜单中的某个选择项还包括多项功能，则在选项后使它所包含的功能显示在其附近，这被称为级联菜单。

⑤ 菜单树。以树形结构组织菜单，可灵活地将菜单内容展开与折叠。

下拉菜单和快捷菜单是目前常用的菜单形式。一般可令下拉菜单常驻屏幕中，整个运行过程中可随时供用户使用，而快捷菜单一般在操作某一对象时提供有针对性的服务。菜单树在系统菜单结构复杂且功能项很多时使用。在给用户提供菜单时，要注意使与当前操作无关的功能失效，以避免误操作。

（2）填表式。

填表式界面一般用于通过终端向系统输入数据，系统将要输入的项目显示在屏幕上，然后由用户逐项填入有关数据。此外，填表式界面设计也常用于系统的输出。如果要查找系统中的某些数据,可以将数据的名称按一定的方式排列在屏幕上,然后由计算机将数据的内容自动填写在相应的位置上。由于这种方法简便、清晰、易读,并且不容易出错,因此是通过屏幕进行输入、输出的主要形式。

(3) 选择性问答式。

当系统运行到某一阶段时,可以通过屏幕向用户提问,系统根据用户选择的结果决定下一步执行什么操作。这种方法通常可以用于提示操作人员确认输入数据的正确性或者询问用户是否继续某项处理等。例如,当用户输完一条记录后,可通过屏幕询问"输入是否正确(Y/N)",计算机根据用户的回答来决定是继续输入数据还是对刚输入的数据进行修改。

(4) 按钮式。

在界面上用不同的按钮图标表示系统的可执行功能,单击按钮即可执行该操作。按钮的表面可注上功能的名称,也可用能反映该功能的图形加文字说明形式。使用按钮可使界面美观、漂亮,使系统看起来更简单、好用,操作更方便、灵活。

设计用户界面要充分考虑到人的因素(如用户的特点、用户如何与系统交互、用户怎样理解系统产生的输出信息以及用户对系统有什么期望等),还要考虑界面的风格,可用的软、硬件技术及应用本身产生的影响。要充分考虑用户的心理,尽量使用户界面的设计符合用户的需要。在界面设计时,要考虑系统的响应时间,时间不应过长。界面操作过程中要为用户提供必要的帮助信息,在用户操作错误时,应能提供简明、清晰的错误提示信息并给出适当的操作建议。

5) 界面设计实例

图 4-36 所示为航空物流货站系统中航班进港处理操作界面,该界面主要包括以下操作区域:

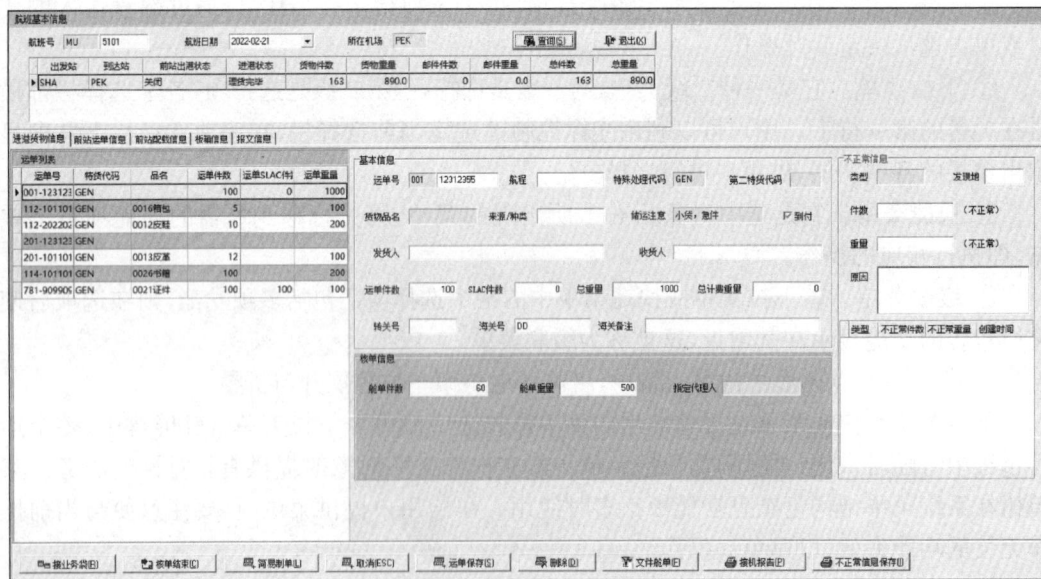

图 4-36　航班进港处理操作界面

（1）航班信息操作区。进港核单用户输入航班号及日期信息，可以查询到航班信息。

（2）运单信息浏览区。根据用户输入的航班号，显示航班上的运单信息。

（3）进港货物信息区。该区域用来展示进港货物的各类信息，用户可以根据业务情况调整进港货物各类信息。

（4）功能按钮区。该区域包含各类业务功能按钮，用户通过单击按钮或按键盘上的快捷键进行各类业务操作。

在这个界面上，用户还可以浏览航站运单信息、前站配载信息、板箱信息和报文信息，在不同的界面上还可以进行相应的业务操作。

4.2.6 处理流程设计

在进行处理流程设计时，设计者面临两个问题：一个是确定实现每个模块的算法；另一个是如何精确地表达这些算法。前一个问题涉及所开发项目的具体要求和每个模块的具体功能，因而不能一概而论；后一个问题需要给出适当的算法表达形式，或者说应该选择某种表达工具来描述处理流程。

目前，常用的算法表达工具有程序流程图（program flow chart，PFC）、N-S 图（盒图）、PAD（problem analysis diagram）、PDL（program design language）、HIPO（hierarchy plus input-process-output）图等，它们在使用中各有自己的长处，也有不足之处，因此，至今还没有一种十全十美的理想工具为人们所普遍接受。选择算法表达工具的一个重要原则是：当算法用某种工具描述后能够很方便地转换为结构化的程序，这种工具便是好工具。

1. 程序流程图

程序流程图即框图，又称控制流程图，是使用最广泛的算法描述工具。PFC 包括 3 个基本部分：①处理（用矩形框表示）；②判断（用菱形框表示）；③控制流（用箭头表示）。

PFC 的优点是清晰易懂，便于初学者掌握；缺点是不适合于结构化程序设计，特别是若箭头使用不当，会使程序的算法难以理解。为消除这一缺点，人们对 PFC 使用的符号做了规定，要求使用指定符号。另外，为了使 PFC 能表达结构化程序，规定 PFC 只能由 3 种基本结构或这 3 种基本结构的嵌套组成，如图 4-37 所示。

2. N-S 图

N-S 图又称盒图（block diagram）。它是结构化程序设计出现之后，为支持这种设计方法而产生的一种描述工具。使用如图 4-38 所示的基本结构，可以组成结构化程序设计方法的几种标准控制结构。

在 N-S 图中，每个处理步骤用一个盒子表示。盒子可以嵌套。每个盒子仅设有上方的单一入口和下方的单一出口。除此之外别无其他出入口，所以盒图限制了随意的控制转移，保证了程序的良好结构。

3. PAD

PAD 是日本的二村良彦等人于 1974 年提出的另一种主要用于描述软件详细设计的图形表示工具。与方框图一样，PAD 也只能描述结构化程序允许使用的几种基本结果。自发

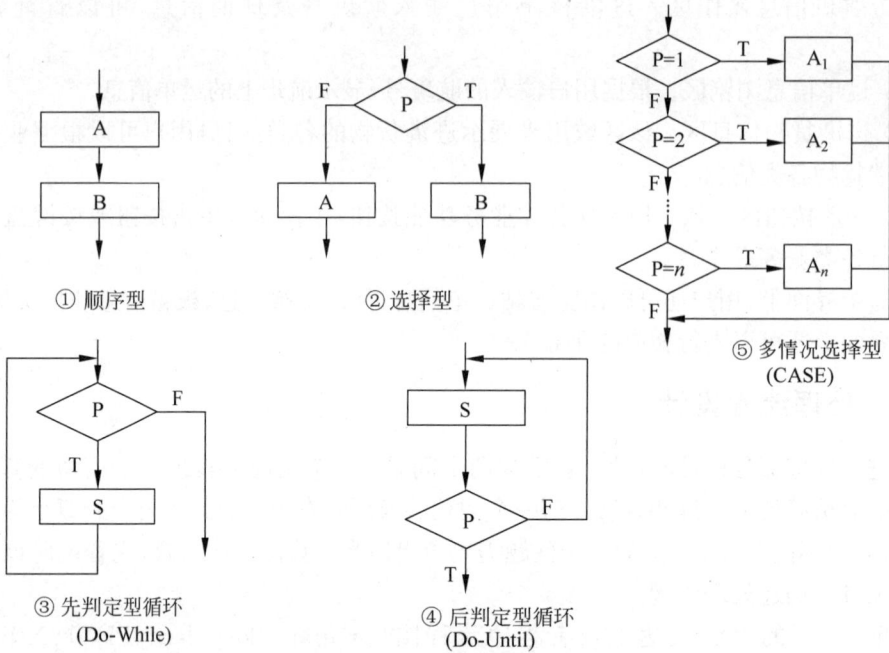

① 顺序型　　　　　　　②选择型

⑤ 多情况选择型
(CASE)

③ 先判定型循环
(Do-While)

④ 后判定型循环
(Do-Until)

图 4-37　程序流程图结构

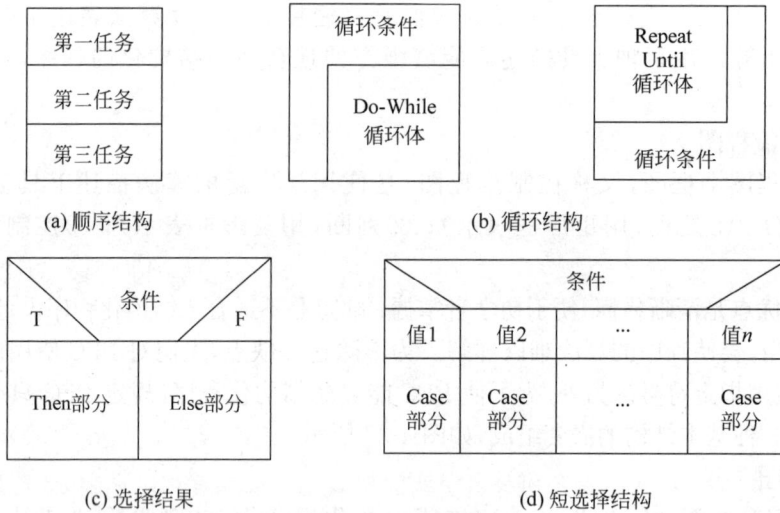

(a) 顺序结构　　　　　　(b) 循环结构

(c) 选择结果　　　　　　(d) 短选择结构

图 4-38　N-S 图基本结构

明以来,该图已经得到一定程度的推广。如图 4-39 所示,它用二维树形结构的图表示程序的控制流。以 PAD 为基础,遵循机械的走树(tree walk)规则就能方便地编写出程序,用这种图转换为程序代码比较容易。

4. HIPO 图

HIPO 图由层次结构图和 IPO 图两部分构成,前者表达整个系统的设计结构以及各类模块之间的关系,后者表达某个特定模块内部的处理过程和输入、输出关系。在系统的模块结构图形成过程中产生大量的模块,开发人员应为每一个模块写一份说明。IPO 图就是用

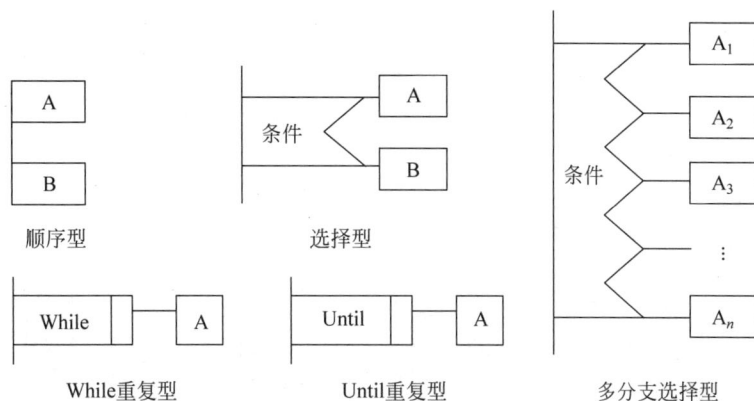

图 4-39 PAD 基本结构

来表达每个模块的输入、输出和加工处理的重要工具。常用的 IPO 图的结构如图 4-40 所列。

IPO 图	
系统名	制图者
模块名称	日期
有下列模块可以调用：	调用下列模块：
输入信息	输出信息
加工处理预算法	

图 4-40 IPO 结构图

案例：航空集团公司办公自动化系统总体设计

1. 引言

"办公自动化系统"是航空集团公司企业管理信息系统的有机组成部分，是企业办公的统一工作平台和个人办公门户。它将具备与现有、在建或未来开发的工作流系统紧密集成的能力；具有友好、开放的程序接口，其他应用系统可按一定标准方便地与本系统进行挂接和集成。"办公自动化系统"将作为航空集团公司的企业统一工作平台，在航空集团公司企业范围内全面予以应用。

2. 系统功能结构设计

本项目的开发范围以企业文件信息发布为主，包括系统管理平台、企业通信平台、个人办公平台、文件信息平台、综合应用平台、部门应用平台、外部系统接口等。系统功能结构图如图 4-41 所示。

航空集团办公自动化系统

系统管理平台
- 权限管理
- 基础数据管理
- 人员组织管理
- 系统日志
- 登录日志
- 在线帮助

企业通信平台
- 即时消息
- 在线通信
- 手机短消息

个人办公平台
- 待办事宜
- 个人日程安排
- 领导日程安排
- 公共通信录

文件信息平台
- 集团发文
- 集团收文
- 部门发文
- 部门收文
- 辅业公司发文
- 辅业公司收文
- 会议纪要
- 明传电报
- 董事会资料

综合应用平台
- 会议室管理
- 公司新闻
- 通知公告
- 政策法规
- 办事指南
- 业界信息
- 意见建议
- 征询投票
- 外事天地

部门应用平台

人力资源部
- 工资信息
- 养老保险信息
- 干部管理
- 培训管理
- 职工流动信息管理
- 岗位说明书管理
- 员工基本信息管理
- 组织机构图管理

办公厅
- 公文周讯
- 集团信息
- 档案管理
- 办公用品管理
- 固定资产管理

工会
- 工会信息

企业管理部
- 标准流程

离退办
- 离退办来文信息
- 离退休信息
- 离退休人员管理

审计部
- 图书目录

规划发展部
- 工作动态

党群工作部
- 形势教育专刊
- 工作简报

外部系统接口
- 天气预报
- 股票信息
- 订座系统
- 进出港系统
- 与股份OA接口
- 外事管理系统

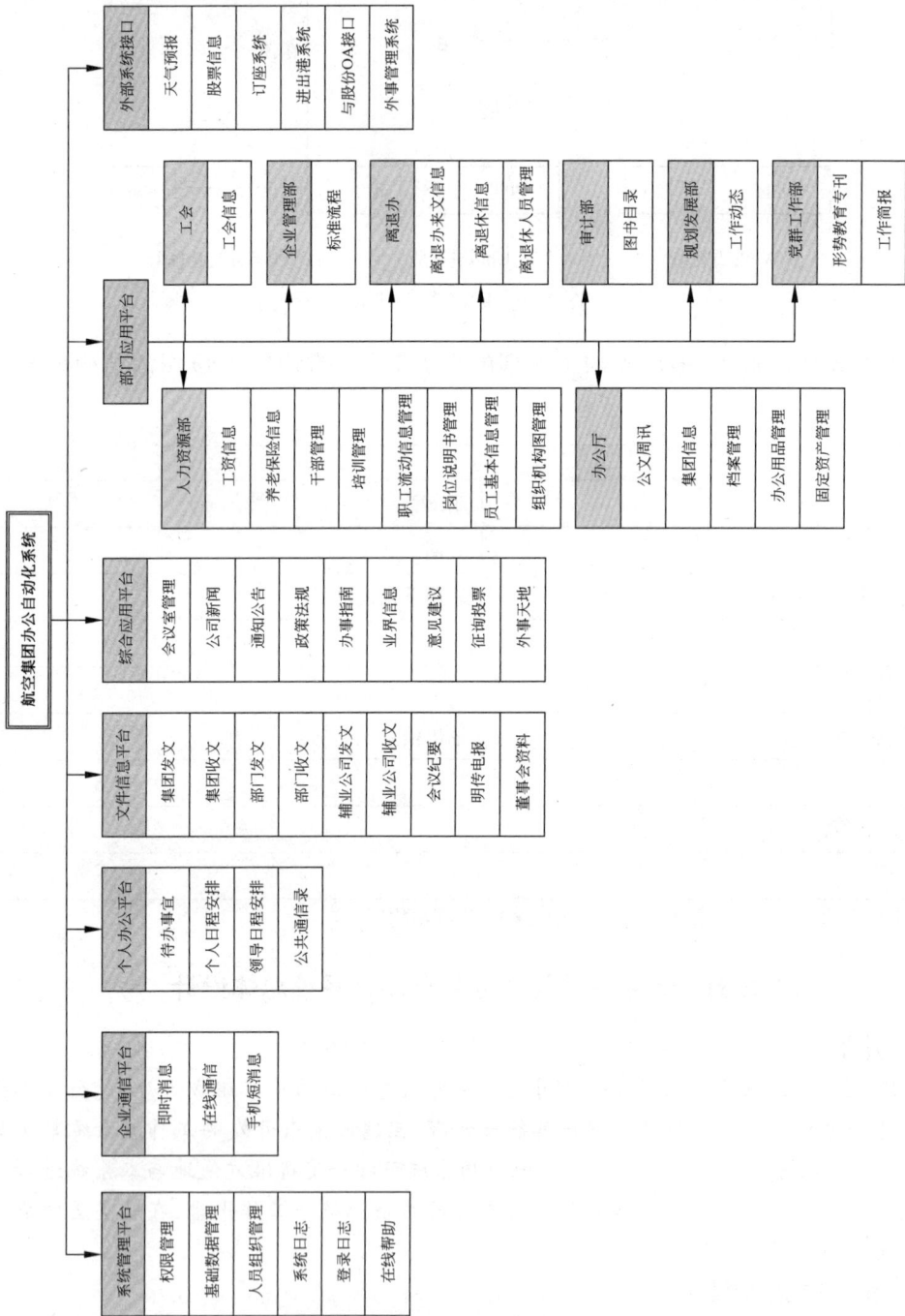

图 4-41　系统功能结构图

2.1 系统管理平台

系统管理平台为管理员提供了管理系统人员基础信息、权限分配、人员登录信息、出错处理信息等,是整个系统的基础平台,其设计以从系统整体规划出发,考虑各模块的关联,操作安全,使用方便,有利于提高工作的效率和保证工作的质量等为原则。

其功能简要描述如表 4-14 所示。

表 4-14　系统管理平台功能

功 能 名 称	主要功能描述
权限管理	管理和配置系统模块,灵活实现权限的发放和收回,该库能实现多个人、多个库、多个权限级别的系统权限批量管理工作,其界面友好,安全高效
基础数据管理	管理系统涉及的各类基础数据,如进出港动态城市信息等
人员组织管理	对人员组织库数据进行管理,功能包括:用户管理,部门管理,角色管理;其他系统可以灵活调用人员组织库的数据,根据需要可以是人员,也可以是部门或角色等;人员组织库与通信平台中的在线通信工具集成,在任何应用库或文档中可以在线感知某人是否在线。在线通信工具中的人员组织与此保持同步
系统日志	对系统运行的情况进行准确监控,及时发现用户的违规操作和系统本身的缺陷
登录日志	记录用户最近 20 次的登录信息,包括登录时间、IP 地址、登录名称等,以便管理员可以查看
在线帮助	用户可以从栏目的结构图中找到自己要查阅的内容;只有本库管理员角色可以对在线帮助文档进行管理;在本库与系统中其他各库都有彼此的入口链接

2.2 企业通信平台

企业通信平台采用腾讯公司推出的第三方产品 RTX(Real Time eXchange),包括服务器和客户端,软件本身具有短消息发送、即时消息、企业人员在线交流、视频会议等功能,除此之外,还可与 OA 系统无缝集成,实现文件的短消息或即时消息提醒功能。

其功能简要描述如表 4-15 所示。

表 4-15　企业通信平台功能

功 能 名 称	主要功能描述
即时消息	以 LDAP 同步方式实现用户不登录系统即可获取相关系统消息
在线通信	支持在线用户通过文字、语音、视频等方式进行联系
手机短消息	允许系统通过短消息方式通知用户,允许授权用户通过系统发送手机短信

2.3 个人办公平台

个人办公平台是为用户提供系统的统一入口和个人工作环境,实现了将个人所有日常工作集中起来,使用户的办公更有效,同时具有很强的自主性和及时性。

其功能简要描述如表 4-16 所示。

表 4-16　个人办公平台功能

功 能 名 称	主要功能描述
待办事宜	集中管理需要用户阅读或办理的文件事项,按处理过程分成待办、已办、待阅、已阅四种

功 能 名 称	主要功能描述
个人日程安排	用户可以对自己每天的工作及日常事务进行安排。系统可根据用户设定的提醒时间以及提醒方式自动提醒用户,提醒方式包括:待阅文件、即时消息、邮件、短信
领导日程安排	为领导设定每周的日程安排情况,汇总后发给相关人员
公司通信录	统一将集团各部门人员的基本信息电子化,形成公用的通信录,方便联系。和股份通信录的整合

2.4 文件信息平台

将传统的各种红头文件、人事任免等信息实现电子化并发给相关人员阅览,减少纸质文件的处理过程,提高办公效率。

其功能简要描述如表 4-17 所示。

表 4-17　文件信息平台功能

功 能 名 称	主要功能描述
集团发文	以集团名称发布的上行文、平行文、下行文
集团收文	以集团名称收到的文件,包括下级上报文件以及上级来文
部门发文	以部门名称发布的上行文、平行文、下行文
部门收文	以部门名称收到的文件,包括下级上报文件以及上级来文
辅业公司发文	以辅业公司名称发布的上行文、平行文、下行文
辅业公司收文	以辅业公司名称收到的文件,包括下级上报文件以及上级来文
会议纪要	发布集团级别的红头会议纪要文件,供领导查阅
明传电报	发布各种明传电报,包括上级的明传电报和集团下发的明传电报
董事会资料	由企业管理部发布和管理各投资公司的董事会资料

2.5 综合应用平台

综合应用平台主要是发布集团内部各类公告信息、行政信息、企业文化信息等。功能简要描述如表 4-18 所示。

表 4-18　综合应用平台功能

功 能 名 称	主要功能描述
会议室管理	包括会议室资源管理,预约申请管理等
公司新闻	用于发布公司内部的新闻信息
通知公告	各部门可以发布一些不成文的通知、公告等,用于信息在集团内部的传播与交流
政策法规	用于发布中央部委、民航局等的各类政策法规信息
办事指南	方便广大集团员工了解集团各机关部门的办事流程
业界信息	用于发布与各部门相关的媒体信息
意见建议	集团员工可以发表自己对集团发展的建议和意见
征询投票	针对各类活动提供网上投票功能
外事天地	发布各类因公、因私出国的各类相关信息

2.6 部门应用平台

部门应用平台主要是各部门相关的业务应用系统以及部门信息的发布等。

功能简要描述如表 4-19 所示。

表 4-19　部门应用平台功能

功能名称	主要功能描述
党群工作部	
形式教育专刊	发布电子刊物《形势教育专刊》，供相关人员查看
工作简报	发布党委电子刊物《简报》，供相关人员查看
规划发展部	
工作动态	规划部的一种电子刊物，即《规划发展工作动态》
审计部	
图书目录	即《青年读书会图书目录》，机关团委可通过此发布图书目录供公司其他员工查阅
离退办	
离退办来文信息	离退办发布公司外部各上级部门的来文，供其他员工了解有关信息
离退休信息	通过离退办的一种电子刊物发布离退休信息
离退休人员管理	对离退休人员的资料进行电子化管理，实现新增、统计、查询、打印等功能
企业管理部	
标准流程	用电子文档管理 ISO 等标准文件
人力资源部	
工资信息	发布每月的工资信息，以便员工能在网上查阅自己的工资
养老保险信息	发布每月的养老保险信息，以便员工能在网上查阅自己的工资
干部管理	对干部的基本信息进行维护、查询和打印。
培训管理	对集团员工的培训信息进行维护、汇总
职工流动信息管理	针对集团机关的人员流动情况作记录
岗位说明书管理	针对集团各部门的岗位说明信息进行管理
员工基本信息管理	主要针对集团各部门和各辅业部门的人员信息进行管理
组织机构图管理	对集团党组、行政组织机构图进行管理
工会	
工会信息	通过工会的一种电子刊物发布工会信息
办公厅	
公文周讯	集团办文秘科负责发行的公司内部的有关公文方面的电子刊物
集团信息	集团办文秘科负责发行的公司内部的有关工作等方面的电子刊物
档案管理	对集团档案室存储的各类档案资料进行全面管理，实现档案资料登记、电子存储、借阅、在线查看等功能
办公用品管理	对集团各部门采购的办公用品进行电子化管理，实现入库、出库、分类统计、查询打印等功能
固定资产管理	能够进行固定资产(大于 2000 元的物品)的登记，并且可进行各种汇总统计

2.7 外部系统接口

办公自动化系统部分信息的查询由外部系统提供,系统提供接口进行连接,并将查询结果显示在 OA 系统中。其功能简要描述如表 4-20 所示。

表 4-20 外部系统接口功能

功 能 名 称	主要功能描述
天气预报	发布全国和世界主要城市 48 小时内天气预报,方便广大员工安排工作
股票信息	发布航空股份公司三地股票走势
订座系统	可查询各航空公司航班订座情况
进出港系统	用户可以查询每日航班运行情况
与股份公司 OA 接口	与股份公司协同办公系统实现各类公开信息和文件流转、办事流程的无缝连接,并且需要有权限管理
外事管理系统	和外事管理系统对接,实现外事申请和审批情况的展现

3. 系统物理配置方案设计

3.1 客户端

航空集团办公自动化系统的客户前端将采用 Microsoft Internet Explorer 8.0 版本或以上;操作系统要求 Windows 10 版本或以上。对需要进行复杂文档编排和打印生成实物文件的用户,要求在其 PC 上安装 Microsoft Office 2016 以上版本应用软件。

PC 建议配置为:CPU 为 Intel i5-10 代/AMD Ryzen 5 以上(或相同档次的其他品牌产品),内存不小于 8GB,硬盘自由空间不小于 512GB;PC 最低配置为:Intel i3-6 代/AMD Ryzen 3(或相同档次的其他品牌产品),内存不小于 4GB,硬盘自由空间不小于 256GB。

3.2 服务器端

航空集团公司办公自动化系统服务器将采用集中部署的方式,所有服务器都可以通过局域网的方式连接起来。服务器的分布及配置如表 4-21 所示。

表 4-21 服务器的分布及配置

服 务 器	应 用	安置位置
Sun V1280	OA 各应用模块数据库	机房
Sun V1280	OA 邮件服务系统	机房
Sun V490	放置 OA 应用中所涉及的关系型数据,如天气预报等。数据库软件为 Oracle。劳动工资报表应用也放至此服务器	机房
Sun V490	放置外部系统数据查询程序,如订座系统查询、股票查询等。基于 Weblogic 软件平台	机房
HP DL360	企业通信平台 RTX 服务器	机房
HP DX6100	安全管理软件 LanDesk 服务器	机房
HP DL360	天气预报网关服务器	机房

系统服务器架构如图 4-42 所示,两台 Sun V1280 服务器,分别作为 Domino 应用服务器和 Domino 邮件服务器。两台服务器之间用心跳线相连接,全部部署 Domino 应用服务

和 Domino 邮件服务,其中只有一台的 Domino 应用服务为 Active 状态,另一台为 Standby 状态,另一台 Domino 邮件服务与 Domino 应用服务机制相同。用群集软件做双机热备。两台服务器连接 Sun 磁盘阵列,其中 Domino 邮件服务器将和航空股份公司的两台 SMTP in 和 SMTP out 完成防治垃圾邮件机制。还将和航空股份公司 DNS 服务器完成邮件同域名机制。Domino 应用服务器将和航空股份公司 Domino 应用服务器利用函件收集技术完成公文上报和下发的同步。

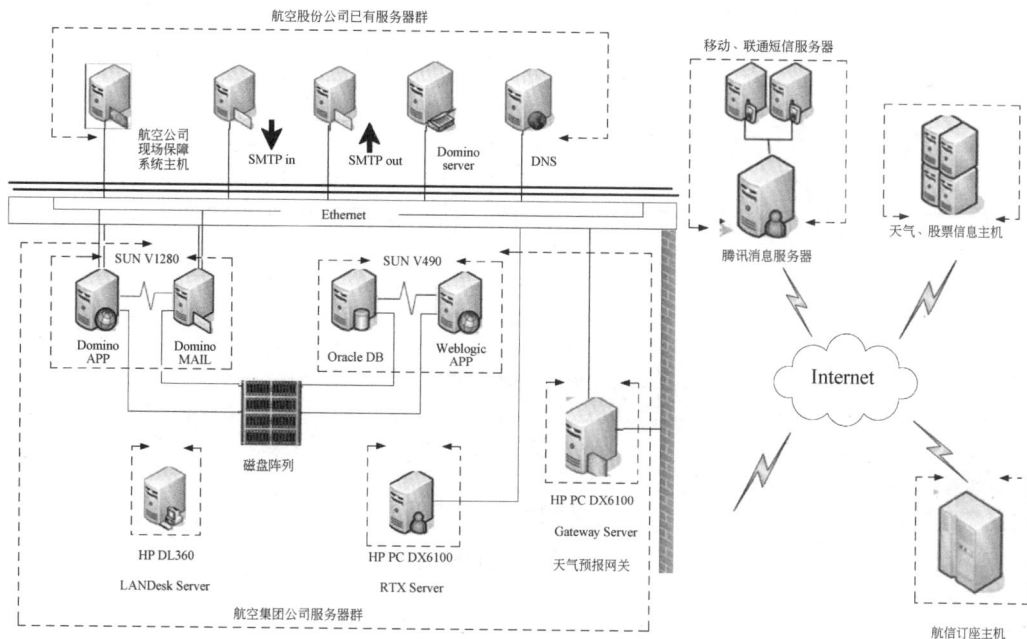

图 4-42　系统服务器架构

两台 Sun V490 服务器,分别作为 Weblogic 应用服务器和 Oracle 数据库服务器。两台服务器之间用心跳线相连接,用群集软件做双机热备、负载均衡。两台服务器与前两台 Domino 服务器共同连接同一组 Sun 磁盘阵列。Weblogic 服务器上主要有劳动工资报表应用,股票查询连接中国投资金融网得到航空股份公司上海香港两地实时的股票信息,订座查询通过 IBE 接口连接订座系统主机。

HP DL360 服务器为 LANDesk 管理安全服务器。

HP PC DX6100 作为 RTX 服务器,实现企业通信平台的相关功能。

另一台 HP PC DX6100 作为网关服务器,直接连接防火墙。在这台服务器中还有天气预报应用。其中天气预报服务连接中华网主机,实现天气预报查询。

3.3　系统软件体系架构

如图 4-43 所示,系统软件体系结构可以细分为用户访问层、表示层、业务逻辑层、数据处理层、外部数据源五部分。

(1) 用户访问层:应用系统提供终端用户通过 IE 浏览器或即时通信平台客户端方式登录系统,输入用户名和密码进行身份验证,合法用户将允许进入。

(2) 表示层:用户进入系统后,就可以根据权限访问 Web 上的各种应用,并且将 RTX 企业通信的应用集成到 Web 应用上,如消息提醒、发送短信、即时消息等,用户也可以在不

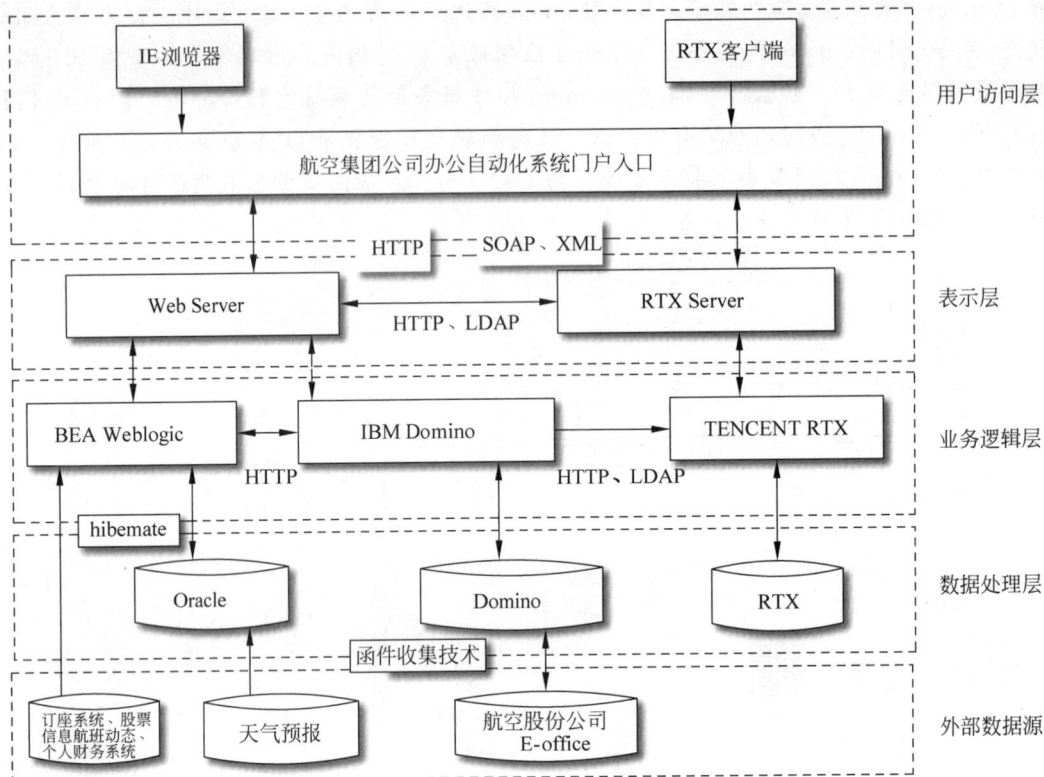

图 4-43　系统软件体系结构

登录 Web 系统的情况下,使用 RTX 企业通信的各项功能。

(3) 业务逻辑层:Web 应用来源于 Domino 服务器和 Weblogic 服务器,Domino 服务器主要提供 OA 办公应用,如信息发布、文件流转等,Weblogic 服务器主要是用于获取外部系统数据,如股票信息、航班动态信息、订座系统查询等。Weblogic 服务器上执行程序返回的 JSP 页面将以 iframe 的方式嵌入在 Domino Web 应用中,RTX 服务器也会定时从 Domino 服务器的人员地址本中导入最新的人员信息列表,员工之间才能相互交流、发送信息等。

(4) 数据处理层:Oracle 数据库用于存储天气预报信息和劳动工资报表信息;Domino 数据库用于存储各办公应用模块的文件信息以及通过 LEI(Lotus Enterprise Integrator)的方式将个人财务信息从外部系统 Oracle 数据库中同步到 Domino 系统中,以方便 Web 应用的调用;即时通信平台服务器自身存在一个小型数据库,用于存储人员信息列表。

(5) 外部数据源:OA 系统还通过各种方式实现与外部数据的接口,获取外部信息并显示在 Web 界面中。其中航班动态、股票信息、订座系统查询等通过服务器上的 Java 程序获取,天气预报信息通过后台程序定时到相关网站上抓取,并将数据存储在本地的 Oracle 数据库中,航空股份公司 E-Office 系统与集团 OA 系统通过函件收集技术实现服务器之间的文件传递。

(资料来源:国内某主要航空集团有限公司,编者有删改)

结构化方法理论基础严密,用户需求在系统建立之前就能被充分了解和理解,注重开发过程的整体性和全局性;但开发周期长,要求在开发之初全面认识系统的信息需求,充分预料各种可能发生的变化。面向对象方法用符合人类认识世界的思维方式来分析和解决问题,可以建立起完整、清晰的需求模型。随着民航领域应用系统日益复杂庞大和面向对象程序设计语言的日益成熟,面向对象的系统开发方法以其直观、方便的优点获得广泛应用。

引例:ADS-B 中小显示系统大幅提升支线机场运行能力

西部地区民航广播式自动相关监视(automatic dependent surveillance-broadcast, ADS-B)建设工程中小机场处理显示终端(以下简称中小显示系统)作为先进的空中交通管理工具之一,通过对 ADS-B 数据和飞行计划的接收和处理,实时显示在管制终端上,直观地为管制员提供空中目标及航班信息等内容显示。

该系统采用开放式体系和分布式计算的系统结构,采用高分辨率彩色图形显示器和高性能的服务器和工作站,具有处理监视数据种类多、处理数据精度高,实时性强、性价比高、易于扩展等特点,完全能够满足空管自动化 7×24 方式长时间运行的要求。该系统是对多协议多路空管雷达、ADS-B/多点定位系统(multilateration,MLAT)以及飞机通信寻址与报告系统(aircraft communications addressing and reporting system,ACARS)进行实时数据接收、处理、发送、显示的一体化空管自动化系统。系统通过 100Mb/s/1000Mb/s 的以太网络(Ethernet),将系统各部分有机地连接起来。整个系统配置灵活,扩展方便,能根据实际需要增加席位,以满足不同的需求。主、备机之间自动同步数据信息,实现手动、自动无缝切换。

ADS-B 中小显示系统采用了面向对象的模块化设计方法,最大限度地提高了系统的可重用性和可扩展性。通过适配工具,可以将它们按用户的特定需求定制,或者在合同指定的范围内对其逻辑进行修改。由于该系统遵循并使用广泛而且重要的空中交通管制规范,完全符合国际民用航空组织(ICAO)以及地区性的相关标准,所以在用户化定制方面显得尤其灵活。

ADS-B 中小显示系统为延安的空中交通管制提供多种信息支持,有效地提高了陕西乃至西北空域内空中交通安全水平与运行效率。

（资料来源：王若鹏. 西北空管局 ADS-B 系统大幅提升支线机场运行能力［EB/OL］.（2019-04-19）. https://news. carnoc. com/list/490/490791. html. 编者有删改）

5.1 面向对象方法概论

5.1.1 面向对象技术的发展过程

20 世纪 70 年代末至 80 年代初，计算机的应用领域日渐扩大，系统软件和应用软件的需求日益多样化，系统规模日益膨胀，传统的结构化分析方法和面向过程的编程技术已无法给予有效的支持，导致软件的生产方式和效率远远赶不上信息化社会发展的需要。人们开始探索和研究新的方法和技术，于是面向对象方法和技术应运而生。

面向对象方法（object-oriented method，OOM）是一种把面向对象的思想应用于软件开发过程中，指导开发活动的系统方法，是建立在"对象"概念基础上的方法学。

面向对象方法和技术起源于面向对象的程序设计语言（object-oriented programming language，OOPL）。20 世纪 60 年代末，挪威计算中心开发的 Simula 67 第一次引入了类、对象的概念和继承机制。20 世纪 70—80 年代，Xerox 和 Palo 研究中心（PARC）推出了著名的 Smalltalk 语言，并一直坚持对该语言进行完善与改进，1981 年推出了最完善的版本 Smalltalk-80。它的问世被认为是 OOPL 发展史上最重要的里程碑，绝大部分面向对象的基本概念及其支持机制在 Smalltalk-80 中都已具备，它是第一个完善的、能够实际应用的 OOPL。它的发布使越来越多的人认识并接受了面向对象的思想，引发了计算机软件领域一场意义深远的变革。20 世纪 80 年代中期到 90 年代，诸如 C++、Object Pascal、Java 等大批实用的 OOPL 层出不穷，OO 技术开始走向繁荣和实用化。面向对象方法适用于解决分析与设计期间的复杂性问题，实现分析与设计的复用。

从 20 世纪 80 年代中期开始，面向对象技术的焦点逐渐从程序设计转移到软件工程的其他阶段，面向对象的分析与设计（object orient analysis and design，OOAD）技术得到了快速的发展，初步形成新的方法论和开发技术。面向对象方法已被广泛应用于程序设计语言、形式定义、设计方法学、操作系统、分布式系统、人工智能、实时系统、数据库、人机接口、计算机体系结构以及并发工程、综合集成工程等，在许多领域的应用都得到了很大的发展。

5.1.2 面向对象的基本概念

面向对象方法解决问题的思路是从现实世界中的客观对象（如人和事物）入手，尽量运用人类的自然思维方式从不同的抽象层次和方面来构造软件系统。面向对象方法把一切都看成对象。

1. 对象

对象（object）是客观世界中事物在计算机领域中的抽象，是一组数据（描述对象的特性或属性）和施加于该组数据上的一组操作（行为）组成的集合体。对象的属性可以是简单数据类型、结构数据类型，也可以是复杂数据类型（另一个对象）。例如，航空公司是对象，航空公司中包含有员工这一属性，而员工本身又是一个对象。

从系统的观点出发,可以给对象作如下定义:对象是系统中用来描述客观事物的一个实体,它是构成系统的一个基本单位,一个对象是由一组属性和对这组属性进行操作的一组服务构成的。属性是用来描述对象静态特征的一个数据项,也叫对象特性;服务是用来描述对象动态特征(行为)的一个操作;属性和操作称为对象的性质。

2. 类和实例

类(class)是具有相同属性和服务的一组对象的集合,它为属于该类的全部对象提供了统一的抽象描述,包括对所有属性和操作的声明。利用抽象原则从客观世界中发现对象以及对象间的关系,其中包括整体对象和部分对象,进而再把对象抽象成类,把对象间的关系抽象为类之间的关系。通过继续运用抽象原则,确定类之间存在的继承关系。类也被称作对象类,是用来创造对象的模板。

类是对一组具有相同特征的对象的抽象描述,所有这些对象都是这个类的实例。一个类的所有实例既具有共性又具有个性。由于同一个类的所有实例表示相同类型的系统成分,因此它们具有相同的消息接口和实现操作功能的方法(也称行为)。

面向对象编程语言一般还支持两种特殊的类:抽象类和接口。抽象类被定义为永远不会也不能被实例化为具体的对象。抽象类一般用于定义一种抽象的概念,在类的继承关系中往往被定义在较上层的位置。接口是一种完全抽象的类型,它只声明方法,但不提供任何方法的实现。通过接口、可以隐藏实现细节。接口可以被类实现,从而实现接口中定义的所有方法。

3. 封装

封装(encapsulation)就是把对象的属性和服务结合成一个独立的系统单位,并尽可能隐蔽对象的内部细节。封装是面向对象方法的一个重要原则,也是面向对象技术必须提供的一种机制,称之为封装机制。一方面,封装把对象的全部属性和全部服务结合在一起,形成一个不可分割的独立单位(对象)。另一方面,封装尽可能隐蔽对象的内部细节,对外形成一个边界,只保留有限的对外接口使之与外部发生联系。封装的这种含义称为信息隐蔽。封装的原则具有很重要的意义。对象的属性和服务紧密结合反映了这样一个基本事实:事物的静态特征和动态特征是事物不可分割的两个方面,通过封装使对象的属性和服务形成一个集中而完整的描述一个事物的结合体。封装的信息隐蔽性反映了事物的相对独立性。

4. 继承

继承(inheritance)是面向对象方法中一个十分重要的概念,并且是面向对象技术可提高软件开发效率的重要原因之一。继承的定义是:特殊类的对象拥有一般类对象的全部属性与服务,称作特殊类对一般类的继承。继承具有重要的实际意义,它简化了人们对事物的认识和描述。在信息系统开发过程中,在定义特殊类时,不需要把一般类已经定义过的属性和服务重复地书写一遍,只需要声明它是某个类的特殊类,并定义它自己的特殊属性与服务。

5. 消息

在面向对象技术中,消息(message)是指向对象发出的服务请求,它应该含有以下信息:提供服务的对象标识、服务类型、输入信息和回答信息。简言之,消息就是对象之间进行交互和通信的实现。

正规的软件项目极少是由一个对象实现的,绝大部分情况下是多个对象交互作用的结果。这种交互关系就是通过消息实现的,例如当对象 A 需要对象 B 来执行一个 B 中的方法时,则对象 A 就会发消息给对象 B。消息提供了两个很好的机制:一是普遍性,即由于对象的行为是通过其方法来表达的,因此消息传递支持所有在对象之间的可能交互;二是异步性,即对象不需要在相同的进程或者相同的机器上发送和接收消息。

面向对象方法强调充分运用人类在日常逻辑思维中经常采用的思想方法与原则,如抽象、聚合、封装和关联等。这使得软件开发者能更有效地思考问题,并以其他人也能看得懂的方式把自己的认识表达出来。为了更全面和清楚地表达认识,面向对象方法要用多种图来详述模型,即从多方面来刻画模型。与其他开发方法一样,面向对象方法也要求从分析、设计和实现等不同抽象层次(开发阶段)来开发复杂的软件系统。

5.1.3 面向对象的基本特性

面向对象的基本特性主要有抽象性、继承性、多态性和封装性。

1. 抽象性

抽象(abstraction)是指在分析问题时,从事物中舍弃个别的、非本质的特征,而抽取共同的、本质特征的思维方式。

抽象包括两个方面:一是过程抽象,二是数据抽象。过程抽象是指任何一个明确定义功能的操作都可被使用者当作单个的实体看待,尽管这个操作实际上可能由一系列更低级的操作来完成。数据抽象定义了数据类型和施加于该类型对象上的操作,并限定了对象的值只能通过使用这些操作修改和观察。

在系统开发的整个过程中,尤其在分析阶段,抽象具有特别重要的意义,其作用如下。

(1)使用抽象仅仅涉及应用域的概念而不必涉及问题域的求解,因此可以尽可能避免过早地考虑实现的细节。

(2)合理地使用抽象,可以在分析、高级设计以及文档化等阶段和过程中使用统一模型(对象模型)。

(3)抽象可以帮助我们明确对象是什么、对象做什么而不必考虑对象怎么做。

2. 继承性

继承性是指特殊类的对象拥有其一般类对象的属性和行为,特殊类中不必重新定义已在一般类中定义过的属性和行为,而它却自动地、隐含地拥有其一般类的属性与行为。一个特殊类既有自己新定义的属性和行为,又有继承下来的属性和行为。尽管继承下来的属性和行为是隐式的,但无论在概念上还是在实际效果上,都是这个类的属性和行为。当这个特殊类又被它更下层的特殊类继承时,它继承来的和自己定义的属性和行为又被下一层的特殊类继承下去。因此,继承是传递的,体现了大自然中特殊与一般的关系。继承关系中的上层类被称为父类或基类,下层类被称为子类或扩充类。

利用继承机制可以提高软件代码的可重用性。在设计一个新类时,不必从头设计和编写全部代码,可以通过从已有的具有类似特性的类中派生出一个类,继承原有类中的部分特性,再加上所需的新特性。并且,根据自身需要,扩充类本身还可以再添加新的属性和行为,以完善功能要求。从每个对象都是服务提供者的角度来理解,子类会提供和父类相同的服务。此外,子类还可以提供父类所没有的服务或者覆盖父类中服务的实现方式。继承与扩展同时提高了系统的可重用性和扩展性。

继承与扩展导致面向对象的软件开发领域中架构类软件系统的发展。从头构建一个复杂软件系统的工作量巨大,为了提高开发效率,一些组织开发了一些通用的软件架构。有了这些软件架构,新的软件系统就不必从头开发,只需要在这些通用软件架构的基础上进行扩展即可。

继承性实现了软件模块的可重用性、独立性,缩短了开发周期,提高了软件开发的效率,同时使软件易于维护和修改。

3. 多态性

多态性(polymorphism)是指一个类中定义的属性或操作被继承之后,可以具有不同的数据类型或表现出不同的行为。这使得同一属性或操作在父类和子类(或子类的子类,可多次继承)中具有不同的语义。针对同一个消息,不同的对象可对其进行响应,但所体现出来的行为是不同的。

在面向对象方法中,多态并不是指一个对象类有多种形态或状态,而是指同一个操作在不同的类中有不同的实现方法和不同的执行结果。多态性不仅仅局限于操作,同一个属性在不同的对象类中也可以具有不同的数据类型,即属性的多态性。

4. 封装性

封装有两个含义:①把描述一个事物的性质和行为结合在一起,对外形成该事物的一个界限。面向对象方法中的封装就是把对象的属性和操作(或服务)结合成一个独立的整体。封装原则使对象能够集中而完整地对应并描述具体的事物,体现了事物的相对独立性。②信息隐蔽,即外界不能直接提取对象的内部信息(属性)以及隐藏起来的内部操作,外界也不用知道对象对外操作的内部实现细节。在原则上,对象对外界仅定义其什么操作可被其他对象访问,而其他的对象不知道所要访问的对象的内部属性和隐藏起来的内部操作以及它是如何提供操作的。

封装可以保证对象的界面清晰、简单,防止由于模块之间的相互依赖所带来的变动的相互影响。在非面向对象的系统中,如果某个函数的某些参数(类型、个数等)改变了,或者某些非私有数据改变了,即使函数的外部功能没有改变,也都要求调用该函数的其他模块必须随之作相应的改变,否则后果不堪设想。因为调用者可能会直接操纵被调用者中改变了的这些数据。相反,面向对象的封装性不允许一个对象直接操纵另一个对象的数据,即调用者无须知道被调用者的内部实现细节,所以只要外部功能没变,就不存在上述变动的相互影响。对象的封装特性可以提高模块之间的独立性,使得系统易于调试和维护。

5.1.4 面向对象的分析设计方法

在面向对象技术的发展过程中出现了很多种分析设计方法,常见的有 OMT、OOD、RDD、OOSE 等方法,以及综合了以上几种分析设计方法先进思想而形成的统一过程方法。

1. OMT

对象建模技术(object modeling technique,OMT)最早是由 Loomis、Shan 和 Rumbaugh在 1987 年提出的,曾扩展应用于关系数据库设计。Rumbaugh 在 1991 年正式把 OMT 应用于面向对象的分析和设计。

对象建模技术包含分析、系统设计、对象设计和实现 4 个阶段。分析的目的是建立可理解的现实世界模型。系统设计确定高层次的开发策略。对象设计的目的是确定对象的细节,包括定义对象的界面、算法和操作。实现则是将设计阶段产生的对象类等转化为特定的编程语言。

OMT 定义了 3 种模型,这些模型贯穿于每个步骤,在每个步骤中被不断地精化和扩充。

(1) 对象模型:描述对象的静态结构和它们之间的关系。主要的概念包括类、属性、操作、继承、关联(即关系)、聚集等。

(2) 动态模型:用事件和对象状态来刻画系统的动态特性。主要概念包括状态、子状态、父状态、事件行为、活动。

(3) 功能模型:按照对象的操作来描述如何从输入给出输出结果。主要概念包括加工、数据存储、数据流、控制流、角色。

2. OOD

面向对象设计(OOD)方法主要包括下述概念:类(class)、对象(object)、使用(uses)、实例化(instantiates)、继承(inherits)、元类(meta class)、类范畴(class category)、消息(message)、域(field)、操作(operation)、机制(mechanism)、模块(module)、子系统(subsystem)、过程(process)等。

OOD 方法是对系统的逻辑和物理视图不断细化地迭代和递增的开发过程。它的整个过程包括以下 4 个阶段:

(1) 在给定的抽象层次上识别类和对象。类和对象的识别包括找出问题空间中关键的抽象和产生动态行为的重要机制。开发人员可以通过研究问题域的术语来发现关键的抽象。

(2) 识别这些对象和类的语义。语义的识别主要是弄清前一阶段识别出的类和对象的含义。开发人员确定类的行为(即方法)和类及对象之间的互相作用(即行为的规范描述)。该阶段利用状态转移图描述对象的状态模型,利用时序图(系统中的时序约束)和对象图(对象之间的互相作用)描述行为模型。

(3) 识别这些类和对象之间的关系。在关系识别阶段描述静态和动态关系模型,这些关系包括使用、实例化、继承、关联和聚集等。类和对象之间的可见性也在此时确定。

(4) 实现类和对象。在此阶段要考虑如何用选定的编程语言实现,如何将类和对象组织成模块。

在面向对象的设计方法中,OOD 方法强调基于类和对象的系统逻辑视图与基于模块和进程的系统物理视图之间的区别,它还区别了系统的静态和动态模型。但 OOD 方法偏向于系统的静态描述,对动态描述支持较少。

3. RDD

责任驱动设计(responsibility-driven design,RDD)方法是 Wirfs-Brock 在 1990 年提出的。这是一个按照类、责任以及合作关系对应用进行建模的方法。首先定义系统的类与对象,然后确定系统的责任并划分给类,最后确定对象类之间的合作来完成类的责任。这些设计将进一步按照类层次、子系统和协议来完善。

RDD 方法主要包含以下概念:类(class)、继承(inheritance)、责任(responsibility)、合作(collaboration)、合同(contract)、子系统(subsystem)。每个类都有不同的责任或角色以及动作。合作是为完成责任而需要与之通信的对象集合。责任进一步精化并被分组为合同。合同又进一步按操作精化为协议。子系统是为简化设计而引入的,是一组类和低级子系统,也包含由子系统中的类及子系统支持的合同。

RDD 分为探索阶段和精化阶段。①探索阶段,确定类、每个类的责任以及类间的合作;②精化阶段,精化类继承层次,确定子系统,确定协议。RDD 按照类层次图、合作图、类规范、子系统规范、合同规范等设计规范来完成实现。

4. OOAD

面向对象的分析与设计(OOAD)是由 Peter Coad 和 Edward Yourdon 在 1991 年提出的,这是一种逐步进阶的面向对象建模方法。在面向对象的分析(OOA)中,分析模型用来描述系统的功能,主要包括以下概念:类(class)、对象(object)、属性(attribute)、服务(service)、消息(message)、主题(subject)、一般/特殊结构(gen-spec-structure)、全局/部分结构(whole-part-structure)、实例连接(instance connection)和消息连接(message connection)等。其中,主题是指一组特定的类与对象。OOA 使用基本的结构化原则,并把它们同面向对象的观点结合起来。OOA 完成系统分析,包括以下 5 个步骤:确定类与对象、标识结构、定义主题、定义属性和定义服务。OOA 本质上是一种面向对象的方法,适用于小型系统的开发。面向对象的设计(OOD)负责系统设计,包括以下 4 个步骤:设计问题域(细化分析结果),设计人机交互部分(设计用户界面),设计任务管理部分(确定系统资源的分配),设计数据管理部分(确定持久对象的存储)。

5. OOSE

面向对象的软件工程(OOSE)是 Ivar Jacobson 在 1992 年提出的一种使用用例驱动的面向对象开发方法。OOSE 方法主要包括下列概念:类(class)、对象(object)、继承(inherits)、相识(acquaintance)、通信(communication)、激励(stimuli)、操作(operation)、属性(attribute)、参与者(actor)、使用事例(use case)、子系统(subsystem)、服务包(service package)、块(block)、对象模块(object module)。相识表示静态的关联关系,包括聚合关系。激励是通信传送的消息。参与者是与系统交互的事物,它表示所有与系统有信息交换的系统之外的事务,因此不关心它的细节。参与者与用户不同,参与者是用户所充当的角色。参与者的一个实例对系统做一组不同的操作。当用户使用系统时,会执行一个行为相关的事务系列,这个系列是在与系统的会话中完成的,这个特殊的系列称为使用事例,每个使用事例都是使用系统的一条途径。使用事例的一个执行过程可以看作使用事例的实例。当用户发出一个激励之后,使用事例的实例开始执行,并按照使用事例开始执行事务。事务包括许多动作,事务在收到用户结束激励后被中止。在这个意义上,使用事例可以被看作对象类,而使用事例的实例可以被看作对象。

6. VMT

可视化建模技术(visual modeling technique,VMT)是 IBM 公司于 1996 年公布的。VMT 方法结合了 OMT、OOSE、RDD 等方法的优点,并且结合了可视化编程和原型技术。VMT 方法选择 OMT 方法作为整个方法的框架,并且在表示上也采用了 OMT 方法的表示。VMT 方法用 RDD 方法中的类、责任和交互(class-responsibility-collaboration,CRC)卡片来定义各个对象的责任(操作)以及对象间的合作(关系)。此外,VMT 方法引入了 OOSE 方法中的使用事例概念,用以描述用户与系统之间的相互作用,确定系统为用户提供的服务,从而得到准确的需求模型。VMT 方法的开发过程分为 3 个阶段:分析、设计和实现。分析阶段的主要任务是建立分析模型。设计阶段包括系统设计、对象设计和永久性对象设计。实现阶段就是用某一种环境来实现系统。

7. RUP/UP

统一过程(rational unified process，RUP/UP)是一种用例驱动的、以体系结构为核心、迭代及增量的软件过程模型，由 UML 方法和工具支持，广泛应用于各类面向对象项目。统一过程总结了 OMT、Booch、RDD 等方法的优点，并吸取了各种先进的面向对象思想，因此"统一过程"不仅仅是一个过程，它也是一个通用过程框架，可以应对种类广泛的信息系统、不同的应用领域、不同的组织类型、不同的性能水平和不同的项目规模。"统一过程"是基于组件的，这意味着利用它开发的信息系统是由组件构成的，组件之间通过定义良好的接口相互联系。

总的来说，"统一过程"可以由以下 3 个特点来概括。

(1) 用例驱动的。一个用例就是系统中向用户提供一个有价值的结果的某项功能，用例捕捉的是功能性需求。所有用例结合起来就构成"用例模型"，该模型描述了系统的全部功能。这个模型取代了系统的传统的功能规范说明。用例促使我们从用户的利益角度出发进行考虑，而不仅仅是考虑系统应当具有哪些良好功能。然而用例并不仅仅是定义一个系统的需求的工具，它们还驱动系统的整个开发过程，包括设计、实现和测试等。基于用例模型，软件开发人员创建一系列的设计和实现模型来实现各种用例。开发人员可以审查每个后续模型，以确保它们符合用例模型。测试人员将测试信息系统的实现，以确保实现模型中的组件正确实现了用例。这样，用例不仅启动了开发过程，而且与开发过程结合在一起。

(2) 以基本架构为中心的。信息系统架构的作用在本质上与基本架构在建筑物结构中所起的作用是一样的。同样地，信息系统的基本架构也被描述成要创建的系统的各种不同视图。用例和基本架构之间是功能和形式的有机统一。一方面，我们实现的用例必须与基本架构相适应；另一方面，基本架构必须留有实现现在和未来需要的所有用例的空间。在实践中，基本架构和用例必须平行开发。

(3) 迭代式和增量性的。开发一个信息系统是一项可能持续几个月、一年甚至更长时间的工作。因此，将此种工作分解成若干更小的部分或若干小项目是切合实际的。每个小项目是指能导致一个增量的一次迭代。迭代指的是工作流中的步骤，而增量指的是产品的成长。为了能使信息系统的开发更为高效，迭代必须受到控制，必须对它们进行选择并有计划地去实现它们。

这些特点即用例驱动的、以体系结构为核心、迭代式和增量性的开发是同等重要的。基本架构指导迭代中的工作结构，而用例则确定了开发目标并推动每次迭代工作。缺乏这 3 个概念中的任何一个，都将严重降低"统一过程"的价值。

5.2 统一建模语言

5.2.1 UML 概述

OOA 与 OOD 的核心任务是使用各种 OO 概念，通过建立一组模型来抽象地、完整地定义和描述拟建系统。定义和描述一个复杂的信息系统是一件困难和耗时的事情,系统用户和开发人员希望 OOA 与 OOD 所建模型清晰直观,既易于理解又易于交流。1995 年 10 月,Grady Booch 和 Jim Rumbaugh 联合推出了 Unified Method 0.8 版本,力图实现 OMT 方法和 Booch 方法的统一。同年秋天,Ivar Jacobson 加入了 Booch 和 Rumbaugh 所在的 Rational 软件公司,于是 OOSE 方法也加入了统一的过程中。1997 年 9 月 1 日产生了 UML1.1,并被提交到了对象管理组(object management group,OMG),同年 11 月被 OMG 采纳。这样,在上述几种方法的基础上产生了统一建模语言(unified modeling language,UML)。统一建模语言的诞生彻底解决了上述问题,在面向对象领域得到了广泛的关注和应用,已成为目前 OOAD 标准的建模语言。

UML 是一种支持模型化和软件系统开发的图形化语言,为软件开发的所有阶段提供模型化和可视化支持,包括由需求分析到规格,到构造和配置。UML 因具有简单、统一的特点,能表达软件设计中的动态和静态信息,目前已成为可视化建模语言的工业标准。

UML 立足于对事物实体、事物性质、事物关系、事物结构、事物状态、事物动态变化过程的全程描述和反映。UML 可以从不同角度描述人们所观察到的软件视图,也可以描述在不同开发阶段中的软件形态。作为一种建模语言,UML 有严格的语法和语义规范。UML 采用一组图形符号来描述软件模型,这些图形符号具有简单、直观、规范的特点,开发人员学习和掌握起来比较简单,所描述的软件模型可以直观地理解和阅读。由于 UML 具有规范性,所以能够保证模型的准确、一致。

UML 作为工具,只是在"技"的层面,在面向对象思想这个"道"的指导下运用。借助这个工具,可以更好地把现实世界映射到对象世界,用对象世界来描述和反映现实世界。因此,在系统分析设计过程中,正确使用 UML 能更好地描述系统分析设计的整个过程,为实现系统做好基础工作。

5.2.2 UML 的构成

如图 5-1 所示,UML 的核心是由视图(views)、图(diagrams)、模型元素(model element)和通用机制(general mechanism)组成的。

视图是表达系统某一方面特征的 UML 建模元素的子集,它并不是具体的图,是由一个或多个图组成对系统某个角度的抽象。通过定义多个反映系统不同方面的视图,才能做出完整、精确的描述。

图是模型元素集的图形表示,用于描述一个视图的内容。图并不仅仅是一个图片,而是在某一抽象层面上对建模系统的抽象表示。最常用的图包括用例图、类图、序列图、状态图、活动图、构件图和部署图等。

模型元素包括事物和事物之间的关系。事物描述面向对象的概念,如类、对象、消息、关系等。事物包括结构事物、动作事物、分组事物和注释事物。事物之间的关系能够把事物联系起来,组成有意义的结构模型。常用的关系包括关联关系、依赖关系、泛化关系、实现关系和聚合关系等。

通用机制用于为模型元素提供额外的信息,如注释、模型元素的语义等,同时它还提供了扩展机制,允许用户对 UML 语言进行扩展,以便适应特殊的方法、组织或用户。

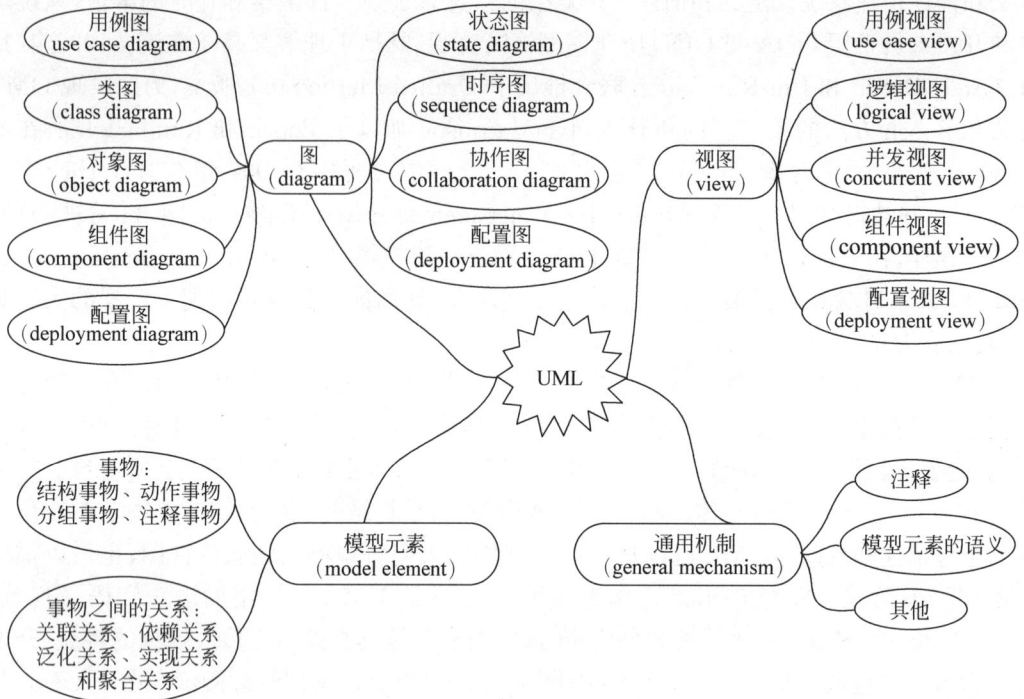

图 5-1　UML 主要构成

5.2.3　面向对象分析和设计的 UML 模型结构

如图 5-2 所示，UML 将 OOAD 要建立的系统模型划分为系统功能视图、系统静态视图和系统动态视图。3 种视图是对系统 3 个不同侧面的描述，它们结合起来才能构成对一个复杂系统的清晰、完整的定义和描述。

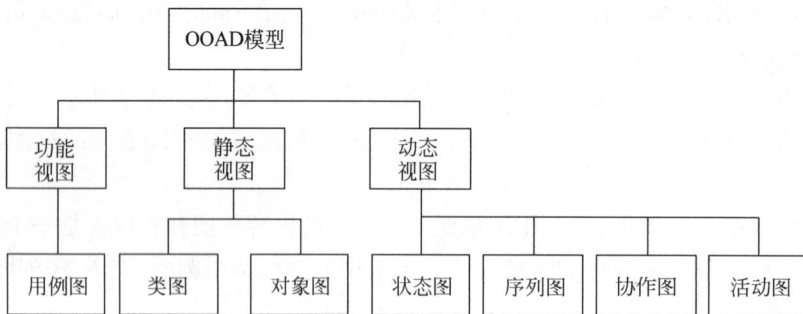

图 5-2　OOAD 系统模型

（1）功能视图用于展现一个系统应具有的功能集合。UML 提供了用例图（use case diagram）来描述从系统用户的角度看到的或需要的系统功能，用例图是 OOA 阶段描述用户功能性需求的强大工具。用例图是建立系统其他视图的核心和基础，其他视图的构造依赖于用例图所描述的内容，因为系统开发的最终目标是实现用例图中描述的功能。

（2）静态视图也称为逻辑视图，用于展现系统的静态结构，揭示系统内部的组成元素及它们之间的关系。由于采用 OO 方法建立的系统的基本组成元素是对象,而对象又是类的实例,所以静态视图实际上用于描述类、对象和它们之间的关系。UML 中所提供的类图和对象图都是用来描述系统静态结构的。每个系统都有唯一的类图和多个对象图。其中类图不仅定义系统中的类,表示类之间的联系,如关联、依赖、聚合等,还包括类的内部结构(类的属性和操作)。对象图是类图的必要补充,它描述系统在某个特定时刻的静态结构。它们的不同点在于对象图显示类图的多个对象实例,而不是实际的类。一个对象图是类图的一个实例。由于对象存在生命周期,因此对象图只能在系统某一时间存在。

(3)动态视图用于展现系统的动态行为特征。采用 OO 方法建立的系统,其动态行为特征主要体现在对象状态的变化和对象之间的动态协作。因此 UML 中提供了状态图(state diagram)、序列图(sequence diagram)、协作图(collaboration diagram)和活动图(activity diagram)来刻画系统的动态行为特征。其中,状态图主要描述系统元素状态的变化和转移情况;序列图按时间顺序描述系统元素间的交互;协作图按照时间和空间的顺序描述系统元素间的关系和交互方式;活动图用于描述系统中的活动顺序和控制流程。

5.2.4 功能视图

用例图用来描述待开发系统的功能需求和系统使用场景。用例图的基本元素包括参与者(actor)、用例(use case)、关系(association)和系统边界(system scope)。

1. 参与者

参与者是与应用程序或系统进行交互的用户、组织或外部系统,如图 5-3 所示,在 UML 中通常以一个直立人图符来表示。参与者是用例图的一个重要组成部分。参与者的作用是建立系统的外部用户模型,对系统边界之外的对象进行描述。图 5-4 所示为旅客参与者示例。

图 5-3　参与者表示方法 　　　　图 5-4　参与者示例

2. 用例

用例是对一组动作序列的描述,系统执行这些动作将产生对特定参与者有价值的并且可观察的结果。如图 5-5 所示,UML 中用例的标识符号是一个椭圆形,在图中应该有编号和名称。用例是软件开发的核心元素,需求是由用例来表达的,界面是为用例设计的,分析类是根据用例发现的,测试数据是根据用例生成的,整个开发的管理和任务分配也是依据用例来组织的。图 5-6 所示为航班管理用例示例。

图 5-5　用例表示方法 　　　　图 5-6　用例示例

3. 关系

用例图的关系主要包括关联关系、泛化关系、包含关系和扩展关系。

(1) 关联关系：表示参与者与用例之间的关系。在 UML 中常用一条直线，或一个带箭头的线条来表示，箭头指向信息接收方。图 5-7 所示为旅客参与者与查询航班信息用例之间的关联关系示例。

(2) 泛化关系：泛化代表一般与特殊的关系，当多个用例共同拥有一种类似的结构和行为时，可以将它们的共性抽象成父用例，其他的用例作为泛化关系的子用例。子用例是父用例的一种特殊形式，它继承了父用例的所有结构、行为、关系。在 UML 中用空心三角箭头的实线表示泛化关系，其中三角箭头指向父用例，如图 5-8 所示，地面服务收费为机场收费的子用例。除了用例之间存在泛化关系外，参与者之间也可能存在泛化关系。如图 5-9 所示，普通旅客(子参与者)和特殊旅客(子参与者)继承了旅客(父参与者)的结构和行为等。

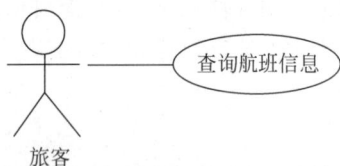

图 5-7　关联关系示例

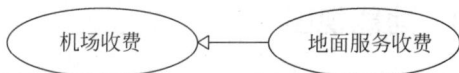

图 5-8　用例之间的泛化关系示例

(3) 包含关系：当可以从两个或两个以上的用例中提取公共行为时，应该使用包含的关系来表示它们，其中这个提取出来的公共用例称为抽象用例，原始用例称为基本用例或基础用例，"<< include >>"是包含关系的构造型，箭头指向抽象用例。如图 5-10 所示，旅客订票和退票都需要登录，可以定义一个抽象用例"登录"。

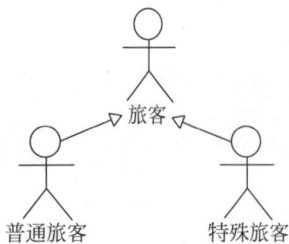

图 5-9　参与者之间的泛化关系示例

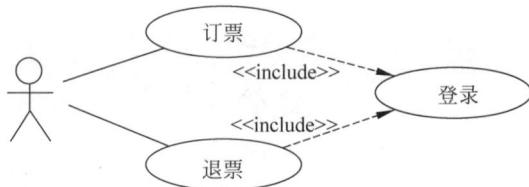

图 5-10　用例之间的包含关系示例 1

当一个用例的功能太多时，可以使用包含关系建立若干个更小的用例。如图 5-11 所示，飞机的舱位信息管理功能包含添加、修改、查询等。

(4) 扩展关系：扩展用例在扩展点上增加新的行为和含义。扩展用例为基本用例添加新的行为，箭头指向基本用例。如图 5-12 所示，执行查询后可以导出查询结果并打印查询结果。

4. 系统边界

系统边界用来表示正在建模系统的边界。

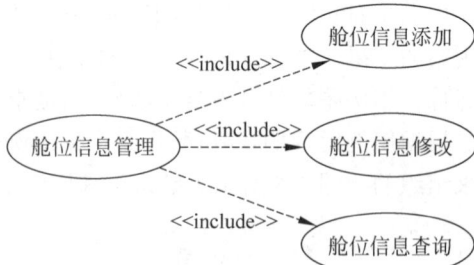

图 5-11　用例之间的包含关系示例 2

从图 5-13 中可以看出,所有的用例都放置在系统边界内,表明它们属于一个系统。参与者则放在系统边界的外面,表明它们并不属于系统。但是参与者负责直接(或间接)驱动与之关联的用例的执行。

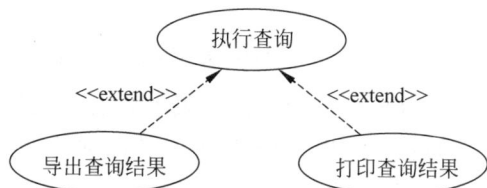

图 5-12　用例之间的扩展关系示例

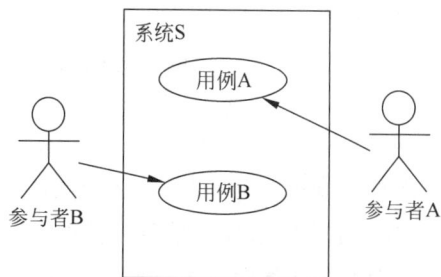

图 5-13　用例系统边界示例

例如,航显服务引擎是某航班信息显示系统为各类航显设备生成最终航显页面的核心处理模块,具有解析航显模板、装配航显数据、生成航显页面等核心功能,同时能利用数据缓冲和页面缓冲技术及时地响应客户端发出的 HTTP 请求。航显服务引擎为各类航显设备生成航显页面的主要事件流为:

(1)航显服务引擎通过轮询方式定时解析航显模板文件;

(2)航显服务引擎根据模板绑定的数据集查询航显数据库打包出的航显数据;

(3)航显服务引擎装配航显模板和数据包内容生成航显页面;

(4)航显服务引擎缓冲所有生成的航显页面,用于响应客户端请求;

(5)此时一轮打包结束,根据定时器的定时配置发起下一轮打包。

通过对上述航显服务引擎生成航显页面的业务流程的分析,可以识别出航显服务引擎子系统的外部活动者——航显管理员,外部系统——航显数据库、航显客户端,以及需要实现的用例,包括解析模板、数据打包、生成页面、判定设备在线状态等,如图 5-14 所示,采用用例图的形式直观地展示航显服务引擎功能需求分析的结果。

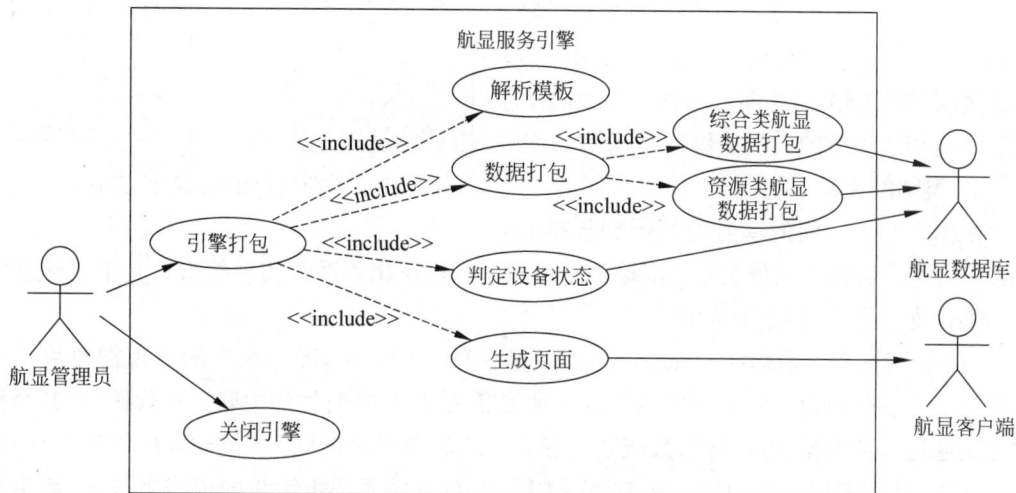

图 5-14　航显服务引擎系统用例图示例

5.2.5 静态视图

静态视图是 UML 的基础,它显示了系统的静态结构,主要包括类图、对象图和包图。

1. 类图

一个类图由一组类以及它们之间的关系构成。

1) 类

如图 5-15 所示,UML 中,类用长方形表示,并分成上、中、下 3 个区域,分别表示类的名字、属性和操作。可用矩形简化地描述一个类。如图 5-16 所示,类的简化表示只填写类名,不描述类的属性和操作信息。当在类图中仅反映类的总体结构,而不反映类的内部特性细节时,对类采用简化表示形式。

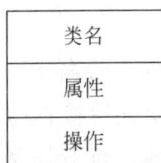

类名
属性
操作

类名

图 5-15　类的表示结构　　　　　图 5-16　类的简化表示

类的属性用来描述该类的所有对象所具有的静态特征。每一个属性中的具体值称为属性值。对"旅客"这个对象来说,"姓名、性别、旅客类型、证件类型、证件号码、联系电话"都是该对象的属性;"张三,男,成人,身份证,＃＃＃,＃＃＃"等是该对象的属性值。在需求分析阶段,一般在类中仅给出属性名,但在设计阶段需要详细描述,属性的完整描述形式为:可见性属性名[范围]:类型＝值。

类的操作用来表示对象的行为或动态特性,说明该类能做些什么。它是类的一个组成部分,只能作用于该类的对象。一个类可以有多种操作。每种操作都必须有一个含义清晰、准确的名字,应采用动词或动宾词组,并尽可能准确反映该操作的功能。如图 5-17 所示为航空公司和员工类的表示示例。

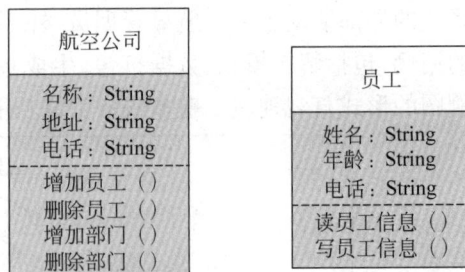

航空公司
名称：String 地址：String 电话：String
增加员工（） 删除员工（） 增加部门（） 删除部门（）

员工
姓名：String 年龄：String 电话：String
读员工信息（） 写员工信息（）

图 5-17　航空公司和员工类的表示示例

2) 类图的关系

根据类与类之间的耦合度从弱到强排列,UM 中的类图有以下几种关系:依赖关系、关联关系、泛化关系和实现关系。其中泛化和实现的耦合度相等,它们是最强的。

(1) 依赖关系。依赖(dependency)关系是一种使用关系,即一个类的实现需要另一个类的协助。它是对象之间耦合度最弱的一种关联关系,是临时性的关联。在代码中,某个类的方法通过局部变量、方法的参数或者对静态方法的调用来访问另一个类(被依赖类)中的某些方法,从而实现一些功能。在 UML 类图中,依赖关系用带箭头的虚线来表示,箭头从使用类指向被依赖的类。

如图 5-18 所示,飞行员类依赖于飞机类,如果飞机类发生变化,飞行员类的某些操作也会发生变化。

(2) 关联关系。关联(association)关系是一种结构关系,它描述两个类或多个类的实例之间的连接关系,是一种特殊的依赖关系。例如,一架飞机有两个发动机,则飞机与发动机之间就存在一种连接关系,这就是关联关系。关联关系又可以分为普通关联、聚合关联和组合关联。

① 普通关联。普通关联是最常见的关联关系,只要类与类之间存在连接关系就可以用普通关联表示。如图 5-19 所示,一般的关联关系采用一条直线表示,该直线连接具有关联关系的两个类或对象,大多数关联都是这种普通的二元关联。

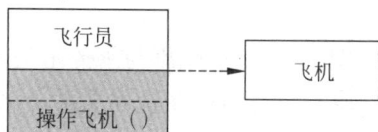

图 5-18 类的依赖关系示例

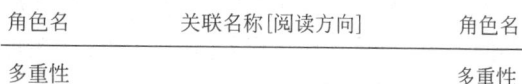

图 5-19 关联关系表示法

• 关联名称

使用关联名称可以清晰地说明该关联关系的含义和目的。关联名称应放置在直线上或其附近,同时,为避免混淆,在关联名称的前面或后面可增加一个用于指示关联名称阅读方向的黑三角。给一个关联关系命名应使用动词词组。如图 5-20 所示,机务人员和飞机的关联名称是"维修",黑三角的含义是"机务人员维修飞机,而不是飞机维修机务人员"。在很多情况下,只要某种关联关系的含义是不言而喻的,就可以省略关联名称。

图 5-20 二元关联关系示例

• 角色名

任何关联关系都涉及与此关联有关的角色。角色名用于说明某个类在关联关系中所起的作用。角色名应放置在关联线的末端,与对应的类或对象紧邻。角色名应使用名称词组。如图 5-20 所示,在飞机和机场的关联关系中,"机场"类所扮演的角色是"停放地点"。

在大多数关联关系中,相互关联的类所扮演的角色含义非常清晰,因此可省略角色名。关联名称和角色名实际都是用来描述关联关系含义的,为了保持所建模型的简洁、清晰,一般情况下,只要关联的含义足够清楚,就不要同时使用关联名称和角色名。

• 导向性

导向性用于说明两个类的关联是单向的。导向性采用实线箭头表示,即只有在箭头所指方向上才有这种关联关系。导向性会直接影响类的属性设置。如图 5-20 所示,飞机和机场的关联关系中,只表示某飞机停放在某个机场,并不表示某机场要停放哪些飞机。因此,只需要在"飞机"类中增加属性以支持对"机场"的访问。

• 多重性

多重性用于说明关联关系中某类对象的数量关系,即该类的多少个对象可以与另一个类的多个对象相关联。多重性的位置与角色名相似,分别位于关联线的两侧。采用表达式来表示多重性,表达式由一个或多个整数范围列表组成,多个列表之间用逗号隔开(例如 2,1..10,0..*)。一个整数范围由一个整数下限、两个圆点和一个整数上限组成,单个整数也是有效的范围,单个"*"等价于"0..*",其含义是包含零在内的任何数,0..1 表示 0~1 个实例;1+或 1.*表示 1~多个实例。如果图中没有明确标出关联的多重性,则默认多重性为 1。如图 5-20 所示,一个机务人员可以维修多架(包括零架)飞机,一架飞机可以由多个(包括零个)机务人员维修。

• 自身关联

UML 还允许一个类与它自身关联,也称为一元关联。图 5-21 表示航班与乘务组是多对多的关联,而乘务长与乘务员是一对多的关联,乘务长与乘务员之间存在管理关系,一个乘务长管理 3 个以上的乘务员。

• 多元关联

在客观世界中,有时多个事物之间也存在某种联系,即事物间不仅是二元关系,可能是多元关系。例如,航空货运业务中"某航空公司承运某种货物运输给某收货方"就构成了一个三元关系。为了表达事物间的多元关系,UML 提出了"多元关联"的概念。图 5-22 所示的是三元关联关系。多元关联表示为一个大的菱形,菱形与关联的类之间用直线相连,只要相应增加关联线的数目即可表达更多元的关联。

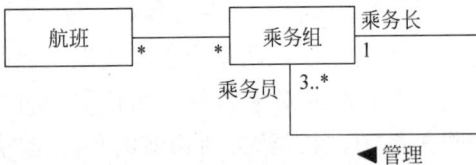

图 5-21　自身关联(一元关联)示例

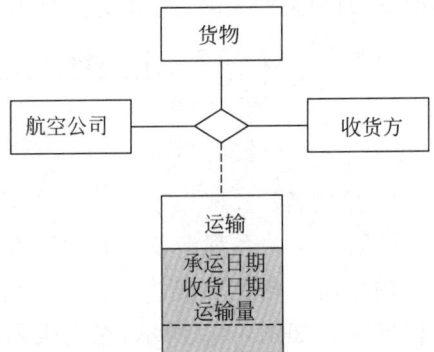

图 5-22　多元关联示例

• 关联类

UML 提出了关联类的概念来表示关联关系本身所具有的特征,可以将关联类连接至关联关系,以提供有关该关系的更多信息。关联类与其他类完全相同,它可以包含操作、属性以及其他关联。如图 5-22 所示,运输作为关联类通过一条虚线连接至关联。

② 聚合关联。聚合关联体现的是整体和部分的关系,在没有整体时,部分也可能存在,但这时部分的存在并不是以整体的部分的身份存在的,它可能作为一个独立整体而存在,也可能作为另外一个整体的部分而存在。聚合的图示符号是在表示关联关系的直线末端紧挨着整体类的地方画一个空心菱形。如图 5-23 所示,一个飞行机组包括多个飞行员,每个飞

行员又可以是其他飞行机组的成员。

③ 组合关联。组合关联表示整体与部分同存同亡的紧密组成关系。部分因整体而存在,如果整体不存在,部分就没有存在的必要。组合的图示符号是在表示关联关系的直线末端紧挨着整体类的地方画一个实心菱形。如图 5-24 所示,起落架是飞机的一个组成部分,没有飞机,起落架也就没有存在的意义。

图 5-23　聚合关联示例　　　　　　　　图 5-24　组合关联示例

(3) 泛化关系。泛化是指抽取事物的共性特征,形成超越特殊事物而具有普遍意义的一般事物的方法。泛化反映事物之间的特殊与一般关系。在泛化关系中,把表示一般特性的实体称为超类,表示特殊特性的实体称为子类。泛化与继承描述事物的同一种关系。继承是一类事物拥有或承接另一类事物的某些特性,使之成为自己所具有的特性。这样,这类事物除了具有自己独特的特性之外,还具有所承接的另一事物的特性。这类事物属于具有特殊特性的事物,而具有被承接的特性的那类事物肯定属于具有一般特性的事物。如图 5-25 所示,在图形表示上,用一端为空心三角形的连线表示泛化关系,三角形的顶角紧挨着一般类。

(4) 实现关系。实现是泛化关系和依赖关系的结合,也是类之间的语义关系,通常在接口和实现它们的类或构件之间,用例和实现它们的协作之间出现实现关系。如图 5-26 所示,在 UML 中,实现关系用带有空心箭头的虚线表示。

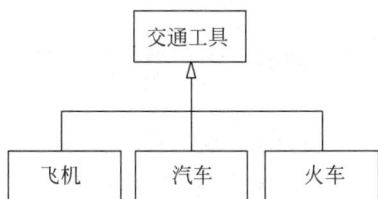

图 5-25　泛化关系示例　　　　　　　　图 5-26　实现关系示例

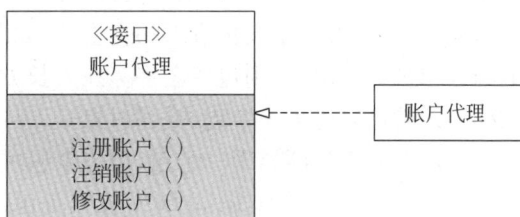

2. 对象图

对象图表示在某一时刻一组对象以及它们之间关系的图,可以被看作类图在系统某一时刻的实例。除了"类"和"对象"的表示符号不同之外,类图和对象图所用到的建模元素及其表示符号都是相同的。因为对象具有生命周期,不同时刻类图中的对象数目并不相同,所以对应同一幅类图,在不同时间会有不同的对象图。在描述系统的静态结构时,并不一定要绘制对象图,只有当需要反映某一时刻系统中对象相互之间的连接关系时才需要画出对象图。

对象图中的节点是对象,节点用矩形框表示。对象名的格式为"对象名:类名"。省略对象名的对象称为匿名对象,如图 5-27 所示为航空公司和飞机类图及对象图。

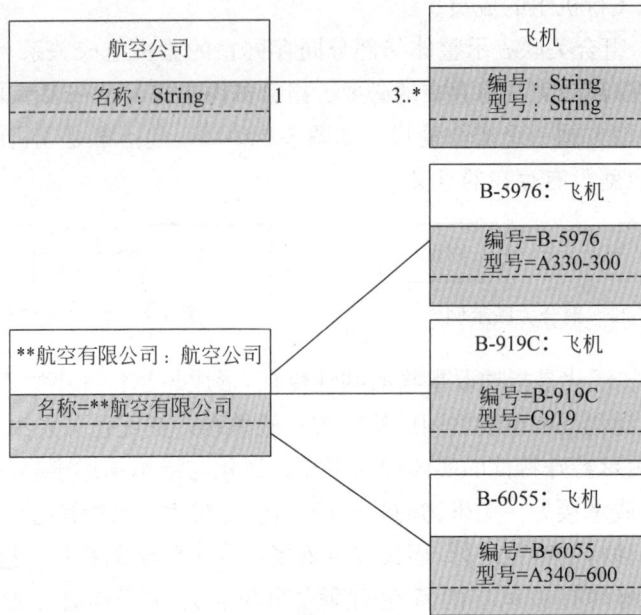

图 5-27　类图及对象图示例

3. 包图

包(package)是一种组合机制,把各种各样的模型元素通过内在的语义连成一个整体就形成一个包。构成包的模型元素称为包的内容,包是一个主题的具体表现形式。包图是描绘模型元素分组以及分组之间依赖关系的图。"包"的图形表示符号类似文件夹,由两个长方形组成,小长方形位于大长方形的左上角,如图 5-28 所示。每个包都要有一个名字,如果包的内容未被显示出来,则包的名字标在大长方形内,否则,包的名字标在小长方形内。包内的模型元素可以是另一个包、类和对象等。

一个模型元素只能属于一个包,但一个包可以引用另一个包的模型元素,这时,两个包之间就建立了关系。例如,图 5-29 中包中有包,大包名为"客运服务",大包中有两个小包,分别是"办理登机牌"和"登机",分别提供不同的服务内容。

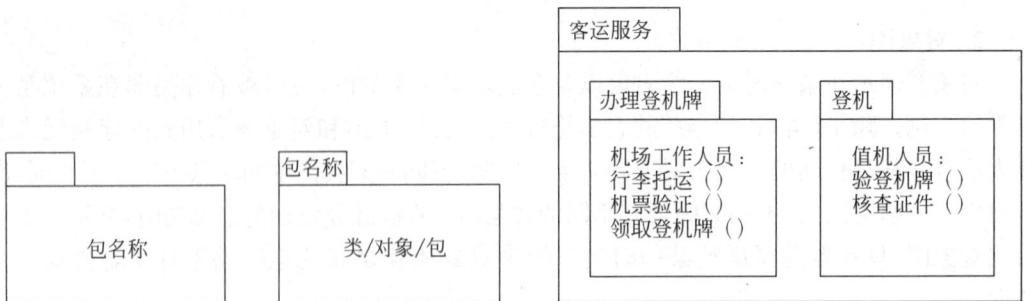

图 5-28　包的表示

图 5-29　包的组织示例

包间的关系主要包括依赖关系和继承关系,依赖关系用一条带箭头的虚线表示,包间继承关系的表示符号与类间的继承关系一样。

5.2.6 动态视图

UML动态视图用于描述事物的动态行为,主要包括状态图、活动图、时序图和协作图。

1. 状态图

状态图用于描述一个对象所能达到的所有状态以及引起状态变化的事件,用于对类所描述事物的补充说明。从广义上讲,对象的状态是指对象的全部属性的属性值的笛卡儿积。按此定义,对象的状态数量巨大,在实际系统开发过程中,不可能也没有必要识别和认识如此多的状态。因此,对象的状态实际是对象的各种行为模式,即使一个对象可能的属性值的笛卡儿积不同,但只要其行为方式相同,对象就处于同一个状态。事件是在某个特定时刻发生的事情,它是对引起对象状态转换的外界事件的抽象。

一个对象的状态由一个初始状态(初态)、若干个中间状态和零到多个终止状态(终态)组成。状态的表示符号如图5-30所示。状态图中的节点是事物所处的状态。实心圆表示初始状态,带圆圈的实心圆表示结束状态。一幅状态图中一般有一个初始状态。箭头表示状态的切换,在箭头上标注状态切换的激发条件。中间状态一般包括3个部分:第一部分为状态名;第二部分为可选的状态变量,用来描述标识状态的属性名和属性值,每个状态变量的语法格式为"属性名=属性值";第三部分为可选的活动表,用于列出该状态下可能发生的事件及其事件所引发的状态之间的转移和变化。

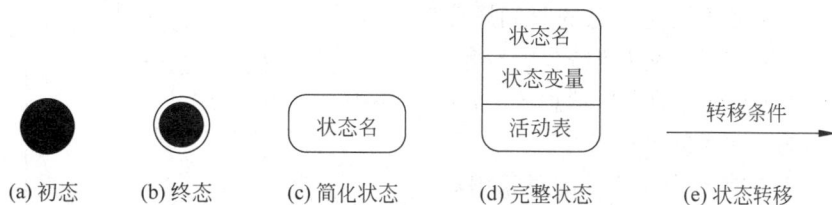

图 5-30 状态图模型元素的表示符号

案例:如图5-31所示,对于航班机票预订系统而言,包括的状态主要有:①在确定飞行计划时,显然是没有任何预订的,并且在有人预订机票之前都将处于这种"无预订"状态;②对于订座而言,显然有"部分预订"和"预订完"两种状态;③当航班快要起飞时,显然要"预订关闭"。因此该系统有4种状态:无预订、部分预订、预订完成和预订关闭。

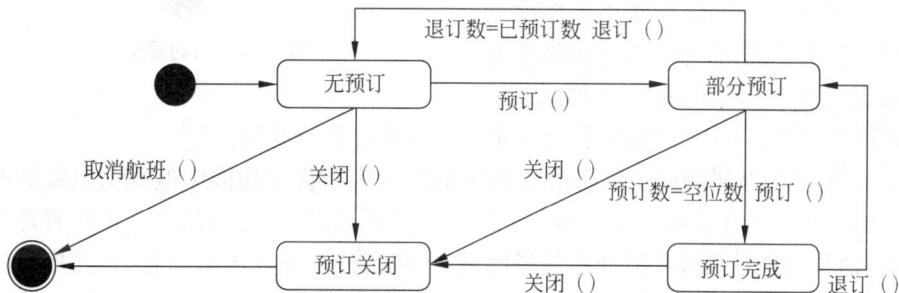

图 5-31 状态图示例

2. 活动图

活动图是另一种用来描述系统功能和用户交互的模型图。它类似于状态图，主要描述完成一项功能要执行的动作、动作顺序和动作所产生的结果。在 OOAD 过程中，活动图主要作为类图和用例图的补充模型，描述一个服务和一个用例的执行过程及其对有关对象状态的影响。活动图建模的基本元素及其表示符号如图 5-32 所示。

图 5-32　活动图模型元素的表示符号

例：图 5-33 为某机场航班信息管理系统行李区终端管理活动图。行李管理员进入行李区终端管理行李信息，包括输入行李信息，并判断是否录入，是则显示并添加行李记录，另外还可以选择行李信息并发布。

3. 时序图

时序图，也叫顺序图，或序列图。时序图通过描述对象之间发送消息的时间顺序来显示多个对象之间的交互模式，由对象、生命线、激活框（即执行动作）、消息等组成。图 5-34 所示为时序图的表示符号。

在时序图中，参与交互活动的对象用矩形框表示。"生命线"是一条垂直的虚线，表示对象存在的时间；"激活框"是一个细长的矩形，表示对象执行一个操作所经历的时间；"消息"是对象之间的一条水平箭头线，表示对象之间的消息通信，在消息的矩形框中可以填写方法调用名或调用说明，它会显示在消息线的上方；组合片段用来解决交互执行的条件和方式，它允许在序列图中直接表示逻辑组件，用于通过指定条件或子进

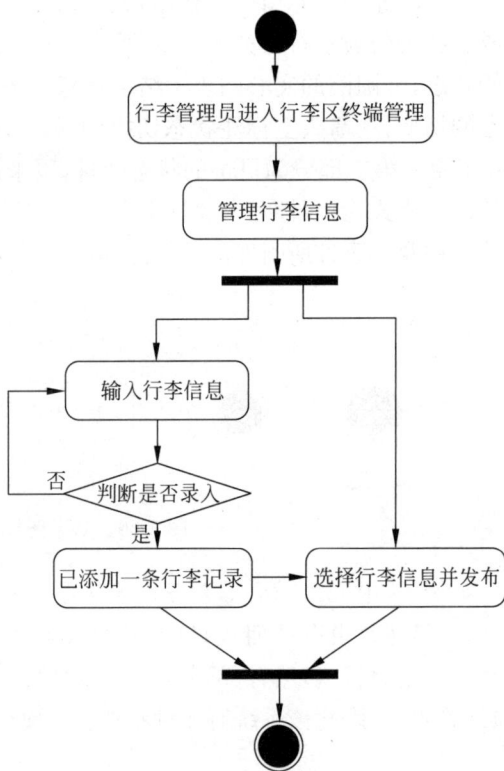

图 5-33　活动图示例

程的应用区域，为任何生命线的任何部分定义特殊条件和子进程。

图 5-35 所示为某机场航班信息管理系统值机区终端管理功能中值机信息添加及发布时序图。值机管理员在系统登录界面上进行身份验证，验证后返回结果。值机管理员进入操作界面，值机管理员从操作界面中选择值机区终端管理，输入值机信息后，库中对应添加该值机信息，并显示已成功添加一条值机记录。值机管理员选中值机信息并发布，库中调取并记录，显示值机信息发布成功。

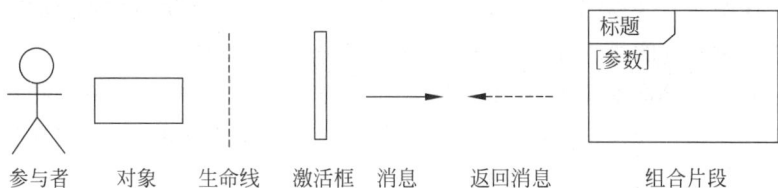

图 5-34　时序图的表示符号

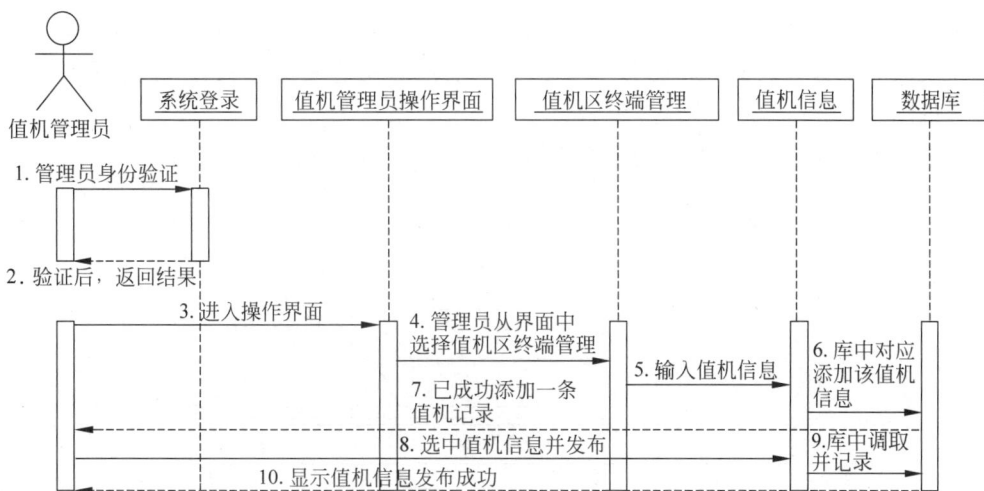

图 5-35　时序图示例

4. 协作图

协作图反映收发消息的对象的关系,用于描述系统的行为是如何协作实现的,也称合作图或通信图。在时序图中重点反映消息的时间顺序,而在协作图中重点反映对象之间的关系。实际应用中,有时既需要时序图又需要协作图,则可以先画出一个时序图,然后再将时序图转换成协作图。

协作图主要由对象、消息和链 3 个元素构成。对象的表示法与序列图中相同,其命名方式也相同;协作图中的消息与序列图中的消息概念相同。链是对象之间的连接,也是类关联的一个实例。在协作图中,链使用实线或弧来连接两个对象。链也可以用于一个对象跟自己的连接,链的起点和终点在一个对象上。

5.3 面向对象系统分析

5.3.1 面向对象分析的任务

面向对象分析(OOA)是 OO 方法从软件生命周期的编程阶段向分析阶段发展和延伸的自然产物,它从确定需求或者业务的角度,按照面向对象的思想来分析业务。OOA 的基本任务是:运用 OO 方法,对拟建信息系统所涉及的领域和要解决的领域问题进行分析和理解,正确认识问题域中的事物及事物间的关系,确定为解决领域问题信息系统应具备的功能和其他方面(例如系统性能、安全性和可靠性等)的要求(即系统非功能性需求)。在此基础上,勾画出拟建系统的逻辑模型来反映系统的静态和动态结构。

OOA 强调运用面向对象方法,对问题域和系统责任进行分析与理解,找出描述问题域和系统责任所需要的对象,定义对象的属性、操作以及对象之间的关系,目标是建立一个符合问题域、满足用户需求的 OOA 模型。

5.3.2　面向对象分析模型

OOA 模型就是通过面向对象的分析所建立的系统分析模型,表达在 OOA 阶段所认识到的系统组成部分及彼此之间的关系。在可视化方面,用建模概念所对应的表示法绘制相应种类的图。

如图 5-36 所示,OOA 模型是按照图加相关规约文档这种方式组织的。

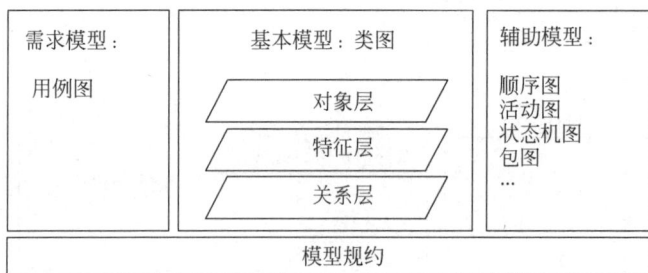

图 5-36　OOA 模型

用用例图来捕获与描述用户的要求,即系统的需求,从而建立系统的需求模型(用例模型)。

OOA 基本模型的 3 个层次分别描述:①系统中应创建哪几类对象;②每类对象的内部构成;③每类对象与外部的关系。3 个层次的信息(包括图形符号和文字)叠加在一起,形成完整的类图。

用类图构建的模型是系统的基本模型,主要是因为类图为面向对象编程提供了最直接的依据。基本模型为系统的静态模型,它描述系统的结构特征。类图的主要构成成分是类、属性、操作、泛化、关联和依赖。这些成分所表达的模型信息可以从以下 3 个层次来看待:

(1) 对象层:给出系统中所有反映问题域与系统责任的对象。用类符号表达属于一个类的对象的集合。类作为对象的抽象描述,是构成系统的基本单位。

(2) 特征层:给出每一个类(及其所代表的对象)的内部特征,即给出每个类的属性与操作。该层要以分析阶段所能达到的程度为限给出类的内部特征的细节。

(3) 关系层:给出各个类(及其所代表的对象)彼此之间的关系。这些关系包括泛化、关联和依赖。该层描述了对象与外部的联系。

为建立系统的行为模型,需要创建交互图、活动图或状态机图。交互图主要有两种形式:顺序图和通信图,每种形式突出同一个交互的不同方面。顺序图表示按时间顺序排列的交互,通信图表示围绕角色所组织的交互以及角色之间的链。与顺序图不同,通信图着重表示扮演不同角色的对象之间的连接。活动图展示从活动到活动的控制流和数据流,通常用于对业务过程和操作的算法建模。状态机图展示对象在其生命周期内由于响应事件而经历的一系列状态,以及对这些事件做出的反应。

包图用于组织系统的模型,其中的包是在模型之上附加的控制复杂性的机制。对关系密切的元素进行打包,有助于理解和组织系统模型。

系统的行为模型和用包图建立的系统组织模型都作为系统的辅助模型。

以图的方式建立模型是不够的。对各种图中的建模元素,还要按一定的要求进行规约(即描述)。

5.3.3 面向对象分析过程

为了保质、高效地完成 OOA 的基本任务,过程必须科学、有效和严谨。过程规定了为实现既定的目标而进行的一系列技术和管理活动的集合。如图 5-37 所示,将整个 OOA 过程划分成 5 个主要阶段(与粗箭头连接的各个阶段),两个辅助工作,即原型开发和分析结果的详细说明。

5 个主要阶段有一定的顺序(粗箭头指示),也可以从一个阶段返回上一个阶段(细箭头指示),因此,阶段之间既表现出一定的顺序,又可交替进行。原型开发主要是通过尽快建立一个可运行的系统,启发用户和系统分析员发现和确定系统功能需求,这对于需求模糊的系统是非常必要的。虽然在系统分析过程中,通过建立各种模型来刻画和描述系统,但模型的表达能力是有限的,因此,必须详细说明这一步工作,用文字描述的方法对各个模型进行补充说明。

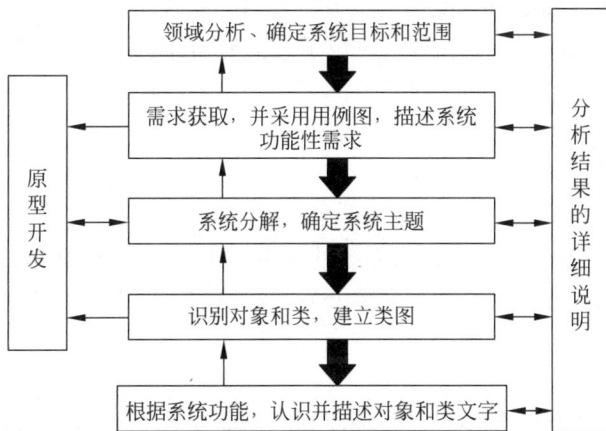

图 5-37　OOA 过程

下面给出实施 OOA 过程的几点建议。

(1) 把建立需求模型放在分析工作的开始。通过定义用例和建立用例图来对用户需求进行规范化描述。

(2) 把建立基本模型的 3 个活动安排得比较接近,根据需要随时从一个活动切换到另一个活动。

(3) 建立交互图、状态机图或活动图的活动可以安排在基本模型建立之后,但也可以与基本模型的活动同时进行,即在认识清楚了若干对象后,就开始绘制反映系统动态行为的模型图。

(4) 建立模型规约的活动应该分散地进行,结合在其他活动之中。最后作一次集中的审查与补充。

（5）原型开发可反复地进行。在认识了基本模型中一些主要的对象之后就可以做一个最初的原型，随着分析工作的深入不断地进行增量式的原型开发。原型开发的工作还可以提前到建立需求模型的阶段进行。在开发的早期阶段建立的原型主要用于捕获与证实用户的需求。

（6）在分析较小的系统时可以省略划分包的活动，或把该活动放在基本模型建立之后进行。在分析大中型系统时，可以按需求先划分包，根据包进行分工，然后开始通常的分析；在分析的过程中，若需要，仍可以用包来组织模型元素。

5.4 面向对象系统设计

面向对象设计（OOD）是在 OOA 的基础上继续运用面向对象方法解决软件生命周期设计阶段的问题，目标是产生符合具体实现条件的 OOD 模型。

从信息系统的 OOA 到 OOD 实际上是一个逐渐扩充模型的过程。也就是说，OOD 是从"如何实现系统"的角度对 OOA 的结果进行修改、补充和细化。可以把 OOD 的内容分为系统设计和对象设计两部分。系统设计主要确定软件体系结构、用户界面和数据管理接口，系统设计的结果最终要通过修改、补充类及类内部特征和类间的关系来体现；对象设计主要确定类内部的属性和服务以及实现服务所采用的算法。

OOA 与 OOD 的目标是不同的，这决定了它们有着不同的分工，并因此而具有不同的开发过程及具体策略。

5.4.1 面向对象设计的原则

1. 模块化原则

在面向对象方法中，对象就是构成系统的基本模块，它是把数据结构和作用在数据上的操作（方法）封装起来构成模块。面向对象开发方法所建立的软件是由独立自主和紧密联系的若干对象构成的。对象通过紧密协作来完成系统功能。

2. 抽象原则

抽象是面向对象方法中使用最广泛的原则。面向对象开发方法不仅支持过程抽象，而且支持数据抽象。所谓过程抽象，是指任何一个完成确定功能的操作序列，其使用者都可以忽略其内部一系列更低级的操作，而把它看作一个单一的整体。通过过程抽象，软件开发者可以把一个复杂的功能分解为一些子功能。这使得开发者可以在不同的抽象层次上考虑问题。尽管过程抽象并不是面向对象方法的主要抽象形式，但它对于在对象内组织对象的服务是有用的。所谓数据抽象，是根据作用于数据之上的操作来定义数据类型，并限定数据的值只能由这些操作来存取。数据抽象是面向对象方法的核心原则，它强调了属性和服务结合为一个不可分割的系统单位（即对象）。对象的使用者只需知道它能做什么，而不必知道它如何做。

3. 信息隐蔽原则

在面向对象方法中，信息隐蔽是通过封装来实现的。封装的信息隐蔽作用反映了事物的相对对立性，隐藏了对象内容的实现细节。类结构分离了接口与实现，类的属性的表示方法和操作的实现算法对于类的用户来说都应该是隐藏的,用户只能通过公共接口访问类中的属性。封装实际上是抽象原则的一种具体应用,它既体现了过程抽象,也体现了数据抽象。

4. 对象的独立性原则

在面向对象方法中,对象是构成系统最基本的模块,因此,在 OOD 中,所追求的主要目标之一是努力提高对象的相对独立性。衡量对象独立性的两个指标是对象的耦合和内聚。

1) 耦合

OOD 中,耦合是指不同对象间相互联系的紧密程度。如果一类对象过多地依赖其他对象来完成自己的工作,则不仅给理解、测试或修改这个类带来很大困难,而且还大大降低该类的可重用性和可移植性。因此,通常来说,弱耦合是优秀设计的一个重要标准。当然,在实际的系统中,对象不可能是完全独立的,当两个对象必须相互联系、相互依赖时,应该通过类的接口实现耦合,而不能依赖类的具体实现细节。对象间的耦合可以分为如下 4 类。

(1) 交互耦合。如果对象之间的耦合是通过消息连接来实现的,则这种耦合就是交互耦合。为使交互耦合尽可能松散,在设计时应主要遵循两个原则:第一,尽量降低消息连接的复杂程度,包括尽量减少消息中的参数个数和参数的复杂程度;第二,尽量减少对象发送或接收的消息数。

(2) 继承耦合。如果不同的对象间存在继承关系,则这种耦合就是继承耦合。由于通过继承关系结合起来的一般类和特殊类实际上构成了系统中粒度更大的模块,因此,与交互耦合相反,它们之间结合得越紧密越好,即应该提高继承耦合程度。为获得紧密的继承耦合,在设计过程中,应该使特殊类尽可能多地继承并使用一般类所拥有的属性和服务。如果一个特殊类摒弃了其一般类的许多属性,则建议取消这种松散的继承耦合关系。

(3) 组合耦合。如果不同对象间存在整体-部分关系,则这种耦合就是组合耦合。同继承耦合一样,整体类和部分类之间结合得越紧密越好。因此,为获得紧密的组合耦合,在设计过程中可以优先考虑使用组成关系。

(4) 关联耦合。如果不同对象间存在关联关系,则这种耦合就是关联耦合。为了使关联耦合尽可能松散,在设计时主要应遵循两个原则:第一,将复杂的关联关系(例如多元关联和关联类)通过增加新类的方法转化成普通的二元关联关系;第二,将多对多的关联转换成一对多的关联。

2) 内聚

OOD 中,内聚是指一个对象内部各个成分(包括属性和服务)结合的紧密程度。对象的内聚程度越高,说明对象的独立性越高,对象就更便于维护和重用。另外,对象的高内聚往往意味着对象的低耦合。因此,尽管耦合和内聚是衡量对象独立性的两个指标,但实践表明,在设计时应该更多地把注意力集中到提高对象的内聚上。面向对象方法中的内聚可以分为如下两种:

(1) 服务内聚。一个服务应该完成一个且仅完成一个功能,对于完成多个功能的服务可以按功能进一步分解成多个服务,从而保证一个服务完成一个定义明确的功能。

(2) 类内聚。设计类的原则是,一个类应该与一类事物对应,其属性和服务应该全都是对应事物的静态和动态特征,且都是完成该类对象任务所必需的,不包含无用的属性和服务。如果某个类过于复杂或对应多个事物,通常应把它进一步分解成多个类。

5. 可重用原则

软件重用是提高软件开发生产率和质量的重要途径。软件重用主要从设计阶段开始。目前,大部分的面向对象的程序设计语言(OOPL)都提供一个类库,再加上开发者原有的相似系统的类库支持,在设计时,可采取以下策略来实现对上述类库中的类的重用。

(1)直接重用。如果能够从已有类库中直接找到完全符合实现系统要求的类,则可直接在系统中使用。显然,直接重用的类越多,系统开发的效率和质量就越高。但是,由于信息系统所涉及的领域众多,如果没有以往相似系统开发的积累,那么可直接重用的类不会太多,也就是说大部分类需要开发者自己创建。

(2)间接重用。如果能够从已有类库中找到符合实现系统要求的相似的类,则需要对该类进行改造后使用。这种情况通常是可重用类包含了多余的属性和服务,需要删除多余的属性和服务,并对代码进行相应的维护。

(3)通过继承重用。如果已有类库中的某个类给出的属性和服务都是拟建系统的某个类所必需的,但是并不完整,则可以通过继承来实现重用。通过继承实现重用的关键问题是找到合理的一般类。

(4)通过组合重用。如果已有类库中的某些类是实现系统所需类的组成成分,则可通过整体-部分关系来实现对已有类的重用。通过整体-部分关系实现重用的关键问题是找到合理的部分类。

5.4.2 面向对象设计模型

OOA和OOD追求的目标不同,但它们采用一致的概念、原则和表示法,不像结构化方法那样从分析到设计存在着把数据流程图转换为模块结构图。OOD以OOA模型为基础,只需作必要的修改和调整,或补充某些细节,并增加几个与实现有关的相对独立部分。因此OOA与OOD之间不存在像传统方法中那样的分析与设计之间的鸿沟,二者能够紧密衔接,大大降低了从OOA过渡到OOD的难度和出错率。

不涉及具体实现条件的OOA模型是一个平台无关模型,它独立于任何实现平台。在OOA模型的基础上,针对确定的实现条件而设计的OOD模型则是一个平台相关模型。

如图5-38所示,从一个正面观察OOD模型,它包括一个核心部分,即问题域部分,还包括4个外围部分:人机交互部分、控制驱动部分、数据管理部分和构件及部署部分。初始的问题域部分即为OOA模型,要按照实现条件对其进行补充与调整;人机交互部分即人机界面设计部分;控制驱动部分用于定义和协调并发的各个控制流;数据管理部分用于对持久对象的存取建模;构件及部署部分中的构件模型用于描述构件以及构件之间的关系,部署模型用于描述节点、节点之间的关系以及实现构件的制品在节点上的分布。

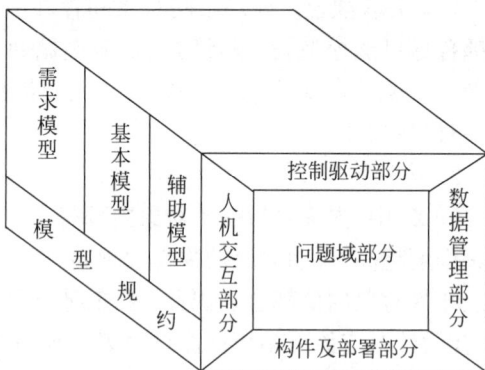

图 5-38　OOD 模型

5.4.3 面向对象设计过程

1. 问题域进一步设计

通过面向对象分析（OOA）所得到的对问题域的描述离实现的要求还有很大的距离，还有很多关于"如何实现"的问题没有解决。因此，OOD 必须从实现的角度，对 OOA 所建立的问题域模型作一些修改和补充，主要是增添、合并或分解类与对象、属性及其服务，调整类和对象的关系等。问题域的进一步设计包括以下 3 项活动：

1）需求的调整与确认

设计开始前，OOA 结果仍可能存在缺陷，用户需求仍可能发生变化，因此需要对 OOA 进行调整。需求变化所引起的修改由分析人员单独完成，设计人员对 OOA 模型的异议由分析人员和设计人员共同解决。修改的最终结果要经过有关人员（包括用户和开发商的项目组成员）的共同确认，确认后的 OOA 模型可以正式作为设计的输入。

2）对 OOA 模型的调整

OOA 所建立的模型主要侧重于直接映射问题域的本来面目，与具体的实现环境无关。因此，OOA 模型并没有反映如何实现系统的种种细节。OOD 要在 OOA 的基础上，结合具体的实现环境和使用的工具，重点考虑如何构建系统，以指导程序员直接进行编程。

OOD 需从如何实现系统的角度出发，从以下几个方面对 OOA 模型进行必要的调整和补充。

（1）针对具体的 OOPL 的调整。当选定的 OOPL 不支持 OOA 模型中所用到的某些概念时，就要对 OOA 进行调整。这种调整主要包括 3 个方面：①当 OOPL 不支持多继承时，需要把多继承结构转化为单继承或无继承；②当 OOPL 不支持多态时，往往需要通过重新分类和把一般类的某些属性和方法下降到特殊类来取消多态；③当 OOPL 不支持复杂关联（包括关联类和多元关联）时，需要把复杂关联调整为普通的二元关联。

（2）增加一般类以提供共同协议。设计人员在设计过程中常常发现，一些具体类需要一些公共的协议，也就是说，它们都需要定义一组类似的服务或属性。例如，对象的创建、删除、复制、转存等是所有对象的公共行为。各种 OOPL 往往都提供了基础类库来统一解决这一问题。如果 OOPL 没有预定义这样的类，则设计人员应该增加类。此外，当发现一组类（非全部）存在公共协议（如共享方法或行为）时，可通过引入一般类（如抽象类或接口）封装这些协议，从而提升代码复用性与系统可扩展性。例如，凡是需要永久保存对象信息的类，都需要某些共同的属性和服务。

（3）重用已有类。通过重用已有类，可以显著提高软件设计的效率和质量。具体的重用原则在 OOD 原则中已经讲过，在此不再赘述。

（4）为实现永久对象所作的调整。有些类的对象实例需要被永久存储。由于面向对象的数据库技术还不成熟，因此，目前主要选用文件系统或关系数据库来实现对永久对象的存储，这往往需要修改模型中的永久对象类。例如，因数据规范化而引起类的属性的变化，增加比原有的属性更适合作为关键字的属性，为实现对象的存储和恢复操作而增加属性和服务。

（5）完善对象内部细节。OOA 阶段忽略了对与实现有关的对象内部细节的认识和描述，而在 OOD 阶段，为了给出一个完全可实现的 OOD 模型，必须对这些内容加以弥补和完善。对于问题域部分的设计而言，完善对象内部细节的定义主要包括 3 个方面的工作：

①从问题域本身和系统功能出发,检查 OOA 模型中的每个对象类的内部定义是否完整,增加缺少的以及完善描述不完整的属性和服务;②解决 OOA 阶段推迟考虑的问题,主要包括增加因封装原则而设立的服务,设计和增加表示关联的、表示整体-部分关系的属性,设计并描述实现对象服务的算法等;③设计实现服务的数据结构和算法。

(6) 定义实现系统应创建的对象实例。从问题域角度出发,一个类的所有对象实例都对应问题域中的一个实际事物。从解空间来看,管理对象实例的方法有两种:一是在内存中直接定义或创建对象实例,这时要给出对象的名称、采用的数据结构(例如数组等)和必要的文字描述;二是在文件或数据库中存储一个类的所有对象(永久对象),在系统需要处理一个对象时才把它装入内存,这样,必须给出保存这些对象实例的文件名或数据库的相关表的表名等信息。上述与定义对象有关的信息都要在类描述模板中加以说明。

(7) 提高性能。对某些性能要求较高的系统,性能问题是 OOD 阶段所必须考虑的。影响系统性能的因素包括硬件的性能和配置及其软件的结构和算法。在此主要考虑的是软件的性能提高问题。通常可以采取 6 个方面的措施:①调整对象分布来减少不同处理机之间的数据传输量或缩短数据传输路径;②采用缓冲区技术或其他内外存交换技术缩短对象的存取时间;③合并消息频繁的类来减少服务请求所花费的时间;④增加属性来记录复杂计算的中间结果以减少重复计算;⑤对于使用频繁或时空开销较大对象的服务算法,通过降低算法的时间或空间复杂性来提高软件性能;⑥通过进一步分类或整体-部分结构来降低复杂对象的复杂性,以降低对象服务的复杂性,提高其执行效率。

(8) 修改或补充 OOA 其他模型。OOD 除了对 OOA 所建立的类图进行调整之外,也需要对用例图、主题图、系统动态模型图和详细说明进行相应的调整,以形成完整、一致的文档。

3) 建立 OOD 与 OOA 的映射关系

OOD 的问题域设计部分所产生的某些类是从 OOA 有关模型演化而来的。把两者之间的演化结果记录下来,对于完成编程、测试及其维护工作是十分宝贵的材料。在问题域进一步设计完成后,应建立一个从 OOA 到 OOD 的类的映射表。

2. 人机交互设计

在 OOA 中,通过用例模型已建立了系统外部角色与系统的交互内容和基本过程,即对人机交互进行了初步的分析,基本上确定了角色与系统的交互及系统反馈的信息。OOD 的人机交互设计部分的任务就是在此基础上进一步分析用户,确定交互的细节,确定窗口、报表和命令等构成用户界面的相关类和对象。由于用户是直接通过用户界面来操作和使用系统的,所以人机交互设计的结果直接影响用户对一个信息系统的满意度。

用户界面的设计不单单是软件问题,还涉及美学、心理学等其他学科的知识,此处主要从软件角度来探讨采用 OO 方法设计用户界面的策略和方法。有关人机界面开发的专业知识,读者可参阅其他文献。

1) 人机交互设计策略

由于对人机界面的评价在很大程度上是由人的主观因素决定的,因此,使用界面设计支持系统、采用原型化的设计策略,是成功设计人机界面的关键。目前,广泛应用的图形用户界面(graphics user interface,GUI)设计支持系统与编程语言紧密集成,形成了可视化编程环境,例如 Visual C++、Eclipse 等。可视化编程环境提供了大量人机交互的类,在很多情况

下可以直接重用,可显著提高人机界面的设计效率。原型化的设计策略是指在充分分析用户对界面需求的基础上,采用界面设计系统,尽快构建用户界面原型供用户使用和评价,并按用户意见反复修改,直到用户满意为止。

2) 人机交互设计过程

人机交互设计要解决的核心问题是"人如何操作和使用系统"以及"系统如何向人提供信息"。为此,人机交互的设计必须完成以下任务。

(1) 分析和描述用户。人机交互界面是用户使用的,因此,人机交互界面设计的根本目标是让用户满意。为此,设计者必须认真分析和研究系统用户,并把获得的有关信息记录下来。OOA 阶段得到的用例模型是分析和描述用户的基础,研究和分析的内容主要包括了解用例模型中所定义的各种角色的所有用户的基本情况(包括用户名、年龄、职务、受教育程度和爱好等)、计算机方面的知识背景、业务内容和习惯、对人机交互的主观需求,并对用户进行分类统计。这对选择人机界面的风格、命令组织形式和输出形式都会产生重要的影响。

(2) 分析和描述人机交互的内容和过程。人机交互包括两个方面的内容:一是人向系统下达的命令、命令参数和输入的其他数据;二是系统给人提供的输出信息。这两方面的内容是由系统功能需求所决定的,与人的主观意识没有关系。但具体交互的方式和过程可以根据人的主观因素作不同的决策。例如,编辑一张数据表的内容可以采用多记录方式(一次显示多条记录)或单记录方式(一次只显示一条记录)。在 OOA 阶段,通过用例模型,已基本明确了人机交互的内容。因此,OOD 阶段主要是确定交互的方式和过程的细节,即要确定每一步交互过程的每一次输入和输出方式,并将得到的结果补充到用例模型对每个用例的描述中。其中的主要工作是确定输入/输出的步骤,选择输入/输出设备,选择输入/输出信息的类型、取值范围及其表现形式等。

(3) 输入和输出的组织。在一个交互式的人机界面中,与用户关系最为紧密的就是输入和输出。即使是一个相对简单的有价值的信息系统,也会拥有大量的输入和输出。如何组织这些输入/输出信息,以使用户操作更方便、更有效,是构成优秀人机界面的关键问题之一。组织输入和输出信息的总体策略是采用层次化结构。输入可以分为命令和数据两类。其中,对于命令的组织,首先以启动每个用例的命令作为基本命令,在它之下的层次是对应的用例所包含的交互过程的每个命令步,各命令步之间的结构取决于执行基本命令的系统成分自身的逻辑结构;在它之上的层次是按照功能的相似性或系统主题将基本命令进行组合而形成的高层命令。对于输入数据的组织则相对简单,但要注意遵循启发性、容错性和减少重复输入的原则,来提高输入数据的速度和准确率。输出可以分为提示信息、计算结果和系统反馈信息 3 种。在一个人机交互界面启动之后,输出信息总是伴随着命令的执行而产生,所以不必另行创建输出信息的总体结构,只需采用与命令结构相同的框架。输入/输出组织的确定要尽可能符合用户的习惯和形成一套固定的风格。目前,Windows 已成为 GUI事实上的工业标准,因此,输入、输出的组织形式应保持与普通 Windows 程序界面相一致。

(4) 设计人机交互类。以选定的界面支持系统为设计背景,选择实现人机交互所需的界面构件,并用 OO 概念和表示法表示这些构件及它们之间的关系,形成 OOD 模型的人机交互类的设计结果。可视化编程环境的出现大大简化了人机交互类的设计,通常情况下,在可视化编程环境所提供的类库中能找到所需要的绝大部分界面构件,并可直接复用。即使找不到符合要求的界面构件,也可以从已有的类来派生,一般不需要从零开始设计。

3. 数据管理设计

数据管理的任务是在某种数据管理系统(例如文件系统或数据库管理系统)的支持下完成对永久对象的存储、检索和恢复。从理论上讲,如果 OOPL 能支持永久对象的表示和存储管理,或者是采用面向对象的数据库管理系统(OODBMS),则对象的永久存储问题并不需要专门的设计就能解决。但是,由于目前支持永久对象的 OOPL 或 OODBMS 在技术上尚不成熟,再加上实际信息系统的开发所必须考虑的易用性、性价比等因素,目前信息系统的开发应更适于选择关系数据库管理系统(RDBMS)或文件系统来管理永久对象。因此 OOD 数据管理部分设计要解决的问题可以归结为:在选定的 OOPL 和数据管理系统不能直接支持永久对象存储的情况下,针对选用的数据管理系统的特点,设计一些专门处理对象的永久存储问题的类,实现应用系统和数据管理系统的数据接口。

4. 任务管理设计

在计算机硬件性能和网络高速发展的今天,大量信息系统都需要设计成并发系统。并发系统的设计过程中,必须根据信息系统所采用的体系结构和系统分布方案等设计约束,并在 OOD 模型中描述各个并发执行的任务、任务的驱动方式等问题。这就是任务管理设计要完成的核心任务。

从 OO 概念上说,不同对象都可以并发工作。但在实际系统中,许多对象之间存在行为依赖关系,只有两个对象彼此之间不存在交互(相互发送消息),或者同时接受事件时,它们在本质上才是并发的。反过来说,可以通过分析对象间的交互,将若干非并发的对象合并到一条控制流(control flow)中。所谓控制流,是指一个在处理机上顺序执行的动作序列,该动作序列完成一个特定的任务。每条控制流的执行都必须从一个对象的一个服务开始,这样的对象和服务分别称为主动对象和主动服务。顺序系统只有一条控制流,而并发系统拥有多条控制流。因此,OOD 的任务管理设计就是识别并描述整体系统的主动对象、主动服务以及每条控制流的执行方式和过程。具体来说,要进行以下活动。

1) 分析系统并发性,确定并发任务

分析系统并发性必须在选定软件体系结构和系统分布方案的基础上进行。在系统分布方案确定后,分布在不同节点上的程序自然是并发的。除此之外,可以从以下几个方面来确定系统的并发任务。

(1) 系统固有的并发要求。从 OOA 所建立的用例模型和动态模型出发,一是检查用例图中描述的每项功能,如果该功能与其他功能可同时进行处理,或不用系统提示随时可以执行,或是对系统发生的异常事件进行处理,则该功能就对应一个并发任务;二是检查对象的状态图、协作图等动态模型,把若干非并发的对象合并到一个并发任务中。

(2) 为改善性能而增加并发任务。为了改善系统性能,分离出高优先级任务、低优先级任务和关键任务作为并发任务。高优先级任务要求在限定的时间内完成,如果和其他任务顺序执行,时间上难以保证;低优先级任务在执行时间上要求很低,如果和实时性要求较高的任务顺序执行,会在系统繁忙时占据宝贵的系统资源;关键任务是在系统遇到紧急事件时,要求快速完成的一些至关重要的紧急处理,它的执行不允许任何其他任务的干扰。

(3) 协调并发任务的任务。当系统存在 3 个以上并发任务时,需要设计协调和管理(包括创建、启动、初始化、资源分配、撤销等)这些并发任务。这虽然会增加系统的总开销,但有助于把不同任务之间的协调控制封装起来。

2）确定完成并发任务的控制流

确定每个并发任务由哪些对象如何交互来完成,补充完善 OOA 阶段所建立的对象状态图、协作图和序列图等动态模型。将每个控制流开始执行的源头所对应的对象标注成主动对象,对应的服务标注成主动服务。

案例：航空公司飞机维修部门运行控制管理信息系统 UML 建模分析

随着航空公司的快速发展,机队规模的日益增加,航空公司的日常航班运行保障压力日益凸显,飞机维修部门也存在同样的问题。航班运行中的飞机,经停的各个航站均需要进行过站例行检查,航空公司需要通过与航站维修单位签署航线维修协议、除防冰协议、桥载设备使用协议来确保航班过站时得到良好的飞机维修保障。同时各个航站的维修能力及保障能力有限,会对执行航班的机型及飞机状态有一定的运行限制,航空公司在选择飞机执行航班时,需要遵从相关机场的运行限制,并安排合理的维修保障,例如随机放行管理、维修任务执行和运行事件处置等工作。因此确保航班运行高效正常、航站资源完备有效,来提供优质的飞机维修保障,是飞行安全及航班正常运行的重要基础。

飞机维修运行控制业务过程涉及大量的部门、科室、人员、飞机型号、协议及协议单位、运行信息等数据,单纯依靠传统的纸质传达、手动管理等手段已经变得越来越困难,整个维修运行控制管理业务亟须实现计算机的信息化管理。

1. 业务流程分析

通过对用户基本情况和任务需求进行分析,基本了解该部门内部各业务人员的划分和其与协作部门相互之间的关系,分析出该部门维修运行控制核心业务流程。维修运行控制的核心是航班运行,一切航线维修工作均围绕着确保"飞行安全和航班正点"这个核心目标。

该部门维修运行控制业务的核心业务流程如图 5-39 所示。

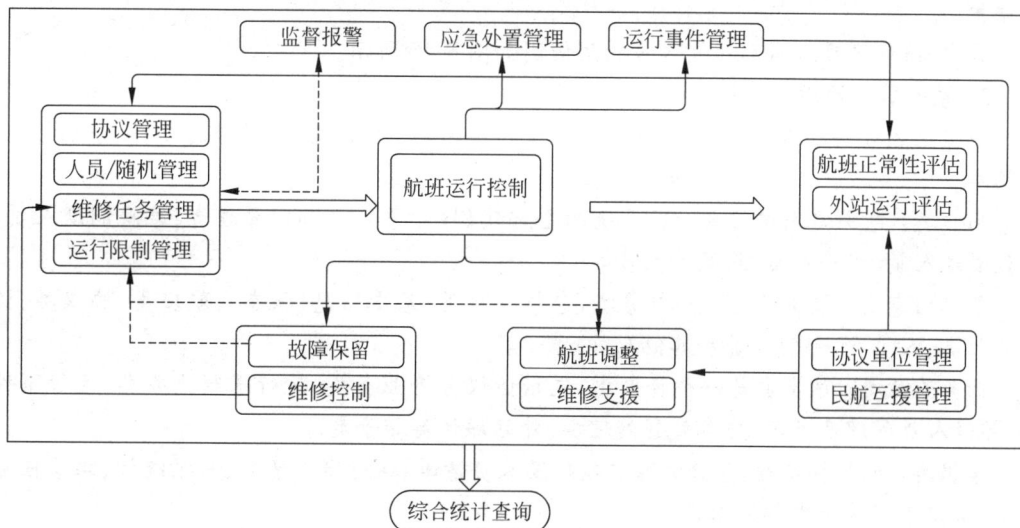

图 5-39 维修运行控制业务的核心业务流程

航站资源管理部分由协议管理人员负责,主要完成以航站维修保障为目的,以协议签署流程为主干,包含协议管理、协议单位管理、协议单位评估流程、外站运行评估、民航互援管理等辅助业务流程的业务工作。

航班运行管理部分由维修调度人员负责,主要完成以航班运行保障为目的,以运行限制/随机航班管理流程为主干,包含人员管理、证件管理、维修任务管理、应急处置管理、运行事件管理、航班正常性管理等辅助业务流程的业务工作。

2. 功能需求分析

信息管理系统服务于用户,其实际业务需求是根本,因此系统开发的各项功能需与之相匹配。经过分析,明确了用户要求的系统主要功能如下:实现对信息资源的高效管理;信息资源共享与传输;规范流程、明确责任,实现对维修运行控制业务的有效监控和管理;对各类静、动态信息进行科学预测统计、数据整理分析以及报表输出。

该系统的主要参与者有:部门管理者、维修调度人员、协议管理人员、维修人员、系统管理员。

(1)部门管理者负责审批包括随机人员休假、增加随机保障申请、随机证件借用申请、评估报告、协议签署工作项目、收费项目的相关业务。

(2)维修调度人员负责航空公司和协议单位的维修能力基础数据维护、随机人员基础信息维护、随机证照基本信息管理、派驻人员管理、随机航班管理、维修任务管理、运行事件管理、航班正常管理、应急处置管理。

(3)协议管理人员负责签署各类协议相关的协议基础数据维护、协议单位信息维护、外站运行评估、工作项目基础数据维护、工作项目模板管理、协议单位评估流程管理、协议签署管理、民航互援管理。

(4)维修人员负责随机任务接受、随机证件领用及归还、维修任务接受与反馈、应急处置及演练反馈、运行事件报告填写。

(5)系统管理员负责各类人员开户、审批流程设置、权限分配,安全及备份管理,系统日常维护。

其中,维修调度人员和维修人员的用例图如图5-40所示。

3. 系统静态建模

根据上述方法进行系统分析,初步找出下列实体类:用户类、基础信息类、业务流程类、单据类。

用户类:包含使用该信息管理系统的全部实例(对象),如部门管理者、维修调度人员、协议管理人员、维修人员、系统管理员等。

基础信息类:该类作为一个抽象类,包括飞机类(基本信息、状态)、航班类、协议类、协议单位类、人员类(部门人员和其他人员)等子类。

业务流程类:该类也是一个抽象类,包括协议签署业务类、运行限制业务类、运行事件类、维修人员管理业务类、应急处置处理类、外站评估类等子类。

单据类:也是抽象类,包含的随机航班及人员清单、运行事件清单、月报统计、维修任务单据、协议单据等子类都继承该类。

本系统涉及整个维修运行控制部门,业务逻辑复杂,因而系统用例和控制类比较多。在对整个业务逻辑抽象的基础上建立协议签署业务类、运行限制业务类、运行事件类、维修人员管理业务类、应急处置处理类、外站评估类、维修任务类等,在此不一一列举。

图5-41以维修任务中的航材工具运输配送管理用例为例分别给出了其对应的类图。

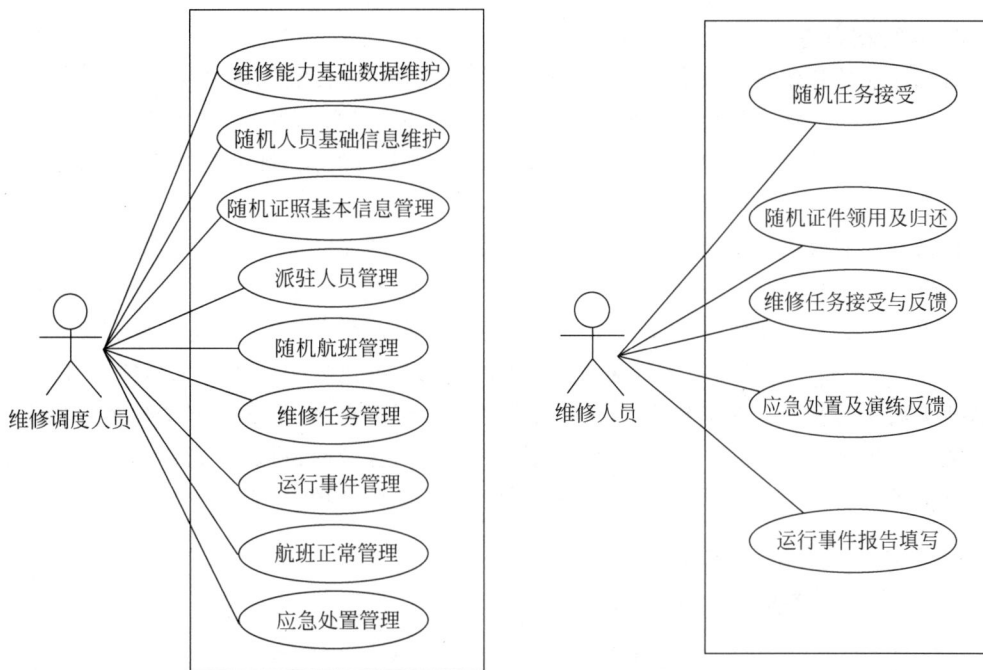

图 5-40　维修调度人员和维修人员用例图

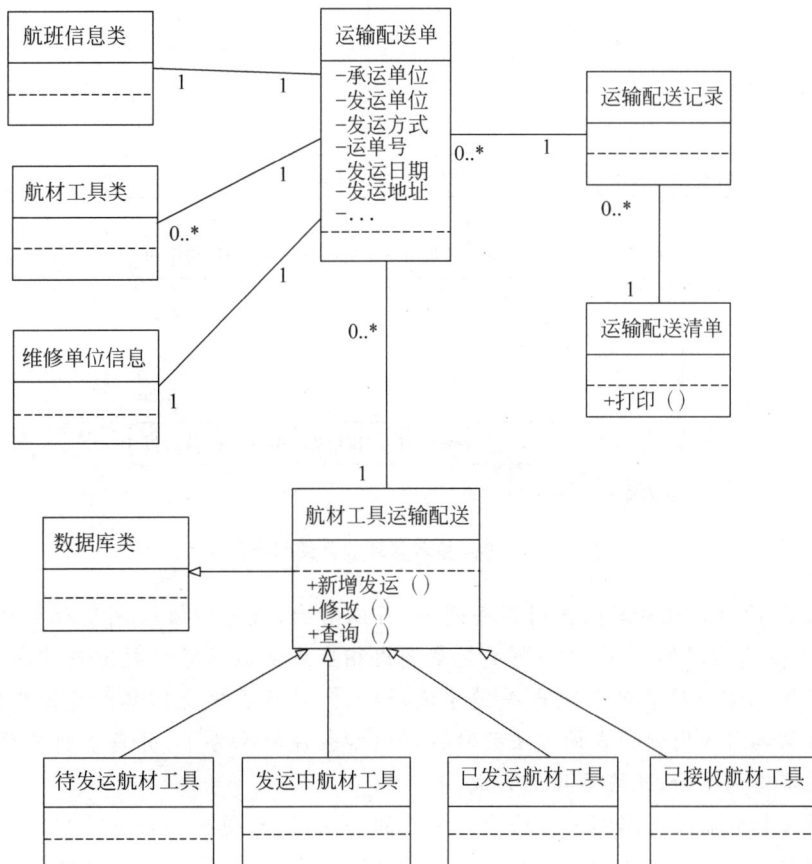

图 5-41　航材工具运输配送管理用例类图

4. 系统动态建模

系统涉及的具体用例较多,此处选择协议签署管理用例、随机航班检索用例、航材工具运输配送用例和运行事件管理用例4个实例进行动态行为模型建模,其中,利用状态图来建模协议签署管理用例,利用序列图来建模随机航班检索用例、航材工具运输配送用例,利用协作图来建模运行事件管理用例。

协议签署管理流程中,协议管理人员根据协议的到期情况、更换协议单位需求、航线运行变化情况、营销部门新开航线需求,启动相应的业务流程。在针对除新开航线以外的协议续签、更换协议单位、航线运行变化3种协议签署业务流程中,需要首先对原有协议保障单位进行评估,并提交主管领导审批同意;其次对协议签署流程中相关的工作项目进行管理,确认所需的工作项目;在工作项目清单获得部门主管同意后,推送所有工作项目的责任处室完成工作项目;最后在所有工作项目完成后,根据新签署的协议,更新协议基础信息和协议单位基础信息。图5-42所示为协议签署管理业务类状态图。

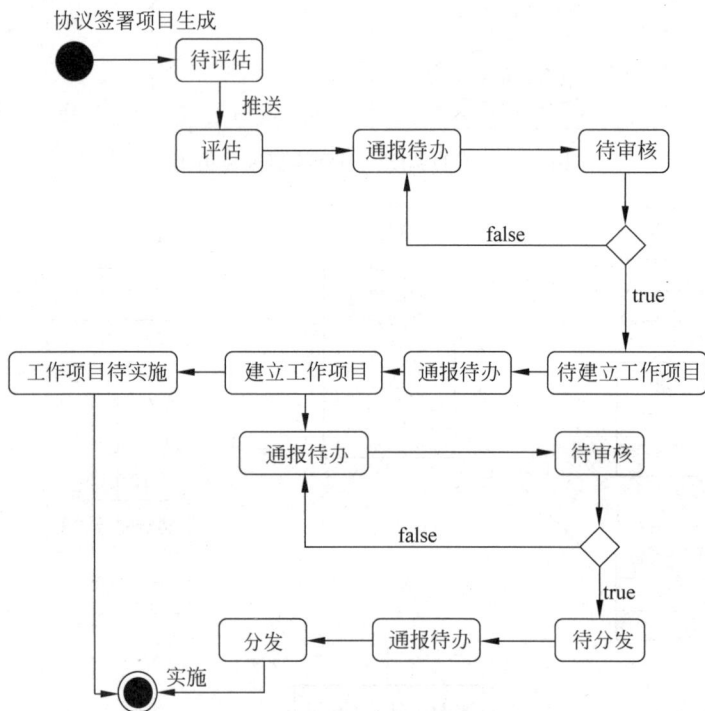

图5-42 协议签署管理业务类状态图

图5-43所示为随机航班检索用例序列图,可以看出,首先由维修调度人员启动查询业务,触发一个查询控制类对象,该控制类对象调用相应方法显示随机航班查询界面,然后用户在该界面输入需要检索的信息或关键字段,输入完成后再提交信息至查询控制类对象。由控制类对象调用该用例的查询方法获取符合检索条件的承办单,并负责将其详细信息显示在随机航班查询界面,此检索用例完成。

以航材工具运输配送用例为例给出它对应的序列图(见图5-44),并依据该时序图对运输配送活动中用户和系统之间的交互情况进行描述。首先,由维修单位的维修人员启动一

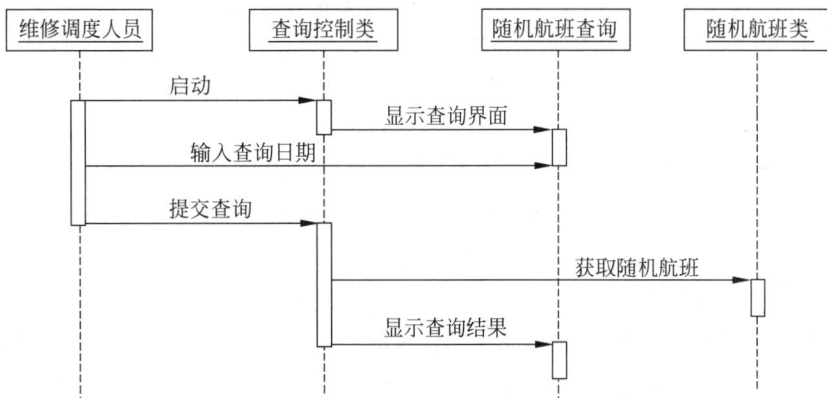

图 5-43 随机航班检索用例序列图

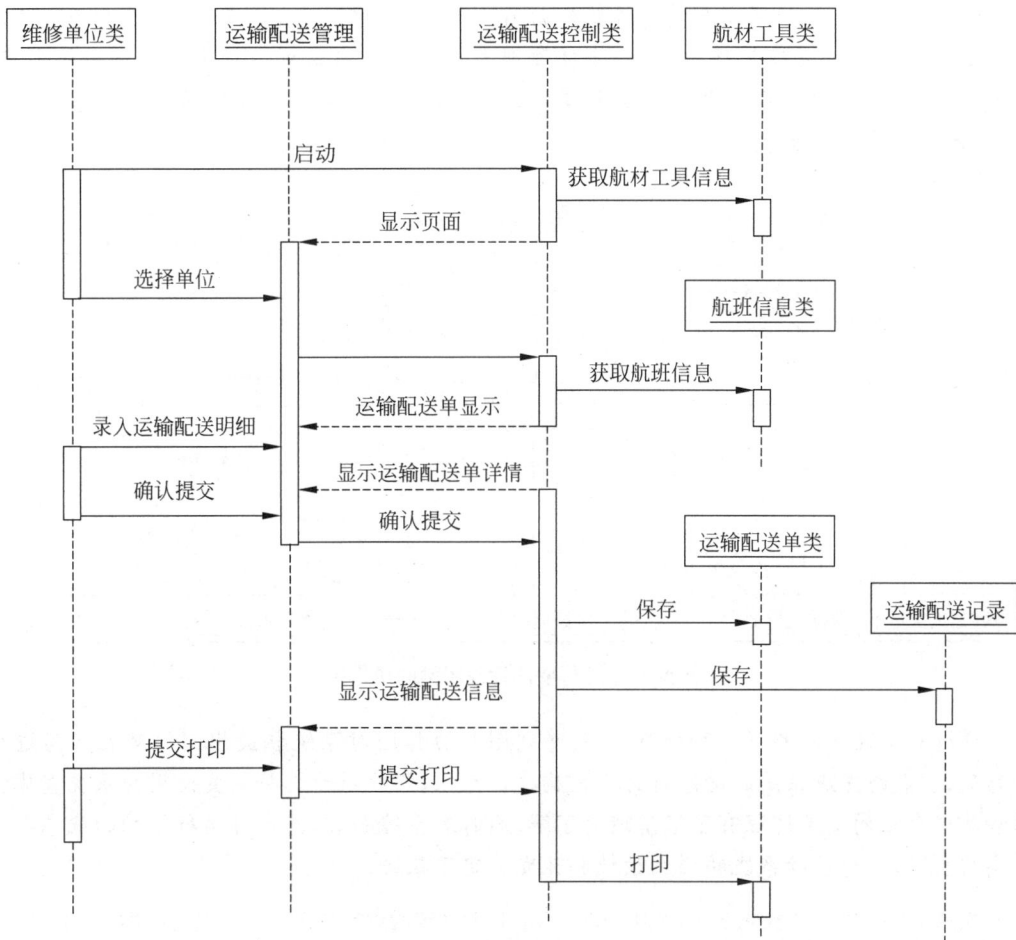

图 5-44 航材工具运输配送用例序列图

个运输配送控制类对象,运输配送控制类对象调用相关方法得到所有维修单位列表,用户选择某一个具体运行配送单位后,发运管理界面将结果传至控制类对象,进而获取该单位名下所有需要运输配送的航材工具信息列表并显示在用户界面。用户继续在界面录入其他的明细信息,完成后确认提交。运输配送单管理界面将用户的提交请求传至控制类对象,由控制类对象实现将航材工具运输配送单详细数据和相关运输配送记录信息存储在系统数据库中。对已完成的运单,用户可使用打印功能,在控制类对象接到打印请求后,调用运输配送用例的打印方法打印出航材工具运输配送单据,至此整个航材工具运输配送用例过程全部完成。

图 5-45 所示为运行事件管理用例的协作图,该用例主要用于实现对各类运行事件进行录入、处置并上报的全部过程。该过程具体描述为:首先维修人员选择事件类别后,创建一个运行事件类控制对象,维修人员输入日期、机场营运人数据后,该控制类根据输入数据调取航班运行类的航班号、航班信息,在运行事件录入界面显示。用户接着输入运行事件中的报告依据、事件描述等其他相关信息并保存,经控制类对象提交上报,推送提醒维修调度人员新增运行事件;维修调度人员系统获知新增运行事件,记录处置过程,并提交保存;随后根据运行事件内容发布短信,由运行事件管理类推送短信内容到短信平台进行短信发布;处理完毕后,维修调度人员关闭该运行事件,并最终将全部运行事件信息保存到系统数据库,至此用例过程结束。

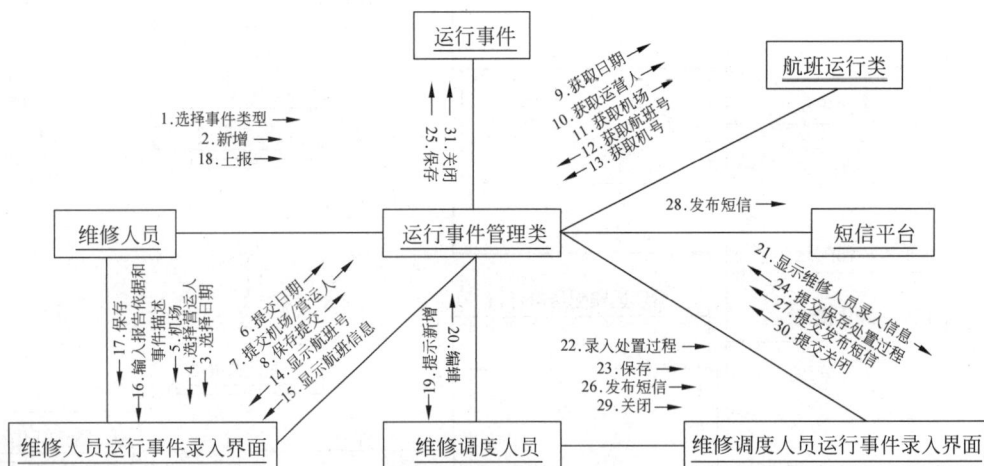

图 5-45 运行事件管理用例的协作图

通过对上述用例的描述和分析,采用序列图和协作图对系统相关用例的交互行为进行动态建模,最终完成系统的动态行为模型构建。至此,用户对于其将来要使用的系统整体轮廓和其中存在的交互过程有了很清晰的了解,同时对系统而言,其内部运行结构和状态也有了实质表述,这为后续系统的详细设计和开发奠定了基础。

(资料来源:尤铮.某航空公司飞机维修部门运行控制系统的设计与实现[D].厦门:厦门大学,2016.编者有删改)

第6章 系统实施与运维

在系统分析和设计阶段，系统开发工作主要集中在逻辑、功能和技术设计上，工作成果是以各种系统分析与设计文档来体现的。系统实施阶段要继承此前各阶段的工作，将技术设计转化成为物理实现，将原来纸面上的、类似于设计图式的新系统方案转换为可执行的应用软件系统。系统运维是为了应对民航管理信息系统的环境和其他因素的各种变化，保证系统正常工作而采取的一切活动，它包括系统功能的改进以及解决在系统运行期间发生的一切问题和错误。系统评价是指系统建成后，经过一段时间的运行，对系统目标与功能的实现情况进行检查，并与系统开发中设立的系统预期目标进行对比，及时写出系统评价报告。

引例：国产自主研发离港系统上线

珠海机场作为珠江口西岸的干线机场、粤港澳大湾区重要的航空业务集聚中心、珠海市对外沟通交流的"重要窗口"和"空中门户"，一直紧密围绕民航"十四五"规划和四型机场建设总体要求，聚焦提高旅客服务体验及服务品牌创建，不断推动机场服务品质提升。

中国民航信息网络股份有限公司（下称"中国航信"）是中国民航信息领域的领头羊和主力军，长期以来，一直为推动中国民航强国建设、实现国家关键信息基础设施自主化，进行艰苦攻关。经过多年努力，2023年成功研发出了全新的"开放离港系统"，该系统通过多方面的业务和技术创新，全方位支持机场在值机服务、登机服务、控制服务、行李服务、中转服务、贵宾服务等节点提升旅客服务水平。

珠海机场作为首家成功投产了中国航信的开放离港系统的千万级机场，通过把信息整合、快速决策、精细化处理、分场景服务等融入机场的旅客服务流程，以珠海机场"真情服务旅客"的理念为指引，因人制宜地提供个性化服务，并通过创新亮点服务，全面提升了珠海机场旅客出行的服务体验。

（1）一键式服务，更加安全可靠，更加高效快捷。

开放离港系统，一方面以图形化、平铺式的方式将航班、旅客信息与功能操作分区展示，在提供系统操作步骤向导的同时，将操作流程清晰化、简洁化，提高了柜台旅客的办理速度及旅客满意度；另一方面在安全可靠的前提下，通过自动校验、自动识别、自动信息提醒功能，整合旅客信息及业务流程，方便快速决策，提供一键证件校验、一键行李合并、一键减客功能，使得操作更加便捷高效。

（2）场景精细化，提升服务体验。

开放离港系统将航班信息、旅客信息精细化处理，如当旅客航班不匹配、座位不一致时进行精准拦截，针对特殊旅客、过站旅客进行标识提醒等。因人制宜提供个性化服务，如不同类型的操作提示音、多种旅客登机方式、附加服务销售等，提供分场景精细化服务，方便旅客进行业务操作决策，优化服务流程。开放离港系统还提供创新亮点服务功能，如在发生补班或备降时将不正常航班的处理流程进行整合，提供一键式旅客名单转移，支持备降登机、过站登机、查看登机口登机人数、查看不同登机方式人数、登机拦截等新功能。

开放离港系统还具有灵活、可扩展、丰富的信息展示和业务处理能力，支持旅客综合服务能力，实现各服务串联，真正做到旅客全流程服务，快速响应用户需求，适应环境快速变化，有效提升航空公司、机场的运行效率及效益，与珠海机场真情服务旅客的理念相契合，能够更好地助力珠海机场提升旅客出行服务体验。

（3）精诚合作，携手攻关。

为了加快推进开放离港系统的正式上线，珠海机场与中国航信紧密配合，进行了大量的前期准备与调试工作，从第一个柜台成功部署到全面部署，从第一个值机柜台的试用到100多个柜台全面启用，从最初的7个航班的登机办理到现在的全航班登机办理，从最初的126名旅客的接收到现在累计25万多名旅客的接收，双方精诚合作，不断优化与完善，克服诸多困难，特别是在春运期间出行旅客量达到高峰情况下，双方投入精兵强将，确保了春运的顺利完成，使系统经受了大旅客量压力的考验。

自主开放离港系统的正式上线标志着珠海机场以人为本的真情服务质量得到进一步提升，为珠海机场坚持一切从旅客的需求出发，精细化打造服务品牌体系，通过全流程的细致服务，为旅客奉献美好的出行体验，让旅客在珠海机场不只是一次出行，而是一次快乐体验的开始，提供了坚实的信息底座。后续珠海机场将进一步扎实推进"智慧"机场建设，提升珠海机场作为湾区重要干线机场的基础战略定位，打造成为粤港融合发展的典范，推出更多人性化服务举措，为旅客提供安全、高效、舒适、快捷、人文的服务。

（资料来源：冯智君. 首个国产自主研发离港系统在珠海机场上线［EB/OL］. （2023-03-17）. http://www. caacnews. com. cn/1/2/202303/t20230317_1364996. html. 编者有删改）

6.1 系统实施

系统实施是以系统分析和设计工作为基础的，必须按照系统设计的文档进行。在民航管理信息系统的整个生命周期中，系统分析与设计比系统实施重要得多。只有在系统分析和设计工作完成以后才能开始系统实施工作，切忌在系统开发工作中提前开展这部分的工作。

6.1.1 系统实施的主要任务

1. 系统实施的目标

在系统分析与系统设计阶段中，开发人员为新系统设计了它的逻辑模型和物理模型。系统实施阶段的目标就是把系统设计的物理模型转换成可实际运行的新系统。系统实施阶段既是成功地实现新系统，又是取得用户对新系统信任的关键阶段。

2. 系统实施的主要内容和步骤

管理信息系统实施阶段的任务是根据用户确认的设计方案,实现具体的应用系统。系统实施的主要内容包括:建立计算机的硬件、软件环境,采用适当的开发环境与工具实现系统;对初步实现的系统进行全面的单元测试和集成测试,排除一些设计中的错误和不完善的地方;装载基础数据,对系统进行试运行,对一些不完全符合用户实际需求的地方进行局部调整;对用户进行全面的技术培训和操作培训,完成系统的全部文档并交付使用系统;制定严格的系统管理制度和操作制度,正确地运行系统;针对实际需求及时地维护系统,使系统能够实现其设计目标,发挥出最大的管理效益。系统实施的主要内容和步骤如图 6-1 所示。

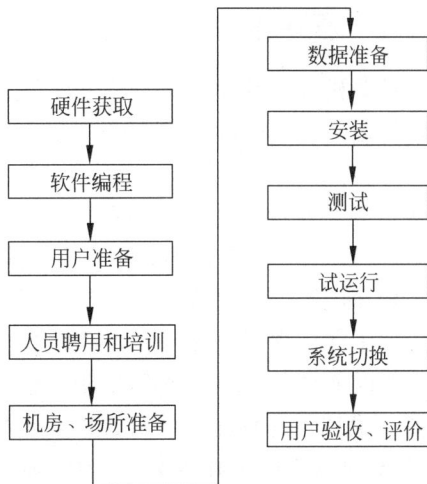

图 6-1 系统实施的主要内容和步骤

在系统实施阶段,主要任务如下。

(1)购置和安装设备,建立网络环境。系统实施的该项工作是依据系统设计中给出的管理信息系统的硬件结构和软件结构购置相应的硬件设备和系统软件,建立系统的软、硬件平台。一般情况下,中央计算机房还需要专业化的设计及施工,为了建立网络环境,要进行结构化布线、网络系统的安装与调试。

(2)程序设计。程序设计也常称为软件开发。进行计算机程序设计的目的是实现系统分析和设计中提出的管理模式和业务应用。在进行软件开发之前,开发人员要学习所需的系统软件,包括操作系统、数据库系统和开发工具。必要时,需要对程序设计员进行专门的系统软件培训。

(3)测试系统。在进行计算机程序设计之后,需要进行系统的调试。实际上,在编写计算机程序时一直在进行调试,修改程序中的错误。在完成这种形式的调试之后,还必须进行专门的系统测试。通过系统的调试与测试,可以发现并改正隐藏在程序内部的各种错误,以及模块之间协同工作存在的问题。

(4)人员培训。人员培训可以分为两种类型:一种是在软件开发阶段对程序设计人员的培训;另一种是在系统切换和交付使用前对系统使用人员的培训。这里,人员培训指的是第二种情况。在管理信息系统投入使用之前,需要对一大批未来系统的使用人员进行培训,包括系统操作员、系统维护人员等。

(5)系统转换。系统转换包括进行基本数据的准备、数据的编码、系统的参数设置、初始数据的录入等多项工作。在系统正式交付使用之前,必须进行一段时间的试运行,以进一步发现和更正系统存在的问题。在系统切换和交付使用的过程中,每项工作都有很多人员参加,而且会涉及多个业务部门。因此,该阶段的组织管理工作非常重要。要做好系统转换计划,控制工作的进度,检查工作的质量,及时地做好各方面的协调,保证系统的成功转换和交付使用。

6.1.2　程序设计

计算机程序设计又称编码,是系统生命周期中继详细设计之后的阶段,这个阶段的任务是使用选定的程序设计语言,将详细设计阶段所确定的算法、数据结构、模块接口等转换成能在计算机系统上运行的程序源代码(源程序)。程序设计内容如图 6-2 所示。

1. 程序设计的基本要求

为了保证程序设计能够正确、顺利地进行,程序设计人员既要充分理解程序模块的内部过程和外部接口,也要正确地运用程序设计语言以及软件开发环境和工具,以保证功能的正确实现。一个高质量的程序必须满足以下 5 个方面的要求:

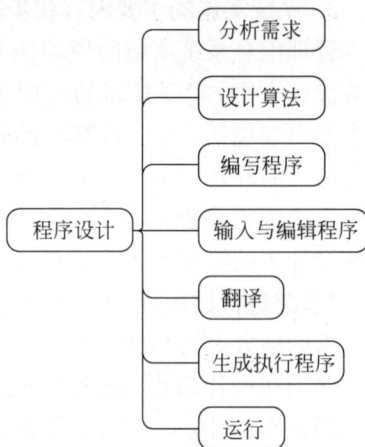

图 6-2　程序设计内容

(1) 正确性。编制出来的程序能够严格按照规定的要求,准确无误地提供预期的全部信息。

(2) 可理解性。程序的内容清晰、明了,层次分明,便于阅读和理解。

(3) 可靠性。程序应当具有较好的容错能力,不仅能在正常情况下正确工作,而且在异常情况下也能处理自如。

(4) 可维护性。程序的应变性能强,程序执行过程中发现问题或客观条件变化时,调整和修改程序比较简便易行。

(5) 高效性。程序结构严谨,算法精简,处理速度快,节省机时。程序和数据的存储、调用安排得当,节省存储空间。

2. 程序设计语言

程序设计语言是人和计算机通信的最基本的工具,程序设计语言的特性不可避免地影响人思维和解决问题的方式,影响人和计算机通信的方式和质量,也影响其他人阅读和理解程序。因此,程序设计之前的一项重要工作就是选择一种适当的程序设计语言。

程序设计语言是用于书写计算机程序的语言。语言的基础是一组记号和一组规则,根据规则由记号构成的记号串的总体就是语言。在程序设计语言中,这些记号串就是程序。程序设计语言有三方面内容,即语法、语义和语用。语法表示程序的结构或形式,亦即表示构成语言的各个记号之间的组合规律,但不涉及这些记号的特定含义,也不涉及使用者。语义表示程序的含义,亦即表示按照各种方法所表示的各个记号的特定含义,但不涉及使用者。语用主要关注语言符号与使用者、运行环境之间的交互关系,以及语言特性在实际应用中的适用性和效果。它不局限于语言本身的规则(语法)或逻辑含义(语义),而是结合开发者的编程习惯、硬件资源约束、性能优化需求、团队协作规范等现实因素,分析语言特性的实际价值和应用边界。

1) 程序设计语言的选择

对不同的设计结果、不同的模块,可选用不同的程序设计语言,目前可以有如下几种选择。

(1) 算法程序设计语言:该语言适合于书写加工处理型模块,此类语言如 C、C++、

Java 等。

（2）可视化程序设计语言：该语言适合于书写人机界面模块，此类语言如 Visual C++、Visual Basic、Visual C♯等。

（3）数据库语言：该语言适合于数据模式定义、数据操纵与控制等，此类语言如 SQL。

（4）脚本语言：此类语言适合于在互联网上创建动态交互与接口开发，如 ASP、JSP 及 PHP 等。

在程序设计语言的选择上，主要应考虑以下几方面问题：

（1）应用的领域；

（2）过程与算法的复杂程度；

（3）数据结构与数据类型；

（4）编码及维护的工作量与成本；

（5）兼容性和可移植性；

（6）有多少可用的支撑环境；

（7）开发人员、用户的知识水平和熟练程度；

（8）程序设计语言的特性；

（9）系统规模；

（10）系统的效率要求。

从以上讨论可以看出，并不存在哪种语言绝对好或不好，每种语言都各有侧重和特点，关键是要根据实际需要和可能选择最适用的语言，以满足系统的要求。

随着计算机在信息系统中的广泛应用，对各种软件工具的研究十分迅速，各种各样的软件及程序的自动设计、生成工具日新月异，为各种信息系统的开发提供了强有力的技术支持和方便的实用手段。利用这些软件生成工具，可以大量减少手工编程环节的工作，避免各种编程错误的出现，极大地提高系统的开发效率。

选择适当的程序开发工具，应考虑：用户的要求，语言的人机交互能力，丰富的软件支持工具，软件的可移植性，以及开发人员的以往经验与熟练程度。

2）程序设计的风格

程序的可读性对于软件，尤其是对软件的质量有重要影响。因此在程序设计过程中应当充分重视。为了提高程序的可读性，在程序设计风格方面应注意以下几点。

（1）源程序文档化。

① 标识符应按意取名。

② 程序应加注释。注释是程序员与日后读者之间通信的重要工具，用自然语言或伪码描述。它说明了程序的功能，特别在维护阶段，对理解程序提供了明确指导。注释分序言性注释和功能性注释。序言性注释应置于每个模块的起始部分，主要内容有：每个模块的用途、功能；模块的接口；描述重要数据的名称、用途、限制、约束及其他信息；设计者、审阅者姓名及日期，修改说明及日期。

功能性注释嵌入在源程序内部，说明程序段或语句的功能以及数据的状态。应注意以下几点：注释用来说明程序段，而不是每一行程序都要加注释；使用空行或缩格或括号，以便很容易区分注释和程序；修改程序也应修改注释。

（2）数据说明原则。为了使数据定义更易于理解和维护,应遵循以下指导原则：

① 数据说明顺序应规范,使数据的属性更易于查找,从而有利于测试、纠错与维护；

② 一个语句说明多个变量时,各变量名按字典序排列；

③ 对于复杂的数据结构,要加注释,说明其在程序实现时的特点。

（3）语句构造原则。语句构造的原则是：简单直接,不能为了追求效率而使代码复杂化。为了便于阅读和理解,不要一行存在多个语句。不同层次的语句采用缩进形式,使程序的逻辑结构和功能特征更加清晰。要避免复杂的判定条件,避免多重的循环嵌套。表达式中使用括号以提高运算次序的清晰度,等等。

（4）输入输出原则。在编写输入和输出程序时应遵循以下原则：

① 输入操作步骤和输入格式尽量简单；

② 应检查输入数据的合法性、有效性,报告必要的输入状态信息及错误信息；

③ 输入一批数据时,使用数据或文件结束标志,而不要用计数来控制；

④ 交互式输入时,提供可用的选择和边界值；

⑤ 当程序设计语言有严格的格式要求时,应保持输入格式的一致性；

⑥ 输出数据表格化、图形化。

（5）效率原则。效率原则强调在编写程序时,应尽可能优化处理时间和存储空间的使用。对效率的追求应明确以下几点：

① 效率是一个性能要求,目标在需求分析中给出；

② 追求效率建立在不损害程序可读性或可靠性基础上,要先使程序正确清晰,再提高程序效率；

③ 提高程序效率的根本途径在于选择良好的设计方法、良好的数据结构算法,而不是在编程时对程序语句作调整。

6.1.3　系统测试与调试

1. 系统测试

系统测试是在民航管理信息系统交付用户使用或投入运行前,对软件需求规格说明、设计规格说明和编码的最终复审,是民航管理信息系统质量保证的关键步骤。系统测试是一个由"验证"（verification）和"有效性确认"（validation）活动构成的整体,即系统测试＝V&V。"验证"是检验民航管理信息系统是否已正确地实现了产品规格书所定义的系统功能和特性。验证过程提供证据表明系统相关产品与所有生命周期活动的要求（如正确性、完整性、一致性、准确性等）相一致。"有效性确认"是确认所开发的民航管理信息系统是否满足用户真正需求的活动。要求保持对系统需求定义、设计的怀疑,一切从客户出发,理解客户的需求,发现需求定义和产品设计中的问题。这主要通过各种软件评审活动来实现。

系统测试是贯穿整个软件开发生命周期,对民航管理信息系统（包括阶段性成果）进行验证和确认的活动过程,其目的是尽快、尽早地发现在软件产品中所存在的各种问题——与用户需求、预先定义的不一致性。

2. 系统调试

在民航管理信息系统的开发过程中,面对着错综复杂的各种问题,人的主观认识不可能完全符合客观现实,开发人员之间的思想交流也不可能十分完善。所以,在民航管理信息系统开发周期的各个阶段都不可避免地会出现差错。开发人员应力求在每个阶段结束之前进行认真、严格的技术审查,尽可能早地发现并纠正错误;否则,等到系统投入运行后再改正错误,将在人力、物力上造成很大的浪费,有时甚至导致整个系统瘫痪。然而,经验表明,单凭审查并不能发现全部差错,加之在程序设计阶段不可避免地还会产生新的错误。所以,对系统进行调试是不可缺少的,是保证系统质量的关键步骤。统计资料表明,对于一些较大规模的系统来说,系统调试的工作量往往占程序系统编制开发总工作量的 40% 以上。

系统调试是指在软件开发或系统集成过程中,识别、定位和修复系统中的错误、缺陷或异常行为的过程。调试是系统开发和维护的关键环节,目的是确保系统能够按照预期正常运行。

调试的目的在于发现其中的错误并及时纠正,所以在调试时应想方设法使程序的各个部分都投入运行,力图找出所有错误。错误多少与程序质量有关。即使这样,调试通过也不能证明系统绝对无误,只不过说明各模块、各子系统的功能和运行情况正常,相互之间连接无误。系统交付用户使用以后,在系统维护阶段仍有可能发现少量错误并进行纠正,这也是正常的。

3. 测试与调试的区别

系统测试是为了发现错误而执行程序的过程。或者说,系统测试是根据民航管理信息系统开发各阶段的规格说明和程序的内部结构而精心设计一批测试用例(即输入数据及其预期的输出结果),并利用这些测试用例去运行程序,以发现程序错误的过程。

系统测试与调试在目的、技术和方法等方面存在很大的区别,主要表现在如下方面:

(1)测试是为了发现软件中存在的错误;调试是为了证明软件开发的正确性。

(2)测试从已知条件开始,使用预先定义的程序,且有预知的结果,不可预见的仅是程序是否通过测试;调试一般从不可知的内部条件开始,除统计性调试外,结果是不可预见的。

(3)测试是有计划的,需要进行测试设计;调试是不受时间约束的。

(4)测试经历发现错误、改正错误、重新测试的过程;调试是一个推理的过程。

(5)测试的执行是有规程的;调试的执行往往要求开发人员进行必要推理以至知觉的"飞跃"。

(6)测试通常是由独立的测试组在不了解软件设计的条件下完成的;调试必须由了解详细设计的开发人员完成。

(7)大多数测试的执行和设计可以由工具支持;调试时,开发人员能利用的工具主要是调试器。

(8)测试能由非开发人员进行;调试必须由开发人员进行。

4. 测试过程

系统测试的对象是产品(包括阶段性产品,如市场需求说明书、产品规格说明书、技术设计文档、数据字典、程序包、用户文档等),而质量保证和管理的对象集中在软件开发的标准、流程和方法等。实际项目中最重要、最复杂的阶段为源程序的测试,也是通常大家所说的软件测试,最狭义的软件测试。

软件测试是为了发现错误而执行程序的过程,或者说,软件测试是设计一些测试用例并利用它们去运行程序以发现程序错误的过程。

软件测试一般采用从小到大、由局部到全局的测试策略,测试过程按 4 个步骤进行,分别是单元测试、组装测试、确认测试与系统测试,其过程如图 6-3 所示。

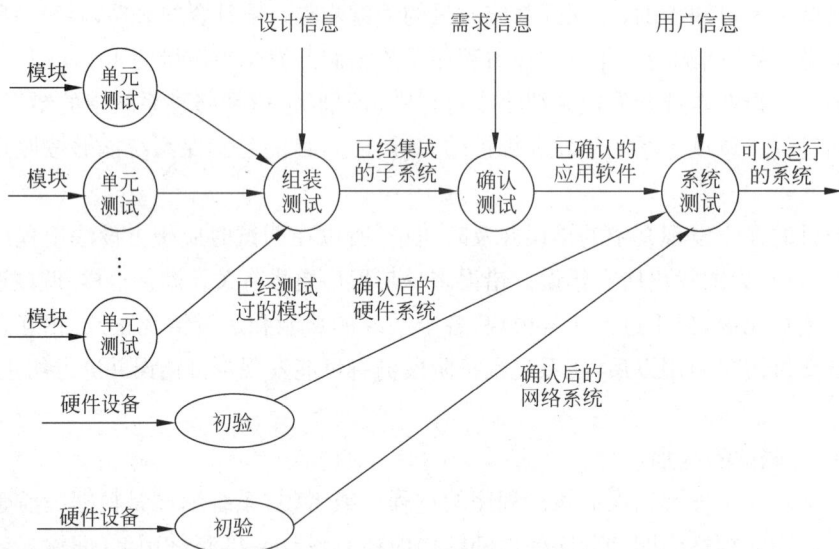

图 6-3　软件测试步骤

1) 单元测试

单元测试又叫模块测试,它的测试对象是模块,其目的是进行正确性测试,发现模块内存在的错误。其所用方法以白盒方法为主,黑盒方法辅之。测试内容需包括 5 个方面。

(1) 模块接口测试。模块接口测试即对模块的输入、输出接口的测试,这是单元测试首先要测试的部分,因为接口若存在错误则其他测试无从谈起。

(2) 局部数据结构测试。此部分是最为常见的错误来源,这种测试包括对数据类型、初始化变量、初始值等内容的测试。

(3) 路径测试。这是单元测试中的主要内容,要选择适当的测试用例,对模块中的主要执行路径进行测试,其中包括查找错误的计算、不正确的比较以及不正常的控制流程等。

(4) 错误处理测试。一般的模式要求能预见出错条件并有设置错误处理,因此需对其作测试,以防出现错误处理或出错处理不正确的现象。

(5) 边界测试。边界测试是对模块中临界状态的测试,临界状态错误是经常会出现的,必须认真加以测试。

2) 组装测试

组装测试也称集成测试、联合测试,是单元测试的逻辑扩展,其核心在于将已通过单元测试的模块按照要求逐步组合,形成更大的组件或子系统,并重点验证这些单元间的接口与交互逻辑。

组装测试识别组合单元时出现的问题。通过使用要求在组合单元前测试每个单元并确保每个单元的生存能力的测试计划,可以知道在组合单元时所发现的任何错误很可能与单元之间的接口有关。这种方法将可能发生的情况数量减少到比较简单的分析级别。

组装测试是在单元测试的基础上,测试在将所有软件单元按照概要设计规格说明的要求组装成模块、子系统或系统的过程中各部分工作是否达到或实现相应技术指标及要求的活动。也就是说,在集成测试之前,单元测试应该已经完成,组装测试中所使用的对象应该是已经过单元测试的软件单元。

组装测试有非增量式和增量式两种方法。非增量式测试是采用一步到位的方法来进行的,对所有模块进行个别的单元测试后,按照程序结构图将各模块连接起来,把连接后的程序当作一个整体进行测试。非增量式测试的缺点为:当一次集成的模块较多时,容易出现混乱。因为测试时可能发现许多故障,对每一个故障进行定位和纠正非常困难,并且在修正一个故障的同时,可能又引入了新的故障,新旧故障混杂,很难判定出错的具体原因和位置。增量式测试的集成是逐步实现的,逐次将未曾集成测试的模块和已经集成测试的模块(或子系统)结合成程序包,再将这些模块集成为较大的系统,在集成的过程中边连接边测试,以发现连接过程中产生的问题。

3) 确认测试

确认测试的目的是向未来的用户表明系统能够像预定要求那样工作。经集成测试后,已按照设计把所有的模块组装成一个完整的软件系统,接口错误也已经基本排除了,接着就应该进一步验证软件的有效性,这就是确认测试的任务,即软件的功能和性能如同用户期待的那样。

如图 6-4 所示,确认测试一般分为 5 个步骤,分别为有效性测试、软件配置核查、α 测试与 β 测试、验收测试以及测试结果的确认。

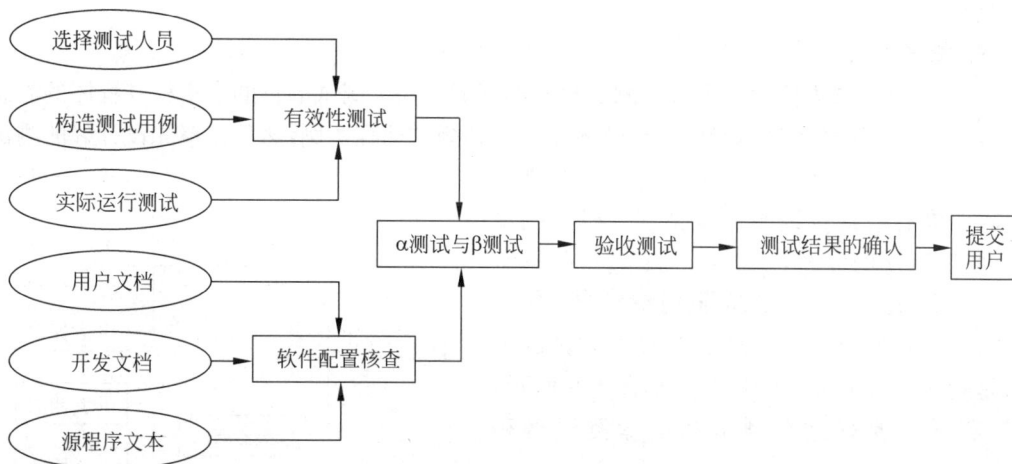

图 6-4 确认测试的步骤

(1) 有效性测试。有效性测试是在模拟环境下运用黑盒方法进行的测试,为此需制订测试计划,给出测试用例,通过实施预定的测试计划以确定被测试的软件能否与需求说明中的功能、性能一致。

(2) 软件配置核查。在进行有效性测试的同时,须对软件配置的所有成分进行核查,且质量均应达到要求,同时要保证配置文档的完整性、正确性以及无矛盾性。

(3) α测试与β测试。一个软件在进行了有效性测试与配置核查后,下一个步骤是将其交给用户,在开发环境下进行测试,在测试中须与开发者配合,其测试目的是对软件产品的功能、性能、可使用性等作评价,这就是α测试。

在α测试后即可进入β测试。β测试是将产品交给多个用户,在用户的实际环境中进行测试,并将其使用结果及有关问题提交给开发者,最终给出某功能、性能及使用效果的评价。同时重点对文档、客户培训等产品支持能力作检查,还要对所有的手册、文本作最后的定稿。

(4) 验收测试。验收测试是在β测试基础上对所有发现的错误与不足进行修改确认后所进行的一种测试。它是以用户为主的测试,开发人员参与,由用户参加设计测试用例,并使用实际运行中的数据。

(5) 测试结果的确认。在全部测试完成后,所有测试结果可分为两类:第一类是测试结果与预期相符,应确认成功;第二类是测试结果与预期不相符,需列出缺陷表并与开发者协调以解决问题。

4) 系统测试

经过确认测试后,软件本身已测试完毕,然而还要使软件与系统中的其他部分配套运行。系统测试是将系统的所有组成部分(包括软件、硬件、用户以及环境等)综合在一起进行测试,以验证系统的各组成部分是否协调运行,是对整个系统进行的综合测试。

系统测试包括恢复测试、安全测试、强度测试、性能测试。恢复测试是使软件出错,测试其恢复的能力及时间;安全测试检查系统是否有安全保密的漏洞;强度测试检查系统的极限能力,即能否在最大负载下正常运行;性能测试检验安装在系统内的软件的运行性能。

5. 测试方法

系统测试方法大体上分为人工测试和机器测试。人工测试的目的在于检查程序的静态结构,找出程序设计的逻辑错误。机器测试先设计测试标准实例,然后以事先设计好的测试标准实例执行被测程序,对比运行结果与预期结果,如果有差别就说明发现错误。机器测试只能发现错误的症状,还需进一步进行问题定位;人工测试一旦发现错误,同时就确定了错误位置、类型和性质。人工测试是机器测试的准备,是测试中必不可少的环节。如图 6-5 所示,机器测试主要有黑盒测试和白盒测试两种方法。

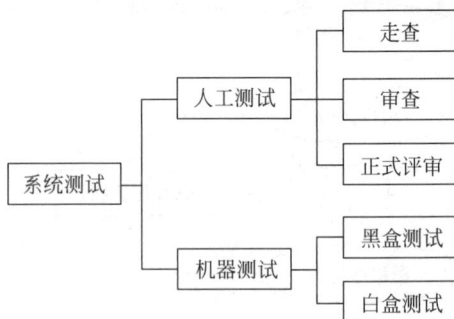

图 6-5　软件测试的主要方法

1) 人工测试

人工测试是由测试人员手工逐步执行所有的活动,并观察每一步是否成功完成。人工测试是任何测试活动的一部分,在开发初始阶段软件及其用户接口还未足够稳定时尤其有效,因为这时自动化并不能发挥显著作用。即使在开发周期很短以及自动化测试驱动的开发过程中,人工测试技术依然具有重要的作用。

人工测试技术主要包含 3 种静态测试技术,分别是走查、审查和正式评审。

（1）走查。走查类似于同行评审过程，其参与者包括编程人员、测试人员、秘书以及协调人员。走查的参与者模拟计算机运行过程来生成少量的、用于人工跟踪的测试用例，其目的是质疑隐藏在源代码之后的逻辑和基本假设。走查是一种非正式评审，开发者向其他相关人员描述其开发的产品并征求意见。

（2）审查。软件审查是最重要的人工测试技术之一。它是一种专家级的评审过程，用来检测和纠正软件工作产品中的缺陷。通常由一个在指定开发阶段对产品进行检测的小组来执行审查。审查小组一般有 4～5 个成员，包括协调人或负责人、记录人、代表开发者并提供审查材料的阅读者、验证和确认人员、相关专家。

（3）正式评审。正式评审在软件开发生命周期中每个阶段结束时实施，也可以在出现严重问题的时候实施。有两种类型的正式评审：管理评审和技术评审。正式评审用来在开发进入下个阶段之前发现中间产品中存在的缺陷。

正式技术评审（FTR）在主要开发阶段中执行，其过程包括系统需求评审（SRR）、软件规格说明评审（SSR）、初步设计评审（PDR）和关键设计评审（CDR）。

2）机器测试

机器测试数据可以用两个基本的方法系统地构建，如图 6-6 所示。第一个是规格说明测试，这种技术也称为黑盒测试、行为测试、数据驱动测试、功能测试或输入/输出驱动测试。在这个方法中，不考虑代码本身，在拟制测试用例时使用的仅仅是规格说明文档。第二个方法是代码测试，它在选择测试用例时不理会规格说明文档，这种技术也称为玻璃盒测试、白盒测试、结构测试、逻辑驱动测试或面向路径测试。

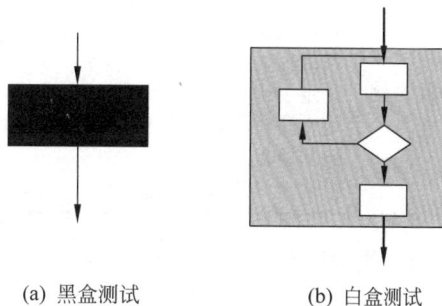

(a) 黑盒测试　　　　　(b) 白盒测试

图 6-6　黑盒测试和白盒测试

（1）黑盒测试。软件的黑盒测试意味着测试要在软件的接口处进行。这种方法是把测试对象看作一个黑盒子，测试人员完全不考虑程序内部的逻辑结构和内部特性，只依据程序的需求规格说明书检查程序的功能是否符合它的功能说明。

黑盒测试主要是为了确认以下问题：

① 是否有不正确或遗漏的功能？

② 在接口上，输入是否能正确地接受？能否输出正确的结果？

③ 是否有数据结构错误或外部信息（例如数据文件）访问错误？

④ 性能上是否能够满足要求？

⑤ 是否有初始化或终止性错误？

（2）白盒测试。软件的白盒测试是对软件的过程性细节作细致的检查。这种方法是把测试对象看作一个打开的盒子，它允许测试人员利用程序内部的逻辑结构及有关信息，设计或选择测试用例，对程序所有逻辑路径进行测试。通过在不同点检查程序状态，确定实际状态是否与预期的状态一致。

白盒测试主要是对程序模块进行如下检查。

① 对程序模块的所有独立的执行路径至少测试一遍。

② 对所有的逻辑判定，取"真"与取"假"的两种情况都至少测一遍。

③ 在循环的边界和运行的界限内执行循环体。

④ 测试内部数据结构的有效性。

表 6-1 所示为白盒测试与黑盒测试两类方法的测试程序、特点等的比较。

表 6-1　白盒测试与黑盒测试两类方法的比较

方　　法		白　盒　测　试	黑　盒　测　试
测试程序		根据程序的内部结构，如语句的控制结构、模块间的控制结构以及内部数据结构等进行测试	根据用户的规格说明，即针对命令、信息、报表等用户界面及体现它们的输入数据与输出数据之间的对应关系，特别是针对功能进行测试
特点	优点	能够对程序内部的特定部位进行覆盖测试	能站在用户的立场进行测试
	缺点	无法检验程序的外部特性；无法对未实现规格说明的程序内部欠缺部分进行测试	不能测定程序内部特定部位；如果规格说明有误，则无法发现
方法举例		语句覆盖 判定覆盖 条件覆盖 判定-条件覆盖 基本路径覆盖 循环覆盖 模块接口测试	基本图的测试 等价类划分 边值分析 比较测试

6. 测试模型

1）V 模型

V 模型是最具有代表性的测试模型，最早由 Paul Rook 在 20 世纪 80 年代后期提出，并在英国国家计算中心文献中发布，旨在改进软件开发的效率和效果。V 模型是软件开发瀑布模型的变种，是在快速应用开发（rapid application development，RAD）模型基础上演变而来的，由于整个开发过程构成一个 V 字形而得名，具体见图 6-7。V 模型中的过程从左到右，描述了基本的开发过程和测试行为。V 模型的价值在于它非常明确地标明了测试过程中存在的不同级别，并且清楚地描述了这些测试阶段和开发过程中各阶段的对应关系。

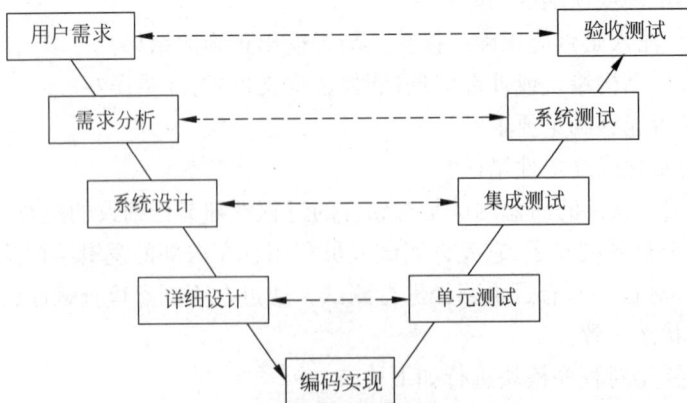

图 6-7　V 模型

V 模型存在一定的局限性,它仅仅把测试过程作为在需求分析、概要设计、详细设计及编码之后的一个阶段,容易使人理解为测试是软件开发的最后一个阶段,主要是针对程序进行测试寻找错误,而需求分析阶段隐藏的问题一直到后期的验收测试才被发现。

2)W 模型

W 模型由 Evolutif 公司提出,相对于 V 模型,W 模型更科学。W 模型是 V 模型的发展,强调的是测试过程伴随着软件整个开发周期,而且测试的对象不仅仅是程序,需求、功能和设计同样要测试。测试与开发是同步进行的,从而有利于尽早地发现问题。

W 模型,也就是双 V 模型(图 6-8),并不是在 V 模型上又设计出一个 V 模型,而是开发阶段与测试设计阶段同步进行,比如在进行需求分析、软件功能规格说明书评审、软件功能规格说明书基线化后,系统测试计划、方案、用例也设计完毕,接着是概要设计与集成测试设计、详细设计与单元测试设计,直到编码完成后进行代码审查,继续进行单元测试、集成测试和系统测试。

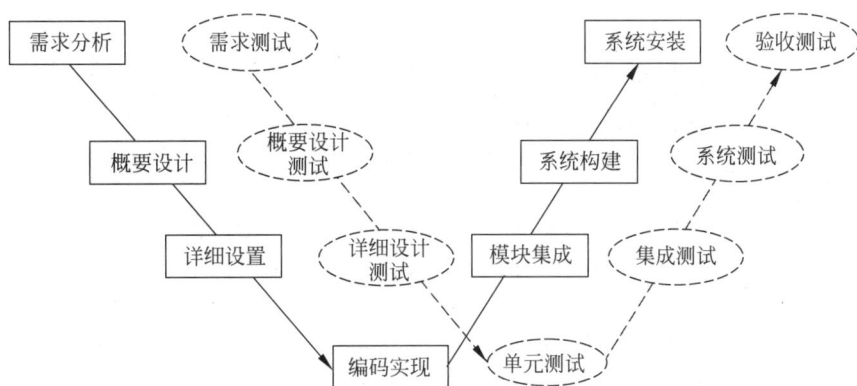

图 6-8　W 模型

W 模型也有局限性。W 模型和 V 模型都把软件的开发视为需求、设计、编码等一系列串行的活动,无法支持迭代、自发性以及变更调整。

3)X 模型

如图 6-9 所示,X 模型是对 V 模型的改进。X 模型针对单独的程序片段进行相互分离的编码和测试,此后通过频繁的交接,通过集成最终合成为可执行的程序。

X 模型的左边描述的是针对单独程序片段所进行的相互分离的编码和测试,此后将进行频繁的交接,通过集成最终形成可执行的程序,然后再对这些可执行程序进行测试。已通过集成测试的成品既可以进行封装并提交给用户,也可以作为更大规模和范围内集成的一部分。多根并行的曲线表示变更可以在各个部分发生。由图 6-9 可见,X 模型还包含探索性测试,这是不进行事先计划的特殊类型的测试,这一方式往往能帮助有经验的测试人员在测试计划之外发现更多的软件错误。但这样可能对测试造成人力、物力和财力的浪费,对测试员的熟练程度要求比较高。

4)H 模型

在 H 模型中,软件测试的过程活动完全独立,形成一个独立的流程,该流程贯穿于软件的整个生命周期,与其他流程并发进行,某个测试点准备就绪后就可以从测试准备阶段进行到测试执行阶段,软件测试活动可以根据被测产品的不同而分层进行。具体如图 6-10 所示。

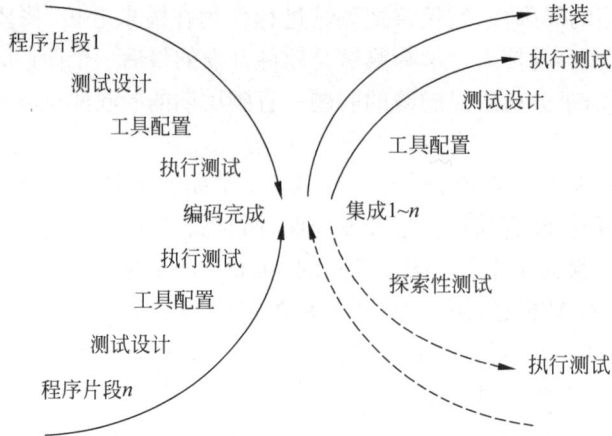

图 6-9　X 模型

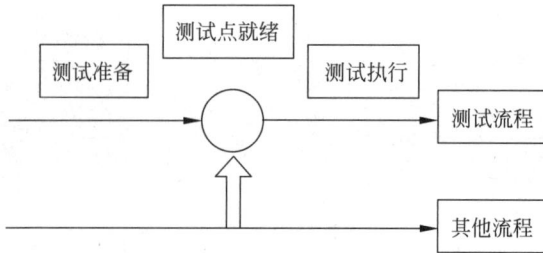

图 6-10　H 模型

H 模型揭示了一个原理：软件测试是一个独立的流程，贯穿产品整个生命周期，与其他流程并发地进行。H 模型要求测试准备与执行尽早启动。不同的测试活动可以是按照某个次序先后进行的，但也可能是反复的，只要某个测试达到准备就绪点，测试执行活动就可以开展。

6.1.4　系统转换及人员培训

系统转换是指从一种处理方法改变到另一种处理方法的过程。利用计算机辅助的企业管理信息系统一般都是在现行的手工管理系统基础上建立起来的，因此必须协调新旧系统之间的关系；否则，将造成紊乱与中断，降低经济效益。为了保证原有系统有条不紊、顺利地转移到新系统，在系统转换前应仔细拟订方案和措施，确定具体的步骤。

1. 系统转换

系统转换通常有 3 种方式，如图 6-11 所示。

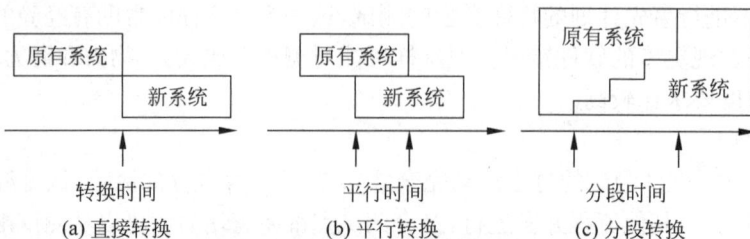

图 6-11　系统转换的方式

1）直接转换

直接转换就是在原有系统停止运行的某一时刻，新系统立即投入运行，中间没有过渡阶段（图 6-11（a））。采用这种方式，人力和费用最省，该方式适用于新系统不太复杂或原有系统完全不能使用的场合，但新系统在切换之前必须经过详细调试并经严格测试。同时，转换时应做好准备，若新系统不能达到预期目的，必须采取相应措施。

2）平行转换

平行转换就是新系统和原系统平行工作一段时间，经过这段时间的试运行后，再用新系统正式替换原有系统（图 6-11（b））。在平行工作期间，手工处理和计算机处理系统并存，一旦新系统出现问题就可以暂时停止，而不会影响原有系统的正常工作。

平行转换首先以原有系统的作业为正式作业，新系统的处理结果作校核用，直至最后原有系统退出运行。

采用平行转换的风险较小，在转换期间还可同时比较新旧两个系统的性能，并使系统操作员和其他有关人员得到全面培训。因此，对于一些较大的管理信息系统，平行转换是一种最常用的转换方式。

由于在平行运行期间，两套班子或两种处理方式同时并存，因而人力和费用消耗较大，这就要求事先做好周密计划并加强管理。

3）分段转换

分段转换方式是上述两种方式的结合，分期分批逐步转换（图 6-11（c））。一般比较大的系统采用这种方式较为适宜，它能保证平稳运行，费用也不太大。采用分段转换时，各自系统的转换次序及转换的具体步骤均应根据具体情况灵活调整。通常，可采用如下策略。

（1）按功能分阶段逐步转换。首先确定该系统中的一个主要的业务功能，如财务管理功能率先投入使用，在该功能正常运行后再逐步增加其他功能。

（2）按部门分阶段逐步转换。先选择系统中的一个合适的部门，在该部门设置终端，获得成功后再逐步扩展到其他部门。这个首先设置终端的部门可以是业务量较少的，这样比较安全可靠；也可以是业务最繁忙的，这样见效快，但风险也大。

（3）按机器设备分阶段逐步转换。先从简单的设备开始转换，再推广到整个系统。例如，对于联机系统，可先用单机进行批处理，然后用终端实现联机系统。对于分布式系统，可以先用两台微机联网，以后再逐步扩大范围，最终实现分布式系统。

总之，系统转换的工作量较大，情况十分复杂。国外统计资料表明，软件系统的故障大部分发生在系统转换阶段。这就要求开发人员切实做好准备工作，拟订周密的计划，使系统转换不至于影响正常的工作。此外，在拟订系统转换计划时，应着重考虑以下方面：系统说明文件必须完整；防止系统转换时数据的丢失；充分估计输入初始数据所需的时间。对管理信息系统而言，首次运行前需花费大量人力和时间输入初始数据，对此应有充分准备，以免措手不及。例如，对于一个含有 5000 条记录的库存数据库来讲，如果每条记录含 200 个字符的描述信息，就意味着有 100 万个字符必须通过键盘进入磁盘，即使操作员以每小时8000 个字符的速度输入，输入初始数据所需时间也是非常可观的。

2. 人员培训

为了使新系统能够按预期目标正常运行，对用户进行必要的培训是在系统转换之前不可忽视的一项工作。

民航管理信息系统是一个人机系统,它的正常运行需要很多人员参与。将有许多人员参与系统所需输入信息的人工处理过程,以及计算机操作过程。这些人员通常来自现行系统,他们熟悉或精通原来的人工处理过程,但缺乏计算机处理的有关知识,为了保证新系统的顺利运行,必须提前培训有关人员。培训对象主要是系统操作人员、事务管理人员、系统维护人员。同时对其他相关的管理人员进行培训,虽然他们不直接使用系统,但间接使用系统提供的数据,因此也要使他们对系统的功能和流程有所了解。不同人员的培训时间和内容不同。

1)系统操作人员

系统操作人员是民航管理信息系统的直接使用者,统计资料表明,信息系统在运行期间发生的故障大多数是由于使用方法错误造成的。所以,系统操作人员的培训应该是人员培训工作的重点。对系统操作人员的培训应该提供比较充分的时间,除了学习必要的计算机软、硬件知识以及操作技能,还必须向他们传授新系统的工作原理、使用方法等。

2)事务管理人员

新系统是否顺利运行并获得预期目标,在很大程度上与第一线的事务管理人员有关。因此,可以通过讲座、报告会的形式,向他们说明新系统的目标、功能,说明新系统的结构及运行过程,以及对企业组织机构、工作方式等产生的影响。对事务管理人员进行培训时,必须做到通俗、具体,尽量不采用与实际业务领域无关的计算机专业术语。

3)系统维护人员

要求系统维护人员具有一定的计算机软、硬件知识,并对新系统的原理和维护知识有较深刻的理解,在较大的企业和部门中,系统维护人员一般由计算机中心和计算机室的专业技术人员担任。有条件时,应该请系统维护人员和系统操作人员,或者其他今后与新系统有直接接触的人员,参加一个或者几个新系统开发仿真的讨论会,因为他们今后的工作与新系统有直接联系。参加这样的会议,有助于他们了解整个系统的全貌,并将为他们今后的工作打好基础。

6.2　系统运维

随着民航管理信息系统建设与应用的深入,民航管理信息系统的运行与维护显得愈加重要,成为影响民航管理信息系统应用效果的重要因素和深入发展的主要瓶颈。

6.2.1　系统运维的概念

传统意义上,信息系统运行与维护是指网络管理员、系统管理员或数据库管理员所进行的工作,更多的是指信息系统软件的运行与维护(software operation & maintenance),是指为了使软件应对变化的内外环境,在软件交付之后对其所作的修改、调整,以提高运行效率,减少执行错误等。

随着信息技术的快速发展和深入应用,信息系统运维工作受到了 IT 技术供应商和企业首席信息官(CIO)们的广泛关注,人们从管理、服务、安全、治理等不同的视角界定信息系统运维,使信息系统运维的概念更加广泛、专业。

归纳而言,对信息系统运维的理解主要如下:

(1) 信息系统运维作为知识本身已受到广泛的关注与重视;

(2) 信息系统运维的对象已不再局限于软件本身,界定更系统化;

(3) 信息系统运维于信息系统生命周期中的启动时间被前置,并贯穿于生命周期的始终;

(4) 信息系统运维所需的知识体系比生命周期其他任何一个阶段都更综合、更精深;

(5) 信息系统运维已不再是单纯的技术角色,而是上升到服务、管理的角色,越发强调与业务的融合,并积极向事前运维、主动运维转变,其影响与组织战略高度一致。

因此,信息系统运维是指基于规范化的流程,以信息系统为对象,以例行操作、响应支持、优化改善和咨询评估等为重点,使信息系统运行时愈加安全、可靠、可用和可控,提高信息系统对组织业务的支持力度,实现信息系统价值。

6.2.2 系统运维的目标和对象

1. 运维的目标

民航管理信息系统运维的目标是建立一个高效、灵活的民航管理信息系统运维体系,确保信息系统安全、可靠、可用和可控,进而达到对 IT 的充分利用。

(1) 安全:是指民航管理信息系统使用人员在使用过程中,有整套安全防范机制和安全保障机制,使他们不需要担心民航管理信息系统的实体安全、软件与信息内容的安全等。

(2) 可靠:民航管理信息系统有足够的可靠性不会发生宕机、系统崩溃、运行处理错误等。

(3) 可用:是指一个系统处在可工作状态的时间的比例,通常以几个 9 来量化表示。

(4) 可控:是指民航管理信息系统 IT 资源的可管理、可优化,并实现这些 IT 资产的价值提升。

2. 运维的对象

民航管理信息系统运维的对象是运维服务的受体,主要包括基础环境、网络平台、硬件设备、基础软件、民航管理信息系统软件、数据等。

(1) 基础环境是指为民航管理信息系统运行提供基础运行环境的相关设施,如安防系统、弱电智能系统等。

(2) 网络平台是指为民航管理信息系统提供安全网络环境相关的网络设备、电信设施,如路由器、交换机、防火墙、入侵检测器、负载均衡器、电信线路等。

(3) 硬件设备是指构成民航管理信息系统的计算机设备,如服务器、存储设备等。

(4) 基础软件是指为应用运行提供运行环境的软件程序,如系统软件。

(5) 民航管理信息系统软件是指由相关民航信息技术基础设施组成的、完成特定业务功能的系统,如航空公司管理信息系统、机场管理信息系统等。

(6) 数据是指应用系统支持业务运行过程中产生的数据和信息,如航班动态数据、值机数据等。

6.2.3　运维的模式

1. 自主运维模式

自主运维模式是指企业自行负责对拥有的所有 IT 资源的运维工作。自主运维模式中,运维人员容易管控,可根据企业自身需要进行能力培训,完成企业所需的各项相应工作。其缺点在于人员数量有限,对于并行的运维工作无法同时提供支撑,同时,由于运维相关各专业知识培训时间较长,无法满足企业运维工作的要求。

2. 完全外包运维模式

完全外包运维模式是指企业通过与其他单位签署运维外包协议,将所拥有的全部 IT 资源的运维工作外包给其他单位,即外包单位为企业各单位提供 IT 运维服务。完全外包运维模式的优势在于充分利用外部经验,能够快速提供企业所有 IT 资源的运维能力;同时,运维人数扩充较为容易,易于应对大规模的运维需求。但是,完全外包运维模式也存在外部人员管控难度大、企业信息泄露风险高的问题。

3. 混合运维模式

混合运维模式是指企业对所拥有的一部分 IT 资源自行运维;同时,通过与其他单位签署运维外包协议,将所拥有的另一部分 IT 资源的运维工作外包给其他单位。企业采用混合运维模式能够充分发挥自主运维和外包运维的优势。但是,由于存在两种运维人员,也增加了运维工作的复杂度,延长了运维流程;同时,也需要充分考虑内外部运维人员的职责划分和人员比例,以及合理的运维成本,既保证运维工作的顺利完成,又确保企业自有运维人员能够得到充分锻炼和提升。

6.2.4　运维的主要内容

1. 基础设施运维

民航管理信息系统设施是指支撑民航管理信息系统业务活动的信息系统软硬件资产及环境。民航管理信息系统设施运维属于基础运维,是整个民航管理信息系统运维的前提和保证,其核心任务是有效地管理民航管理信息系统的设施资源,对相关设施进行日常运行维护、综合监控管理,保障民航管理信息系统稳定、可靠地运行,从而保证民航信息服务的质量。基础设施运维的对象主要包括基础环境、硬件、网络、基础软件等。设施运维的内容可分为例行操作运维、响应支持运维、优化改善运维和咨询评估运维。

例行操作运维是指设施运维人员通过预定的(如巡检、监控、备份、应急测试、设备保养等)例行服务,以及时获取运维对象状态,发现并处理潜在的故障隐患,保证民航管理信息系统设施稳定运行。

响应支持运维是运维人员针对服务请求或故障申报而进行的响应性支持服务,包括变更管理、故障管理等。

优化改善运维是指运维人员通过提供调优改进,达到提高设备性能或管理能力的目的。

咨询评估运维是指运维人员根据民航管理信息系统运行的需求,提供服务器及存储设备的咨询评估服务,并提出存在或潜在的问题和改进建议。

2. 软件运维

民航管理信息系统软件运维是指民航管理信息系统软件在开发完成投入使用后,对其进行的改正性维护、适应性维护、完善性维护、预防性维护等软件工程活动。

软件运维涉及的相关要素主要包括用户需求、环境、过程、软件产品、文档、人员和工具等。软件运维的工作流程如图 6-12 所示。首先以书面形式提出运维申请。运维人员根据提交的申请,组织相关人员对运维申请报告的内容进行核评。若情况属实,则依运维的性质、内容、预计工作量、缓急程度或优先级及修改所产生的变化结果等编制运维报告,提交运维管理部门审批。运维管理部门基于整个民航管理信息系统,从合理性和技术可行性两个方面对运维要求进行分析和审查,并对修改所产生的影响做出充分的估计。对于不妥的运维要求协商予以修改或撤销。根据具体情况对通过审批的运维报告制定运维计划。如果运维要求紧急,严重影响系统的运行,则应立即安排运维;如果问题不是很严重,可与其他运维项目结合起来统筹安排。按运维要求修改后的软件应经过严格的测试,以验证运维工作的质量。

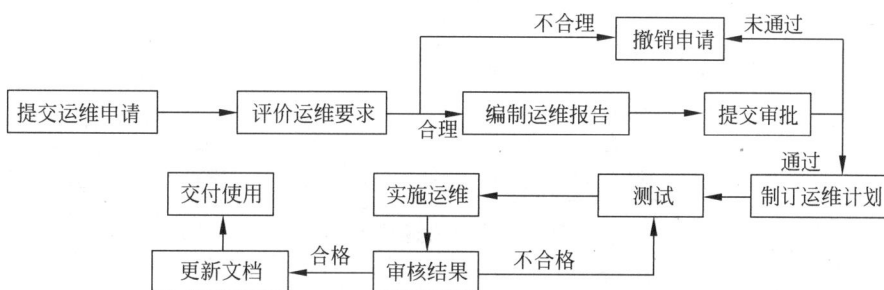

图 6-12 民航管理信息系统软件运维的工作流程

测试通过后,再由业务部门和信息系统管理部门对其进行审核确认,不能完全满足要求的应返工修改。只有经过确认的运维成果才能对系统的相应文档进行更新,最后交付使用。

软件运维主要包括以下内容:

1) 日常运维

日常运维是指按照民航管理信息系统软件运维服务协议定时、定点、定内容,重复进行的民航管理信息系统软件的常规维护活动。

日常运维的常规操作包括查阅系统日常运行记录,处理运行过程中的随机事件,对不能解决的事件申请维护处理;对日常维护中发现的系统缺陷,申请转入缺陷诊断与修复流程;同时做好日常运行报告的编制工作,将日常运行报告与日常运行过程中产生的其他文档一并归档备查。日常运维的流程如图 6-13 所示。

2) 缺陷诊断与修复

发现民航管理信息系统软件缺陷后,要尽快修复。小范围内的错误不及时修复,可能会扩散成大错误,导致后期修改工作更多,成本也更高。民航管理信息系统软件缺陷发现或解决得越迟,民航管理信息系统软件运维的成本就越高。

按照民航管理信息系统软件开发提供的测试检查方法、测试检查工具或第三方测试工具,依据测试规范对民航管理信息系统软件进行缺陷诊断与修复。对于诊断流程发现的缺陷按缺陷诊断和处理方法能够解决的缺陷问题在此流程范围内予以解决。软件缺陷诊断与修复流程如图 6-14 所示。

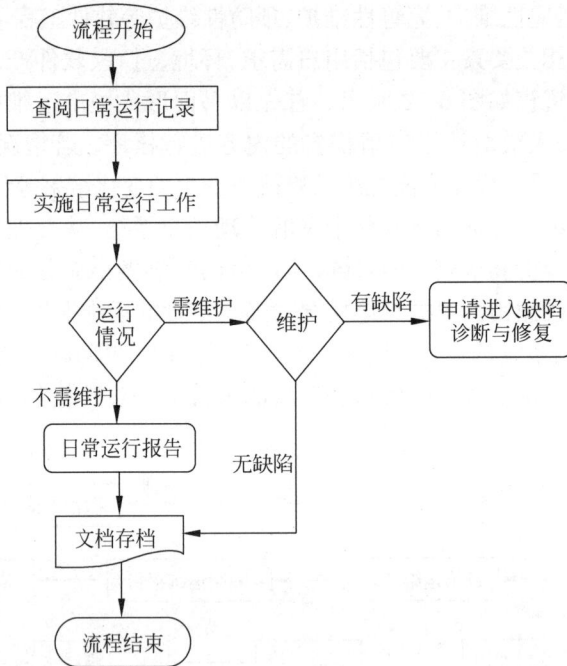

图 6-13　日常运维流程

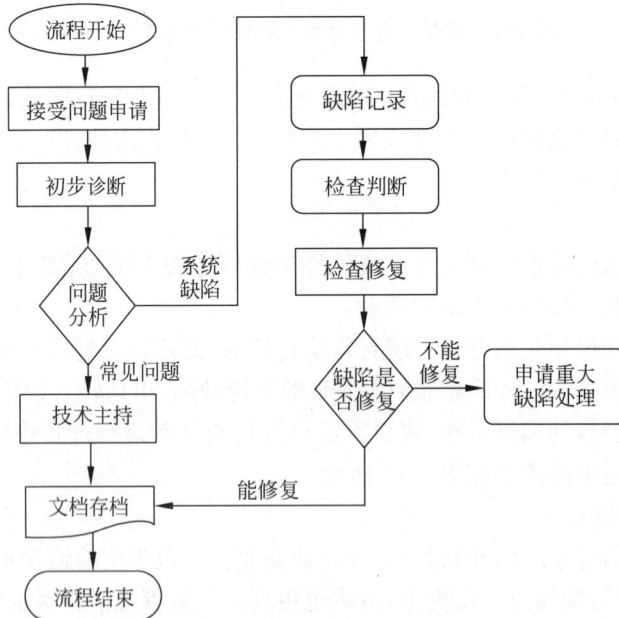

图 6-14　缺陷诊断与修复流程

3）变更管理

民航管理信息系统软件上线使用后，新的需求会不断出现，已有的需求会随着业务环境的变化而变化。对于民航管理信息系统软件运行中的错误要进行修改，因此软件变更是不可避免的。

民航管理信息系统软件变更流程是民航管理信息系统运维的基本控制流程之一。民航管理信息系统软件应具有独立的变更管理功能,负责控制民航管理信息系统运行及运维过程中发生的变化,相应地指定级别足够高的相关人员负责变更管理,负责制订变更计划,监督变更实施等工作。民航管理信息系统软件变更管理应将工具和流程两个层面紧密地结合在一起,选用适当的软件来支持和管理变更管理流程。

4)补丁程序管理

补丁程序管理指为修复原有民航管理信息系统软件在功能和易用性上的问题,对民航管理信息系统原有程序或存在的漏洞进行修改和补充。

补丁程序管理主要是对制作完成的民航管理信息系统软件补丁进行检测、发布、跟踪,运维人员获取并安装民航管理信息系统软件补丁程序。补丁程序管理的流程主要包括现状分析、补丁跟踪、补丁分析、部署安装、疑难处理、补丁检查 6 个环节。

5)系统恢复管理

系统恢复管理是针对已不能正常运行的民航管理信息系统软件进行恢复安装的管理。它属于维修性质的服务管理,通常涉及恢复安装与发布的原因分析、检查、审核、用户沟通、过程跟踪、记录、测试,以及测试的关闭等流程。对民航管理信息系统软件实施恢复安装操作后,应使民航管理信息系统软件尽快正常、稳定运行。

6)部署管理

部署管理负责对民航管理信息系统软件的网络环境、服务器、操作系统环境、运行平台软件及相关的变更文档等进行规划、设计、构建、配置和测试,以便为实际运行环境提供稳定的支持,并负责将新的或变更的程序补丁和数据库补丁迁移到运行系统中。其主要目标是保证信息系统软件能正常稳定地运行。信息系统软件的部署类型包括主部署、服务包部署、紧急补丁包部署等。

7)版本管理

版本管理是软件配置管理的核心功能。所有置于配置库中的元素都应自动进行版本标识,并确保版本命名的唯一性。版本在生成过程中,自动依照设定的使用模型自动分支、演进。除了系统自动记录的版本信息以外,为了配合软件开发,运维流程的各个阶段还需要收集、定义一些元数据(metadata)来记录版本的辅助信息和规范开发流程。

3. 数据资源运维

民航管理信息系统的稳定运行不仅取决于完善的硬件设施和软件环境,还依赖于数据资源的完整性、可用性、易用性与安全性。数据存储策略不当、存储介质损毁、误操作等均有可能破坏信息系统数据资源,导致民航管理信息系统出错或不可持续使用。为预防潜在的内外部风险,保障数据资源的高可用性,实现民航管理信息系统的持续稳定运行,民航管理信息系统数据资源运维成为民航管理信息系统运维的重要内容之一。

民航管理信息系统数据资源运维的对象包括数据文件、数据管理系统和存储介质。

(1)数据文件是数据资源的物理表现形式,通常以文件的形式存储在存储介质上。

(2)数据管理系统是实现数据收集、更新、存储的管理系统,如操作系统、数据库管理系统等。其中,数据库管理系统是数据资源运维过程中的主要管理对象。

(3)存储介质是存储数据的物理载体,包括磁带、磁盘、U 盘、光盘等。

数据资源运维作为民航管理信息系统运维的重要组成部分,其运维工作可以分为例行操作、响应支持和优化改善。

（1）例行操作。数据资源例行操作运维是指数据运维人员进行的周期性的、预定义的运维管理活动，以及时获得数据资源的状态，包括实时监控、预防性检查和常规作业。

（2）响应支持。响应支持运维是运维管理人员针对服务请求或故障申报而进行的响应性支持服务。响应支持服务根据响应的前提不同，分为事件驱动响应、服务请求响应和应急响应。

（3）优化改善。优化改善运维是运维管理人员通过技术调优和流程改进手段，提升设备性能或管理能力，以实现更高效的运营目标。例如，运维人员通过调整数据库索引或空间来提高用户访问速度；通过增加设备投入或调整备份与恢复策略降低数据丢失风险，提高业务的可持续性等。

4. 系统安全运维

民航管理信息系统的各种软硬件是企业的重要资产。在系统运行过程中产生和积累的大量信息也是企业的重要资源，无论是系统软硬件的损坏或者是数据与信息的泄露，都会给企业带来不可估量的损失，甚至危及企业的生存与发展。因此民航管理信息系统的安全运维是一项极其重要的系统管理工作。民航管理信息系统的安全运维主要包括系统的安全和保密工作。

（1）民航管理信息系统的安全是为防止有意或无意地破坏系统软硬件及信息资源行为的发生，避免企业遭受损失所采取的措施。

（2）民航管理信息系统的保密是为防止有意窃取信息资源行为的发生，使企业免受损失而采取的措施。

民航管理信息系统的安全性问题主要由以下几方面原因所造成。

（1）自然现象或电源不正常引起的软硬件损坏与数据破坏。例如电源出故障或丢失笔记本电脑等。

（2）操作失误导致的数据破坏。

（3）病毒侵扰导致的软件与数据的破坏。

（4）人为对系统软硬件及数据所作的破坏。例如，某些人员恶意破坏数据。

为了保障民航管理信息系统的安全性与保密性，必须具备强烈的安全保密意识，采取各种安全措施。

（1）制定严密的民航管理信息系统安全与保密制度，进行深入的宣传与教育，提高每一位涉及民航管理信息系统的人员的安全与保密意识。

（2）制定民航管理信息系统损害恢复规程，明确在信息系统遇到自然的或人为的破坏而遭受损害时应采取的各种恢复方案与具体步骤。

（3）配备齐全的安全设备，如稳压电源、电源保护装置、空调器等。

（4）设置切实可靠的系统访问控制机制，包括系统功能的选用与数据读写的权限、用户身份的确认等。

（5）完整地制作系统软件和应用软件的备份，并结合系统的日常运行管理与系统维护，做好数据的备份及备份的保管工作。

（6）敏感数据尽可能以隔离方式存放，由专人保管。

6.3 系统评价

系统评价是指系统在正式运行一段时间之后,对它在功能、技术和经济方面所进行的评价。严格地讲,在民航管理信息系统开发过程中,每完成一个工作阶段或步骤都应该进行评价。

系统评价主要的依据是系统日常运行记录和现场实际监测数据。评价的结果可以作为系统改进的依据。通常,新系统的第一次评价与系统的验收同时进行,以后每隔半年或一年进行一次。参加首次评价工作的人员有系统研制人员、系统管理人员、用户、用户领导和系统外专家,以后各次评价工作主要由系统管理人员和用户参加。

评价的结果是对民航管理信息系统的功能和效益做出的评价;而尽善尽美的系统是没有的,问题是系统改进的工作量有多大。如果系统需要修改的工作量很大,从经济上看,还不如重新研制一个新系统,那么对该系统就应该结束其生命周期而转入一个新系统的研制过程,即进入下一个生命周期。

1. 系统评价的主要指标

民航管理信息系统评价是一项难度较大的工作,它属于多目标评价问题。目前,大部分的系统评价处于非结构化阶段,只能就部分评价内容列出可度量的指标,不少内容还只能用定性的方法做出描述性的评价。

对于一个管理信息系统来说,大致可以从系统的性能、获得的效益以及文档资料等方面对其进行评价,在进行系统评价活动时可制成相应的表格。

1) 经济效益评价

经济效益是企业首先要探究的问题。经济效益评价主要包括对企业信息化成本和效益的比较研究,如许多企业将投资经济效益系数作为衡量 MIS 经济效益的基本指标,来衡量系统运行后经济效益的提高程度等。

对民航管理信息系统进行经济效益评价时,要处理好宏观经济效益与微观经济效益、当前经济效益与长远经济效益、直接经济效益与间接经济效益的关系。宏观经济效益是系统带给社会的全部利益,包括直接经济效益和间接经济效益。微观经济效益是从企业角度出发得到的系统实际经济效益。当前经济效益是指近期可得到的,长远经济效益是指未来才显示出来的。直接经济效益主要是指可以用货币定量计算的经济效益,然而有些效益无法定量分析,只能定性分析,称其为间接经济效益。评价时应该做到将直接经济效益和间接经济效益相统一。

2) 性能评价

评价指标包括系统的平均无故障时间、联机作业响应时间、吞吐量或处理速度、系统利用率、对输入数据的检查和纠错功能、输出信息的正确性和精确度、操作方便性、安全保密性、可靠性、可扩充性、可移植性等。

3) 综合评价

综合评价是对系统总体性能的评价。它包括:

(1) 功能的完整性:功能是否齐全,是指能否覆盖主要的业务管理范围。以及各部分接口尽可能完备,数据采集和存储格式统一,便于共享,各部分协调一致形成整体。

（2）商品化程度：首先考虑性价比；其次考虑文档资料的完整性，是否有成套的用户手册、系统管理员手册及维护手册等；再次考虑是否有后援，能不能为用户培训人才。

（3）程序规模：总语句行数，占用存储空间大小。

（4）开发周期：从系统总体规划到新系统转换所花费时间。

（5）存在的问题：系统还存在哪些问题以及改进的建议。

4）其他应用指标评价

其他应用指标评价包括企业领导、管理人员、业务人员对系统的满意程度，管理业务覆盖面，对生产过程的管理深度，是否可以提高企业管理水平，对企业领导的决策参考作用，外部环境对系统的评价等。

2. 系统评价方法

（1）专家评估：由专家根据本人的知识和经验直接判断来进行评价，如特尔菲法、评分法、表决法和检查表法等。

（2）技术经济评估：以价值的各种表现形式来计算系统的效益而达到评价的目的，如净现值（NPV）法、利润指数（PI）法、内部报酬率（IRR）法和索别尔曼法等。

（3）模型评估：用数学模型在计算机上仿真来进行评价，如可采用系统动力学模型、投入产出模型、计量经济模型和经济控制论模型等数学模型。

（4）系统分析：对系统各个方面进行定量和定性的分析来进行评估，如成本效益分析、决策分析、风险分析、灵敏度分析、可行性分析和可靠性分析等。

3. 系统评价报告

系统评价结束后应形成正式书面文件即系统评价报告。系统评价报告既是对新系统开发工作的评定和总结，也是今后进行系统维护工作的依据。因此，必须认真、客观地编写。

下面给出一个系统评价报告的样例。

系统评价报告

1. 引言

（1）摘要：系统名称、功能。

（2）背景：系统开发者、用户。

（3）参考资料：设计任务书、合同、文件资料等。

2. 系统评价的内容

（1）性能指标评价：包括整体性评价（设计任务书是否达到要求，功能设置是否合理），可维护性评价，适应性评价，工作质量评价（操作的方便、灵活性，系统的可靠性，设备利用率，响应时间，用户的满意程度等），安全及保密性评价。

（2）经济指标评价：包括系统开发与试运行费用的总和，将它与设计时的预计费用进行比较，若有不符，则找出原因；新系统带来的直接经济效益和间接经济效益；系统后备需求的规模与费用。

（3）综合性评价：包括文档的完整性和质量评价，开发周期和程序规模，各类指标的综合考虑与分析，系统的不足之处和改进建议。

案例：上海浦东机场信息系统智能化运控平台的建设与应用

1. 信息系统智能化运控平台建设背景

上海浦东国际机场于 1999 年建成通航，发展至 2019 年已拥有两个航站楼、两座卫星厅，旅客年吞吐量约七千万人次。浦东机场新的枢纽战略从"扩大规模"为主转变为"打造品质"为主，上海国际机场股份有限公司（以下简称"公司"）作为大型复合国际枢纽的管理者和机场综合服务的整合者，业务拓展将主要围绕建设大型国际航空枢纽、提高运行效率、提升服务能级、推进管理改革等中心工作展开。随着浦东机场枢纽建设稳步推进，公司对安全服务、运营效率、内部管理等各方面要求不断提升。

机电信息保障部隶属于上海国际机场股份有限公司，是一家信息技术保障单位，其下系统运行中心主要负责包括离港、网络、航显、集成、门禁、监控、广播等 30 多套信息系统的运维、管理工作，业务范围包括前端设备维护、网络设备及服务器管理等。如何确保系统、设备高效运行是系统日常运维、管理的重中之重，实际工作中也遇到了亟待解决的难点问题。

1）系统多，监控方式不统一

业务系统独立，管理工具分散，缺乏集中监控，给现场运维带来一定的麻烦。

（1）每个系统都配备了独立的监控工具，分别安装在业务系统终端上。大量的监控终端导致资源浪费，也受到安装空间的限制。

（2）根据信息安全的要求，监控终端的操作系统和业务软件需要部署复杂的密码，并且需要定期更新。运维人员需要记住大量的账户和密码。

（3）各个系统的监控界面可视化较差，需要运维人员进行二次认识。

2）监控不自动化，人工巡检工作量大

各个系统的前端设备和网络设备分布在机场的各个角落。300 多台重要服务器主要分布在两个终端和各大主机房。随着新信息系统的加入，各类设备不断增加。但大部分系统监控工具没有自动报警机制，无法实时发出异常报警，需要人工检查才能发现问题。

对于网络设备和服务器的检查，系统运营中心的技术人员需要登录交换机或服务器，检查各项性能指标。每人检查一台设备大约需要 3min；到 2019 年，交换机和服务器数量已超过 2000 台，每次全面检查大约需要 6000min（100h）。

机房日常巡检只能通过人工现场巡检，现场确认机房温湿度数据、不间断电源、空调状态、是否漏水，每个弱电室至少需要 3 分钟，核心机房至少需要 30 分钟，每天只能检查一次。而当故障发生时，很可能不在巡检时间段内，导致机房、弱电机房环境等问题无法及时发现和处理。

3）业务系统复杂故障难以定位

信息系统的正常运行需要服务器相关硬件、数据库、应用软件、网络设备、光纤线路等链路的支持。一旦出现复杂故障，技术人员只能依靠运维经验对各个环节进行排查。缺少便捷的工具辅助故障定位，技术人员现场运维面临以下压力：

（1）终端设备分散，系统在非高峰时段使用时，短时间内无法判断区域性重大故障；

（2）故障现象不能很直观地反映故障原因，需要检查一系列相关设备。

4）重大故障无预警机制，无法预知

业务系统自动展示不足，需要人工干预；技术人员缺乏预测故障风险的能力。对于潜在故障,主要依靠人工巡检和定期维护来预防,费时费力,无法做到实时主动监控。

浦东机场的航班密度越来越高,基本处于24h不间断的状态。面对用户对业务系统的高可用性要求,他们被动地等待故障发生,后处理的运维模式势必影响航班的正常运行。因此,浦东机场技术人员迫切需要一套全面成熟的预警机制来解决上述难题,从海量历史故障数据中提取有价值的数据,生成合理的预警信息,降低故障率,提高系统可用性,延长业务连续性。

面对以上运维痛点和难点,机电信息安全部以"智慧机场"理念为引领,以信息化技术为依托,开始为建设智能化运营信息系统和控制平台做准备,全面提升上海浦东机场各信息系统的整体运行和服务质量。

2. 智能运控平台建设实施流程

智能运控平台根据浦东机场运维管理规范和实际管理需要,结合行业标准,运用先进的运维监控管理工具,建立服务型运维监控管理平台和进行最佳实践,实现机场IT网络中设备和系统的集中监控和展示;实现系统运维的自动化、标准化;实现运维工作的透明化、可视化、流程化、制度化、可控化;同时,促进日常运维工作效率和水平不断提高,确保运维工作的高质量、高效率。

整个IT运控平台的具体建设和实施过程如下。

1) 运控平台架构设计

运控平台采用分层、模块化的设计技术。模块与模块在层之间松散耦合。每个模块都可以独立部署、升级和扩展。它们不仅相互独立工作,而且具有良好的耦合性。监控系统具有良好的开放性,支持第三方监控工具的快速集成,实现资产配置和报警事件的自动提取和集中展示。监控系统具有良好的可扩展性,管理范围、管理深度和管理功能均支持平滑升级和扩展,满足不断发展的运维管理需求。监控平台主要由资源分配管理、集中监控管理、综合管理三大部分组成,实现"监、管、控"一体化运维管理解决方案。系统整体架构如图6-15所示。

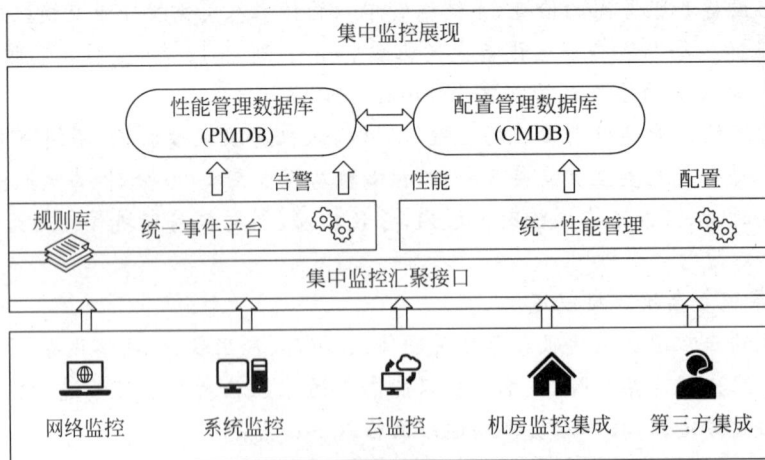

图6-15 平台架构图

集中监控管理部分主要关注生产环境中IT基础设施的集中监控管理,包括传输网络设备、主机/虚拟机、存储设备、安全设备等的性能采集和事件处理。采用监控可视化平台提供大屏显示等能力,支持与第三方系统集成,如集成接入云平台。

综合管理部分包括统一运维门户、报表平台、全文检索、权限管理、分级管理等主要模块,保证平台不同角色的运维人员都能通过浏览器访问与其职责相对应的功能,是信息的集中展示窗口,是日常工作的平台。

资源配置管理部分将运维监控与软硬件基础信息有效结合,通过将分散的视频资源、网络资源、主机资源、虚拟机资源、数据库资源、中间件资源、存储资源、业务系统等关联来丰富资产配置信息。并且能够很好地适应云计算和虚拟化技术的应用,能够快速适应虚拟化基础设施的变化,可以从数据建模、数据收集与维护、数据分析与应用三个方面对资产和配置数据进行管理。

运控平台上有三类数据:告警监控数据、性能监控数据、资产配置数据。通过绩效管理库和资产管理库之间的数据交互,经分析处理后形成可供使用与展现的标准数据、报表抽取数据和流程数据。数据标准化后,作为流程运行的关键数据提供给运维服务流程,提供给集中展示模块进行直观、动态的信息展示。

另外还开发了相应的基于安卓和IOS操作系统的移动端软件,可以实现移动端的相关业务功能。

2)业务功能的实现

(1)数据一体化。智能运控平台可以实现对网络设备、服务器应用、云平台和机房环境的全面集中监控。不再需要通过独立的监控工具检查系统和设备的性能和状态,从而提高了运维效率。

① 网络监控管理功能模块主要包括网络故障监控模块、网络性能监控模块、网络拓扑管理模块、网络配置管理模块、网络安全管理模块等。

② 服务器资源主要包括基础网络以外的与服务器相关的资源,包括主机、数据库、中间件、通用服务等,系统可以从业务角度将上述分散的资源进行逻辑组合,构建出业务逻辑模型实现业务级监控。

③ 集成接入云平台,实现对云平台虚拟机性能状态、网络状态等资源的实时监控。

④ 完成与原机房监控管理系统的集成建设,包括:机房设备设施的基本信息和机房环境监测系统的监控资源;机房环境监测系统机房设备设施运行状态信息;机房环境监测系统机房设备设施运行监测指标信息;机房环境监控系统故障告警信息等。

(2)信息可视化。IT运控平台通过资源分组组件、统计分析数据、运营评估数据以视图的形式呈现,包括基础动态回路、网络架构、服务器设备、云平台、业务服务等。界面全屏显示,监控内容和数据资源可以3D空间视图呈现,通过动态动画交互呈现,可以通过第三方分屏工具在监控大屏上展示。

信息系统可视化支持多维度、分层展示业务系统的组成和运行情况,提供基于应用系统整体运行情况的监控视图,也提供基于业务逻辑的监控展示视图。此外,信息系统资源可视化展示视图实现了机场各类设备设施按系统、分布位置分类、统计的可视化展示,全面展示系统运营中心维护管理的资源整体情况。目前已接入出发、航显、广播、闭路电视、门禁、呼叫中心等10多个信息系统,300多台服务器。

(3)监控智能化。监控智能化主要体现为两点:一是故障实时告警;二是运行态势提前预警,预警功能分为网络和应用两个层面。

智能化运控平台一旦监测到系统设备或应用的异常，就可以根据各系统设置的轮巡时间快速发现异常并实时发出告警，不再依赖人工查看。告警功能将包括故障的设备信息、所在机房等数据自动生成报修工单推送至移动端。

提前预警是指根据系统历史数据，结合大数据算法，评估系统未来的运行趋势，将故障发生的可能性提前进行警示。目前主要实现了网络的健康度分析和应用的健康度分析。

① 网络健康度分析评估支持对机场整体网络、分区网络及网络设备进行健康度评估。网络设备的健康度分析评估从设备所处网络位置、设备使用年限、设备故障记录、设备性能负载、设备流量负载、支撑业务应用等维度进行综合分析。通过各维度权重分值进行加权计算设备的健康度。

② 应用健康度分析评估支持对机场各业务应用系统及应用支持资源的健康度评估。业务应用分析可以统计在一定时间段内的关键应用系统的可用性、宕机次数、宕机时长、运行趋势等，以直观对比形式呈现出来。根据设备历史监控数据，对系统资源性能态势进行预测。

（4）运维移动化。运维移动化的实现依托于移动端 APP 的开发使用，实现的功能主要有以下几点。

智能化运控平台生成告警、发出报修工单，运维人员可以在移动端实时接收故障位置、故障设备等信息后根据自身位置进行就近接单。

在线运维支持功能：已完成的工单信息形成运维经验共享知识库，运维人员可以得到历史故障处理信息的在线支持；也可以与其他技术人员连线获得支持，并通过关联照片的上传等进行互动说明。

巡检保养工单自适应生成：根据当日巡检内容，按照不同系统、不同区域的设备生成就近最合理的路线。

备品备件联动管理：故障处理需要使用备品备件时在对应工单上填写使用情况，自动关联至管理库进行登记、扣除等。

绩效考核量化支持：签到功能提供人员的状态，每个报修工单会根据处理的故障复杂程度进行不同的分值设置，处理人员会得到相应的分值，为工作量化考核提供依据等。

3）IT 运控平台建设效果

（1）预防，实时对系统进行健康体检。

运控平台通过实时监控网络性能、分析应用状态等手段，评估系统整体健康度，实现系统运行数据一体化，全面掌握系统的健康水平。

平台对网络设备进行实时监测，并对设备性能进行评估。设备性能监控指标包括在线状态、Ping 延时、CPU、RAM、端口状态、端口速率、端口包速、端口丢包率、端口错包率等。

通过 Agent 方式和多种协议方式管理和监测系统服务器硬件指标和操作系统，支持不同操作系统的服务器、小型计算机的运行状态和性能数据，包括服务器的基本信息、CPU 负载、内存利用率、应用进程、文件系统、磁盘空间和吞吐量、事件、网卡和日志等信息的分析与监控，收集系统日志信息等，最终形成各业务系统的总体健康"体检报告"。

（2）预警，提前消除故障萌芽。

预警是根据健康体检数据，结合历史故障数据和历史体检数据分析系统当前运行趋势，对不平滑数据实施预警，人工干预，提前遏制故障萌芽。

预警功能的实现,能够提前发现网络设备或服务器端的异常,提醒技术人员进行分析、确认,并采取相应的预防、干预措施,在用户无感知的情况下快速定位、快速解决。

自智能化运控平台上线至今,通过平台告警快速定位区域性故障、平台预警提前干预的处理方式,减少了故障数量,提升了系统的安全性能,延长了业务的连续性,从而进一步提升了用户的使用体验。

(3)预控,提升现场管控水平。

智能化运控平台上线至今,已实现对所辖 2200 多台汇聚层、核心层、接入层的交换机进行集中监控,一旦设备发生故障,最迟将在 10min 内发出告警;告警信息关联设备,从系统架构层面,可以定位到系统的不同层面,例如服务器、中间件以及网络设备,从物理位置层面,可以定位到具体机房。重大故障发生后定位故障的时间由原先的 30min 缩短为 5min,实现了故障快速定位,提升了系统管控能力、提高了用户体验。

当系统处于非高峰时段且终端点位分散时,若发生服务端故障,智能化运控平台能通过网络设备、系统应用状态以及机房环境数据的实时监测、综合信息显示,帮助运维人员对接报故障进行原因关联预判,更快速地处理和解决问题。以安防类系统 CCTV 和门禁系统为例,根据平台发出的相关告警提前发现设备下线、网络设备端口下线或服务器相关进程异常等,快速定位故障点,区域化故障平均处理时间减少约 30min。智能化运控平台的建设进一步优化了业务流程,同时缩短了故障处理排除的闭环时间。

3. 总结与展望

在"安全机场、绿色机场、智慧机场、人文机场"四类机场建设中,智慧机场建设是重点支撑。浦东机场机电信息保障部借助前沿科技推进智能化运控平台建设,推进系统运维防线前移,狠抓"防"字,并收紧"预防、预警、预控"的围墙,提高业务系统的连续性,同时强化现场综合管控能力。

未来,浦东机场技术支持团队将继续挖掘信息系统智能化运控平台的潜力。在架构设计良好的开放性和统一性的基础上,继续对机房进行监控,增加对核心机房的目视检查。管理模块将全面监控人员进出机房的操作,考虑引入网络流量监控,进行安全分析,实现网络信息安全态势感知新功能,努力将浦东机场建设成"国内最好、世界一流"的智慧机场。

(资料来源:佚名.智慧民航案例:浦东机场信息系统智能运控平台建设与应用[EB/OL].(2022-07-01).https://www.kangwosi.cn/news/3293.html.编者有删改)

第7章　民航管理信息系统典型应用

7.1　管理信息系统在航空公司的典型应用

航空公司主要围绕运行、营销、维修、飞行、物流、旅客服务等领域进行信息化管理,典型的信息系统包括航空公司运行管理系统、民航旅客服务系统、机务维修管理信息系统、电子飞行包系统、航空物流承运人营销管理系统等。

7.1.1　航空公司运行管理系统

航空公司运行管理(flight operations control,FOC)系统是航空公司管理信息系统的核心环节。作为航空公司核心业务的运行控制部门,通过建立航空公司运行管理系统使公司的运行管理提高到一个新水平,以确保飞行安全和满足公司运营发展的需要。

航空公司运行管理系统囊括了公司运行所涉及的各部门的职能,还应与公司进行机务、商务管理的系统建立接口,以及与机场和空管局等相关单位的生产系统建立接口。各航空公司 FOC 系统会有所不同,但从总体上来看其结构基本上是一致的。图 7-1 所示为航空公司 FOC 系统的总体结构。

航空公司通过 FOC 系统的建设,可以实现运行管理的自动化、规范化和信息化,具体体现在以下方面。

(1) 建立整个航空公司的数据仓库,对历年的航班时刻数据、飞机的性能数据、全球的导航数据、各航班的运营数据等进行有效的管理。一方面可以为本系统所用,另一方面也可以为其他系统提供数据上的有力支持。

(2) 对航班运行计划进行有效的管理,确保各部门按照同一份航班计划来工作,避免产生工作脱节现象。

(3) 有效、及时地监控公司航班的执行情况,并根据实际情况(如天气、延误、旅客人数等)对航班进行合理、有效的调整。

(4) 根据各方面汇总的信息(如油量、机组、飞机、气象、航行通告等)对飞机进行放行评估,保障飞机飞行的安全性。

(5) 建立 ACARS、SITA、AFTN 等报文系统的接口,提高获取信息及发送信息的效率。

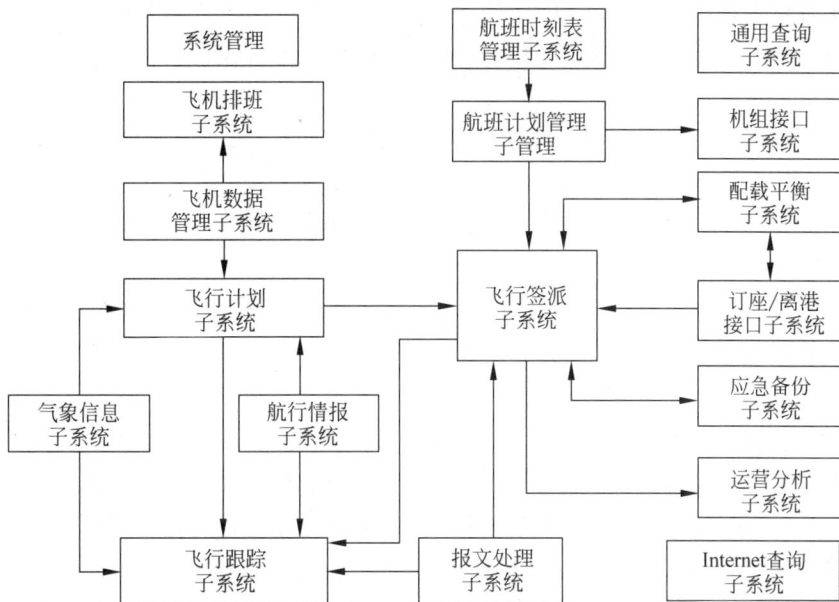

图 7-1　航空公司 FOC 系统的总体结构

（6）制作计算机飞行计划，在最大程度上节约燃油成本，保障飞行安全。

（7）对本公司飞机的飞行进行全程监控，保障飞行安全。

（8）提供多种信息的网上查询手段，为旅客提供方便；同时也为相关人员的航前准备提供方便。

通过本系统，航务部门可以实时了解航班运行动态、地面保障情况、飞机状况、机组信息，制作航班飞行计划，从而实现航空公司航班运作的中心调度、控制和协调。机务部门实时跟踪飞机状况，制订停场维修计划，保障公司航班运行的正常性和安全性。机组部门安排机组执行航班计划，实时跟踪机组执行航班情况，并根据实际情况进行人员调整。配载部门实现对航班的载重平衡。地面服务部门实时了解航班动态及地面保障进展情况，从而保证地面服务工作的有序性、正常性，减少由于地面工作而引起的航班延误。

FOC 系统主要包括航班管理、飞行签派、配载平衡、飞机数据管理、航行情报处理、商务信息管理等功能。

1．航班管理

航班管理主要包括航班时刻表生成、航班时刻表管理、航班计划管理、机务维修计划管理、飞机排班等模块。

（1）航班时刻表生成。民航局航班管理软件能够生成数据库格式的航班时刻表文件，其中包含了国内各航空公司以及外航飞中国航班的航班时刻数据。航空公司 FOC 系统通过接口软件，将所需要的航班数据自动转入系统。如果航空公司还有其他的航班制作软件，本系统也可以通过提供接口的方式将其生成的结果转入本系统。

（2）航班时刻表管理。航班时刻表为公司所有部门所共享，需由专门的人员来维护，以保证其准确性。对于航班的长期调整，体现在航班时刻表中；同样，对于航班时刻表的调整，系统自动调整与之相关的航班计划。

（3）航班计划管理。航班计划管理根据航班时刻表自动生成每日的航班运行计划,各单位以此为依据来开展工作。航班的临时调整(如加班、包机、航班合并、航班取消等)体现在航班计划中。

（4）机务维修计划管理。机务维修计划管理按机型对飞机各项检查的维修周期进行管理,飞机飞行数据管理维护飞机的飞行小时和起落架次数据,根据飞机的飞行小时和起落架次以及飞机上次维修时间和维修周期生成初步的飞机停场维修计划,并可对生成的停场维修计划进行调整。

（5）飞机排班。飞机排班根据飞机停场维修计划、飞机的计划与实际利用率以及航班的运行计划自动进行。提供友好的接口,允许用户对排班结果进行调整。

2. 飞行签派

飞行签派主要包括动态管理、飞行计划管理、放行评估和动态监控。

（1）动态管理。动态管理主要包括次日航班计划的确认,航务代理航班次日计划获取,飞行预报(plan message,PLN)生成及发送。对当天航班动态进行监控,航班出现不正常情况时负责作出调整、延误和取消的决定,修改航班信息库并发送中国民用航空局标准报文。

（2）飞行计划管理。飞行计划管理通过电报或其他方式接收,拆分并校验航空公司委托飞行计划提供商(如 SITA、DELTA、SKY PLAN 等)制作的飞行计划。提供飞行计划制作软件制作国内航线飞行计划。飞行计划的各种验证可以直接通过地图以非常直观的方式呈现给用户,飞行计划可以通过地空数据链直接发送给机组。

（3）放行评估。放行评估主要包括飞机适航评估,机组适航评估,航线选择及评估,备降场选择,航行通告评估,气象评估,备降标准计算,载量评估,额外油量确定,飞行计划评估等。通过以上评估后,可以生成放行单,并设置放行单有效时限,当航班由于延误而推迟起飞时间时,根据放行单的有效时限确定是否需要重新进行放行评估,如需要则提示前端用户需要重新制作放行单。

（4）动态监控。动态监控可以采用多种模式进行,具体包括动态板监控、甘特图监控和飞行跟踪。

3. 配载平衡

配载平衡包括配载计算静态数据管理,货邮行数据获取,预配载及装机单生成,预配载数据上行离港,载量报(LDM)、集装设备状态报(CPM)报文生成和最后几分钟修正等。

预配载及装机单生成管理对货邮行数据按箱板在飞机上安排相应位置,根据各箱板重量及安排的位置进行载量计算,判断载量是否符合标准,根据货邮行的重量和安排位置以及旅客的占座情况计算飞机重心,判断飞机重心是否在安全的区域内,根据货邮行数据及安排的位置生成装机单并可打印提供给装卸队。

4. 飞机数据管理

飞机数据管理主要包括飞机/机型基本数据管理、故障保留(DD)单管理、各机型与重量相关的最低设备清单(MEL)/外形缺损清单(CDL)数据管理和飞机性能数据管理。

5. 航行情报处理

航行情报处理主要包括机场管理、导航数据和公司航线数据管理、情报区数据管理、限制区数据管理、远端地面站(RGS)管理、航行通告管理和公司通告管理。

6. 商务信息管理

通过与定座、离港系统接口,获取各航班详细的旅客行李信息,收集各航班的货物邮件信息。拆分接收到的载量报(LDM)中的旅客、货物、邮件、行李的详细信息。对通过各种方式获得的商务数据提供校验模块,用户可修正商务数据,为运营分析提供最准确的数据。

7.1.2 民航旅客服务系统

民航旅客服务系统(passenger service system,PSS)是航空公司重要的信息系统之一,是民航客运商务体系的核心系统。

旅客服务系统是依托信息技术,以计算机系统为核心,为航空公司提供自动化管理航班、预订销售、机场服务以及票证结算等核心交易的综合服务系统,是航空公司为旅客提供差异化服务,实现"以旅客为中心"服务理念的重要技术基础。其影响范围从航空产品的顶层设计到末端接触点服务的全流程生命周期,可以说是整个民航领域的中枢神经。

截至 2024 年,中航信旅客服务系统所服务的国内及国际航空公司客户达五十余家,核心客户中包括多家世界排名前列的大型航空公司。近年来,中国民航投身自主化建设浪潮,积极进行旅客服务系统核心功能开放化探索,全面推动 PSS 云化工作。截至 2023 年 10 月,已有 43 家航空公司完成上云。

旅客服务系统模型的总体框架是以旅客预订和客票记录为核心,通过同步或异步的连接方式展开的各项 PSS 核心交易,实现航空公司为旅客提供的出行服务。其框架可以用图 7-2 表示。从图中可知,按照在核心交易过程中的参与程度,旅客服务系统模型可以划分为三个层级。

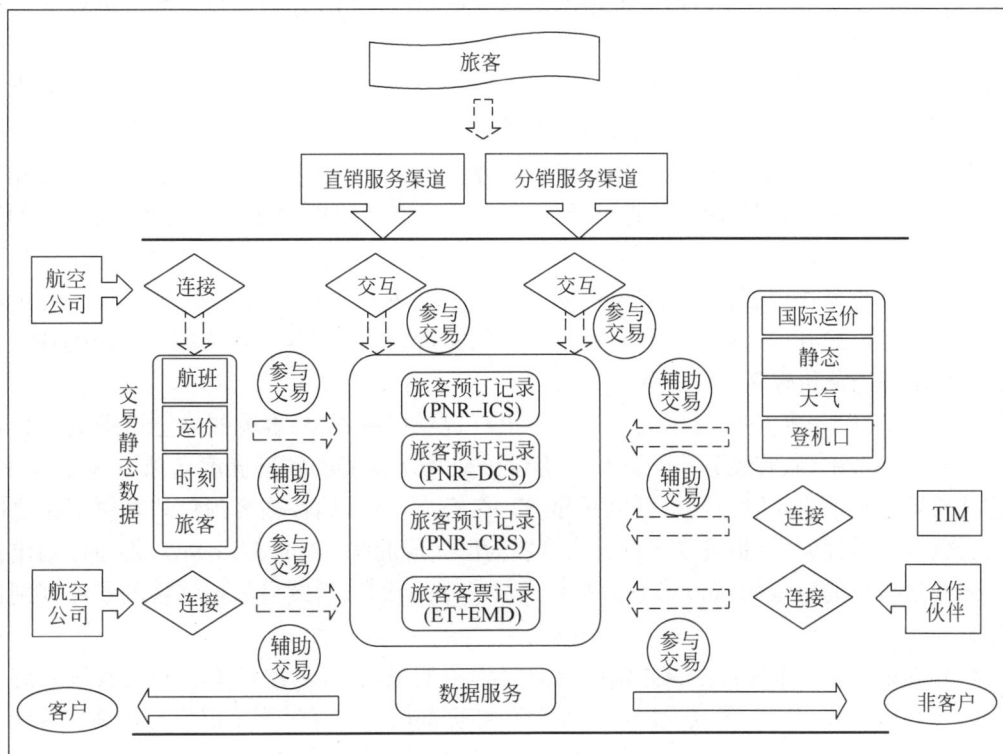

图 7-2 旅客服务系统核心交易模型框架图

第一层级：前端接入层，即服务渠道，是连接旅客和航空服务提供方的通道，是旅客进入航空服务体系内的主要方式。服务渠道一般分为直销和分销两种。

第二层级：核心交易层，是构成旅客服务系统框架的主要层级，由参与方（内部客户和外部客户）结合交易基础数据参与或辅助完成各项核心交易，实现对核心数据（旅客预订和客票记录）的操作。随着业务流程的进展，核心数据会流转至旅客服务的各个接触点，为航空公司提供航空服务的基础数据。

第三层级：数据服务层。通过大数据识别、调整和满足旅客在旅行过程中的真实感受和潜在需求，是现代航空公司提升服务水平的重要手段。将旅客预订和客票记录以大数据的形式集中存储起来，通过工具和脚本分析总结出反映市场变化的数据产品，反馈至内部客户和外部客户，是整个旅客服务生态环境自我净化的方式，也是民航业通过信息技术手段不断提升服务水平，从而构成一个整体高效的运营系统的重要原因。

以上三个层级构成旅客服务系统的生态环境，前端接入层是核心交易的触发渠道，在核心交易层中内部客户完成了对旅客预订和客票记录的操作，建立了为旅客提供航空服务的技术条件。同时结合外部客户提供的交易基础数据，让旅客的出行更加便利和顺畅。随着旅客旅程的结束，各项旅行中的过程数据同步至数据服务层，经过有效分析和过滤，总结出旅行过程中的真实状态，为内部客户和外部客户形成新的决策提供依据。

旅客服务系统的核心交易是围绕着航空服务的主营业务展开的，其主要内容包括航班管理、预订销售、机场服务以及票证结算四大部分。

（1）航班管理。航空公司根据市场需求建立航班 T-card，并根据航班的类型设计不同的附加服务产品目录（catalog）。长期以来航班是航空公司主要的销售内容。近年来出现了以航班为依托的附加服务，也逐渐成为航空公司新的利润增长点。因此航班管理从广义上是包括航班及附加服务在内的两部分库存管理。

（2）预订销售。预订销售主要分为售前和售后两部分。售前部分是指在销售航班和附加服务产品的过程中，创建旅客预订记录、支付记录及客票销售（即创建旅客客票记录）的过程；售后部分是指在由于某种情况导致行程变更的情况下，对旅客预订和客票记录变更操作的过程。变更操作根据触发场景可以划分为自愿变更和非自愿变更，根据变更内容可以分为退票、改期、换开（改签）等。预订销售过程的交付物就是确定了旅客服务系统的核心数据：旅客预订记录和旅客客票记录。

（3）机场服务。航空公司在机场为旅客出行提供服务，是旅客购买航空服务的交付环节。在这个环节中，旅客服务系统为机场提供该机场所需要的航班旅客名单（PNR-DCS）。旅客在机场进行值机、托运行李、登机并起飞。在完成飞行以后，旅客预订和客票记录之间将进行数据一致性同步，将最终成行的旅客置为已完成的状态（used/flown），将原计划出行但并未到达机场的旅客（noshow）置为重新开放（open）状态，后续可根据销售的签注规则进行处置。

（4）票证结算。作为旅客服务系统业务流程中的最后一环，票证结算将所有进入终态的旅客客票以结算记录的形式返回至航空公司结算部门。结算过程不仅仅是在销售客票和使用客票之间进行对账，也会对客票销售规则及签注条款的具体内容进行核对，其中包含对于不同运价基础客票的退改签规则的核对。如果出现销售过程与使用过程不匹配的情况，结算环节会出具相应的报告,反馈至上游的业务部门,以便进行问题排查。至此,形成了整个旅游分销业务流程的闭环。

以上 4 个环节是旅客服务系统的核心交易环节,覆盖了航空服务上下游的主要业务流程。除了内部客户(航空公司)直接参与以外,外部客户提供的交易基础数据和资讯信息也以辅助参与的方式完善了旅客预订和客票记录的内容,可以提升旅客在出行过程中的便捷体验。此外,作为核心数据的旅客预订和客票记录,不仅记录这些业务所需要的全部数据信息,还在所有复杂业务的流程中,支持对各个相关数据项进行灵活的操作,确保在整个航空服务流程中各个接触点所看到的旅客信息、行程和状态是完全一致的

7.1.3 机务维修管理信息系统

航空公司的运行过程中,机务维修管理直接关系到飞机的飞行安全和维修成本,机务维修是安全飞行的基础,必须进行系统、科学、有效的管理。通过机务管理信息系统的建设,利用 IT 手段实现管理的提升、业务流程的优化、机队服务价值的增强,提高资源的使用效率、减少重复投资、降低维修成本、合理配置资源、提高工作效率。

机务维修信息管理系统不仅要满足 CCAR-121 部规定的维修工程管理中的适航性责任,并依据 CCAR-145 部的规定组织实施维修工作,而且还要提供全方位的、覆盖工程技术公司及外围单位的基础业务和延伸服务。

1. 系统目标

(1)统一的平台。事务处理可在统一的系统平台上完成以及进行数据的完全共享。

(2)完善的功能。实现飞机及部附件整个生命周期的监控,保证飞机的可适航性;强大的电子文档处理系统,保证技术手册的准确性、有效性和适航性;简单的工作流程和统一的操作程序,实现高效、快捷的机务维修管理;实现工程技术公司对内和对外业务成本核算分析,整体覆盖工程技术公司所有业务活动,同时,又能通过系统对数据的分析,将结果提供给管理层和决策层做出准确的判断和决定,减少误判和错判的发生。

(3)可靠的系统。数据的统一性、完整性、准确性、有效性和可靠性,为优质的机务维修作业提供可靠的保证。

(4)便捷的操作。建立统一的客户视图,保持功能的一致性和完整性;能够自动处理业务需求,不需要过多的人为操作。

(5)长期的寿命。具备与其他相关系统很好的接口性能及扩展性能;系统应保有至少10 年的寿命期,以确保预期的投资回报。

2. 系统业务功能

基础业务功能包括航材管理、工程管理、维修管理、质量管理等。延伸业务功能主要是财务管理、人力资源及培训管理、业务发展决策管理等基础业务的延伸。

1)航材管理

定义航材、供应商、供应商清单(采购信息记录)、长期合同等采购及库存管理所需的主数据;支持标准采购、寄售采购、送修等各种类型的采购;提供航材需求计划以及采购计划策略;支持发票校验实现业务和财务的集成;全面满足库存管理业务的需求,包括收货、发货、调拨、盘点、库存查询等业务;航材管理模块同时提供采购和库存业务的统计指标分析。

2）工程管理

定义飞机构型和配置主数据；实现对维修方案的编写、修订、审批、颁发和执行进行有效的管理和监控；实现对 AD/CAD/SB/SL 评估、审核以及 EO/AWO/EB/EI 编写、审核等文档的管理，包括原始文档的保存，技术文档的解读、评估、审批以及文档的版本控制、分发、链接等功能。建立交互式机务技术文档的全电子化、全流程化、多运营人的工程和单机档案管理平台，支持手册资料管理、单机化维修方案和工卡的组包、各类外部文件的全电子化评估和工程指令颁布，与维修生产管理平台实时交互。

3）维修管理

提供飞机的长期维修计划（五年、三年、两年、一年以及半年）的管理功能以及长期计划与短期计划相互衔接的功能；提供对飞机航班计划、短期维修计划以及航班计划与短期维修计划相互衔接和制约的功能。

在统一平台上进行维修计划、维修评估、生产准备、维修任务分配、维修运行控制和部件控制管理等，实现维修任务的统一、计划、控制功能。

（1）维修控制中心（maintenance control center，MCC）管理。根据记录纸信息，对装机时间短的部件出现自动报警的问题，提交质量报告进行索赔，对频繁更换的部件质量进行可靠性分析，进行重点监控故障、重大疑难故障、保留工作项目、暂缓、结构修理工作、特殊航班保障任务的管理和控制；根据航班计划和飞机状态进行飞机排班；根据维修能力取证、站点保障方式安排跟班/派驻计划；实现支持多营运人的大屏飞机状态及维修任务显示，加强维修控制。

（2）生产计划与控制（production planning and control，PPC）管理。接收所有例行、非例行维修任务，编制维修计划和停场计划，按子部门、机型组包；基于人员资质分配维修任务；监控任务执行情况。

（3）合规（china compulsory certification，CCC）管理。根据记录纸信息进行装机清册管理；建立部件维护规范；录入部件维护指令；进行部件档案管理。

（4）维修资源与成本（maintenance resource and cost，MRC）管理。根据新开航线生产准备、培训、授权、资源调配信息，处理维修能力申请；统计派驻/委托维修任务和派驻人员成本；实现第三方航线维修业务保障。

4）质量管理

进一步奠定以可靠性为中心的飞机维修理念的基础，在可靠性管理模块上建立强大的各类数据分析和计算功能，包括基于统计分析报表的结果而进行的超限查询和警告报告，同时按照航空维修资料标准 ATA2200（国际规范）导出各类可靠性原始数据以实现与其他飞机制造商数据交互，同时便于飞机工程师进行数据深加工和分析。在 CCAR-121、CCAR-145 规章要求的基础上，建立质量管理体系统一的标准化工作流程，其中包括质量监督、质量审核、可靠性管理及安全管理体系等。在确保飞行安全的管理要求前提下，建立统一的安全质量管理、生产运行安全质量监督、不安全质量事件调查、人为差错因素管理等管理工作平台。

5）航线管理

建立航线维修工作信息化平台，支持航空公司落实 CCAR-121、CCAR-145 的维修管理要求。合理安排和监控例行与非例行（排故）维修工作，加大现场生产准备环节的管理力度，进

行人员的科学合理调度,逐步实现维修工时管理。

6)工时管理

主要是通过维修工时统计和其他人力资源相关信息,分析劳动生产率、预测维修工时需求,分析维修人力资源和维修工时的匹配状况,预测人力资源的需求,监视标准工时的偏离状况并视情修订。包括工时分析、工时统计、人力资源分析和标准工时偏离监视。

7)飞机、机载设备选型及租售管理

通过系统将信息化管理同实际飞机选型工作相结合,快速合理地收集选型信息、分配选型任务,记录选型过程和飞机构型等信息;通过该项目的实施,实现对选型各环节的监控并通过计算机系统进行优化。对公司各机型机队的初始构型进行管理,对飞机构型进行全面的监控,为工程保障和租售工作提供有力支持。

8)维修人员资质管理

对符合培训大纲资质要求的维修人员授予相应的工作权限和上岗资格,维修人员的资质到期予以提醒和变更,为生产派工提供合适的人选,满足适航要求。

9)财务管理

从公司的数据中采集所有与会计相关的数据进行处理,提供完整的文档凭证和完善的分析信息,并且为整个企业的管理控制和计划提供基础。通过现金管理、现金预算、资金管理等形成对企业资金的流动性分析和控制。

10)人力资源管理

实现个人信息管理、组织机构管理、劳动力需求计划、干部管理、岗位管理、工时考勤管理、薪资管理、劳动合同管理、社保管理、劳动用品管理等方面的功能。

11)业务发展决策管理

通过分析企业范围内的管理信息,为企业的规划、投资、预算和项目合同进行有计划的审批管理;为飞机及机载设备的选型、市场的拓展等提供决策和考核的依据;使管理层和决策层做出准确的判断和决定。

机务维修管理信息系统的建设解决了多个小系统操作不统一、关联度差、数据不共享导致的数据繁杂、流程不畅、工作效率低、维护难度大、维护成本过高、不支持业务发展需求等问题。通过打造以交互式电子文档系统为源头、以维管为核心、支持多营运人的集成式机务维修管理平台,能改变由于核心业务管理系统缺失或分散所带来的业务操作和管理困难的局面。支持多基地、多营运人运作,提高维修管理控制水平,实现工程、维修管理一体化的目标。通过建立工程技术公司统一的电子文档内容管理平台,能够实现各类文档资料的集中管控、存储、交叉索引、在线发布、在线查询以及版本识别等全生命周期控制,建立完善的电子文档管控体系,并与维修管理和生产控制模块实时交互。通过对飞机厂家相关手册的版本自动进行比较、识别以及辅助翻译,结合飞机属地信息和工卡样式定义实现单机工卡的自动生成,支持维修计划的优化和电子反馈,实现工卡编写的自动化、单机化。通过集成的管理信息系统平台,加强机务维修业务的管理力度,实现飞机自动排班、基于维修资源的维修计划安排、维修人员派工、可靠性统计分析等管理目标,提升机务维修精细化管理水平。通过信息化支持第三方业务和规模经营降低航材保障成本,提升库存资产管理水平,提供高附加值的增值服务,提高器材和工具设备的利用率,实现航材经营能力和资产投资价值最大化。

7.1.4　电子飞行包系统

电子飞行包(electronic flight bag,EFB)系统是一种用于驾驶舱的电子信息管理和显示系统,是飞行驾驶员的飞行助理工具,包含用于支持一定功能的软硬件,用于显示各种航行数据(如机载手册、航图等),或进行一些基本计算(如飞机性能计算等)。通过与飞机各信息系统的交联,EFB可实现与飞机系统以及航空公司运控中心、机场、空管等相关部门的信息实时交互、资源共享,提升运行效率,是飞机驾驶舱信息管理的重大革新。

2003年3月17日,美国联邦航空管理局发布咨询通告《电子飞行包计算设备的认证,适航与运行许可指南》(AC-120-76A),标志着EFB应用进入了规范发展阶段。2009年10月10日,中国民航局飞标司下发了中国版的EFB咨询通告《电子飞行包(EFB)的适航和运行批准指南》(AC-121-FS-2009-31)。EFB的推广和应用可以实现少纸化,从而降低运营成本,提高运营效率,这是民航发展的必然趋势。2016年8月,东方航空公司在亚洲首家实现全机队用EFB取代传统纸质航图,是亚洲首个全机队告别纸质航图的航空公司,开启了全机队"无纸化驾驶舱"时代。2018年10月,南方航空公司正式启用EFB电子放行模块,并同步投入电子任务书。随着EFB技术的不断发展,中国民航EFB应用已进入全面推广阶段。

1. 电子飞行包系统组成及分类

作为航空公司运行信息系统的扩展和延伸,电子飞行包系统主要由机载EFB系统、内容管理系统(content management system,CMS)和数据通信网络组成。

机载EFB系统,根据EFB的级别不同,主要包含EFB终端显示设备、机载数据管理与维护系统、机载数据通信接口管理系统。CMS是地面与飞机间双向数据传输与交换的接口系统,直接负责机载应用资料的管理和发布,在EFB系统中有着重要的作用。机载电子飞行包与内容管理系统的信息传输,除了通过USB从机载EFB复制数据,以及向EFB复制数据的方式实现电子资料的转移外,电子飞行包的数据更新与传输主要通过数据通信网络完成。根据航空公司使用EFB系统时的应用内容和应用区域的情况,不同级别的EFB系统所使用数据更新方式和数据传输方式有一定的区别。

电子飞行包从硬件和软件角度可以分别分为三级和三类。

1) 硬件分类

(1) 一级电子飞行包。一级电子飞行包指采用商用便携式电脑,没有固定装置与飞机连接,一般只运行A类应用软件,其设备和内部的元器件的设计、制造和安装无须局方批准。

(2) 二级电子飞行包。二级电子飞行包同样基于商用电脑,须能够被飞行机组人员快捷地移除或安装,可以运行A类和B类应用软件。需要进行航空器评审组(aircraft evaluation group,AEG)评估并获批准。

(3) 三级电子飞行包。三级电子飞行包被认为是一类机上设备,安装于驾驶舱仪表板上,可以不携带纸质航图,并可以结合GPS的飞机位置、速度和图形气象等信息,融合到一幅移动地图上进行显示,还可以提供障碍物和地形警告等信息。

2) 软件分类

(1) A类应用软件。A类应用软件主要应用于飞行员工作负荷较小的地面运行或飞行的非关键阶段,如地面滑行、巡航等。应用包括原本以纸质材料提供的预先确定的数据,如:飞行手册,重量和配平手册,维护手册,操作规范等,通过电子化形式实现更高效的应用。

（2）B 类应用软件。B 类应用软件同样能替代提供航空信息的纸质应用,可以应用于飞行计划中和飞行的各个阶段,能对数据进行操作和显示,是具有人机交互功能的应用程序。

（3）C 类应用软件。C 类应用软件包括一些非电子飞行包范围的航电应用软件,如通信、导航和监视,主要用于机载功能,其失效条件等级达到重要或更高。C 类应用软件的载重平衡和性能应用程序是特定的应用程序,在获批准后可以作为飞机飞行手册或飞机飞行手册补充件的一部分。以上这些 C 类软件需要由局方进行批准。

2. 电子飞行包系统的作用

EFB 系统通过与航空公司现有运行信息系统进行整合,可以替代传统纸质的手册、航图和通告、气象资料等放行资料,为航空公司节省大量纸质资料的管理和分发成本,实现飞行运行各部门信息的实时共享,使信息的管理和使用更加高效、安全。

通过性能计算功能,机组自我签派、空中性能计算、应对起飞前性能调整和计算等方面能得到实时的、更为准确和优化的结果。

EFB 系统通过与飞机系统进行数据连接,还可具备机场移动地图显示、实时卫星气象信息接收、驾驶舱交通信息显示等众多功能。

结合空地数据通信技术的发展和应用,EFB 作为航空公司机载航空信息系统的在线终端,还在辅助机组决策、提高服务保障能力和强化运行控制等方面发挥重要的作用。

3. 电子飞行包系统的发展

电子飞行包信息系统涵盖机载资料、签派放行等业务模块,已在一些航空公司各机队投入运行使用,实现了驾驶舱无纸化运行。为了让运行更加安全、高效,飞行更加智能、简便,满足公司大机队安全运行的要求,出现了建设新一代 EFB 系统的需求。

新一代 EFB 系统以重塑飞行员"新体验"为出发点,以新场景、新技术为项目推进的驱动力,围绕聚焦数字化能力建设与应用如何赋能运行效益与飞行安全。建设目标以航班任务流程为管理总主线,横向整合航前准备、航班运行、航后报告相关应用打造更贴合一线航班运行的飞行平台;纵向深化国际航路、性能计算、航行通告、风险提示、公司及部门通告等EFB 系统运行的数字化应用;以云、微服务等 IT 新技术为驱动力,筑牢新一代 EFB 系统基础,保障 EFB 系统运行的安全、稳定。

7.1.5 航空物流承运人营销管理系统

2022 年 2 月 16 日,民航局发布的《"十四五"航空物流发展专项规划》提出:到 2025 年初步建成安全、智慧、高效、绿色的航空物流体系,服务能力智慧先进,航空物流信息化、智慧化应用水平显著提升。

为满足物流行业的发展需求,强化优势,发展高品质服务,打造航空物流地面服务综合服务商的核心竞争力,航空公司积极推进航空物流数字化进程。我国各航空公司(海航、南航、国航、东航等)和各大机场都拥有或正开发属于自身的货运信息系统。

航空物流承运人营销管理系统是面向中大型航空公司货运业务的信息管理系统软件,主要包括订舱销售、航班控制、运价管理、客户管理、进出港舱单数据管理和统计决策管理等。系统可帮助航空公司与代理人、货站、海关、其他合作伙伴等物流参与者之间建立无缝连接,实现信息交互、数据流转,保障货运各环节的业务流程操作顺畅。

1. 订舱销售

(1) 舱位管理:航空公司可以发布航班舱位额度计划,并指定开放订舱的航站和发布允许订舱的货物详细信息。

(2) 订舱管理:面向航空公司吨控人员,提供订舱申请记录批复、订舱日志查询、订舱报表导出、国际航空货物订舱单查询与发布、订舱报文发送、订舱虚耗统计等服务。

(3) 网上订舱:面向航空公司的代理人。代理人可以在线进行舱位申请,包括有运单订舱、无单号订舱、一票一议运价申请。

2. 航班控制

具有 FOC/AOC 航班接口、配额舱位管理、自动生成动态航班、航班查询等功能。

3. 运价管理

(1) 运价维护:维护多种收费项目,定义运价计算规则。

(2) 运价计算与查询:用户可以输入货物和运输详细信息,查询系统计算出的价格。

4. 客户管理

(1) 客户档案管理:建立和维护客户档案信息。

(2) 客户分级管理:建立客户信用等级和业务等级体系,为业务决策提供支持。

5. 进出港舱单数据管理

具有舱单报文解析、电子舱单导入、外站地面操作系统舱单数据自动导入、手工录入舱单等功能。

6. 统计决策管理

(1) 报表样式设置:系统提供了多样化的运单、航线统计报表。对于每一份报表,用户可以灵活定义所需的统计条件、数据显示字段、分组方式等。

(2) 报表显示:报表将依据预设的参数供用户查询和打印。

(3) 航班收入统计:包括航班货量统计、代理人货量/收入排名、其他航空公司货量统计、订舱虚耗统计、航班载运率分析等。

7.2 管理信息系统在民用机场的典型应用

民用机场主要围绕运营管理、航站楼服务、地面保障等领域进行信息化管理,典型的信息系统包括机场管理信息系统,计算机离港控制系统、机场旅客安检信息系统、机场地面资源保障系统等。

7.2.1 机场管理信息系统

机场管理信息系统可以提高机场的运行效率,保障飞行安全,实现航空高效运输的有序运行,提高我国机场在国际上的竞争力,是统一管理和协调机场运营过程中与生产、服务和经营相关的各计算机系统运行的关键。拥有一套完善的集先进性和实用性为一体的机场管理信息系统,并在计算机信息集成系统基础上实现系统信息联网,是 21 世纪智能机场的重要标志。

　　机场管理信息系统的建立是机场为了实现一个或若干个特定的目标,选择必需的计算机软、硬件并将它们连接起来的过程。通过统一管理和协调机场运营过程中与生产、服务和经营相关的各计算机系统的运行,并共享所形成的数据信息,从而高效、有序地管理和组织机场的生产与服务,有效提高机场的运营效率及服务质量,提高机场的赢利与竞争水平,以保证机场为旅客、航空公司以及机场自身的业务管理提供一致、及时、准确、系统、完整的信息服务。

　　机场系统可分为两大部分:空域系统和陆域系统。空域系统包括受机场塔台控制、指挥的控制空间,包括等候空区、净空区等。陆域系统又可分为两个活动区,包括飞行区系统和航站区(航站楼)系统。飞行区系统是指供飞机活动(如起飞、降落、地勤服务、维修、装载等)的陆域系统,包括跑道、滑行道、停机坪、待飞小场地及有关服务设施等。航站区系统是为旅客、货物、邮件运输服务及为飞行技术服务的系统,包括候机楼、停机坪、停车场以及指挥塔台、通信台站等。航班信息主要来自航空公司和空管系统。

　　服务是指机场对航空公司、旅客及其他与机场有关的业务单位的服务。这些服务分为:①信息输出(提供)服务,支持这些服务的系统有综合信息查询系统、航班信息显示系统、广播系统;②飞机保障服务及其管理,包括飞机清洁、维修、配餐等,支持这些服务的系统为外场保障系统;③机场营运设备资源的提供,包括登机门或机位、柜台、转盘的分配等,支持这些服务的系统为机场运营资源管理系统。

　　机场管理信息系统的模块划分如图 7-3 所示。

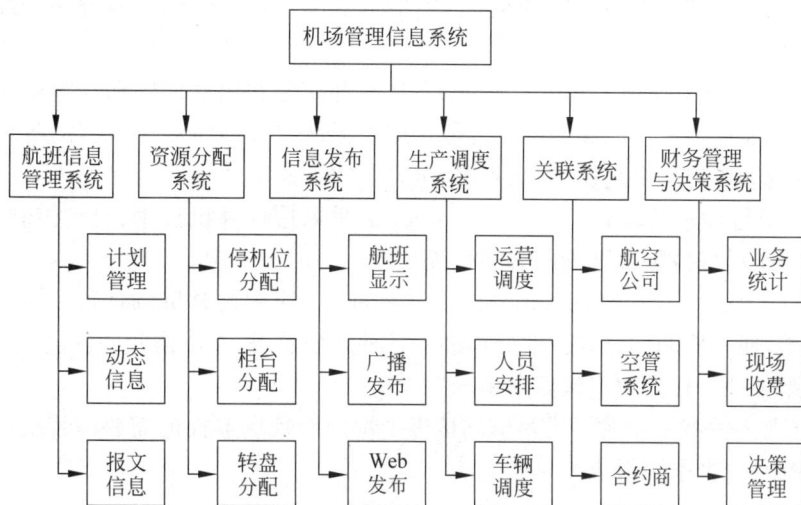

图 7-3　机场管理信息系统模块结构图

　　航班信息管理系统是机场管理信息系统的子系统,是整个机场信息集成系统的重要组成部分。它是整个机场信息系统的航班信息源头,所有航班信息都须经过它确定才能向外发布。

　　资源分配系统根据航班信息(计划及动态)及分配规则和限制条件,进行机场运营资源(停机位、登机门、值机柜台、行李提取传送带等)的分配与调度;制订资源分配的长期计划、次日计划;依据当日动态航班信息对资源的分配进行调整及资源冲突报警;将资源分配信息发布给相应用户(航班信息显示、公共广播、外场保障管理系统等)。在计划执行后报告资源的使用情况。

信息发布系统主要用于为旅客和工作人员提供进出港航班动态信息,办理乘机手续引导和指示信息,候机引导和指示信息,登机引导信息,行李提取引导和指示信息,以及其他相关信息,如旅客须知、气象、时间和通知等。

生产调度系统发布各种资源的运营调度及车辆调度等信息,它是整个机场管理信息系统的重要组成部分。使生产管理机构(现场指挥中心)能掌握外场生产情况和动态;使各级生产管理机构能向指定的单位发布指令;向航空收费系统(财务系统)提供收费依据。保障项目至少包括机上清洁、装卸,以及摆渡车、梯车、登机桥、电源、机务等。

关联系统是指和机场关联的系统,主要包括航空公司的系统、机场的系统和合约商的系统。

财务管理与决策系统包括业务统计、机场收费和决策管理等模块。系统支持多种类别的收费,包括按重量收费(如起降费)、按时间收费、按起降收费(地面服务代理商的收费)、按旅客数量收费(如候机楼使用费)等。

机场管理信息系统还包括以下子系统:

(1) 闭路电视系统(closed-circuit television system):通过该系统向旅客和机场工作人员发布航班动态信息。

(2) 楼宇自控系统(building auto control system):采用先进的计算机控制技术,以丰富灵活的控制、管理软件和节能程序,使建筑物机电或建筑群内的设备有条不紊、综合协调、科学地运行,从而达到有效地保证建筑物内有舒适的工作环境并能节省维护管理工作量和运行费用的日的。

(3) 呼叫中心系统(call center system):是一种充分利用通信网和计算机网的多项功能集成,并与企业连为一体的完整的综合信息服务系统。该系统利用现有的各种先进的通信手段,有效地为客户提供高质量、高效率、全方位的服务。

(4) 停车场管理系统(park manage system):是采用计算机技术、自动控制技术、磁卡识别技术对停车场进行综合管理的智能系统。

(5) 办公自动化系统(office automation system):应用计算机、通信、多媒体和行为科学等先进技术,使人们的部分办公业务借助于各种办公设备,并由这些办公设备与办公人员构成服务于某种办公目标的人机信息系统。

(6) 保安监控系统:是为了满足航站楼多个部门对现场监控的需要的系统。该系统由摄像监控系统和报警系统组成。

7.2.2　计算机离港控制系统

计算机离港控制系统(departure control system,DCS)是提供航班值机、班机载重平衡、数据传输和综合信息服务等功能的大型实时计算机系统,是现代化机场必备的信息系统之一,也是航空公司的核心信息系统之一。

中国民航离港系统建设于 1988 年,属于为航空公司和机场旅客服务的大型网络系统,引进了美国 UNISYS 公司的航空公司旅客服务大型联机事务处理系统。DCS 包含旅客值机(check-in,CKI)系统、配载平衡(load planning,LDP)系统、航班数据控制(flight data control,FDC)系统三大子系统。CKI 与 LDP 可以单独使用,也可以同时使用。它们在使用过程中由 FDC 系统进行控制。图 7-4 所示为离港系统与订座系统之间的关系。

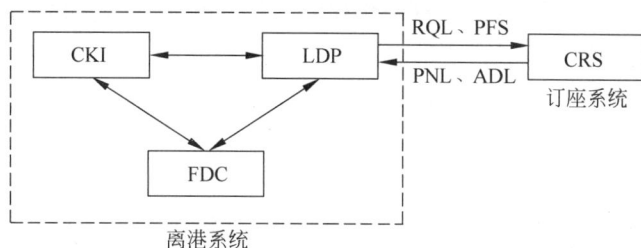

RQL—旅客名单申请报；PFS—最终销售报；PNL—旅客名单报；ADL—旅客名单增减报。

图 7-4　离港系统与订座系统关系图

计算机离港控制系统的主要功能，具体介绍如下：

办理旅客乘机手续：记录旅客的性别、座位等级、行李件数和重量、占用座位、联程航班情况，自动计算超重行李费，打印登机牌等。

航班控制：生成航班信息，更改航班时间、航程、机型、登机口及分配航班座位，设置航班接收旅客限额，关闭航班等。

载重平衡计算：自动计算飞机客、货、油装载量，记录装载的分布情况，计算飞机的起飞重心、无油重心及配平等数据。对每一次载量的增加动态地实施跟踪核实，检查装载位置是否在飞机结构设计的载重平衡允许范围内，能够实现对宽体飞机进行自动分舱和配载。过去这些都由手工完成。

建立或修改有关的各种静态数据：包括飞机商务和机务数据，建立机场、跑道、天气、航行等数据，建立集装设备、机群、收发报地址等信息。

自动处理电报：自动处理多种系统外发及外来电报和信息。航班关闭后，自动拍发用户要求的各种业务电报，并打印装载报表及旅客服务报表，提供给机长。

使用计算机离港系统后，不仅大大提高了工作效率，而且值机人员的工作量减轻。1990年，我国首先在广州和北京启用了计算机离港系统，随后扩展到国内各主要机场。离港系统联成网络并和计算机订座系统联网之后，使一个航班从始发站、经停站到终点站的运输控制连接成一个统一的整体。从系统中能迅速得知整个航线上的动态情况，并使各航线配合，能使航班最大限度地合理安排商载，保证飞行安全，减少旅客办理手续时间，提高服务质量，增加经济效益。

2023 年，我国首个自主研发的离港系统在珠海机场上线，全新的"开放离港系统"通过多方面的业务和技术创新，全方位支持机场在值机服务、登机服务、控制服务、行李服务、中转服务、贵宾服务等环节提升旅客服务水平。

7.2.3　机场旅客安检信息系统

作为民用航空器在机场旅客端最重要的一道防火墙，安检信息系统对机场的安全检查具有全面、安全、准确、便捷、可靠的管理功能。该系统通过图像采集与存储、过程录像与存储、旅客信息记录和检索，结合 X 光图像扫描、指纹识别、二代身份证验证、人脸识别等技术，通过建立在计算机网络技术基础上的包括与旅客离港系统、监控系统、安检系统、行李分拣系统等其他相关系统的信息接口，对旅客出港过程进行全程定位跟踪管理。旅客安检信息系统的应用,能提供严密、高效的安检管理手段,确保空防安全,提供简单、便捷、规范化的安检模式,提升机场安检业务管理的自动化和信息化程度,提供全面的数据服务,为安检管理提供全面的参考依据。

1. 系统主要功能

1) 信息采集

(1) 旅客信息采集。系统通过安检信息管理系统与机场旅客离港系统或航空公司离港系统进行数据交换获取旅客信息;通过安检验证柜台扫描旅客二维登机牌条码和旅客证件获取旅客信息;旅客通过安检验证柜台时,系统记录时间和柜台号,采集、记录旅客头像及人脸识别生物特征信息,并记录人脸比对结果;通过安检验证柜台扫描旅客手机值机、微信值机等电子二维登机牌条码和旅客证件获取旅客信息。

(2) 行李信息采集。系统通过与机场旅客离港系统或航空公司离港系统的数据交换获取旅客交运行李信息;通过与交运行李安检系统(含大件行李)的数据交换获取需开包旅客交运行李安全检查 X 光片信息和照片信息;通过与手提行李安检系统的数据交换获取需开包旅客手提行李安全检查 X 光片信息。

(3) 音视频监控信息采集。通过与安全防范系统的数据交换获取安全检查现场的动态视频和历史视频情况,采集旅客办理值机手续、在安检通道中接受安全检查、在开包间接受行李开包检查等过程中的音视频信息。

(4) 安全检查设备状态信息采集。安检信息管理系统能采集和分析安全检查设备的运行时间和运行状态。

(5) 安全检查岗位人员信息采集。系统能够记录安全检查人员的岗位相关信息,包括岗位信息、资质信息、工时以及相关工作内容等。记录方式简单省时,采用读取通行证方式进行采集。

2) 信息发布

系统以主动方式把相关信息发布到用户终端,实现机场内部安全检查部门的信息协调与沟通。系统根据事先制定好的安全检查业务流程监听相应事件,当监听到相应事件后按照安全检查业务规则通知相应用户;用户可以根据需要设定布控信息,当系统接收到符合布控信息的记录时,自动把此记录返回给发布布控信息的用户,并将信息发送至主控机房和警务室。客户端收到系统发布的消息时,显示包含消息内容的窗口,且按到达时间顺序显示;只有操作人员确认所有消息后,消息窗口方可关闭;如果在一定时长内,操作人员未对未阅读消息加以确认,则系统能自动改变消息背景颜色并为未阅读消息或新接收消息发出声音警告。

3) 信息查询

被授权的机场用户可以在系统内通过便捷的图形界面对安全检查信息进行查询,此功能作为信息发布的补充。包括:①航班信息查询,可以自动显示进出港航班或所有航班。用户管理员可以自行设计不同用户组,并设定每个组别显示的航班类别。在此界面可以直接对航班进行布控。选择相应航班后,可以查询该航班详细情况和该航班旅客名单列表。如航班被布控,则有明显标记。②旅客信息查询,显示旅客相关信息,可在此界面直接对旅客进行布控。可查看旅客携带物品情况及相关安全检查记录(含旅客危险度)。如旅客被布控,则有明显标记。

4）信息统计

系统具有完备的信息统计功能，可以根据用户要求的条件、统计数据项进行固定时间段统计或自定义时间段统计，结果可以列表形式输出，也可直接打印。用户可自行建立或更改统计页面模板的设置。

5）人员布控

安检信息系统为安全检查单位提供布控管理模块和接口，方便各检查单位在系统中对布控信息进行管理。

6）系统管理

系统提供专门的权限及访问控制机制，控制敏感数据的显示和使用。对各个功能分配权限或组，指定到具体组的功能，并支持标准的管理用户和组的功能。系统具有完善的日志管理功能，既可以对操作日志进行审计，又可以对系统运行日志进行问题诊断。用户组具有配置文件，管理员可以通过配置此文件改变组的功能使用权限和数据访问权限。同时，系统提供监视和控制应用系统及设备运行状况的功能，当系统性能降低或设备出现故障时，发出声光报警以引起值班人员的注意。系统可对安检信息系统所有的设备进行统一的编码，将设备的使用情况、工作状态、故障状况、维修记录等按编码记录在数据库中，并可打印。系统易于远程管理，允许通过远程控制和协助实现系统监视和错误报告，并具有集中的软件分发功能，可进行远程软件安装并有状态报告。若安装失败，可回滚到原先状态。系统提供专门用于对服务器和数据库进行管理的终端，终端可以监控服务器和数据库的状态，系统管理员可以直接在此终端进行系统管理操作。系统始终保持与时钟系统时间同步。其他服务器与本系统指定的服务器同步时间，前端工作站在用户每次登录时自动与本系统指定的服务器同步时间。

2. 系统关键技术

（1）人脸识别技术。通过视频监控和人脸识别算法，安检信息系统能够自动辨识旅客身份，与航班信息进行匹配，实现自动检票和登机手续办理，极大地提高了旅客的便利性和效率。

（2）生物特征识别技术。指纹识别、虹膜识别等生物特征识别技术在安检信息系统中得到广泛应用，可以更准确地验证旅客身份和真实性，有效杜绝了身份伪造和冒名顶替的风险。

（3）X光安检技术。智能X光安检设备能够高效地检测行李箱、手提物品中的非法物品和危险品。与传统的人工安检相比，智能X光安检技术不仅能够大幅度提高检测效率，也可以降低人员安全检查时的误判率。

（4）数据分析技术。通过对旅客的大数据进行分析，安检信息系统可以识别可疑行为和模式，自动发出警报并采取相应措施。这种方式能更好地应对恐怖袭击和安全威胁，提升整体安全性。

随着智能化技术的不断创新，智慧机场安检系统正在为旅客带来全新的出行体验，为旅客提供高效、智能化的安检服务。智能安检技术水平将进一步提升，为航空业带来更多的便利和安全性，为旅客带来更加便捷、安全的出行体验。

7.2.4 机场地面资源保障系统

机场地面资源保障系统是整个机场运行控制的重要组成部分,能够实现机场航班保障运行资源的有效管理和分配。

航班保障运行资源主要包括机位、登机门、值机柜台、行李分拣转盘、行李提取转盘等。系统需要提供机场代理、航空公司自营、地勤公司代理等多种地面服务运营模式。系统把机场范围内的资源按照所在位置(不同航站楼)、属性(国内、国际)、种类(停机位、值机柜台、登机门、到达口、行李分拣转盘、行李提取转盘、安检通道等)、所属单位(公用、机场、航空公司、地勤公司等)、类型(如值机柜台分普通、值班主任柜台、超大行李、晚到旅客、无行李等)等特性进行归类,这些资源的特性确定和使用划分由机场进行统一的管理。航空公司、地勤公司等单位在业主划定的范围内为所辖航班进行资源分配。

机场地面资源保障系统的主要功能模块包括航班资源管理模块、甘特图资源模块、规划管理模块、资源基础数据定义及配置管理模块、审计管理模块等。

1. 航班资源管理模块

航班资源管理维护界面可以对机位及次类资源进行分配和调整,也可以实现航班信息的查询、航班 VIP 设置及航班业务审计等业务操作。具体功能包括:

(1) 登机门管理。按照用户所设定的各资源之间的关联关系,系统会自动给用户推荐每个航班可分配的登机门,用户可以在系统推荐的范围内选择登机门,也可以通过系统给定的手工分配功能手工选择相应的登机门资源。

(2) 行李带调整。按照用户所设定的各资源与行李带之间的关联关系,系统会自动给用户推荐每个航班可分配的行李带,用户可以在系统推荐的范围内选择行李带,也可以通过系统给定的手工分配功能手工选择相应的行李带资源。

(3) 值机柜台调整。包括值机柜台的自动分配和手工调整。值机柜台自动分配指系统可以按照用户所设定的规则,对航班信息进行自动分配。值机柜台手工调整指对于自动分配之后的航班,可通过系统提供的值机柜台调整功能对值机柜台进行手工的分配调整。

(4) 航班信息查询。系统可以提供每一条航班的详细信息,供用户查看和使用。

(5) 设置 VIP。系统提供航班 VIP 设置功能,用户可以手动地为每个航班设置 VIP 操作。

(6) 航班业务审计。对于一个航班,系统会保存所有用户对该航班所做的所有操作。系统中具有航班业务审计权限的用户可以查看所有用户对该航班所做的操作,包括当天操作和历史操作。

(7) 机位预分配。系统可以按照用户所设定的固定分配规则,对待分配机位的航班进行预分配。系统会为分配到机位的航班同时分配相应的次类资源(登机门和行李带)。

(8) 机位自动分配。系统可以按照机位的约束关系、关联关系及机位优选规则,对待分配机位的航班进行机位自动分配。系统会为自动分配到机位的航班同时分配相应的次类资源(登机门和行李带)。

(9) 机位管理。机位管理分为机位手动分配、机位分割/合并、机位回收、机位锁定/解锁、机位确认/取消、机位批量确认、机位批量取消 7 个子功能。

2. 甘特图资源模块

甘特图可以实时、直观地显示出航班机位的分配情况,可以显示出待分配机位的航班,以及已经分配机位的航班(含各类冲突)。甘特图利用其直观性实现对机位的分配,包括预分配、自动分配、手动分配,也可以实现机位的锁定、确认、VIP 设置,以及机位分割的功能。此外,甘特图还可以实现对纯进港航班、纯出港航班、10 分钟内进港航班、T 航班、待分配机位航班、冲突航班,以及各种自定义冲突的航班的分类显示。用户通过使用"配置航班显示内容"来修改甘特图上的显示内容。也可以通过配置"机位排列显示",来配置甘特图中的机位显示顺序和内容。同时,用户可以按时间段、机位、航班公司等过滤条件打印甘特图。

3. 规划管理模块

该模块主要实现机位的规划管理和次类资源的规划管理,包括机位分配规则维护、不可用机位管理和不可用次类资源管理。

(1)机位分配规则维护。用户可以自定义机位的分配规则,作为机位自动分配和手工分配的依据之一。

(2)不可用机位管理。在该模块中输入不可用的机位信息,在自动分配机位时不分配不可用的机位。

(3)不可用次类资源管理。在该模块中输入不可用的次类资源。分配机位后系统自动分配次类资源时,不可用的次类资源不会参与分配。

4. 资源基础数据定义及配置管理模块

该模块主要包括基础数据维护、查询,次类资源合约,机位预分配规则,机位约束,机位-运输资源关联这 5 个子功能模块。

(1)基础数据维护、查询。该功能模块主要实现对机位、航空公司、通航机场等基础数据的维护和查询。

(2)次类资源合约。在该功能模块中输入相应的次类资源合约,用于定义航班(合约)可用次类资源的范围,在次类资源的分配中会作为分配的参照依据。

(3)机位预分配规则。在该功能模块中输入针对航班的机位分配规则,将会作为机位预分配操作时的操作依据。

(4)机位约束。在该功能模块中可以输入机位与相关属性的约束条件,在自动分配机位时,必须满足这些约束条件。

(5)机位-运输资源关联。在分配机位完成之后,系统会按照机位-运输资源关联中设定的规则,作出次类资源的分配。

5. 审计管理模块

该模块主要包括在线用户管理、人员管理、权限配置管理和业务审计等子模块。

(1)在线用户管理。利用该功能模块可以查询所有在线的用户,另外,如果用户非正常退出,可以通过该功能模块把非正常退出的用户设置为离线状态,这样非正常退出系统的用户可以立即登录系统。

(2)人员管理。利用该功能模块可以增加和删除系统的用户,也可以将用户的密码重置为系统默认的密码。

(3)权限配置管理。该功能模块可以实现对角色权限的配置。

(4)业务审计。系统会记录所有用户在该系统中进行的所有操作,并形成审计记录,高权限用户可以对业务审计进行查询,用于追溯历史操作。

7.2.5 机场货站生产系统

机场空港货站生产系统为航空货站提供场内进出港货物操作全流程业务管理,覆盖国内及国际进出港、中转、计费、仓库、集控管理等核心业务,涵盖全部货站业务岗位和操作点。应用货站处理系统,可促进业务流程标准化,最大限度地减少纸面工作,降低差错率。同时,系统可一目了然地展现出实时生产统计报告,降低人工汇总数据的工作量,提高数据准确性。更重要的是,系统通过对货站保障能力进行量化,为货站的管理提供有效的监控和跟踪,从而加强管理的时效性和可控性,提升各级岗位的管理水平。整个航班保障的完成情况一目了然,相应质量监控数据可帮助货站找到并改进薄弱的操作环节。图 7-5 所示为机场空港货站生产系统功能架构。

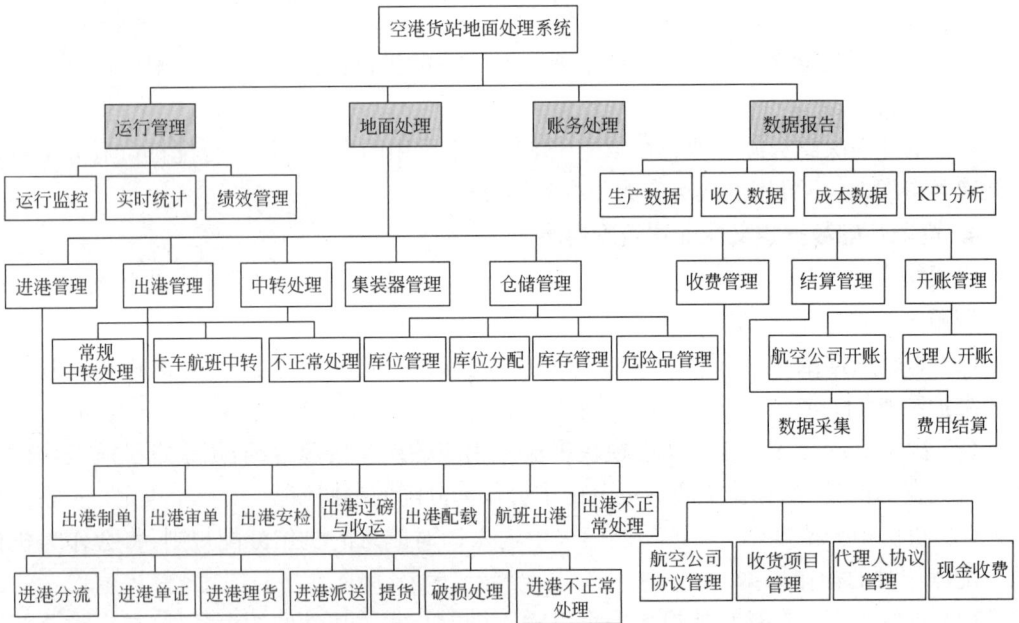

图 7-5 机场空港货站生产系统功能架构

主要功能模块的内容如下。

1. 进港管理模块

(1)进港分流。针对进港的集装箱货及散货,按照航线、是否国际货、货物其他性质在站坪区域进行分流,同时,还可以按照代理人及货主的特殊服务要求,支持其进行整板箱提货。

(2)进港单证。用于处理航班业务单证,具体包括航班运单审核、数据录入、进港海关文件处理、单证异常登记等。

(3)进港理货。根据进港核单结果,针对货物实际理货情况登记货物进港信息,理货完毕时自动发送进港报文。

(4)进港派送。针对理货完成后的货物,按照航班或者批次,用驳运卡车将货物派送至代理人海关二级监管库。

(5)提货。提货时可根据计划自动发送货物状态更新(flight status update,FSU)报文。支持与仓储收费系统对接,接收仓储收费系统提货状态,自动完成提货操作。

(6)破损处理。采集进港货物破损信息,针对破损信息进行审核,为代理人开具破损报告。

(7)进港不正常处理。针对进港单证及货物,登记各类不正常信息,包括多单、少单、多货、少货、无标签多货、货物破损等,不正常处理部门会针对不正常信息进行结案等后续处理。

2. 出港管理

(1)出港制单。根据收运计划,按照代理人或货主提交的主分单信息进行主分单制单。

(2)出港审单。针对系统中的运单数据(包括收发货信息,货物品名、件数、重量,特货代码等)进行审核,审核后的运单数据将作为后续货物装配及配载的依据。

(3)出港安检。记录货物安检过程,对货物安检涉及的安检 X 光机图片及视频进行绑定。

(4)出港过磅及收运。采集运单重量信息,并同代理人或货主提交的运单信息中的重量信息进行对比。收运模块与磅秤直连,允许分批、批量收运,并提供标签打印功能。

(5)出港配载。汇总板箱装货情况,将板箱货物及散装货物配载到航班中,系统提供多种舱单样式,以满足不同用户需求。

(6)航班出港。记录航班状态、航班状态关闭时间。自动发送航空公司舱单(flight freight mainfest,FFM)、主单货物信息(freight waybill,FWB)、集装箱控制信息(ULD control message,UCM)、货物状态更新(flight status update,FSU)等行业报文。

3. 中转处理

(1)常规中转处理。实现货站常见的多种中转业务情况处理,包括库内中转、机坪中转、一单到底、换单承运等。

(2)卡车航班中转。支持卡车航班配载、航班转配、海关监管货处理等。

(3)不正常处理。包括数据校验与操作纠错、运输流程异常管理等。

4. 仓储管理

(1)库位管理。管理进港、出港处理区域各类库位信息。

(2)库位分配。为进港暂存货、进港理货完成之后的散货分配存储库位。

(3)库存管理。管理进出港货物库存信息,记录各种货物库存情况。

(4)危险品管理。提供危险品相关公共代码管理、鉴定文件添加和查询功能。

5. 集装器管理

采用 RFID 技术管理 ULD 在货站内的全流程,包括存场、跟踪、维修、释放等环节,并可以自动发送相关报文。具体功能包括:ULD 设备管理、ULD 操作管理、ULD 库存管理。

6. 运行管理

针对货站进出港货物航班保障、货物处理情况进行运行监控、业务调度,具体功能包括:运行监控、实时统计、绩效管理。

7. 数据报告

支持时间序列分析、对比分析、趋势预测等多种分析方法。系统提供按年、月、日以及自定义时间维度的统计分析功能,以对象维度方式对生产数据、代理人、货主、航线、承运人、货物结构等进行统计分析。具体功能包括:生产数据、收入数据、成本数据、KPI 分析。

8. 财务处理

实现货站从计费、收费到结算、开账单等与费用相关的业务操作。系统支持货站操作费、仓储费、叉车费等费用的计算。费用计费规则灵活多样，影响货物操作的所有因素都可作为计算参数，能够完全满足货站的计费要求。具体功能包括收费管理、航空公司协议管理、收费项目管理、代理人协议管理、现金收费等。

7.3 其他应用

7.3.1 民航全球分销系统

全球分销系统(global distribution system，GDS)是随着世界经济全球化和旅客需求多样化，由多家航空公司、旅游产品供应商等形成联盟，集运输、旅游相关服务于一体，由航空公司订座系统、代理人分销系统演变发展而成的全球范围内的分销系统，是基于计算机技术的大规模销售网络，能够为出行者提供全球范围内的旅游线路规划、机票预订、酒店预订(包括住宿、用餐、娱乐)、网上支付等全方位的服务。全球分销系统代表了未来航空乃至整个旅游分销市场。全球四大分销系统分别是：Amadeus、中航信Travelsky、Sabre、Travelport。

目前国际上的GDS分为两类：一类可以销售航空公司的产品(机票)，也可以销售酒店的产品(客房)，如SABRE、GALILED、AMADEUS、WGRLDSPAN和中国民航GDS系统(中航信Travelsky)；另一类只可以销售酒店产品，如UTELL、ACCGR和一些假日集团、喜来登、希尔顿酒店集团的销售网络等。

目前，国内的GDS市场供给方主要是中国民航信息网络股份有限公司(简称中航信)，国内机票的出票主要由中航信的凯亚系统完成。中航信形成了以计算机订座系统(computer reservation system，CRS)即代理人分销系统、航班控制系统(inventory control system，ICS)即航空公司订座系统、离港系统(departure control system，DCS)等大型主机系统为支柱的发展格局。主机系统已发展成为中国最大的主机系统集群，担负着中国民航(包括国内所有航空公司)重要的信息处理业务，是国内唯一向分销销售代理人、售票处和消费者提供航空运输服务产品的公司。

中航信GDS的运行方式如图7-6所示。旅客在代理人处购买机票，机票代理人要根据旅客要求提供航班信息。机票代理人首先在CRS为其建立旅客订座信息，并传送到ICS，告知航空公司旅客的订座要求；ICS的主要功能就是建立、控制和销售航班；如果订座正常，则机票代理人可以为旅客出票。旅客出行前，DCS会在飞机起飞48小时之内对航班进行初始化，ICS对DCS拍发一份旅客名单报(passenger name list，PNL)，PNL内包括这个航班上所有旅客预订座位的记录信息，以便进行旅客值机。在航班初始化完后到航班起飞这段时间内，如果有新的旅客订座和原有旅客取消座位的信息，ICS再向DCS拍发一份旅客增减报(addition delete list，ADL)，以便对上次初始化信息进行修改。最后，当旅客正常登机并且飞机正常起飞之后，DCS向ICS拍发一份最终销售报(passenger find sales message，PFS)，把最后所有正常登机的旅客订座信息传送给航空公司系统，航空公司系统凭这些数据进行结算。

中航信的代理人分销业务的开展目的：为航空代理商提供全球航空航班的分销业务；

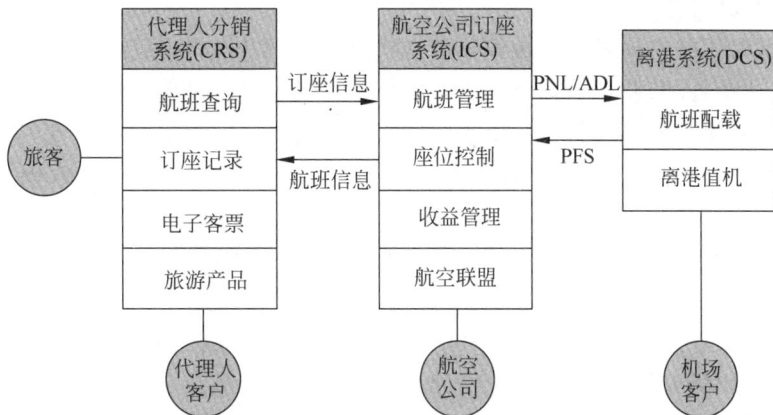

图 7-6　中航信 GDS 运作过程

为代理商提供非航空旅游产品的分销业务、准确的销售数据及进行相关辅助决策分析。

　　代理人分销系统的主要功能如图 7-7 所示。通过对代理人分销系统的不断建设,中航信的代理人分销系统将发展成为服务于整个航空及旅游业的通用系统。除了原有的航空运输业外,旅馆、租车公司、旅游公司、铁路公司、游轮公司等的产品分销功能也将被纳入代理人分销系统中来,使中航信的代理人分销系统能够提供一套完整的旅游服务。经过技术与商务的不断发展,中航信的代理人分销系统将能够为旅行者提供及时、准确、全面的信息服务,满足消费者旅行中包括交通、住宿、娱乐、支付及其他后续服务的全面需求。

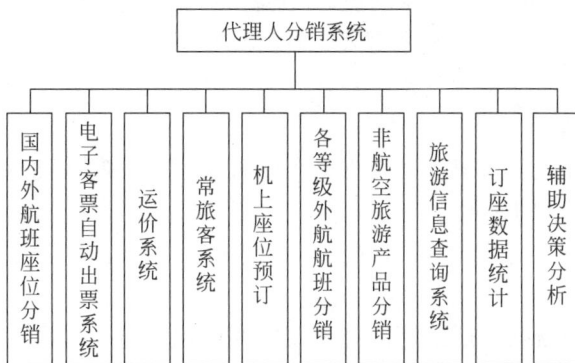

图 7-7　代理人分销系统的主要功能

7.3.2　民航空中交通管制自动化系统

　　民用航空空中交通管制自动化系统(简称空管自动化系统)是保障飞行安全、实现航空运输高效有序运行最重要的核心技术装备,在民航安全运行中有着至关重要的作用,其发展水平是衡量科技强国、民航强国的重要标志。

　　空管自动化系统作为民航空管部门实施对空指挥的核心信息系统,通过处理雷达信号等监视数据,为管制员提供空中飞行态势的显示和各种飞行冲突及各种异常的告警,通过处理飞行计划和动态电报,为管制员提供飞行计划和飞行动态相关信息以及管理手段,在确保民航空管对空指挥任务的安全实施中发挥着重要的作用。

1. 系统主要功能

根据中国民用航空局发布的技术要求,空管自动化系统应包括监视数据处理、飞行数据处理、数据链通信处理、监视数据与飞行计划相关、告警处理、进港管理、人机界面、记录与回放、系统接口、系统监控、数据管理、系统软件配置管理等功能模块。

监视数据处理功能:系统能接收、解析、处理一次雷达、二次雷达(A/C 模式、S 模式)和广播式自动相关监视(automatic dependent surveillance-broadcast,ADS-B)、广域多点定位等监视数据,应能接收、处理外部空管自动化系统的综合航迹信息。

飞行数据处理功能:①飞行电报处理功能。系统能自动处理 M/T 4007 规定的 AFTN 报文、空中交通服务设施间的数据通信(电子移交)报文、气象报文(航空例行天气报告、特殊天气报告、终端机场天气预报)。②飞行计划处理功能。系统应能通过自动和人工的方式生成飞行计划。应能通过处理飞行计划和现行飞行变更报文自动生成飞行计划,通过模板方式人工生成飞行计划。③飞行进程单处理功能。系统应具备飞行进程单处理功能,应能提供电子进程单和纸质进程单。系统应能通过选择飞行计划状态和航路点等可选项显示电子进程单,并根据有关内容排序;应能通过电子进程单修改飞行计划数据,也能通过电子进程单显示相应飞行计划的全部信息。④二次雷达应答机代码管理功能。系统应能自动分配和管理本管制区的二次雷达应答机代码资源,并按一定规则进行分组管理。

数据链通信处理功能:系统应能接收、处理合同式自动相关监视、管制员和驾驶员数据链通信信息。

监视数据与飞行计划相关功能:系统应具备系统航迹与飞行计划自动相关的功能。

告警处理功能:系统应具备告警功能,分为紧急代码告警、重要告警、一般告警和提示,针对不同的告警提示提供不同的提示方式,如视频、音频。

进港管理功能:系统应至少具备进港航班排序计算、延误计算及分配、延误吸纳建议计算以及进港管理信息显示与设置的功能。

人机界面功能:系统的人机界面应支持主任管制席、管制席、飞行计划编辑席、系统监控席、技术管理席等席位的显示。

记录与回放功能:系统应支持数据记录和影像记录两种记录方式。系统应该支持在指定席位上进行回放。

系统接口要求:系统接口所使用的物理接口和协议应符合国家相关标准的规定,同时支持与现有系统的互联。

2. 系统主要组成

现代空管自动化系统通常是通过一、二次雷达系统同时通过计算机系统的辅助,给予空域飞行动态监控信息和与其有关的信息,让管制员可以安全、有序地对空中交通加以管制。主流的空管自动化系统通常设计成分布式结构以及双网、双机冗余,同时给予雷达直通旁路结构,在很大程度上增加了系统的准确性以及可靠性。各个部分的功能如下:

(1) 通信前端机。其功能是把源于本地雷达接口、异地雷达接口、气象雷达接口、飞行情报网、航行情报网等的原始一/二次雷达信息、气象信息、航行信息等进行通信协议编码,同时将处理后的信息以串口的方式传递至雷达/飞行数据处理服务器进行分析。并把各路雷达信息以及点迹信息以旁路手段传递至不同雷达信息显示席位上,以备主系统故障时通过旁路方式进行分析以及显示。

（2）雷达数据处理服务器。其功能是将源于多串口卡接收的通信前端机发送的雷达信息进行解码，转为统一格式的雷达信息，通过滤波以及坐标变换、延时补偿后，进行单雷达航迹跟踪分析；通过各路雷达航迹信息加以时空对准后，进行多雷达信息融合处理，得到系统航迹；同时通过飞行信息分析机接收的飞行计划信息，进行航迹关联以及证实；进行危机预警以及预警处理。再把雷达航迹信息、系统航迹信息以及组合气象信息传递至不同雷达信息显示席位进行显示，将与飞行计划相关的信息传递至飞行数据处理机进行分析。

（3）飞行数据处理机。其功能是从重复飞行计划、非周期性计划、临时计划等数据库里分析航班计划，得到飞行计划；进行飞行计划的预先调配；通过每个生效的飞行计划分析飞行轨迹，管制飞行进程以及状态；将得到的实时动态信息进行识别、分类、存储、分发等，实时纠正飞行计划，重新规划飞行轨迹。

伴随着科技进步和航空运输业的快速发展，民航空管自动化系统与设备信息化、协同化、智能化应用的必要性日渐凸显。《"四强空管"行动方案》明确提出，智慧空管是行业发展的时代特征，是空管创新发展的驱动力，是空管安全发展的技术支撑。通过大数据、互联网、物联网、云计算、人工智能等技术与现有空管技术的深度融合，将逐步实现空管从数字化到智能化的聚合与提升，从智能化向智慧化的扩展与丰富。

7.3.3　通航飞行服务站系统

低空飞行服务系统（low altitude flight service system）是一种用来实施低空飞行服务所使用的自动化综合系统，由国家信息管理系统、区域信息处理系统和飞行服务站系统组成。低空飞行服务系统的系统架构和功能定位如图 7-8 所示。

通航飞行服务站作为低空飞行服务保障体系的重要组成部分，其功能及效率直接影响着通航用户获取飞行服务的质量。飞行服务站，英文全称 flight service station（FSS），它可以为通用航空提供广泛的飞行服务，包括飞行计划服务、航空气象服务、航空情报服务、飞行情报服务、告警服务、应急救援和其他相关支援以及其他需要的帮助，在各类民用及通用航空活动中具有重要的功能和作用，是服务低空空域用户的窗口和平台。如果把现行空管体系比作"空中交警"，那么提供低空交通服务的飞行服务站相当于"协警"。

省内飞行服务站采用省级、作业区二级架构，以此支持各自职责划分。省级飞行服务中心的主要硬件设备是地面站，主要通过软件系统实现信息传输，通过定制接口的方式，实现与华东通航服务中心、作业区飞行服务站、空管分局、通航企业、气象部门、情报部门等信息系统互联。较之于作业区飞行服务站，省级飞行服务中心的系统架构更为简单，可以通过作业区飞行服务站的软硬件简化实现。由于更侧重于不同作业区飞行服务数据的融合与处理，因此在硬件方面需要提升服务器、数据库的性能。在软件方面需加强数据处理与信息传输性能。图 7-9 所示为省级飞行服务站系统架构。

1. 飞行计划服务系统

该子系统能够完成飞行计划的管理。包括飞行计划的生成、处理、检查、编辑、批复、存储、预调配以及发布。管制中心能够通过该子系统随时查看空域当前的使用状况，航空器运营商能够通过该子系统进行飞行计划的申请和查询。此外，它同监视服务子系统和航行情报服务子系统有接口，目的是获取生成飞行计划的必要信息，并且与监视服务子系统的数据进行融合处理，为飞行态势监控和高度报警提供服务。

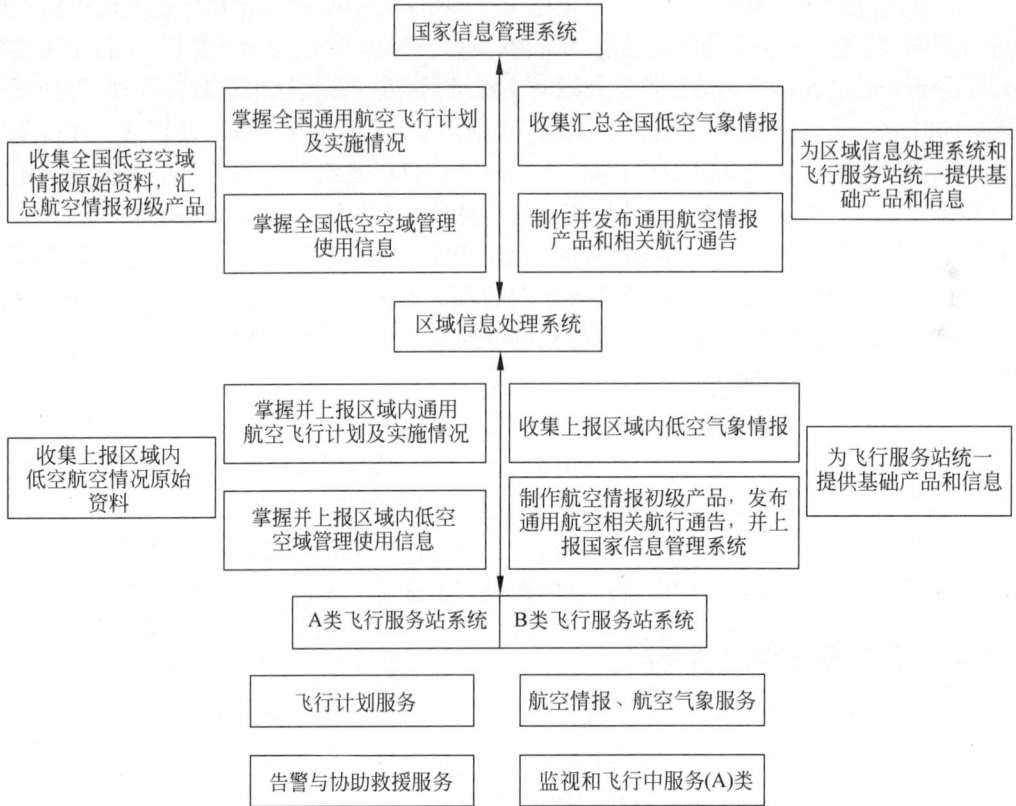

图 7-8 低空飞行服务系统的系统架构和功能定位

其中,航空器运营部门的权限为新建飞行计划、修改相关飞行计划、申报飞行计划、查看相关飞行计划;飞行服务站的权限为查看所有飞行计划、审批飞行计划;管制部门的权限为查看所有飞行计划,以便及时发现各类非法飞行。

2. 飞行监视服务系统

该子系统能够通过一定的监视手段获取服务范围内航空器的飞行态势信息(包括位置、速度和飞行轨迹等)。通过在监视席位上配置的飞行态势显示器,系统操作人员对在本区域从事低空飞行活动的所有飞行器进行实时飞行态势的监视。

该子系统的主要功能包括:在监视席位的飞行态势显示器上实时显示导航定位系统获得的航空器定位信息;将空域使用情况上报至军民航管制部门;向辖区内航空器提供飞行冲突探测和告警服务;将飞行计划与定位信息的自动相关,即根据航空器返回的飞行编号自动查询飞行计划数据库中对应的飞行计划,并显示在飞行态势显示器上,同时根据返回的定位信息自动修改飞行计划中保存的所飞越关键航迹点的信息(经、纬度及时间等)。

3. 航空情报服务系统

航空情报服务系统中应建有航行情报数据库,以存储系统监视服务范围内的空域、机场、用户、各类飞行器性能、地理、通信导航、飞行管制规章制度等资料。系统支持对上述航行情报的录入、编辑、存储、修改、查询、检索、显示和打印。

管制部门通过该子系统能够随时调阅航行情报,包括航行通告和各种航行资料。

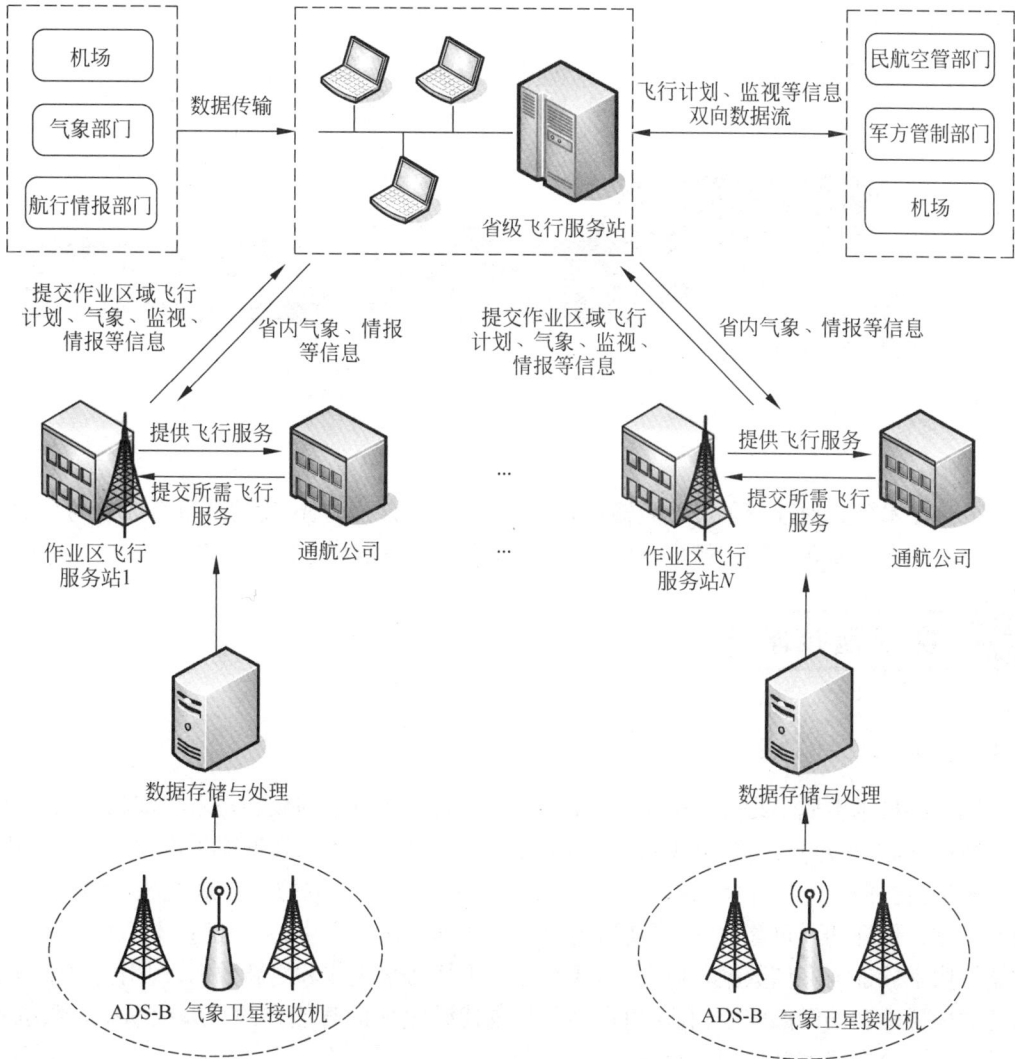

图 7-9 省级飞行服务站系统架构

航空器运营商通过该子系统查询航行情报资料。在飞行前一天的预先准备阶段,为飞行员提供起飞机场、目的机场、备降机场及相关航路所有最新的航行情报资料(永久性资料)和提供情报讲解服务;在飞行前的直接准备阶段,需要为飞行员提供起飞机场、目的机场、备降机场最新的临时性资料和提供航行情报讲解服务;在飞行实施阶段,情报部门要随时掌握航空器的飞行动态和情报的最新变化,以便让飞行员及时了解相关的临时性变化,及时调整飞行;在飞行结束后,情报部门还要及时听取飞行员对于飞行程序和资料准备情况的一些意见,以便及时优化飞行程序、提高服务质量。

4. 航空气象服务

该子系统能够实现气象信息的收集、整理和发布。管制中心和航空器运营商通过该子系统能够对气象信息进行查询。气象信息的来源包括天气实况观测站、遥测站、天气雷达、气象资料库、各气象台站等,也可以接收来自其他管制中心的气象数据,或在本地人工输入气象数据。

信息技术极大地改变了民航运输业，这种改变是全方位的、深度的并卓有成效的。随着技术突破和在民航业的应用拓展，民航运输将向着人性化、高效化、最优化发展。

8.1 区块链技术

8.1.1 区块链概述

区块链技术本质上是一个去中心化的数据库，它是比特币的核心技术与基础架构，是分布式数据存储、点对点传输、共识机制、加密算法等计算机技术的新型应用模式。狭义来讲，区块链是指按照时间顺序将数据区块以顺序相连的方式组合成的一种链式数据结构，并以密码学方式保证的不可篡改、不可伪造的分布式账本。广义来讲，区块链技术是利用块链式数据结构来验证与存储数据，利用分布式节点共识算法来生成和更新数据，利用密码学方式保证数据传输和访问的安全，利用由自动化脚本代码组成的智能合约来编程和操作数据的一种全新的分布式基础架构与计算范式。

2016年12月，《国务院关于印发"十三五"国家信息化规划的通知》中首次提及区块链，并将其与量子通信、人工智能、虚拟现实、大数据认知分析、无人驾驶交通工具等技术一起作为重点前沿技术，明确提出需加强区块链等新技术的创新、试验和应用，以实现抢占新一代信息技术主导权，区块链技术已经上升到国家科技战略层面。2018年3月，工信部发布《2018年信息化和软件服务标准化工作要点》，提出推动建设全国区块链和分布式记账技术标准委员会。凭借独特的去中心化、共识机制、全节点实时数据更新、数据一致性、数据安全共享等技术特性，区块链对许多行业进行着新一轮的效率提升与技术赋能。2021年12月，区块链技术作为数字经济时代的重要底层支撑技术之一，被《"十四五"数字经济发展规划》纳入战略性前瞻性技术的行列，并强调其在推动数字产业化、健全完善数字经济治理体系、着力强化数字经济安全体系中的重要作用。

智慧民航是"十四五"期间民航业发展的主线。2022年1月，民航局印发《智慧民航建设路线图》，明确提出要深化基于区块链的核心业务场景应用，要推动包括区块链在内的新兴数字产业与民航深度融合。

8.1.2　区块链的特征

1. 区块链的技术特征

区块链存储的数据需由全网节点共同维护,可以在缺乏信任的节点之间有效地传递价值。相比现有的数据库技术,区块链具有以下技术特征。

1) 块链式数据结构

区块链利用块链式数据结构来验证和存储数据,通过上文对区块链基本概念的介绍可以知道,每个区块打包记录了一段时间内发生的交易是对当前账本的一次共识,并且通过记录上一个区块的哈希值进行关联,从而形成块链式的数据结构。

2) 分布式共识算法

区块链系统利用分布式共识算法来生成和更新数据,从技术层面杜绝了非法篡改数据的可能性,从而取代了传统应用中保证信任和交易安全的第三方中介机构,降低了为维护信用而造成的时间成本、人力成本和资源耗用。

3) 密码学方式

区块链系统利用密码学的方式保证数据传输和访问的安全。存储在区块链上的交易信息是公开的,但账户的身份信息是高度加密的。区块链系统集成了对称加密、非对称加密及哈希算法的优点,并使用数字签名技术来保证交易的安全。

2. 区块链的功能特征

1) 多中心

不同于传统应用的中心化数据管理,区块链网络中有多个机构进行相互监督并实时对账,从而避免了单一记账时人造假的可能性,提高了数据的安全性。

2) 自动化

区块链系统中的智能合约是可以自动化执行一些预定义好的规则和条款的一段计算机程序代码,它大大提高了经济活动与契约的自动化程度。

3) 可信任

存储在区块链上的交易记录和其他数据是不可篡改并且可溯源的,所以能够很好地解决各方不信任的问题,无须第三方可信中介。

8.1.3　区块链的技术架构

1. 区块链基本模型

区块链基本模型可以分为数据层、网络层、共识层、激励层、合约层和应用层,如图 8-1 所示。

数据层封装了区块链的链式结构、区块数据以及非对称加密等区块链核心技术;网络层提供点对点的数据通信传播以及验证机制;共识层主要是网络节点间达成共识的各种共识算法;激励层将经济因素引入到区块链技术体系之中,主要包括经济因素的发行机制和分配机制;合约层展示了区块链系统的可编程性,封装了各类脚本、智能合约和算法;应用层则封装了区块链技术的应用场景和案例。

2. 区块链关键技术

在该架构中,基于时间戳的链式结构、分布式节点间的共识机制和可编程的智能合约是

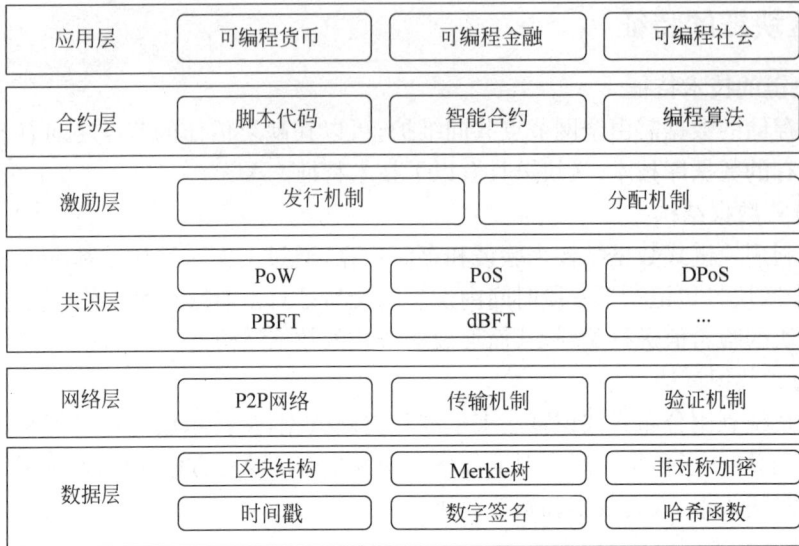

图 8-1　区块链基本模型

区块链技术最具代表性的创新点。一般可以在合约层编写智能合约或者进行脚本编程，来构建基于区块链的去中心化应用。

1）区块链的数据结构

数据层是区块链的核心部分，区块链本质上是一种数据库技术和分布式共享账本，是由包含交易信息的区块从后向前有序连接起来的一种数据结构。这种链表式的数据结构可以保证数据安全和无法篡改。该层涉及的技术主要包括区块结构、Merkle 树、非对称加密、时间戳、数字签名和哈希函数。

每个区块一般都由区块头和区块体两部分组成。表 8-1 所列为区块头的详细结构，区块头部分包含了父区块哈希值、时间戳、Merkle 根等信息，而区块体部分则包含此区块中所有的交易信息。每一个区块对应着两个值以便识别：区块头哈希值和区块高度。

表 8-1　区块头详细结构

字　段	大小/B	描　述
版本	4	版本号，用于跟踪软件/协议的更新
前一区块哈希值	32	引用区块链中前一区块的哈希值
Merkle 根	32	该区块中交易的 Merkle 树根的哈希值
时间戳	4	该区块产生的近似时间（精确到秒的 UNIX 时间戳）
随机数	4	用于工作量证明算法的计数器

2）共识机制

区块链的共识层的作用就是在不同的应用场景下通过使用不同的共识算法，在决策权高度分散的去中心化系统中使得各个节点高效地达成共识，如图 8-2 所示。

最初，比特币区块链选用了一种依赖节点算力的工作量证明共识（proof of work，PoW）机制来保证比特币网络分布式记账的一致性。之后随着区块链技术的不断演进和改进，研究者陆续提出了一些不过度依赖算力而能达到全网一致的算法，比如权益证明共识（proof

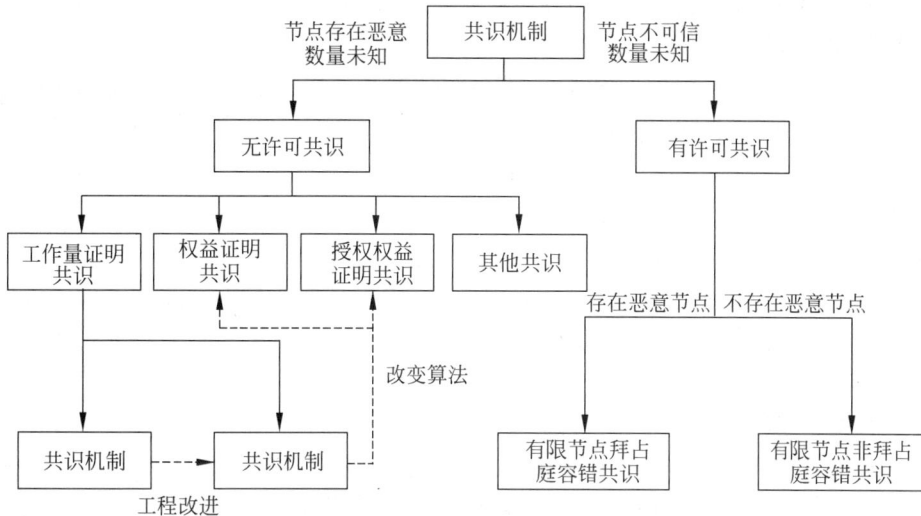

图 8-2　区块链共识机制

of stake,PoS)机制、授权权益证明共识(delegated proof of stake,DPoS)机制、实用拜占庭容错(practical Byzantine fault tolerance,PBET)算法,等等。

3) 智能合约

智能合约作为区块链技术的关键特性之一,是运行在区块链上的模块化、可重用、自动执行的脚本,能够实现数据处理、价值转移、资产管理等一系列功能。如图 8-3 所示,合约部署的时候被虚拟机编译成操作码存储在区块链上,对应地会有一个存储地址。当预定的条件发生时,就会发送一笔交易到该合约地址,全网节点都会执行合约脚本编译生成的操作码,最后将执行结果写入区块链。

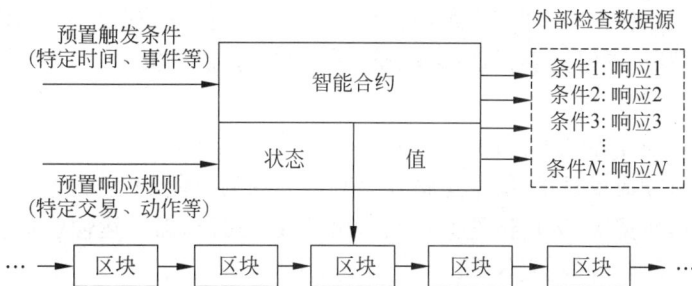

图 8-3　区块链智能合约

智能合约与区块链的结合,丰富了区块链本身的价值内涵。用程序逻辑中的丰富合约规则表达能力实现了不信任方之间的公平交换,避免了恶意方中断协议等可能性;实现了最小化交易方之间的交互,避免了计划外的监控和跟踪的可能性。

8.1.4　区块链在民航领域的应用

民航业具有系统性强、参与协同主体多、数据量大、安全要求高、业务链条长且耦合性强等特征,与区块链的技术属性有很强的契合性,具有丰富的应用场景,此外,区块链作为新一代数字经济生态的数据和应用连接器,也将在民航业与上下游产业的数据交互中发挥重要作用。

1. 数据安全存储

由于区块链技术固有的篡改检测性,将民航地面基站传送的航空数据利用区块链进行存储,从而实现航空数据的防篡改存储,有效地防止恐怖分子和恶意团体对地面基站主动发送无效伪造的航空数据的攻击,并能实现航空数据在多个管控元之间的分布式存储,从而减小单一数据库被攻击导致的数据丢失的风险,进一步保障空中交通管理的安全,为失事后的及时准确救援提供了可靠保障。

将区块链技术应用到飞行信息的实时记录中,其不可篡改的特点将在飞行记录仪也即黑匣子丢失的情况下成为界定各方责任、寻求事故真正原因的唯一依据,也成为飞机失事后及时救援的有力保障。

2. 飞行安全管理

解决航空安全的关键问题是人为因素。试点错误和飞行学校可能存在的腐败都会对航空安全造成影响,使用区块链技术可以减少由于不良记录而导致的空中事故。基于区块链技术,以数字格式存储所有必要的飞行员日志数据,以一种分散的数据库和在线系统承载飞机、飞行学校和飞行员的全球数据。通过基于区块链的平台使飞行变得更安全,解决飞行员训练和飞行学校管理行业中最常见的问题,包括阻止飞行日志伪造、报告飞行时间不足以及停止任何修改数据。

3. 民航旅客身份认证应用

机场使用基于区块链技术的智能设备,用户仅凭区块链的唯一身份标识,可以实现快速完成认证、登机、值机、转机、行李托运、机场智能引导等复杂环节。如乘客在 APP 中上传旅行证件,之后这些证件会在区块链上加密和进行哈希运算;乘客会得到 Single Travel Token(唯一的行程标志),对航空公司服务人员出示该代币以及公钥就可以显示旅行证件;任何与系统连接的航站楼就可以随时验证乘客身份。利用区块链技术中智能合约的设定及不可篡改的分布式数据库,实现在无须与任何第三方分享信息的情况下,验证旅客身份证件的有效性和信用情况,同时能够保证办理登记手续过程信息的安全。

4. 关键信息安全共享

航班数据问题是业界难题,目前并没有单一可信数据源,且现有数据不易被各方获取。区块链智能合约研究成果显示,航空运输业是高度互联的行业,不同利益相关者使用的各种数据需要单一可信数据源,区块链使数据共享可控成为可能,航空运输业将能够采用合适的方法来确保管理、标准、合规、安保等。

出于旅客隐私安全的考虑,个人信息需要匿名。区块链是天生具有加密信息分享功能的网络,可以安全地用来存储或者传播旅客的特定信息。譬如,区块链可以获得匿名旅客的使用习惯、消费习惯、喜好、驻留时长等数据,辅助机上网络运营商、服务提供商,增加商家的参与活跃度,旅客无须暴露个人隐私数据,也能获得更为精准的服务。

区块链还可以进行链间数据共享,实现全球范围内跨网络、跨链的安全信息传递,这在飞机出现突发状况时显得至关重要。如遇到旅客突发疾病,此时往往需要机上救护指导、旅客病史等特定信息。区块链技术可以广泛连接第三方信息服务商,提供必要的查询和帮助。

5. 航空安全金融

区块链技术具有分布化、不可篡改、智能合约等优点,运用在航空金融结算与数据整合中,可以帮助供应链上的中小企业完成交易和数据运营,广泛地整合行业安全贸易大数据,打造囊括上下游流程的区块链共享分类账,打通区块链技术平台中的各个环节,实现信息安全共享。基于区块链技术的航空金融结算可以更好地沟通航空交易双方,填补交易双方的信任缺失,将航空业的交易圈从熟人扩展到整个交易市场,助力中小航空的普惠经济,创建航空领域新的应用场景。

6. 飞机维修记录管理

飞机零部件众多,数百家零部件供应商遍布全球,且一架飞机的使用寿命可长达 30 年,其间,还会在不同的航空公司间转手,全面记录飞机的维修历史对于确保飞行安全至关重要。过去飞机维修过程中收集的大多数数据是非数字化的,这将导致信息不完整,增加了飞行事故的风险。采用区块链管理身份认证、密钥、数据访问历史等信息,能够准确得知什么人在什么时间对飞机做了什么。通过在维修实施过程中将工作任务的产生、计划、控制、检验、关闭和记录归档等全维修生产环节上链,保证工作记录签署数据的真实性,防止窜改文件的数据信息。

7. 行李全程追踪

行李弄错、丢失等是困扰民航业的难题,区块链技术的分布式存储、不可篡改性、可追溯性可以消除行李记录的错误和不一致。在机场、地面处理部和航空公司间构建一个私有链以记录每一处行李处理点的信息,航空公司可以实时跟踪行李状态,并授权让指定旅客查看。一旦行李丢失,区块链存储的记录可为查找和理赔提供依据,从而解决行李管理中的信任问题。

8. 航空物流管理

跨境航空存在着物流信息不对称、到货签收情况不详等问题,而引入区块链技术可在区块供应链上形成流畅透明的信息流,及时发现并解决运营过程中存在的问题。区块链技术和物流信息技术融合,可将运输流程清晰地记录到区块链条上,并优化资源利用、压缩中间环节、提升整体效率,确保了信息的可追溯性,避免丢包、错领等事件发生。并且,企业通过产品的物流方向,能防止窜货,保证线下各级经销商的利益。区块链技术引入跨境物流,跨境支付的两个开户行之间可以直接进行支付、结算和清算,省去中间结构,提现简便且没有隐性成本,实现全天候支付、实时到账,有效解决了交易过程中的安全问题。

9. 民航政务服务

高效透明的政府服务也是区块链应用的重点场景,在局方日常监管服务管理方面,我们可以探索利用区块链数据安全的账本存储及其特定的数据模式,解决航司、机场、空管与局方之间的数字鸿沟与隔阂,通过该技术实现民航政务数据跨部门、跨区域共同维护和利用,提升数据效率,结合大数据及 AI 智能等新技术,将分散在各地的运行监控数据、航班时刻、航权审批、空域审批、低空开放等进行整合融合。通过建立全民航基于区块链的政务服务管理系统促进业务协同办理,为人民群众带来更好的政务服务体验。

8.2 数字孪生技术

8.2.1 数字孪生概述

2003 年,美国密歇根大学 Michael Grieves 教授提出"与物理产品等价的虚拟数字化表达"概念,这可以看作产品数字孪生的一个启蒙。2010 年,NASA 描述了航天器数字孪生的概念和功能。2011 年 3 月,美国空军研究实验室(Air Force Research Laboratory,AFRL)结构力学部门的 Pamela A. Kobryn 和 Eric J. Tuegel 做了一次演讲,题目是 Condition-based Maintenance Plus Structural Integrity(CBM+SI) & the Airframe Digital Twin(基于状态的维护+结构完整性 & 战斗机机体数字孪生),首次明确提到了数字孪生(digital twin)这个词汇。同年,Michael Grieves 博士在其所著的《智能制造之虚拟完美模型:驱动创新与精益产品》中正式定义了数字孪生概念,并一直沿用至今。2012 年,NASA 和 AFRL 合作共同提出了未来飞行器的数字孪生体范例,以应对未来飞行器高负载、轻质量以及极端环境下服役更长时间的需求。由于当时的信息技术、硬件计算能力、智能化算法方面的局限,数字孪生概念提出初期并未引起国内外学者的广泛重视。近年来,数字孪生无论在理论还是应用层面都得到较为全面、快速的发展,覆盖范围也从原先较为单一的产品设计阶段扩展到生产制造、工艺优化、使用运维、故障预测、产品健康管理等方面。

数字孪生,也有很多学者和机构称之为数字镜像、数字映射、数字双胞胎、数字双生、数字孪生体等。但就目前而言,对于数字孪生没有统一共识的定义,不同的学者、企业、研究机构等对数字孪生的理解也存在着不同的认识。Michael Grieves 教授认为,数字孪生是一组虚拟信息结构,可以从微观原子级别到宏观几何级别全面描述潜在的物理制成品。李培根院士认为,数字孪生是"物理生命体"的数字化描述。"物理生命体"是指"孕、育"过程(即实体的设计开发过程)和服役过程(运行、使用)中的物理实体(如产品或装备),数字孪生体是"物理生命体"在其孕育和服役过程中的数字化模型。北京航空航天大学陶飞教授认为,数字孪生是以数字化方式创建物理实体的虚拟模型,借助数据模拟物理实体在现实环境中的行为,通过虚实交互反馈、数据融合分析、决策迭代优化等手段,为物理实体增加或扩展新的能力。作为一种充分利用模型、数据、智能并集成多学科的技术,数字孪生面向产品全生命周期过程,发挥连接物理世界和信息世界的桥梁和纽带作用,提供更加实时、高效、智能的服务。NASA 认为,数字孪生是充分利用物理模型、传感器更新、运行历史等数据,集成多学科、多尺度、多物理量、多概率的仿真过程,从而在虚拟空间反映相对应的飞行实体的全生命周期过程。GE Digital 公司认为,数字孪生是资产和流程的软件表示,用于理解、预测和优化绩效以改善业务成果。数字孪生由三部分组成:数据模型、一组分析工具或算法,以及知识。西门子公司认为,数字孪生是物理产品或流程的虚拟表示,用于理解和预测物理对象或产品的性能特征。

通俗来讲,数字孪生是指针对物理世界中的物体,通过数字化的手段构建一个在数字世界中一模一样的实体,借此来实现对物理实体的了解、分析和优化。从技术角度而言,数字孪生集成了建模与仿真、虚拟现实、物联网、云边协同以及人工智能等技术,通过实测、仿真和数据分析来实时感知、诊断、预测物理实体对象的状态,通过指令来调控物理实体对象的行为,通过相关数字模型间的相互学习来进化自身,合理有效地调度资源或对相关设备进行维护。

8.2.2 数字孪生的特征

1. 互操作性

数字孪生中的物理对象和数字空间能够双向映射、动态交互和实时连接,因此数字孪生

具备以多样的数字模型映射物理实体的能力,具有能够在不同数字模型之间转换、合并和建立"表达"的等同性。

2. 可扩展性

数字孪生技术具备集成、添加和替换数字模型的能力,能够针对多尺度、多物理、多层级的模型内容进行扩展。

3. 实时性

数字孪生技术要求数字化,即以一种计算机可识别和处理的方式管理数据以对随时间轴变化的物理实体进行表征。表征的对象包括外观、状态、属性、内在机理,形成物理实体实时状态的数字虚体映射。

4. 保真性

数字孪生的保真性指描述数字虚体模型和物理实体的接近性。要求虚体和实体不仅要保持几何结构的高度仿真,在状态、相态和时态上也要仿真。值得一提的是,在不同的数字孪生场景下,同一数字虚体的仿真程度可能不同。例如工况场景中可能只要求描述虚体的物理性质,并不需要关注化学结构细节。

5. 闭环性

数字孪生中的数字虚体用于描述物理实体的可视化模型和内在机理,以便于对物理实体的状态数据进行监视、分析推理、优化工艺参数和运行参数,实现决策功能,即赋予数字虚体和物理实体一个大脑。因此数字孪生具有闭环性。

8.2.3 数字孪生系统参考架构

一个典型的数字孪生系统包括用户域、数字孪生、产业物理域数字孪生组件、测量与控制实体和产业物理域共 5 个层次,如图 8-4 所示。

第一层是使用数字孪生的用户域,包括人、人机接口、应用软件以及其他相关的数字孪生。

第二层是与物理实体目标对象对应的数字孪生。它是反映物理对象某一视角特征的数字模型,并提供建模管理、仿真服务和孪生共智三类功能。建模管理涉及物理对象的数字建模与展示、与物理对象模型同步和运行管理。仿真服务包括模型仿真、分析服务、报告生成和平台支持。孪生共智涉及共智孪生体等资源的接口、交互操作、在线插拔和安全访问。建模管理、仿真服务和孪生共智之间传递物理对象的状态感知、诊断和预测所需的信息。

第三层是产业物理域数字孪生组件,主要是指包含营销、供应链、研发、制造、物流、运维等全产业链各环节的各种物理实体对象以及相关的业务活动。

第四层是处于测量控制域、连接数字孪生和物理实体的测量与控制实体,实现物理对象的状态感知和控制。

第五层是与数字孪生对应的物理实体目标对象所处的产业物理域,测量与控制实体和产业物理域之间测量数据流和控制信息流的传递。

测量与控制实体、数字孪生以及用户域之间的数据流和信息流传递,需要信息交换、数据保证、安全保障等跨域功能实体的支持。信息交换通过适当的协议实现数字孪生之间交换信息。安全保障负责数字孪生系统安保相关的认证、授权、保密和完整性。数据保证与安全保障一起确保数字孪生系统数据的准确和完整。

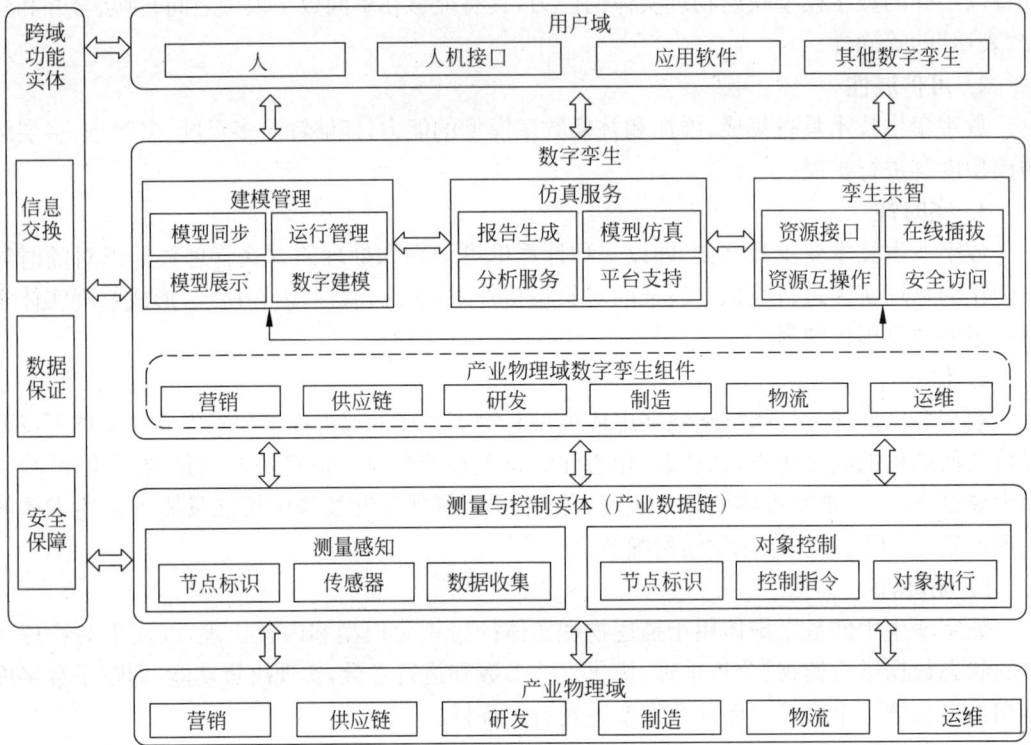

图 8-4　数字孪生系统通用参考架构

8.2.4　数字孪生标准体系

数字孪生标准体系由基础共性标准、关键技术标准、工具及平台标准、测评标准、安全标准、行业应用标准六部分构成,体系结构如图 8-5 所示。

1. 基础共性标准

数字孪生基础共性标准主要规范数字孪生的基础性和通用性标准。术语标准定义数字孪生有关概念及相应缩略语,可以帮助使用者理解数字孪生概念,并为其他各部分标准的制定提供支撑。数字孪生按照物理实体的功能及结构可分为单元级数字孪生、系统级数字孪生和复杂系统级数字孪生 3 个层级。参考架构标准对上述 3 个层级的分层规则、数字孪生体系架构以及各部分参考架构进行规范,帮助使用者明确数字孪生分层方法、体系结构以及各部分之间的关系。适用准则规范数字孪生的适用性要求,帮助使用者决策实体是否适用数字孪生。

2. 关键技术标准

数字孪生关键技术标准用于规范数字孪生实施过程中涉及的关键技术要求。物理实体标准主要对物理实体的感知接入、决策执行、边缘端协作方面进行规范;虚拟实体标准主要对模型功能与描述、模型构建与组装、模型验证、模型运行与管理进行规范;孪生数据标准主要对数字孪生系统涉及的孪生数据表示、分类、存储、预处理、使用与维护、测试进行规范;连接与集成标准主要对数字孪生物理实体、虚拟实体、服务、数据库的连接映射相关技术、信息传输相关技术、数据交互与集成相关技术、连接测试相关技术的要求进行规范;服务标准

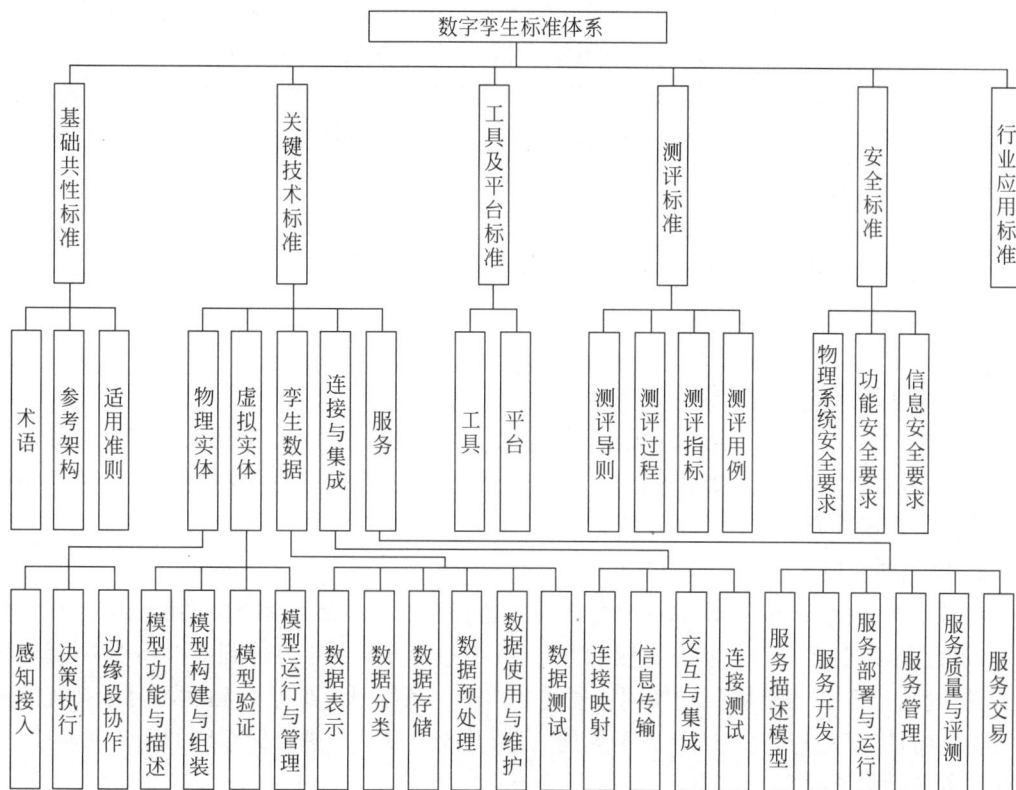

图 8-5 数字孪生标准体系结构

主要对服务描述模型、服务开发、服务部署与运行、服务管理、服务质量与评测、服务交易等进行规范。

3. 工具及平台标准

数字孪生工具及平台标准用于对数字孪生实现过程中涉及的软硬件工具及平台进行规范。工具标准规范数字孪生中涉及的软硬件工具相关技术要求，包括工具功能、工具性能、工具运行环境、工具二次开发、工具集成、工具使用与维护等；平台标准规范数字孪生实现过程涉及的平台相关技术要求，包括平台功能、平台性能（包括平台基本性能、可靠性、扩展性、安全性）、平台运行环境、平台使用和维护、平台接口与集成、平台安全等。

4. 测评标准

数字孪生测评标准用于对数字孪生体系的测试要求与评价方法进行规范。测评导则规范数字孪生体系的测试与评价过程的基本要求，包括测评目的、测评类型、测评等级、测评环境、测评工具、测评保密安全等；测评过程标准规范数字孪生体系的测试与评价过程相关技术要求，包含测评分析、测评准备、测评方法选择、测评步骤、测评文档等；测评指标标准规范数字孪生体系测试与评价过程涉及的各类指标要求；测评用例标准规范数字孪生体系的测试与评价用例相关技术要求，包括用例选取、用例校验、用例使用、用例归档等。

5. 安全标准

数字孪生安全标准用于规范数字孪生体系安全要求。物理系统安全要求规范数字孪生体系中物理系统的安全要求，包括物理系统安全风险分析、电气系统安全、机械系统安全、本质安全、功能安全等。功能安全要求规范数字孪生中的设计、制造、安装、运维等过程的安全功能相关技术要求,包括孪生系统安全风险分析、孪生系统安全功能设计、孪生系统安全完整性等级评估等。信息安全要求规范数字孪生体系中涉及的各类信息安全相关技术要求,包括孪生系统信息安全风险分析、孪生数据安全、孪生系统网络安全等。

6. 行业应用标准

依据数字孪生基础共性标准、关键技术标准、工具及平台标准、测评标准和安全标准,结合各行业或领域自身需求与特点,制定具体行业的应用标准。

8.2.5 数字孪生关键技术

1. 建模与仿真

建立物理实体的数字化模型或信息建模技术是创建数字孪生、实现数字孪生的源头和核心技术,也是"数字化"阶段的核心,涉及使用模型复制实际系统中的过程,并通过系统模型的研究来理解现有或设计中的系统。

2. 虚拟现实技术

虚拟现实(virtual reality,VR)技术能够以超现实的形式展示系统的制造、运行和维修状态,进行多领域、多尺度的状态监测和评估,并将数字分析结果叠加到虚拟环境中,提供沉浸式的体验。VR技术能够帮助使用者通过数字孪生系统迅速地了解和学习目标系统的原理、构造、特性、变化趋势、健康状态等各种信息,并能启发其改进目标系统的设计和制造,为优化和创新提供灵感。

3. 物联网

物联网(internet of things,IoT)通过信息传感设备连接物品与互联网,实现智能化识别、定位、跟踪、监控和管理。物联网是数字孪生的载体,数字孪生是物联网的底层逻辑。数字孪生和物联网是相辅相成的关系。物联网为数字孪生的数据流和信息流提供参考架构,同时,数字孪生是物联网发展应用的新阶段。

4. 云边协同计算

云计算(cloud computing)提供计算资源服务,边缘计算则更接近数据源头,其处理和存储体系结构是分布式的。"共智"的目标是实现不同数字孪生智慧的交换和共享,其隐含的前提是单个数字孪生内部各构件的智慧首先是共享的。云边协同计算则为数字孪生内部和外部之间进行智慧共享提供了可能。

5. 大数据技术

大数据(big data)技术涉及对海量、多样数据的高效采集、存储和分析,以发现新知识、创造新价值。在数字孪生中,物联网的一项重要作用就是收集来自物理世界的数据,这种数据往往具备大数据特征。数字孪生使用这些数据的一种模式就是通过机器学习技术,在物理机理不明确、输入数据不完备的情况下对数字孪生的未来状态和行为进行预测。

6. 人工智能

人工智能(artificial intelligence,AI)技术用于模拟、延伸和扩展人的智能,包括理论、方法、技术和应用系统。数字孪生正在与人工智能技术深度结合,促进信息空间与物理空间的实时交互与融合,以在信息化平台内进行更加真实的数字化模拟,并实现更广泛的应用。

7. 区块链技术

区块链(blockchain)技术使用块链式数据结构、分布式节点共识算法和密码学保证数据安全,利用智能合约操作数据。数字孪生是典型的数字资产。区块链提供的去中心化的交易机制能很好地支持分布、实时和精细化的数字资产交易,可以成为数字孪生最佳的资产交易媒介。该技术引入信任度,持续保持透明度,很好地支持数字资产交易生态系统的参与主体。

8. 第五代移动通信技术

第五代移动通信技术(5th generation mobile communication technology,5G)提供高速率、低时延的通信服务,是物联网互联的网络基础设施。数字孪生是 5G 物联网时代的一个重要应用场景,是 5G 赋能产业链上的重要一环。数字孪生作为 5G 衍生应用,加速了物联网的成形和物联网设备数字化,这与 5G 三大场景之一的万物互联需求强耦合。此外,数字孪生还是 5G 推动工业互联网发展过程中的助燃剂,5G 时代数字孪生不可或缺。

8.2.6 数字孪生在民航领域的应用

1. 机场数字孪生

基于数字孪生技术,可逐步实现对机场这个物理世界相关要素的还原、连接、反馈和控制,并将设备、空间、位置等各类基础设施数字化、服务化。数字孪生可对机场设施进行"智能+"改造,通过对机场设施进行智能化改造可实现数字化的运行管理模式,降低管理成本;通过对机场设施进行智能化改造还可实现机场设施的智慧化运营,提高机场设施的运行效率和安全保障水平。

在运行保障方面,数字孪生技术可助力航班地面安全保障,实现智慧机场一体化协同的高效运营。通过视频 AI 技术,采集机场现有机位的飞机入离位、靠撤廊桥、开关客货舱门等保障节点数据,大幅提升现有保障节点的数据质量,从而有效支持航班辅助决策、资源调配、预测预警、优化控制等机场运行功能要求,实现智慧机场规划中"一体化协同,高效运营"的目标。

在用户服务方面,为满足每天旅客的出行、购物、餐饮等需求,机场可通过数字孪生技术打造涵盖精准定位、室内外导航、线上商城、停车、航班查询、物流配送等多类型的贴身服务,同时,基于服务窗口开展数字化营销的尝试,有效盘活商业资源,将商家和旅客连接在一起,实现商业价值的正向循环。

在安全保障、调度管理方面,机场通过建设高精度车辆定位监控系统,实现机场车辆运行的实时可知可控。针对高频次的航班起降、物流分拣和人员调度,机场也可将仿真推演技术与生产业务深度融合,在异常天气航班运行推演、机场资源调度、机场进出港效率仿真、陆侧交通仿真、应急仿真等场景中,通过各类算法的不断调优,持续完善和提升仿真预测的精准度,为机场调度的科学决策提供支撑,逐步实现各类事项的提前预防、提前规划、提前处置。

利用三维 GIS 可视化平台构建数字孪生机场,可以通过如下流程实现。①全方位建模:利用 BIM、三维仿真、倾斜摄影等技术,完成机场地表、地下、室内、室外等全方位的建模,及对设备设施的多种方式空间表达,从而完成机场的物理仿真。②数据资源管理:通过搭建三维 GIS 系统、基础地理信息系统来管理各类数据资源,包括电子地图、三维模型等,同时,具备可视化展示、设备管理、GIS 分析等功能。③实现各系统应用:通过优化业务流程,并通过物联网智能感知结合基于地理信息三维可视化开发的各类业务应用系统,实现资源可视化系统、应急指挥管理系统、车辆定位导航系统、消防管理系统等的应用,从而促进智慧决策和管理。

2. 航空公司数字孪生

数字孪生可以帮助航空公司在飞机维护和修理方面更加高效和准确。利用数字孪生技术,航空公司可以在虚拟环境中模拟飞机的运行情况,并预测机械故障和维护需求,从而提前进行维护和修理,降低停机时间和维修成本。

航空公司可梳理航班服务保障流程,构建航班保障业务全流程的业务架构体系,优化并重新数字化定义航班从落地到出港的全流程,包含装卸、配餐、加油、登机、放行、推出等数十个关键节点,建立航班保障业务的全流程闭环管控体系,明确管控场景画像,探索数字孪生可视化监控。一方面,针对人(员工)、机(飞机)、料(车辆、设备)构建航空公司物联网平台,实施实时定位与感知,建立机坪保障对象、资源的动态数字画像;另一方面,依托移动应用,对航班关键节点建立动态反馈机制,实现对航班任务的动态画像;同时,整合航空公司内外部相关保障单位运行的数据,建立跨单位的系统生态和生产数据链,提供航站、区域、工种等多维度机坪运行监控画像,实现"每个环节有跟踪,每个行为有记录"的运行全景可视化。

航空公司可将飞机外形、客舱管理、机舱设备、发动机、驾驶室进行数字孪生,通过互联网、云计算、大数据分析、人工智能等技术对各类数据进行梳理和融合分析后可视化显示,建立起具备场景化、智能化、人性化的智慧飞机综合管控平台,为管理者提供多元化、多角度、多数据的管理与决策依据。①将飞行的实时数据接入可视化系统,无缝链接多种执飞飞机的飞行管理系统,实时监控飞机的设备数据及乘客状态等,实现塔台与执飞飞机的数据实时共享。事前预警,事后复盘,有效减少各类航空事故的发生。②将航空港的监控数据接入可视化系统,显示执飞机型的机翼、机身、尾翼、起落装置、操纵系统和动力装置、干扰阻力、货舱满载率等,助力塔台和仪表飞行指挥室科学地进行飞行管理。③利用丰富的图表、图形和设计元素将一般货物、化学品、超重物品、生鲜物品的数据以更直观、容易理解的形式展现,将货舱的实时数据与地面客货运输服务区的数据联通,提高航空港装卸效率。④将售票系统与可视化系统对接,将可选择座位、不可选择座位、VIP 座位用颜色进行区分,剩余座位可查看。对于两地之间路线较长且客源不足的航班,可将剩余座位售卖,提高上客率。⑤将成员级别、用户名、登记号码、可用里程等信息统计后通过可视化系统进行展现,能让乘务员采用更合适的对客服务措施。

3. 空管数字孪生

1)实现可视化空管机场管制

数字孪生模型可为塔台管制员提供一个跨领域、跨业务、全域视角的一体化指挥和决策平台。通过实时处理大规模、全量、多源数据,可预测仅靠人力无法发现的隐藏事件,尝试性生成超越人工局部次优决策的全局最优策略。

以跑道侵入的场景为例。数字孪生系统或可实现航空器、机场车辆的实时状态共享,使两者都能获取彼此的数据。一旦感知到跑道侵入的风险,系统将首先通知机场车辆驾驶员避让并提供撤离路线。相较于传统方式,这种方法响应速度更快、安全系数更高,低至毫秒级的报警响应时间将降低延时处置带来的安全隐患。

结合语音识别、机器学习等技术,可在数字孪生系统中实现航空器滑行、进跑道等管制指令的可视化显示。通过监控地面活动物体的路线和运动态势,系统可预测潜在的运行冲突,并将冲突位置和决策建议推送给塔台管制员。

2）基于数字空域实现空中交通流量管理

可基于三维地理信息数据建立数字空域模型,按照实际运行情况将数字空域分块并设置分块属性,使其满足空中交通管制的实际需求。

将预定时间内的飞行计划输入数字空域模型,模拟预定空域内的航班运行情况。在数字空域中测算未来一段时间内的空中交通流量,预测潜在的空域容量与流量不匹配情况(容流问题),通过航班密集度热力分布图等可视化方式调整和改善空管决策。

以空管历史运行数据(航空器状态、飞行计划、空域结构等)作为数字空域的输入,建立航空器冲突预测模型,识别潜在的航空器冲突,给出冲突解脱方案,为管制员提供辅助决策支持。

数字空域可根据预测的空中交通流量动态地、科学地调整管制扇区划分,优化管制人力资源分配;同时,将空中交通流量历史数据、空中交通行为特征、管制规则等输入数字空域中,预测各条航路的流量,作为评价和优化航路结构的重要依据。

3）航空情报可视化显示与预测

航空情报服务为飞行活动提供所需的信息和数据,是空中交通服务的重要组成部分。借助数字孪生可以优化航空情报的工作流程和信息展现方式。例如,数字孪生机场通过监控设施运行数据预测滑行道中线灯即将发生故障,这一信息随即被推送给机场相关部门,经人工确认无误后,系统立即以航行通告(NOTAM)形式将这一信息发布。相比于目前传统的航空情报工作流程,这种工作方式在很大程度上提高了航空情报信息的准确性和及时性。

4. 智慧民航全流程协同

民航运输是多主体运行结构,机场、航空公司、空管,以及边检、检疫、边防等驻场单位决定了其多主体参与的复杂性,迫切需要实现全要素、全流程、全场景的精细协同,以应对未来民航发展的挑战和机遇。因此民航领域需要具备网联化、精细化、协同化、可视化、个性化、智能化的先进技术,以数字底座为支撑、以数据赋能为引领、以创新应用为抓手,对民航资源进行系统、整体、全面的挖掘和整合,实现空管、机场、航司等运行方式和治理体系的能级提升。

区别于传统的民航信息系统,数字孪生技术作为新兴的信息化技术,可实现物理机场与虚拟数字机场的双向交互融合,使得数据协同、仿真预测、智能辅助决策成为可能,为民航全流程协同运行发展提供了新的解决思路。

首先,要基于数字孪生系统的发展,构建覆盖机场、空管、航司等多主体的民航多主体联合运行和协同调度平台,提高各个主体之间的信息共享与关联协同,从而实现全域联合运行的目标。其次,要在全局感知的基础上,实现机场内部三大区域的信息融合和业务贯通。通过精细化的协同与运营,不仅能够提高机场内部运行效率,还能够为多机场间的智能协同运行打下基础。最后,随着无人化技术的不断发展,引入无人化航空器检查、无人化机坪作业、无人化管控中心、无人化交通调度等新技术手段。通过充分利用智能化技术,民航机场将逐步实现智慧化管理,提升服务水平,为旅客提供更加便捷、高效的出行体验,推动民航事业的可持续发展。

8.3 大模型技术

8.3.1 大模型概述

大模型（large model，LM）也称基础模型（foundation model，FM），是指具有庞大的参数规模和复杂程度的机器学习模型。这些模型通常在训练过程中需要大量的数据和计算能力，并且具有数十亿个参数甚至数千亿个参数。大模型的设计目的是提高模型的表示能力和性能，在处理复杂任务时能够更好地捕捉数据中的模式和规律。

1956 年，计算机专家约翰·麦卡锡提出"人工智能"概念。早期，受困于计算能力，人工智能的发展进入低谷期。20 世纪 70 年代，随着第五代计算机的研制，计算机成本和能力逐步提高，人工智能开始取得突破。1980 年，卷积神经网络的雏形 CNN 诞生，1998 年，现代卷积神经网络的基本结构 LeNet-5 诞生，机器学习方法由早期基于浅层机器学习的模型发展成为基于深度学习的模型，为自然语言生成、计算机视觉等领域的深入研究奠定了基础，对后续深度学习框架的迭代及大模型发展具有开创性的意义。

2013 年，自然语言处理模型 Word2Vec 诞生，首次提出将单词转换为向量的"词向量模型"，以便计算机更好地理解和处理文本数据。2014 年，被誉为 21 世纪最强大算法模型之一的 GAN（对抗式生成网络）诞生，标志着深度学习进入了生成模型研究的新阶段。2017 年，Google 提出了基于自注意力机制的神经网络结构——Transformer 架构，奠定了大模型预训练算法架构的基础。2018 年，OpenAI 和 Google 分别发布了 GPT-1 与 BERT 大模型，意味着预训练大模型成为自然语言处理领域的主流。在探索期，以 Transformer 为代表的全新神经网络架构奠定了大模型的算法架构基础，使大模型技术的性能得到了显著提升。

2020 年，OpenAI 公司推出了 GPT-3，模型参数规模达到了 1750 亿，成为当时最大的语言模型，并且在零样本学习任务上实现了巨大性能提升。随后，更多策略如基于人类反馈的强化学习（RHLF）、代码预训练、指令微调等开始出现，被用于进一步提高推理能力和任务泛化能力。2022 年 11 月，基于 GPT-3.5 的 ChatGPT 问世，由于具备出色的人机对话能力和任务解决能力，ChatGPT 一经发布就引发了全社会对于大语言模型的广泛关注。2023 年 3 月发布的超大规模多模态预训练大模型 GPT-4，具备多模态理解与多类型内容生成能力。在迅猛发展期，大数据、大算力和大算法完美结合，大幅提升了大模型的预训练和生成能力以及多模态多场景应用能力。

随着人工智能技术的不断发展和应用场景的不断扩大，大模型技术逐渐成为人工智能领域的重要发展方向之一。

8.3.2 大模型的特点和分类

1. 大模型的特点

（1）参数规模庞大。大模型通常包含数十亿甚至数千亿个参数，模型大小可以达到数百 GB 甚至更大。庞大的模型规模使大模型具有强大的表达能力和学习能力。

（2）处理复杂问题能力强。大模型能够更准确地捕捉数据中的模式和特征，处理复杂任务的表现更好。例如，大模型如 GPT-3 具有出色的自然应答能力。

（3）泛化能力强。大模型能够学习到更丰富的知识和特征，具有很好的稳定性和适应性，能够更好地应对各种未曾遇见的情况。

（4）多任务学习。大模型可以同时处理多个任务，如文本生成、翻译、摘要等，这使它们在多种自然语言处理任务中表现出色。

（5）需要大量计算资源。由于大模型具有更多的参数和更复杂的结构，因此训练和推理过程需要更多的计算资源，包括计算能力、存储空间和内存等。

（6）训练时间长。由于需要处理更多的数据和参数，训练时间通常会更长，这需要充分利用分布式计算、并行计算等技术来加速训练过程。

（7）存储需求高。大模型需要存储更多的参数，因此需要更大的存储空间来保存模型，这对模型的部署和传输都提出了挑战。

2. 大模型的分类

1）按输入数据类型分类

按照输入数据类型的不同，大模型主要可以分为三大类：

（1）语言大模型。语言大模型是指在自然语言处理（natural language processing，NLP）领域中的一类大模型，通常用于处理文本数据和理解自然语言。这类大模型的主要特点是它们在大规模语料库上进行了训练，以学习自然语言的各种语法、语义和语境规则。例如：GPT 系列、Bard、文心一言。

（2）视觉大模型。视觉大模型是指在计算机视觉（computer vision，CV）领域中使用的大模型，通常用于图像处理和分析。这类模型通过在大规模图像数据上进行训练，可以完成各种视觉任务，如图像分类、目标检测、图像分割、姿态估计、人脸识别等。例如：VIT 系列、UFO、盘古 CV、INTERN。

（3）多模态大模型。多模态大模型是指能够处理多种不同类型数据的大模型，例如文本、图像、音频等多模态数据。这类模型结合了 NLP 和 CV 的能力，以实现对多模态信息的综合理解和分析，从而能够更全面地理解和处理复杂的数据。例如：DingoDB 多模向量数据库、DALL-E、Midjourney。

2）按应用领域分类

按照应用领域的不同，大模型主要可以分为如下 3 个层级：

（1）通用大模型。通用大模型是指可以在多个领域和任务上通用的大模型。它们利用大算力、使用海量的开放数据与具有巨量参数的深度学习算法，在大规模无标注数据上进行训练，以寻找特征并发现规律，进而形成可"举一反三"的强大泛化能力，可在不进行微调或少量微调的情况下完成多场景任务，相当于 AI 完成了"通识教育"。

（2）行业大模型。行业大模型是指那些针对特定行业或领域的大模型。它们通常使用与行业相关的数据进行预训练或微调，以提高在该领域的性能和准确度，相当于 AI 成为"行业专家"。

（3）垂直大模型。垂直大模型是指那些针对特定任务或场景的大模型。它们通常使用任务相关的数据进行预训练或微调，以提高在该任务上的性能和效果。

8.3.3　大语言模型

1. 大语言模型的定义

语言模型（language model，LM）是提升机器语言智能（language intelligence）的主要技

术途径之一。作为大模型的一个分类,大语言模型(large language model,LLM)是基于海量文本数据训练的深度学习模型。它不仅能够生成自然语言文本,还能够深入理解文本含义,处理各种自然语言任务,如文本摘要、问答、翻译等。大语言模型具有较强的人类指令遵循能力,具有较强的通用任务解决能力,具有较好的复杂任务推理能力和人类对齐能力,具有可拓展的工具使用能力。

2. 大语言模型的构建流程

大语言模型的构建通常包含以下 4 个主要阶段:预训练、有监督微调、奖励建模和强化学习。这 4 个阶段都需要不同规模的数据集及不同类型的算法,会产出不同类型的模型,需要的资源也有非常大的差别。

1)预训练

预训练(pretraining)阶段需要利用海量的训练数据(数据来自互联网网页、维基百科、书籍、GitHub、论文、问答网站等),构建包含数千亿甚至数万亿单词的具有多样性的内容。利用由数千块高性能 GPU 和高速网络组成的超级计算机,花费数十天完成深度神经网络参数训练,构建基础模型(base model)。基础模型对长文本进行建模,使模型具有语言生成能力,根据输入的提示词,模型可以生成相应的文本,补全句子或生成完整的段落甚至文章。由于训练过程需要消耗大量的计算资源,并很容易受到超参数影响,因此,如何提升分布式计算效率并使模型训练稳定收敛是本阶段的研究重点。

通过预训练,模型能够在大规模无标注数据上习得通用的语言表示,这些表示可以被进一步应用于多种不同的自然语言处理任务中,只需要在预训练模型的基础上进行微调,就可以在特定任务上达到相当出色的性能。这极大地降低了对大量有标注数据的依赖,并为多种下游任务提供了强有力的模型基础。

2)有监督微调

有监督微调(supervised fine tuning)是预训练模型适应特定任务的关键步骤。在完成了大规模无标注数据上的预训练后,模型已经学习到了丰富的语言结构和模式。然而,为了针对性地解决特定的自然语言处理任务(如问答系统、文本分类、机器翻译等),我们需要对预训练模型进行微调(fine-tuning)。

有监督微调也称为指令微调,是利用少量高质量数据集,通过有监督训练使模型具备问题回答、翻译、写作等能力。有监督微调的数据包含用户输入的提示词和对应的理想输出结果。用户输入包括问题、闲聊对话、任务指令等多种形式和任务。

微调过程中,会使用特定任务的有标签数据集,重新训练模型的部分或全部权重,使其能够针对特定任务进行优化。这意味着模型会在原有的预训练基础上针对新的任务目标调整其内部参数,以便更好地理解和处理任务特有的特征和规律。通过这种方法,预训练模型能够快速适应新任务,通常比从零开始训练模型需要更少的数据和计算资源,同时也能够取得更好的性能表现。

3)奖励建模

奖励建模(reward modeling)阶段的目标是构建一个文本质量对比模型,用于对同一个提示词,对有监督微调模型给出的多个不同输出结果进行质量排序。这一阶段的核心难点在于如何限定奖励模型的应用范围以及如何构建训练数据。

奖励建模是强化学习中的一个重要概念和技术,尽管像 GPT 这样的大规模预训练语言模型通常基于自监督学习或最大似然估计进行训练,但在某些情况下,奖励建模可以作为一种补充手段,帮助进一步优化模型的行为,特别是当涉及道德、伦理或者更加符合人类价值判断的输出时。

4)强化学习

强化学习(reinforcement learning,RL)阶段根据数十万提示词,利用前一阶段训练的奖励模型,给出有监督微调模型对用户提示词补全结果的质量进行评估,并与语言模型建模目标综合得到更好的效果。这一阶段的难点在于解决强化学习方法稳定性不高、超参数众多以及模型收敛困难等问题。一些高级应用场景中,强化学习与语言模型相结合的技术已经发展到了更为精细的层次,如使用人类反馈强化学习(reinforcement learning from human feedback,RLHF),这种技术可以让语言模型更有效地吸收和理解人类偏好,并据此优化其生成的文本内容和风格。

8.3.4 大模型在民航领域的应用

民航是一个高度复杂和专业化的领域,它涉及飞行安全、空中交通管制、机场运营、客户体验等多个方面。在这个领域中,人工智能可以发挥巨大的作用,提高效率、降低成本、增强安全性和满意度。

基于 Transformer 模型架构,可以构建不同参数规模的模型,赋能民航产业的数智化建设和旅客的智慧出行,支持多模态交互、实时信息获取、民航知识精准理解、复杂推理、高精度计算优化等功能,能为消费者服务领域和行业服务领域提供多种场景化解决方案。

1. 旅客服务体验

大模型能与用户进行多轮日常对话,理解航班动态、实时机票信息等行业数据,提供实时、准确、全面的民航信息。它还具备多模态交互能力,能自动化处理海量图像数据,实现跨模态理解,如"以文搜图"。

2. 机场运营管理

大模型能为机坪机位、航站楼、旅客服务等场景提供完整的智能化生成式大模型解决方案。例如,在机坪机位场景中,能提供数字机坪全景、保障节点感知、机位违规预警、智能机位分配等解决方案;在航站楼场景中,能提供区域态势感知、客群行为分析、风险行为识别等服务;在旅客服务场景中,可用于旅客满意度分析、行业智能客服、多模态点评感知等。

3. 民航维修

民航维修培训方面:对于维修学员,资质获取、大纲培训、技能提升等培训任务繁重,知识体系庞杂。生成式大语言模型可以作为虚拟学习伙伴及导师,通过系统化梳理知识点,总结关键知识要点帮助学员高效掌握。对于维修教员,生成式 LLM 能够作为全能的智慧助教,为教员提供更加全面、详细的课程数据分析,进行更加完善的教学质量评估。

可靠性管理方面:人工智能有突出的信息存储、收集和分析加工能力。LLM 技术可以分析大量的飞机快速存储记录器(QAR)、飞机通信寻址和报告系统(ACARS)报文及历史故障数据,总结归纳出飞机系统、重要部件的性能衰减模式,尤其是可以构建机械部件的全生命周期数据特征图谱,为飞机实时故障诊断和可靠性预测提供支持。

维修计划方面:LLM 技术在信息分析和加工方面具有显著优势,基于人工智能所存储的庞大信息数据库将会分析所有因素和过往案例,制订合理的维修计划方案,即得出一个相对的最优解。LLM 技术推荐方案往往会满足各项强制限制条件、需求限制条件、视情要求条件,从而提高维修计划制订的效率和质量。

4. 智能辅助飞行

大模型可以应用于智能辅助飞行系统,为飞行员提供更高效和安全的飞行体验。一方面,大模型可以帮助飞行员解决飞行中的问题和困惑。例如,当飞行员遇到复杂的气象状况或者飞行操作上的疑问时,他们可以向大模型提出问题,寻求解答和建议。大模型可以基于其大量的训练数据和语言模型,提供准确和及时的回复,帮助飞行员做出决策。另一方面,大模型可以扮演飞行任务中的虚拟助手角色。它可以进行飞行计划的生成和优化,包括航路规划、燃油管理等。通过与飞行员的对话,大模型可以了解飞行员的需求和偏好,根据实时的飞行数据和环境条件,提供个性化的建议和指导,帮助飞行员做出最佳的决策。

8.4 元宇宙技术

8.4.1 元宇宙概述

1992 年,美国著名作家 Neal Stephenson 在 *SnowCrash* 中提到元宇宙(metaverse)一词,他这样描述:"戴上耳机和目镜,找到连接终端,就能够以虚拟分身的方式进入由计算机模拟、与真实世界平行的虚拟空间。"其实,Metaverse 这个概念的思想源头是由美国数学家和计算机专家 Vernor Vinge 教授在 1981 年出版的 *TrueNames* 中描述的通过脑机接口技术进入并获得真实感官体验的虚拟世界。据 Web of Science 核心数据库显示,元宇宙的研究始于 2004 年之后,并呈现两个明显的研究高峰,分别是 2010 年和 2021 年之后。从这两个研究高点出发,元宇宙领域的学术探索与发展经历了显著的变革与演进。从 2011 年开始,明确的技术限制使人们意识到,构建一个真正的"宇宙级"虚拟世界需要的时间可能比最初预想的更长。尽管在这段时间里,对虚拟世界的研究持续并以稳定的速度增长。2021 年,大型在线游戏平台 Roblox 在其招股说明书中明确与元宇宙的未来挂钩,以此作为其盈利预期的一个重要因素。同年,脸书更名为 Meta,这一重大举措进一步验证了元宇宙概念的崛起。

元宇宙作为一个新兴的概念,受到了产业界、学术界、媒体界及公众的广泛关注,但对于元宇宙的定义及概念还不够统一和明确。北京大学陈刚教授、董浩宇博士的定义为:"元宇宙是利用科技手段进行链接与创造的、与现实世界映射与交互的虚拟世界,是具备新型社会体系的数字生活空间。"清华大学新闻学院沈阳教授的定义为:"元宇宙是整合多种新技术而产生的新型虚实相融的互联网应用和社会形态,它基于扩展现实技术提供沉浸式体验,以及数字孪生技术生成现实世界的镜像,通过区块链技术搭建经济体系,将虚拟世界与现实世界在经济系统、社交系统、身份系统上密切融合,并且允许每个用户进行内容生产和编辑。"同时,也有学者从多维交叉的角度定义元宇宙。

以下从科学与技术的角度论述元宇宙的概念及内涵。

从科学角度上说,元宇宙的诞生是多学科融合的结果。元宇宙将促进信息科学、量子科学、数学和生命科学等学科的融合与互动,创新科学范式,推动传统的哲学、社会学甚至人文科学体系的突破。元宇宙,实质上就是广义网络空间,在涵盖物理空间、社会空间、赛博空间

以及思维空间的基础上,融合多种数字技术,将网络、软硬件设备和用户聚合在一个虚拟现实系统之中,形成一个既映射于又独立于现实世界的虚拟世界。

从技术角度上说,元宇宙不宜称为新技术,而是现有 IT 技术的综合集成运用,它是信息化发展的一个新阶段。因此,元宇宙的发展不仅会促进现有技术的升级换代,而且也会促进新技术的出现。所以,这些由于"元宇宙"而发展的新技术仍被称为"元宇宙技术"。这些元宇宙技术包括 5G、6G、物联网、云计算、管理技术等。

8.4.2　元宇宙的核心属性

1. 无边界性

作为一个 3D 虚拟空间,元宇宙消除了物理形态的障碍。它是一个无尽的空间,对可以同时使用它的参与者人数、可以进行的活动类型个数以及可以进入的行业个数等没有任何限制。另外,无边界性(boundless)体现在元宇宙比当前的互联网平台有更强的可访问性上,它是开源开放的,所有参与者都可以根据自身的不同需求在元宇宙中进行创造,元宇宙的用户就是元宇宙内的消费者,同时也是创作者。每个参与者不仅可以购买、使用别人创作的内容,例如虚拟身份及非同质化代币(Non-Fungible Token,NFT)等,也可以自己进行创作。在这种模式下,元宇宙的边界将不断地被拓展。

2. 永续性

元宇宙的永续性(persistent)体现在两个方面:一是元宇宙不存在"关机"或"重启"等操作,用户可以随时在世界的任何地方利用装置自由地与元宇宙连接,这保证了用户的体验感是连续的。这种特性可以模糊化用户在进入元宇宙时的不真实感,使元宇宙成为与现实世界并行的平行世界。二是元宇宙不会停滞或被重置,而是以开源开放的方式无期限地持续发展下去,元宇宙内的每一个参与者既是元宇宙的"用户",也是保证元宇宙可以持续发展的"创造"者。

3. 高拟真度

具有高拟真度(immersive)是构建元宇宙的基本条件。现实世界发生的一切都可以同步在元宇宙中实现。虚拟现实技术、体感技术及交互技术的发展使得参与者可以在元宇宙内有极高的沉浸感。在这个虚拟空间内,人类可以充分调动感官参与到元宇宙世界中。作为一个高度逼真的虚拟空间,元宇宙还有可以随着用户需求变换环境、颜色及光亮的能力。

4. 去中心化

去中心化(decentralized)在元宇宙中有两种含义:其一是元宇宙是以去中心化的方式运行的,不归属于某一个特定平台或公司;其二是元宇宙的网络架构是去中心化的。去中心化的网络就是将数据处理工作分布在多个设备上,而不再依赖于单个中央服务器。每一个单位设备都是可以与其他节点独立交互的迷你中央处理器。因此,即使其中一个主节点崩溃或遭到攻击,其他服务器也可以正常运转,用户可以继续传输和访问数据。而诸如云计算和边缘技术的发展也使计算机及其他设备具备了更优越的数据处理能力,大大提升了数据传输及访问的速度。

5. 经济系统

经济系统(economic system)是能够保证有效组织和分配生产要素及资源的基础。元宇宙作为现实世界的映射,构建虚拟经济系统是整个元宇宙架构中必不可少的一环。虚拟经济不仅可以让参与者在虚拟世界中交换数字资产,也是能够激励更多参与者在元宇宙中输出内容的有效方式。元宇宙中的经济系统基于区块链技术,区块链技术也将是实现去中心化运营方式的重要技术之一,区块链点对点的传输方式可以确保虚拟世界中的所有交易都是公开的,因此,在没有"中心化"组织的管理下,也可以保障参与者数字资产的安全。

6. 社交体验

互联网的发展已经改变了人们的生活,互联网时代的社交更是颠覆了人们的传统社交模式。而元宇宙会进一步地拓展互联网社交的边界。因为元宇宙的核心是"生活"在这个虚拟空间中的每一个用户,所有参与者都可以在这里共同体验、共同创造及共同分享生成的内容。现实世界中的传统秩序在"去中心化"的运营模式下被完全打破,模糊了现实和虚拟边界的元宇宙将创造出完全崭新的社交关系及社交体验(social experience)。

8.4.3　元宇宙的技术架构

一个完整的元宇宙世界需要强大的技术支持,这样才可以保证元宇宙世界不仅仅是一个存在于小说和电影中的概念。单一领域的技术无法构建出完整的元宇宙形态,诸多先进技术相互结合才是构建元宇宙的基石。元宇宙的技术架构可分为以下 3 个层次:支撑层、应用层和交互层。

1. 支撑层技术

支撑层技术构建了元宇宙的运行环境,包括固定通信、移动通信、物联网、区块链等基础支撑技术,以及云计算、大数据、城市信息模型(CIM)和地理信息系统(GIS)等计算与建模技术。固定和移动通信、物联网技术为元宇宙中的人、物间自由交互提供信息采集、传输、控制等功能支持;区块链技术保证元宇宙数据中的可追溯性和保密性,支撑元宇宙经济体系运转;云边计算与大数据相结合,存储元宇宙庞大的运行数据,提供处理模型间交互所需的计算服务;城市信息模型(CIM)和地理信息系统(GIS)负责人、物所处环境的精细数字模型的生成和管理。

2. 应用层技术

应用层技术是以各领域应用为牵引,实现元宇宙内容生产和应用的技术或技术集合,代表性技术包括数字孪生、人工智能等。数字孪生是虚实交互的使能技术,可将物理世界中的实体同步到元宇宙中,支撑元宇宙内容生产,同时用户可在元宇宙中感知和操控真实世界中的物理实体,提高交互真实感。人工智能则可将元宇宙中建模等内容生产过程、交互等价值创造过程部分或全部自动化、智能化。随着元宇宙应用需求的不断拓展和深入挖掘,应用层技术将成为技术架构中变化较快、种类丰富的技术类别。我国巨大的市场需求和丰富的应用场景将为未来元宇宙应用层技术发展提供广阔的空间。

3. 交互层技术

交互层技术是通过各类(交互式或非交互式)信息输入输出设备,以仿真、高效的方式实现物理世界与元宇宙虚拟世界信息交换的技术,是物理世界和虚拟世界的"接口",包括虚拟现实(VR)、增强现实(AR)、混合现实(MR)、脑机接口等。交互层技术作为用户与元宇宙互动的接口,需要为用户提供多元的连接方式、拟真的使用体验与高效的互动方式,虚拟现实、增强现实、混合现实、全息显示等为用户提供多种参与元宇宙的方式,通过为用户提供沉浸式体验,打破物理世界和现实世界间的"壁垒",帮助用户深度参与到元宇宙交互中;脑机接口为用户提供易学、高效的元宇宙交互方式。

随着元宇宙的发展,虚拟现实、增强现实和混合现实技术作为人进入元宇宙的"接口",将在交互真实性、使用便捷性、系统反应的即时性等方面快速优化,并降低软硬件成本,以满足元宇宙推广普及的需要。脑机接口设备帮助用户完成对元宇宙环境的意念控制和绕过视觉、听觉等感官的直接反馈,相比现有交互技术,具有虚实融合度高和用户使用门槛低的优势,普通用户无须学习即可使用,对残障人群更有意义,可以让视障、听障等群体与其他用户一样畅游元宇宙。

8.4.4 元宇宙在民航领域的应用

1. 企业营销

航空公司可以利用元宇宙技术创建虚拟的航空公司形象以及形象代言人,能节省成本、降低风险,吸引更多的乘客关注和了解航空公司的服务和优势。通过在元宇宙平台上展示航空公司的服务和航班信息,乘客可以更直观地了解航空公司的产品和服务,提升购买意愿。

2. 旅客体验

元宇宙与民航的融合发展可以进一步提高旅客的出行体验,真正为"人享其行"提供服务。与传统 3D 娱乐技术相比,元宇宙将以更加真实、更加浸入、更为互动的方式为客户提供一个虚拟世界。通过元宇宙,乘客可以丰富自身飞行体验,可以放松身心进行冥想,可以攀登珠穆朗玛峰,可以在太平洋与鲸鱼同游,可以在私人电影院欣赏大片。因此,不断完善的元宇宙为客户提供了另一种娱乐形态——在另一个世界中真实地扮演一个人。机场商业同样可以打造 VR 虚拟(数字孪生)商店,为旅客提供随时随地的消费体验。

3. 民航培训

元宇宙与航空技术的结合,不仅能够实现传统意义上仿真系统的参数分析、故障还原等功能,还能够实现人机互动、互联应用、场景预设及沉浸式体验等功能。因而,对于未来民航专业人才飞行运行、适航维修、客舱安全、空管指挥、机场运营、签派放行等方面的培训技术方向,"元宇宙"是一种必然趋势。

以飞行员训练为例,就各种烦琐复杂的 SOP 程序而言,元宇宙可以有效拓展不同专业学员的知识面,提高其在"系统认知、故障识别、变化感应以及理解力"等方面的技能,确保其在初级学习阶段就能够掌握在传统训练环境下需要花费大量时间及精力才能积累的知识和经验。同时,利用 VR 技术,可以缩短培训周期,降低学习成本,使得人们利用穿戴设备,足不出户进行训练、教学及体验活动。

元宇宙有利于降低行业碳排放水平。由于庞大算力的需要,元宇宙发展本身会产生大量碳排放。但显而易见的是,元宇宙中生产的数字产品不消耗除电能以外的能源;元宇宙的环境外部性还体现在,其提供的沉浸式虚拟场景将降低线下出行、办公、旅游等带来的碳排放,这将间接导致民航运输碳排放水平的降低。从供给端来看,元宇宙可以塑造机场碳排放全景,做到实时碳排放监测、跟踪碳足迹、引导低碳生产,从而推动绿色机场建设。

4. 民航事故调查

基于数字孪生,元宇宙可以实现更多在物理世界中无法展现的优势,为民航事故调查还原出更多事发场景。这不仅有助于科学严谨、及时准确地还原出事故经过,还有助于查清事故原因、性质及责任,并总结经验教训,从而提升民航业安全治理的能力。

5. 民航智慧出行

民航智慧出行是以缩短旅客综合出行时间,促进物流提质增效降本为目标,以全流程便捷出行、全方位"航空＋"服务和综合性航空物流服务为重点,构建出便捷舒心的旅客服务生态和高效快捷的物流服务体系。在数字孪生的基础上,元宇宙强调多元主体的互动,使得原有的虚拟平台不仅具有可视化能力,更实现了虚拟和现实的连接与协同。基于数字孪生与GPS定位、智能传感、智能摄像等技术,机场以及空中交通管制可以实现航站楼服务智能化、飞行保障无人化、旅客联程和货物联运的数字化、空中飞机流量的直观化。此外,还可通过机场、空管信息模型建立起机场、航线三维空间模型,实现规划、建设、运行管理的全方位空地立体可视化管理,从而提升民航出行的全局化、精细化、智慧化运行水平,推进更多"全流程数字追踪及预测"服务,助力更多航空"无纸化""无证化""便捷高效"的智慧出行方式落地。

6. 智慧政务服务

在政府智慧服务以及行业资质审定(如 IOSA 审计)等方面,元宇宙支持更多航空服务场景。比如数字人的引入将实现航空智能前台、智能顾问、智能流程等服务,从而通过优化,将政务人员从大量重复性的民航业务中解放出来,而 AR 智能眼镜、无人机＋地面全景相机远程监测,使得在线实时民航安全监管及运行合格审定成为可能。现场一线民航监管人员通过 AR 智能眼镜、VR 摄像头采集声音、影像及数据,实时回传精准的现场民航运营情况,实现远程运行审定及持续监督,从而有助于推进以数字一体化为目标、以数据驱动和融合创新为工具、以公共服务和高效运转为重点的民航智慧监管体系建设。

参 考 文 献

[1] 张旭,赵鸣,熊静.民航管理信息系统[M].北京:国防工业出版社,2013.

[2] 向阳.信息系统分析与设计[M].2 版.北京:机械工业出版社,2014.

[3] 付本坡.计算机管理信息系统发展趋势探索[J].无线互联科技,2021(10):29-31.

[4] 薛化成.管理信息系统[M].7 版.北京:清华大学出版社,2022.

[5] 王达.深入理解计算机网络[M].北京:机械工业出版社,2013.

[6] 陈立岩,刘亮,徐健.计算机网络技术[M].成都:电子科技大学出版社,2019.

[7] 熊静,张旭.民航电子商务基础教程[M].北京:国防工业出版社,2014.

[8] 侯宾.NOSQL 数据库原理[M].北京:人民邮电出版社,2018.

[9] 李林武.大数据在民航业的深度应用解析[N].中国民航报,2024-03-28(007).

[10] 黄珍生.管理信息系统教程[M].北京:中国水利水电出版社,2018.

[11] 熊静,张旭,喻钢.物流信息管理[M].北京:国防工业出版社,2017.

[12] 机场信息系统研究员.机场信息集成系统系列介绍(5):机场运行资源管理系统[EB/OL].(2023-12-19).https://blog.csdn.net/lejuo/article/details/135094894.

[13] 杜娟.信息系统分析与设计[M].3 版.北京:清华大学出版社,2021.

[14] 裘立新.管理信息系统[M].北京:机械工业出版社,2020.

[15] 王喜富.物联网与智能物流[M].北京:北京交通大学出版社,2014.

[16] 王鹏.云计算与大数据[M].北京:人民邮电出版社,2014.

[17] 中国区块链技术和发展产业论坛.中国区块链技术和应用发展白皮书(2016)[R].中国:中国区块链技术和发展产业论坛,2016.

[18] 麻志毅.面向对象分析与设计[M].2 版.北京:机械工业出版社,2013.

[19] 梁海峰,黄恺,杜建国.民航旅客服务系统交易模型及关键技术研究[J].电子测试,2017(22):80-83.

[20] 佚名.航空公司运行管理系统[EB/OL].(2022-05-27).https://wenku.baidu.com/view/bb0fe82d5aeef8c75fbfc77da26925c52cc591cf.html.

[21] 刘君强.机场管理信息系统[M].北京:科学出版社,2020.

[22] 数字孪生:5G 时代的重要应用场景[M].北京:电子工业出版社,2020.

[23] 山西省数字产业协会.数字孪生产业技术白皮书(2022 版)[R].山西省:山西省数字产业协会,2022.

[24] 陶飞,马昕,胡天亮,等.数字孪生标准体系[J].计算机集成制造系统,2019,25(10):2405-2416.

[25] 张奇,桂韬,郑锐,等.大规模语言模型:从理论到实践[M].北京:电子工业出版社,2024.

[26] 成生辉.元宇宙:概念、技术及生态[M].北京:机械工业出版社,2022.

[27] 赵浩鸿.元宇宙技术的三大发展趋势[J].中国信息界,2023(4):40-43.